应用型本科规划教材

U0689411

微观经济学

Microeconomics

◆ 郑健壮　主　编
◆ 胡卫中　黄宇驰　副主编

ZHEJIANG UNIVERSITY PRESS
浙江大学出版社

前　言

随着改革开放和现代化建设的不断深入,我国社会对应用型、复合型和创新型人才的需求不断提升。本套教材就是根据应用型人才培养的要求而编写的,其目的是希望为经济类及管理类学生学习经济学提供一本比较适用的教材。

《微观经济学》是浙江大学城市学院商学院组织编写的系列教材之一,是浙江大学城市学院院级精品课程建设的重要成果。微观经济学是高校经济管理类专业的核心和基础课程之一。教材是教学内容的重要体现,是人才培养质量的基本保证。高等教育要达到其培养目标,建设高质量的教材至关重要。因此,精品教材建设是精品课程建设的重要组成部分,是高校教学质量与教学改革的重要组成部分。

《微观经济学》的编写坚持了以基础理论为依托、知识应用为重点的写作思路。首先,在基础理论上,从消费者到生产者,从企业到市场,从生产到分配,每一章都力求交代清楚一种理论,并努力使微观经济学在整体上具有逻辑的连贯性。其次,在案例上,每一章都精心安排开篇案例,引出主题,中间配合若干个专题案例,并在每章最后用案例分析结尾,力求做到理论内容生动有趣、深入浅出。本书既保持了微观经济学教材原有的理论体系,又强调对原理的应用,通过深入的表述和案例分析,引导学生从枯燥的理论学习转变为积极地对现实经济问题深入思考。

综观全书,其主要特色可归纳为以下三个方面:一是定位明确。根据应用型本科教育的特点,以介绍系统理论为基础,以培养学生应用能力为目的,着力培养学生应用基本理论去分析解决实际问题的能力。二是内容新颖。及时反映和汇集新观点、新知识,积极吸纳学科的前沿动态、社会经济发展的热点问题,使学生以新的视角和思路去思考和分析问题。力求吸收和反映本学科最新的研究成果,反映社会经济发展的最新要求。三是突出实用。概念准确,简明扼要,语言表述通俗易懂,通过大量案例及习题,帮助学生对相关原理理解和把握。尽量避免使用和少用复杂的数学工具和模型,使学生易于理解和接受相关知识和理论。四是增大案例比重。在编写中注重中国国情,拓宽案例来源的渠道,努力使微观经济学的一般原理与中国的实际情况结合起来,通过运用实例和案例来阐述经济学基本原理和理论,所以很适合应用型本科院校经济管理类专业学生使用。

全书分为六篇,共 14 章,即市场基本理论、消费者行为理论、生产者行为理论、市场结构理论、要素市场理论和市场失灵、政府干预理论。从结构上来看,全书以市场为核心,围绕市场的形成、市场的运行和市场失灵展开。

本书的编写者由浙江大学城市学院商学院长期从事经济学课程教学和相关理论研究的老师组成。本书由郑健壮教授担任主编,胡卫中、黄宇驰担任副主编。具体编写分工为:郑健壮(第 1、2 章)、胡卫中(第 12、13 章)、黄宇驰(第 8、10 章)、杨海锋(第 4、5 章)、谭岚(第 6、7 章)、王石河(第 3、14 章)、朱建安(第 9、11 章)。在编写过程中,王石河博士花费了许多精力对全书的体例进行了统一。全书最后的审稿由郑健壮、胡卫中和黄宇驰共同完成。

本书在研究写作过程中参考了大量国内外文献,在此我们表示衷心的感谢。

由于编写时间和水平的限制,本书中肯定存在许多欠缺和有待改进的地方,希望专家、读者批评指正,以期日后进一步完善。

郑健壮

2010 年 8 月

目　　录

第1篇　基本市场理论

第2篇 消费者行为理论

第3篇 生产者行为理论

第4篇 市场结构理论

第5篇 要素市场理论

第 6 篇　市场失灵与政府干预理论

第 1 篇

基本市场理论

第1章

导　言

≫ ≫ ≫　≫

本章学习要点

1. 了解经济学的研究对象和内容；
2. 熟悉经济学的若干个基本概念；
3. 掌握经济学的基本分析方法；
4. 了解经济学在日常生活和经济管理工作中的作用。

【开篇案例】

经济的诸多含义

英文"economy"的词源：英文中 economy 源自古希腊语 οικονομια（家政术）。因此，"economy"本来的含义是指家庭理财的方法，到了近代扩大为国家的治理，为了区别于之前的用法也被称为"政治经济学"（Political Economy）。

古代汉语中的"经济"：我国早在公元 4 世纪初的东晋时代已经正式使用"经济"一词。"经济"在中华传统文化中的意思是"经世济民"、"经国济物"，也就是治国平天下之意。如清代作家沈涛所著《交翠轩笔记》卷一："〔施彦士〕所著有《海运刍言》，论海运始末利害甚悉，儒生之有真实经济者。"说的就是，施彦士有治理国家的才能。

中文"经济"的语源是日译西文：西方经济学于 19 世纪晚期传入中国，最初，"economics"被直接译为"富国策"、"生计"、"理财学"等词。首先用汉字"经济学"翻译"economics"的是日本人，后来中国人把这个西文日译的词"译"回了中国。

现在，"经济"一词有着丰富的含义，可以理解为生产或生活上的节约、节俭;也可以理解为个人的生活用度,家境富裕程度;还可以理解为国家管理的各种经济事务和经济制度等。我们学习的经济学则把"经济"理解为资源的有效配置。

在日常生活中,如果我们谈到"经济",那么一般是指国家或者国际上的经济形势。比如,中国经济从 1978 年改革开放以来,近 30 年来一直保持着 2 位数的高速增长;2008 年发端于美国的次贷危机演变成了全球金融危机和经济危机……经济问题日益成为人们关注的焦点。

理论提示:从财富的管理到财富的生产,从资源配置到人类的选择行为,从一国到全球,经济学研究范围越来越广泛,外延越来越扩大。

1.1 什么是经济学

1.1.1 经济学的概念

经济学是研究在使用或不使用货币的情况下,将有其他用途的稀缺生产性资源,在现在或将来生产各种物品(Commodities),并把物品分配给社会各个成员或集团以供消费之用的一门科学。简单点说,经济学就是研究资源的有效配置的科学。

以人们对住房的需求来做个简单的分析吧。我国 20 世纪 60 年代,人们把手表、自行车等作为重要的消费目标;80 年代,把彩电、冰箱等作为追求目标;而 90 年代以来,人们把住房作为新的追求目标。但是作为生产住房的重要资源——土地资源是稀缺的,随着住房需求量的增加,可建住房的土地减少,因此导致房屋价格的增长,而人们用以购买住房的资金却是有限的,因此这是我们需要用经济学思想去解决的问题之一。

1.1.2 经济学的产生

人类已有的资源按照人们使用是否需要代价,可以分为两类:自由物品(free goods)和经济物品(economic goods)。对于人们而言,前者是可以无偿使用的,诸如空气、天然水等;后者则必须是有偿使用的,诸如汽车、房子等。

人类社会有个基本矛盾,即资源(经济物品)的有限性和人类欲望的无限性。

一方面,相对于人类的无限欲望而言,人类已有的资源不管怎样都太少了;另一方面,由于客观和主观的原因,这些有限的资源又得不到充分的利用。因此,如何合理地配置和利用有限的资源,就成了人们所必须面对的一个问题,也导致了经济学的产生。

上述问题可以引申出经济学产生的三个基本问题:稀缺性、选择和资源利用。后面两个问题均由第一个问题决定。

人们生产所需要的各种资源(资本、人力资源和自然资源等)永远是有限的,这种资源的有限性被称为稀缺性(scarcity)。资源的稀缺性既包括绝对稀缺性,又包括相对稀缺性。一方面,资源稀缺性是绝对的,它存在于人类社会的任何时期和任何地区,只要有人类社会就会有稀缺性。另一方面,资源稀缺性是相对的,相对于人类欲望的无限性而言,再多的资源也是不足的。这里要注意的是,经济学所说的稀缺性是指相对稀缺性。

想要将有限资源用于满足人类无限欲望,就必须对资源的使用作出选择。所谓选择(choice)就是要决定如何用有限的资源去生产物品以更好地满足人类的需求。因为,资源稀缺性的存在使我们所拥有的资源不能满足人类所有的欲望,必须按照一定的准则来研究先满足什么后满足什么,这个过程就是选择。从这个意义上说,经济学也是一门研究人类社会面对稀缺性如何作出选择,并预测影响选择的条件是如何变化的科学。所以,经济学又被称为"选择的科学"。在作出选择时,一个重要的原则就是要使从这种选择中所得到的收益与为此而付出的代价达到平衡。要在尽可能的范围内实现这种平衡,实质上就是最优化(optimizing)或经济化(economizing)的过程。最优化或经济化就是最好地利用有限的资源。所以,最优化或经济化是作出选择的基本原则。

经济学研究的"选择"至少有以下三个重要的问题:生产什么与生产多少、如何生产(即用什么方式和方法生产)和为谁生产。第一个问题的解决与效益有关,也就是怎样使人们得到最大的满足;第二个问题的解决与效率有关,即怎样生产可以获得最大的投入产出比;第三个问题的解决与公平有关,涉及社会全体成员之间的收入分配和相对满足程度。上述三个问题可以理解为经济学的基本问题。三个基本经济问题的实际解决过程,可以因社会经济制度、传统历史习惯、经济组织决策者的价值观等不同而不同,而且和解决问题的时间、地点等条件有密切关系。

人类社会一方面面临资源的稀缺性,另一方面又存在着资源得不到充分利用的现状。所谓资源利用就是人类社会如何更好地利用现有的稀缺资源使之生产出更多对社会有用的物品。

1.1.3 经济学的形成和发展[①]

　　1776 年世界发生了两件大事,这两件大事影响着后来两百多年的历史。一个是乔治·华盛顿发表了《独立宣言》,成为了一个新国家(美国)的父亲;另一个是亚当·斯密博士(1723—1790)出版了里程碑式的著作——《国富论》。《国富论》的诞生开创了古典经济学的历程。亚当·斯密不会无缘无故地发表其系统的经济学思想,而是受到他那个时代许多进步思想的启迪。主要包括:(1)启蒙运动所代表的对科学、理性和经济个人主义的无限信任的追求。(2)荷兰心理学家伯纳德·孟德维尔(1670—1733)的"贪心、贪婪和奢侈产生了大量公共财富"的思想,对于亚当·斯密"看不见的手"的思想产生了巨大的影响。(3)法国大法学家和哲学家查尔斯·孟德斯鸠(1689—1755)"温和的商业"(gentle commerce)的思想、法国经济学家弗郎索瓦·魁奈(1694—1774)著名的"自由放任,自由通行"的口号、法国经济学家理查德·坎梯龙(1680—1734)所提出的"供给和需求的自动市场机制"[②]和法国经济学家雅克·杜尔阁(1727—1781)自由贸易等思想都对亚当·斯密"自由放任"的思想产生了巨大的影响。(4)亚里士多德的"私人财产将给予人们实践仁爱和慈善的机会",加尔文教义所赞扬的节俭和勤奋工作的思想对他的"劳动价值论"也产生了巨大的影响。

　　《国富论》的主要思想可以简单归纳为以下五个方面。第一,每一个人的行为动机,主要在于利己("看不见的手"的作用),个人自私有助于推动整个社会的福利;第二,分工是提高生产率的关键;第三,物品的价值等于其能够购买或者能够支配的劳动量(劳动价值论);第四,只有在对内对外的商业不受到任何的限制的前提下("自由放任"(Laissez-faire)),才能使一个国家得到充分的发展和繁荣;第五,经济学研究的核心应该是增加财富而非分配财富。《国富论》认为,世界的繁荣必须具有三个条件:自由(生产和交换产品、劳动和资本的权利)、自我利益(从事自己的业务并迎合他人自我利益的权利)和竞争(在产品和服务的生产和交换中竞争的权利)。

　　约瑟夫·熊彼特在哈佛大学曾经说过,除了马歇尔(英国人),"世界上最伟大的四个经济学家中,三位是法国人"(马克·斯考森,中文版,p45)。约瑟

---

　　① 这部分许多思想来源于[美]马克·斯考森,现代经济学的历程——大思想家的生平和思想(中文版),长春出版社,2006 年。在此特别说明。
　　② 遗憾的是理查德·坎梯龙的"企业家和企业家在经济中的作用"的思想没有被亚当·斯密所关注。

夫·熊彼特所指的三位法国人分别是指：里昂·瓦尔拉（1834—1910）、安东尼·古诺（1801—1877）和弗郎索瓦·魁奈（1694—1774）。他们三人在古典经济学中均占有极其重要的地位。瓦尔拉提出了一般均衡理论，古诺最早发现了需求曲线并证明了垄断者如何在边际成本等于边际收益这一点上实现了利润最大化，魁奈发明了"经济表"。

其实，熊彼特忽视了一位伟大的法国经济学家，他就是法国第一位政治经济学教授——让·巴蒂斯特·萨伊（1767—1832）[1]。萨伊的伟大贡献主要体现在以下三个方面。首先，他发现了一个非常关键的生产要素，并命名为"企业家"（entrepreneur）。其次，他提出了有别于亚当·斯密"劳动价值论"的"主观效用价值论"。他认为，是效用而非成本决定产品的最终价格或价值（但他没有发现边际效用论）。最后，萨伊提出了他的"市场定律"。他认为，创造需要的不是货币而是产品和服务的生产，后人将其概括为"供给创造其自身的需求"。他认为，经济的下降阶段不存在一般性的"过剩"，而是生产的"方向错误了"，增加产量将导致更多的消费支出。

从《乌托邦》[2]开始，哲学家们梦想着没有战争、没有犯罪、没有贫苦的美好社会。在斯密学派的学者们追求普遍富裕的自由经济社会的时候，他的两个门徒却对其理论提出了新的挑战。马尔萨斯和李嘉图对斯密的理论提出的挑战标志着经济学从古典经济学开始向新古典经济学的转变。

1798 年，马尔萨斯[3]（1766—1834）在他 32 岁的时候匿名出版了《人口论》，其基本思想是地球上的资源不能与不断增长人口的需要保持一致。作为历史上最富有的经济学家，马尔萨斯最亲密的朋友——大卫·李嘉图（1772—1823）同样背离了老师"和谐增长"模型（关注经济增长），强调经济成果如何在不同群体（工人、地主和资本家）之间的分配和阶级冲突，开创了理论和历史相分离的研究方法，提出了纯粹演绎推理基础上的数学分析。另外，被称为古典经济学最后一

---

[1]　萨伊认为，企业家是将经济资源从生产力较低的领域转移到生产力较高的领域（收益较高并超过平均利润），并承担风险和实现利润最大化的人。遗憾的是，因强调企业家创造非均衡理论而闻名的熊彼特却忽视了他的伟大贡献。

[2]　《乌托邦》一书是英国空想社会主义者托马斯·莫尔的不朽巨著，用拉丁语写成，书的全名原为《关于最完美的国家制度和乌托邦新岛的既有利益又有趣的金书》。

[3]　马尔萨斯被认为是人口学和人口研究的奠基人（英格兰 1801 年进行的第一次人口普查事实上是受到他的影响），他对达尔文的进化论有启发作用。他发明了两个定律，一是人口按照几何级数增加，二是食物生产（资源）以算术级数增加。对于第一个定律，现证明其是基本正确的。中国独生子女政策在某种程度上也受到该理论的影响。对于第二个定律只能说有一半是正确的，因为资源确实有限，但是目前的情况证明并非按照算术级数增加。

位杰出学者——穆勒(1806—1873),在 1848 年(即与《共产党宣言》发表的同一年)出版了他的经济学教科书:《政治经济学原理》。由于同样关注分配(把生产和分配完全隔离开来),而被称为支持萨伊定律的彻底李嘉图主义者。

工业革命使经济学陷入困境。一方面,斯密没有完全构建一个科学的理论体系阐述在价格体系下生产者和消费者是如何相互作用使整个社会达到更高的生活标准。另一方面,李嘉图和穆勒他们尽管发展了生产成本理论,但是更多地关注财富的分配。1871 年,三位经济学家(英国的杰文斯(William Stanley Jevons(1835—1882))、法国的瓦尔拉斯(Léon Walras(1834—1910))和奥地利的门格尔(Carl Menger(1840—1921))各自独立发现了边际效用理论并领导了"新古典主义"的"边际革命",他们将斯密的理论和边际分析的方法结合起来,实现了生产和分配的统一,解决了经济学的"价值悖论",开创了经济学的"奥地利学派"[①]。"奥地利学派"的理论贡献不仅在于提出了"主观价值"、"个人效用"和消费者在经济活动中的重要性,更重要的是关注企业家的行为和在经济活动中的重要性[②]。

毕业于剑桥大学数学系的弗雷德·马歇尔(1842—1924)是彻底完成让古典经济学成为新古典经济学的历史使命的学者。他实现了杰文斯的愿望,成为经济学历史上第一位将《政治经济学》改变为《经济学》的人。他认为,影响经济是自然规律而非国家政策,经济演化是渐进的,所以开创性地引入了需求曲线、弹性、均衡等概念,并创造了推进斯密模型数量化和斯密"经济增长"的发动机(需求原理、价格决定、生产成本、短期和长期均衡)。

时间跳跃到 20 世纪 30 年代,由亚当·斯密创建的,经过边际革命的修正、马歇尔和奥地利学派提炼的经济学,已经是危机四伏。残酷的经济危机使经济学家对于自由放任经济学和资本主义调节经济的能力提出了质疑。在微观方面,1933 年,哈佛大学出版社出版了张伯伦(Edward H. Chamberlin,1899—1967)的《垄断竞争理论》,剑桥大学出版社出版了罗宾逊(Joan Robinson,

---

① "奥地利学派"的发展具有客观的文化环境。因为杰文斯的理论尽管可读(杰文斯的主要贡献包括:提出了让经济学从"政治经济学"(political economy)变成为"经济学"(economics),发明了边际效用概念和理论(非马歇尔),否定了成本决定价值的传统古典模型),但是在英国却被李嘉图正统的理论所压制;瓦尔拉斯的高度数学化的方法使许多人无法接受。奥地利特殊的环境使门格尔有能力并且有可能发展这个流派并最终替代李嘉图的理论。

② 奥地利学派的经济学家柏姆·巴维克(1851—1914)提出了"作为风险承担者——资本家"的观点。他认为,工商业资本家承担着工人没有承担的风险,他们将土地、劳动和资本结合起来,创造一种在市场上竞争的产品。

1903—1983)的《不完全竞争经济学》,两位学者同时提出了在市场上存在着从"完全竞争"到"完全垄断"的不同竞争水平的"不完全竞争"。在宏观领域,同样毕业于剑桥大学数学专业的凯恩斯(1883—1946)(马歇尔的学生),在 1936 年模仿爱因斯坦的广义相对论出版了著名的《就业、利息和货币通论》,把古典理论作为"特例"纳入了他的理论体系。到 1948 年,另外一个"剑桥大学"——麻省理工学院的保罗·萨缪尔森(1915—)出版了具有非凡意义的经济学教科书《经济学》。萨缪尔森成名的原因不仅是他普及了凯恩斯的经济理论,而且他使经济学成为纯粹的逻辑科学。

在 20 世纪的经济学历程中,有两个"暗流"是必须考虑的,其一是"回归斯密",其二是"历时的思考"。在"回归斯密"的过程中,取代凯恩斯主义恢复古典经济学的代表人物是米尔顿·弗里德曼(1912—2006),他认为"看不见的手推进进步的效力比看得见的手治理衰退的效力更大"(马克·斯考森,中文版,2006年,p389)。当然在这个方面,不仅有弗里德曼,还有哈佛大学的曼昆(Gregory Mankiw),在他的《经济学原理》中,古典模型变成了"通"论,而凯恩斯主义模型则变成了一个"特例"。

"历时的思考"就是按照演化(演进、进化)的思想来研究经济学的问题。达尔文(1809—1882)的思想对于科学、宗教和哲学,包括经济学产生了深远的影响。赫伯特·斯宾塞(1820—1903)就认为,社会不应该违背自然法则,最弱的成员应该失败,这样可以消除不聪明和不勤奋的个体而促进社会的进步[①]。耶鲁大学教授萨姆纳同样认为,自由资本主义天生与进化法则相一致。在斯宾塞和萨姆纳的带领下,演化经济学在 1890 年至 1914 年到达了顶峰(马克·斯考森,中文版,2006)。其后由于进化论被滥用,演化经济学出现了一段时间的衰落。第二次世界大战后,演化经济学东山再起。其间,奥地利经济学家哈耶克(1899—1992)开始使用他发明的"自发秩序"的概念,用演化的方式讨论市场过程。1982 年,美国经济学家纳尔逊(Richard Nelson)和温特(Sidney Winter)出版的《经济变迁中的演化理论》,进一步发展了经济演化理论。

[①]　斯考森认为,赫伯特·斯宾塞在他 32 岁的时候(比达尔文更早)就发明了"适者生存"这一术语,他将"生存"条件视为进步的动力。

1.2 经济学中的几个基本概念

【专题】

水和钻石,哪个有价值?

人们通常把是否拥有钻石作为其富裕的标志。现在年轻的女孩在结婚时一般都需要一个钻石戒指作为爱情和财富的象征,而其他富贵人士更把钻石饰品作为其身份的符号。讲到这里,大家一定有了这样一种感觉:钻石的价值远要比其他商品来得高。但我们是否考虑过这样一种情形:当我们在沙漠地带迷路的时候,当我们需要大量的饮用水以维持我们生命的时候,我们却没有水,那时我们身边即使有许多钻石又有什么用呢?

人们不禁要问,水和钻石,到底哪个更有价值?

理论提示:经济学家从供求均衡理论和边际效用理论解释这个悖论。学习任何一门学科,都需要从基本的概念体系入手。

1.2.1 经济变量

经济变量就是指经济系统运行过程中随时都可以发生变化的量。比如在分析企业经济运行过程中,企业的成本、工资、利润都是经济变量;在分析区域经济发展运行态势时,区域的 GDP、GNP 以及它们的增长率也是经济变量。在经济分析和研究中常用的变量包括内生变量和外生变量、存量和流量。

按照斯泰纳(1981)的观点,内生变量就是"一种理论内所要解释的变量",外生变量就是"一种理论内影响其他变量,但本身由该理论外的因素所决定的变量"。简单而言,内生变量是指经济体系内的因素所决定的变量,外生变量是指经济体系以外的因素所决定的变量。例如,投资、消费等在由国民收入、利息率这些经济体系内的因素决定时就是内生变量,而人口在由生物、自然、社会等经济体系以外的因素决定时就是外生变量。

存量是指一定时点上存在的变量的数值,其大小与时间维度无关;流量是指一定时期内发生的变量的数值,其数值大小与时间维度有关。例如,人口量一般是指某一时点上的变量,称为存量;国民收入是指某一时期内发生的变量,则称为流量。

1.2.2 效用

效用(utility)是指消费者在消费商品和服务时所感受到的满足程度。效用与人的欲望总是联系在一起的,消费者只有对某种商品和服务有欲望时,对于消费者而言,该商品和服务的消费才有效用。

总效用(total utility)是一个人从消费某些物品与劳务中所得到的总好处或总满足程度。总效用的大小取决于个人的消费水平,即消费的物品与劳动数量越多,总效用一般就越大。

随着物品消费的增加,边际效用的变动是正的,但在递减。边际效用之所以是正的是因为,消费者进行消费是为了获得某种满足,即获得效用,在一般情况下,消费者如果感到增加的效用已不能给他带来满足,就会停止消费。换言之,只有消费的增加使他的满足程度增加,他才会增加消费。但边际效用又是递减的,对这种现象经济学家从心理学的角度作了解释。效用是消费者的一种心理感受,消费某种物品实际上就是提供一种刺激,使人有一种满足的感受,或心理上有某种反应。消费某种物品时,开始的刺激一定大,从而人的满足程度就高,但不断消费同一种物品,即同一种刺激不断反复时,人在心理上的兴奋程度或满足必然减小。

1.2.3 机会成本和会计成本

资源有多种用途,可以生产不同的产品。当我们作出选择,决定生产某种产品来满足某种欲望时,必须放弃另一些产品的生产和其他欲望的满足。在衡量一项选择是否实现了最优化时可以根据机会成本这一概念。机会成本(opportunity cost)是作出一项决策时所放弃的其他可供选择的最好用途。例如,某人有10万元资金。可供选择的用途及各种用途的收入是:开商店获利2万元,开饭店获利3万元,炒股票获利3.5万元,进行期货投机获利4万元。如果某人选择把10万元用于期货投机,则放弃的其他可供选择的用途是开商店、开饭店和炒股票。在所放弃的用途中,最好的用途是炒股票(可获利3.5万元)。所以,在选择进行期货投机时,机会成本就是放弃炒股票;或者说,选择进行期货投机获利4万元的机会成本是所放弃的炒股票的获利3.5万元。在进行选择时,机会成本是一个十分重要的概念。

在理解机会成本时要注意这样三个问题:

第一,机会成本不同于实际成本,它不是在作出某项选择时实际支付的费用或损失,而是一种观念上的成本或损失。例如上面所举的例子中,某人作出进行期货投机选择时机会成本是放弃炒股票,或者说获利4万元时机会成本是放弃获利3.5万元。但这不意味着为了获利4万元,必须实际支出3.5万元或损失3.5万元。10万元的资金只能在进行期货投机获利4万元与炒股票获利3.5万元中选择其一,因为资源是有限的。"鱼与熊掌不可兼得",你选择了一个,就必须放弃另一个。这种情况下,你作出一项选择时,机会成本并不是实际支出或损失,仅仅是观念上的损失,或放弃的另一种可能性。

第二,机会成本并不全是由个人的选择所引起的。其他人的选择会给你带来机会成本,你的选择也会给其他人带来机会成本。例如,当你在夜晚享受"卡拉OK"时,你所放弃的宁静就是这种享受的机会成本。这时,你还会使别人得不到宁静,别人被迫放弃的宁静就是你这种选择给别人带来的机会成本。

第三,机会成本是作出一种选择时所放弃的其他若干种可能的选择中最好的一种。例如,在运用10万元资金的选择中,当选择了期货投机时,所放弃的用途有开商店、开饭店和炒股票三种,其中最好的一种用途是炒股票(在这三种可能选择的用途中获利最多),所以,进行期货投机的机会成本是放弃炒股票,而不是其他。

【专题】

会议的机会成本

企业经常忽视他们的一个最重要的机会成本,这就是他们的高级雇员的时间。根据一家私营机构对美国最大的1000家企业的200名老总所做的调查,老总们估计在他们每天的工作时间中,平均15分钟用于打电话,32分钟用于阅读或抄写不必要的备忘录,72分钟用于不必要的会议。假设这些老总们每年的平均工作时间是48周(休假4周),每周工作5天,那么他们用于打电话的时间就是60小时,读写备忘录用128小时,而不必要的会议就占288小时!

也许读者会觉得,这些数字顶多算某种有趣的描述,并不是精确的估算。试问,有谁能预言即将召开的会议纯粹是浪费时间?无可否认,每个会议都具有一定目的,通常我们只能在会后对会议的必要性下结论。要命的是,企业在安排会议的时候,常常因为不必为参加会议的人额外付钱,便相信会议的成本为零。他们忘了,如果不开会,这些薪水很高的老总们会去做别的有用的事情。

如何纠正人们对会议成本的认识，加强与会者的紧迫感，进而提高会议的效率？有人提出了一种简便易行的方法，就是在会议室显眼处设置一块计时牌，预先录入每个与会者每小时的薪金数额，从他们到达会议室的时刻开始计时，累计并显示全体与会者薪金消耗数额，直到会议结束。

举例来说，20个时薪平均为45美元的行政人员参加的会议，每小时的成本就是900美元。此外，我们还可以加上诸如会议室的使用成本和传达开会通知的费用等项目。有了这块分秒必争的计时牌，"时间就是金钱"便真正成为一种压力。试想，当薪金数字跳到四位数时，还有哪个大老板愿意继续付钱让一群职员毫无成效地空坐下去？还是长话短说为妙，趁早结束会议，把职员送回各自岗位上为公司多干活吧！

理论提示：不必要的会议难以控制，重要原因在于人们忽视了机会成本。

1.2.4　经济利润和会计利润

在经济学中，我们会一再遇到"利润（profit）"这个概念。在日常生活中，人们接触到的利润概念往往是会计意义上的，在经济学中利润是指经济利润（economic profit），与会计利润（accounting profit）有着显著的差异。会计利润是指企业的总收益减去所有的显性成本或者会计成本以后的余额。显性成本是指企业为获得生产所需要的各种生产要素而发生的实际支出，主要包括支付给员工的工资，生产中购买的各种原材料、零部件和燃料等。在经济分析中提到利润时，是指企业获得的所有收益中扣除土地、劳动、资本等所有生产要素的全部机会成本之后的剩余。机会成本是指厂商生产某种产品或服务的代价。在会计利润的计算中没有考虑隐性成本，也就是企业使用的早已占有的并非购买亦非租用的要素进行生产而导致的机会成本，在会计记录中体现不出来，但经济分析中必须考虑这部分成本。

归纳一下上面的分析，可以得到如下几个等式，由此也可以清楚地看到几个概念的区别：

会计成本＝显性成本

经济成本＝显性成本＋隐性成本

　　　　＝会计成本＋隐性成本

会计利润＝总收益－显性成本

$$=经济利润＋隐性成本$$
$$经济利润＝总收益－经济成本$$
$$=总收益－（显性成本＋隐性成本）$$
$$=总收益－（会计成本＋隐性成本）$$

因此,在会计核算中经常会对利润高估,虽然企业没有直接支付使用自有资源的代价,但在经济分析中则必须考虑这项成本,所以,经济学中所指的利润最大化是经济利润最大化,而不是会计利润最大化。

1.3　经济学的分析方法

【专题】

两种表述有差异吗

一些科学家认为,几个世纪以来烧煤炭和石油增加了空气中的二氧化碳的含量,并引起最终摧毁这个星球一系列生命的气温升高。针对上述问题,一种表述是"我们的星球正在变暖是因为空气中二氧化碳排放量的增加",另外一种表述是"我们应该减少对煤炭和石油这类产品的使用"。

理论提示:上述两种表述,它们的差异性在哪里? 在本节中,我们将学习经济学的基本分析方法,具体包括:实证与规范、个量分析和总量分析、边际分析和最优化分析方法等。

1.3.1　实证分析与规范分析

我们先来看一个例子,它是关于减税和削减社会福利的争论。这种争论实际上涉及两个问题,一是"减税和削减社会福利会使人们更勤奋地工作";二是"税收和社会福利应该削减"。这两种表述,第一个是关于"是什么"(what is)的表述,这在经济学上称为实证表述(positive statements);第二个是关于"应该是什么"(what ought to be)的表述,这在经济学上称为规范表述(normative statements)。

从上面的例子可以看出,实证表述是对现象的客观描述。当然它可能是真实的,也可能是虚假的。这种表述是真实的还是虚假的,可以根据客观事实进行检验。规范表述是对现象的主观看法。不同的人有不同的价值判断标准,对同样的事实会有截然不同的看法。对这些看法,你可以同意,也可以不同意。科学并不解决规范问题,这并不是说规范问题不重要。恰恰相反,规范问题是所有问题中最重要的。无论是科学家还是普通人,对规范问题不会没有自己的看法。现实中的许多决策也要以这些看法为依据(例如,当政府决定是否减税和削减社会福利时,就要根据人们对是否应该这样做的看法)。但是,科学本身并不能解决规范问题,具有丰富科学知识的人并不一定是具有优秀道德规范的人。

对一种实证表述看法的争论最终可以通过认真观察和度量来解决,但对一种规范表述看法的争论却不能用这种方法来解决。现实中对解决规范问题的争论并没有一个确定的规则。一般来说,当人们对规范问题的争论影响到某项决策时,只有用政治的或立法的手段来解决。在一个集权政治体制中,这种争论往往是由最高统治者作出裁决。在一个民主政治体制中,这种争论往往由议会以多数原则来解决。无论采用哪种方法,我们都是在政治领域,而不是在科学领域内解决有关规范问题的争论。科学家可以,而且往往也会对解决政治生活中的规范问题争论作出贡献,因为对客观现象正确的实证表述是人们提出自己看法的基础。但是,科学与政治是完全不同的。科学家对他所研究的问题应该有自己的看法,但这些看法并不是科学家本身的一个组成部分。

以实证表述为内容的经济学称为实证经济学(positive economics),以规范表述为内容的经济学称为规范经济学(normative economics)。

在经济学发展中,经济学方法论有一个从规范向实证转变的过程。

1.3.2　实证分析过程

【专题】

公园门票跌价的启示

2001 年夏,苏州乐园门票从 60 元降到 10 元。一时间,趋之者众,10 天该园日均接待游客量创下历史之最,累计实现营业收入 400 万元以上。

10 元门票引来 25 万人。

盛夏的苏州乐园,十分过瘾地火了一把。

"火"是自 7 月 20 日傍晚 5 时点起来的。这是该园举办"2001 年仲夏狂欢夜"的首日,门票从 60 元降至 10 元。是夜,到此一乐的游客竟达 7 万之多,大大出乎主办者"顶多 3 万人"的预测,这个数字,更是平时该园日均游客数的 15 至 20 倍,创下开园 4 年以来的历史之最。

到 7 月 29 日,为期 10 天的"狂欢夜"活动落下了帷幕。园方坐下来一算,喜不自禁:这 10 天累计接待游客 25 万余人,实现营业收入 400 万元以上,净利润 250 万余元……

这些指标,均明显超过白天正常营业时间所得。

"火"一把的关键,是原先 60 元一张的门票陡降到 10 元钱。非但如此,每位到乐园过"狂欢夜"的,凭门票,还可以领到与 10 元门票同等价值的啤酒、饮料和广告衫等。

需要说明的是,白天购 60 元门票入园后,园内的多数活动项目就不再收费;而购 10 元门票入园后,高科技项目和水上娱乐项目等仍要适当收取一点费用。这样算下来,园方至少可以保证自己不赔钱,何况还有那么多厂家的支撑。消费者算算,也比 60 元一张门票值,因为,有些游客只是参与部分娱乐项目的消费,甚至只是晚间出来纳个凉、吹吹风,尤其是三口之家,更是觉得这样划算,总共花 30 元就能享受凉爽的空气、新鲜的啤酒、精彩的演出、美丽的焰火、免赠的礼品,太实惠了!厂家更精——做了广告,推销了产品,还培育了潜在的消费群体。总之,大家都赚了。

(资料来源:摘自 http://ciobbs.enet.com.cn/thread-2868960-1-1.html,《公园门票降价或涨价的启示》,2007-2-26)

针对上述案例,请同学思考公园票跌价的理由以及公园赚钱的原因。

理论提示:在本节中,我们将学习经济理论和经济模型这对基本概念,并从这对基本概念出发阐述经济学分析和研究经济问题的基本程序。

在希望使用经济学方法去分析和研究经济问题之前,我们有必要了解经济学分析问题的基本程序。了解这个基本程序,其中一个主要目的是培养大家对于分析经济问题的经济学素养和技能。

1.经济理论与经济模型

经济学家所研究的经济现象必须是可以观察并能够度量的。目前各类机构每天都提供大量的经济信息,这些信息就是对各种经济现象的观察与度量的结果。但是,经济学家的任务并不仅仅是描述现象,或对这些现象进行分类度量,而是要对这些现象作出解释并发现规律。为了完成这些任务就需要我们提出经济理论与经济模型。

经济理论（economic theory）是可以使我们解释并预测人们经济选择的一般规律或原理，而提出经济理论往往需要我们通过建立与检验经济模型（economic model）来进行。

模型有两种：一种是具体的模型，它是我们可以看到的真实的事物。这种模型的目的是使我们对真实事物有直观的认识。另一种模型不是具体的。我们无法看到真实事物，但可以根据模型来判断它所代表的真实事物的基本特征。经济模型属于后一类模型。

经济模型并不是详尽地描述现实生活中发生的一切经济行为。在建立经济模型时，我们只集中注意那些解释经济现象的重要变量，而略去其他细节，因此模型一般没有真实事物那么复杂。一个模型应该包括什么变量和撇开什么变量并不是任意的，而是有意识地认真考虑的结果。

经济模型有两个组成部分：假设与含义。假设（assumptions）是建立模型所适用的条件和基础。含义（implications）是模型的结果。一个模型假设与含义之间的联系是逻辑推理的过程。

经济模型的建立是根据以下四个基本假设而进行的。

第一，人有自己的偏好。经济学家所说的偏好（preferences）是表明人对某种事物喜爱或厌恶，以及喜爱与厌恶的程度。人们可以根据自己的偏好来判断某种状况比另一种状况好、更差，或者是同样。例如，一个人可以根据自己的偏好来判断，是一片面包和没有奶酪的组合好呢，还是 1/4 片面包和 4 盎司奶酪的组合好。

第二，人被赋予固定数量的资源和可以把这些资源转化为产品与劳务的技术。经济学家所说的禀赋（endowment）是指人所拥有的资源，而技术（technology）是指把这些禀赋变为产品与劳务的方法。

第三，人的经济化。人们选择如何使用自己的禀赋时，其目的是为了尽可能地使自己的状况更好，这种选择被称为理性选择。理性选择（rational choice）是在所有可能的选择中能最好地达到出选择者的目的的那种选择。每一种选择，无论在旁观者看来多么愚蠢，在经济模型中都可以解释为理性选择。

第四，人们的选择是协调的。一个人选择购买某种东西就必然相应地有另一个人选择出卖同样的东西。一个人选择从事某项工作就必然相应地有另一个人选择雇用该人去从事这项工作。个人选择的协调既可以通过市场机制进行，也可以通过行政指令机制进行。

经济模型的含义是各种价格和数量的均衡值。均衡（equilibrium）是每一个人都处于最优时的状态。这也就是说，所有的个人都根据自己的偏好和既定的资源、技术与信息作出了最好可能的选择。均衡是一个经济模型的解或结果。

经济理论是经济模型与现实世界之间的桥梁。经济理论是模型的概括，它可以使我们理解并解释过去，以及预测未来的某些情况。经济理论是在建立与检验经济模型的过程中发展形成的。

可以用图 1-1 说明用模型形成理论的过程以及模型、理论与现实之间的关系。

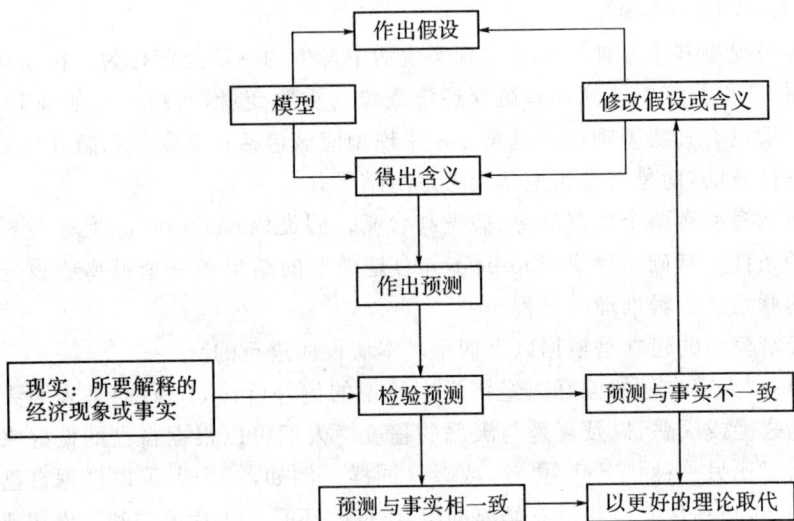

图 1-1 模型、理论与现实

图 1-1 的整个过程可以简单表述如下：首先是建立模型，即提出假设并推导出含义，然后用模型的含义来作出关于现实世界的预测，并根据事实进行检验。预测与检验形成了理论的基础。如果预测与事实不一致，那么，或者放弃原来的理论，以更好的理论取代之，或者对模型的假设和含义进行修改，即建立新的模型。经济学本身对我们如何建立更好的模型提供了指导，它使我们可以迅速找出以前忽略了的偏好、禀赋、技术或协调机制的某些方面，从而作出更好的假设，得出更正确的含义。在图 1-1 所表明的理论形成过程中，作出假设与得出含义属于模型的内容，现实就是所要解释的经济现象或事实，理论包括作出预测与检验预测，正是理论把模型与现实联系在一起。

2.经济学分析问题的基本程序

尽管经济学中不存在刻板的经济分析程序,但是经济学家在构造和运用理论时却遵循着一些约定俗成的程序。它们一般由以下五个主要步骤所组成。

(1)明确问题。这是经济分析的首要环节。人类的经济活动是各种因素相互交叉依赖和影响的复杂体系。经济学家常常需要首先明确自己感兴趣或需要重点给予研究的主要问题,以便把它们从现实复杂的经济关系中相对地分离出来,集中力量给予单独的考察和处理。正是由于不同的经济学家集中于研究不同的经济现象和问题,使得经济学发展出多种不同的学科分支。即使在同一经济学分支中,经济学家仍然需要在同一个大的经济问题中分离和明确若干小的问题作为特定阶段的研究对象,以此不断深化对复杂经济现象的认识。例如,以企业经营管理决策问题为研究对象的管理经济学还要明确和划分出生产决策、成本决策、定价决策等范围更小的问题。只有问题的边界十分明确,才能引导更深入的分析,并且也可以避免同其他相关问题重叠,以至引起结论的混乱。

(2)制定假设。即使确定了研究的集中点,但经济变量之间的复杂联系仍然使得研究工作十分复杂和困难。为了使得复杂的社会经济现象易于得到集中分析处理,常常需要制定和运用假设。使用假设的目的在于简化问题,使问题变得易于处理和分析,从而得出一些有意义的结论。比如,经济学家在分析某两个主要经济变量之间的相互关系时,通常假设所有其他相关因素保持不变,以便能清晰地说明主要变量之间的相互关系。合理地制定假设,对于正确地分析问题有着重要意义。因此,假设应能合理地代表现实世界的情况,符合现实经济现象最基本的或最大量的事实。

(3)构造模型。所谓构造模型,是企图用一种简单易懂、简便易行的方法来说明一个特定体系的基本特征,而它又紧密联系实际,以帮助得出有实际意义的结论。构造模型的方法,在多种学科的研究中得到广泛运用。模型的构造要求在制定正确假设的条件下进行适度的抽象。抽象度过低和抽象度过高都不利于经济分析的进行。根据研究的对象以及研究方法的不同,人们可以构造不同类型和不同形式的模型,比如逻辑模型、行为模型、理论描述模型、数学分析模型等。在经济分析中,常常综合地使用多种形式的模型。

(4)推断预言。人们针对特定问题制定的假设和构造的模型结合在一起,就构成了所谓的理论。一种理论包含着对现实世界中现象或行为的可以接受的解释或指导。理论在特定的假设下,通过模型确认了各种变量之间的因素关系和逻辑联系,因此它应当具有对现实世界的解释能力和预言能力。尤其是后者。经济学家建立模型或理论的目的,不仅注重于对现实世界的解释,更关注于对现实世界未来发展的预测。因此,运用假设和模型来推断和预言某一经济现象的未来发展或一般趋势,就成为经济分析另一个重要的环节。

(5)检验评价。一种理论是否正确,必须受到检验。当一种理论通过制定假设、构造模型并得出预言后,对其多阶段检验评价过程也就开始了。能够评价预言的准确性是构造正确扎实的假设和模型的基本特征。如果理论提出的预言与所观察的事实相符,说明该理论的假设和模型是合理的,可以成立的;如果所观察的事实与预言相矛盾,则表明假设不成立或者模型不合理。

3. 实证分析的具体方法

(1)个量分析和总量分析。微观经济学主要采取个量分析法,即广泛利用能够反映单个消费者、单个生产者、单个市场等特征的经济变量来作为分析的基本素材,从事微观经济活动的研究。宏观经济学主要采取总量分析法,即广泛利用能够反映整个经济活动水平的总需求、总供给、社会就业量等经济量来作为分析的基本依据,从事宏观经济活动的研究。当然,个量与总量的划分只是一个相对的概念,在实际中存在着许多介于这两者之间的经济量,它们相对于微观经济学所用的个量似乎属于"总量"的概念,但相对于宏观经济学所用的总量还是属于"个量"的范畴。

(2)边际分析。边际分析是新古典经济学产生的一个标志。所谓边际分析,就是借助这种函数关系,研究因变量随着自变量的变化而变化的程度,以比较经济效果的一种分析方法。边际分析是基于各种经济现象之间存在一定函数关系这一基础上的。

传统的经济分析方法,一般采用平均分析的方法。它是根据业已发生的事实,计算出自变量与因变量之间联系的平均值,然后以这种反映过去的平均值来推断将来出现的情况。它是对过去既成事实的总结,是一种对过去的分析。只有当因变量同自变量总是成正比例变化时,这种方法才是有效的。但事实上,经济现象中因变量与自变量之间的变化很多都是非正比的。因此,用过去的平均值来分析和决定现实问题,造成失误的可能性很大。而边际分析正克服了这一缺点。按照边际分析原理,人们决策时,主要应当考虑的是由于决策而引起的投入量新变动的边际产出或边际效果。这种边际值才能准确反映决策的直接后果,它应当是决策分析的主要依据。边际分析区别于传统的决策分析方法,成为经济学最基本的分析工具。

要掌握边际分析的原理和方法,首先应准确理解和掌握边际的概念。边际的概念可以从它的经济含义与数学含义及其结合上来加以理解。

①边际的经济含义。所谓边际(margin),就是边缘、额外、追加之意。它被

人们用来揭示两个具有因果或相关关系的经济变量之间的动态函数关系。当某一经济函数中的自变量发生一个微小单位的数量变化时,因变量因此而发生的相应的数量变化值,被称为该因变量的边际值。例如,企业的销售收入是其产品销售量的函数,在某一既定的销售水平上,产品销售量再增加或减少一个单位可能使销售收入增加或减少的货币额,就称为在特定销售量条件下的边际销售收入。可见,边际在经济分析中是特定经济函数关系的产物,它揭示的是某一经济变量在相关变量影响下所发生的边缘性变化的状况。在社会经济生活中,边际关系广泛存在。在企业经营决策分析中,可以将边际的概念应用于产量、收入、成本、利润等经济变量,以分析和考虑这些经济变量在相关变量影响下最后一个单位的变化情况。这些变量的边际变化趋势,大致可以分为逐渐增加和不断减少两种基本的情况。比如边际生产成本,当产品生产量超过一定限度时,随着产量的不断增加,每增加生产一件产品的边际成本将呈递增的趋势;而一个工人劳动时间不断增加所带来的边际产品,则将会逐步减少。边际的概念和关系在日常生活中也可以找到大量的例证,比如一个消费者在连续吃下三块面包后吃第四块面包时的感受(称为边际消费效用),或者一个学生在连续学习三个小时后再进行第四个小时学习时的边际学习效果,等等。

②边际的数学含义。从数学的角度看,所谓边际就是某一连续函数的导数。它反映的是自变量的微小变化对因变量的影响。设 x 为自变量,Δ_x 表示其变化量,$y = f(x)$ 为因变量,Δ_y 表示其变化量。则因变量 y 受自变量 x 变化影响的边际值为 $\frac{\Delta_y}{\Delta_x}$。当 $f(x)$ 为连续函数且可微时,$y = f(x)$ 相对于 x 变化的边际值就是 $f(x)$ 对 x 有导数:$y' = \frac{\mathrm{d}_y}{\mathrm{d}_x} = \lim\limits_{\Delta_x \to 0} \frac{\Delta_y}{\Delta_x}$。即 y 对 x 的导数等于在 Δ_x 趋于零时 $\frac{\Delta_y}{\Delta_x}$ 比值的极限。导数作为原函数的变化率,准确地揭示了边际的含义。之所以用反映两个变量微变化值比较关系的导数来作为因变量的边际值,正在于它反映了因变量的边际变化是受自变量的单位微变化值的影响而产生的,说明边际是函数之间变化关系的产物。

边际的概念实际上是它的经济含义和数学含义的有机统一。边际分析实质上就是在把有关经济变量的相互关系转变成特定的经济数量函数关系的前提下,分析和判定自变量最后一个单位值的变化可能引起的相关变量的变化方向和幅度。

③总值、平均值与边际值的关系。在经济学的分析中,经常要用到总值、平均值与边际值的关系。例如,消费者行为理论中涉及总效用、平均效用和边际效

用,生产理论中涉及总产量、平均产量和边际产量,成本理论中有总成本、平均成本和边际成本,利润理论中有总利润、平均利润和边际利润等。这些量之间的关系相当重要且有用,下面以总利润、平均利润和边际利润为例来说明总值、平均值与边际值的关系,这些关系对于其他量之间的关系也同样适用。

总利润是指厂商销售一定数量的产品获得的利润总额。平均利润是指厂商从单位产品获得的利润,定义式为:$A\pi = \dfrac{\pi}{Q}$。而边际利润是指产量变动一个单位时总利润的变化量,其定义式为:$M\pi = \dfrac{\Delta \pi}{\Delta Q} = \dfrac{\mathrm{d}\pi}{\mathrm{d}Q}$,$\Delta \pi$ 表示利润的变化量,ΔQ 表示产量的变化量,上面表达式中的后半部分是运用微积分的定义式,即当产量的变化趋于零时 $\dfrac{\Delta \pi}{\Delta Q}$ 的极限值。

假设某厂商面对如下的利润函数:
$$\pi = -50 + 64Q - 4Q^2$$
式中,π 表示利润,Q 表示产量。根据利润函数,可以很容易地求出平均利润函数和边际利润函数,即:

$$A\pi = \frac{\pi}{Q} = -\frac{50}{Q} + 64 - 4Q$$

$$M\pi = \frac{\mathrm{d}\pi}{\mathrm{d}Q} = 64 - 8Q$$

上面两个表示式中,$A\pi$ 表示平均利润,$M\pi$ 表示边际利润。

我们可用图形形式表达利润函数、平均利润函数和边际利润函数,如图 1-2 和图 1-3 所示。

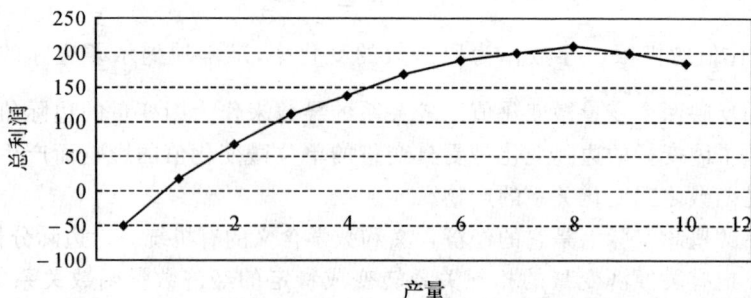

图 1-2　某厂商的总利润曲线

从图 1-2 和图 1-3 可见,如果产量小于 8 单位,边际利润为正,进一步增加产量会增加利润,即总利润曲线还会上升;如果产量大于 8 单位,边际利润为负,进一

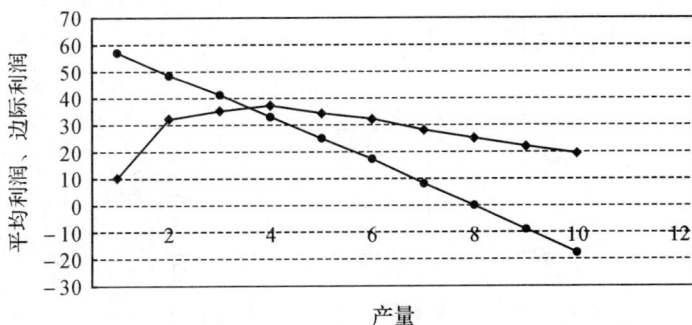

图 1-3 某厂商的平均利润和边际利润曲线

步增加产量不但不会增加利润,还会减少利润,反过来,这时如果减少产量,利润反倒会增加。因此,当边际利润为零时(这时的产量为 8 个单位),总利润达到最大。

在图 1-3 还可以得出平均利润与边际利润的关系。在平均利润和边际利润曲线交点,两者相等,此时的产量为 3.54 单位。在产量小于 3.54 单位时,边际利润大于平均利润,从图中可见平均利润是增加的。而当产量大于 3.54 单位时,边际利润小于平均利润,平均利润是减少的。即在产量为 3.54 单位的左边,平均利润是递增的,而在其右边,平均利润是递减的,因此当产量为 3.54 单位时,平均利润达到最大。

我们结合图 1-4 来考察总利润和平均利润的关系,在图中总利润曲线上任取一点 B,该点对应的产量水平为 Q_1,利润水平 π_1,联结 B 点和原点 O,可见

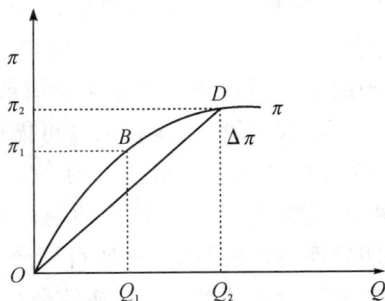

图 1-4 总利润与平均利润的关系

线段 $BQ_1 = \pi_1$,线段 $OQ_1 = Q_1$,根据定义,这时的平均利润 $A\pi_{Q_1} = \dfrac{BQ_1}{OQ_1} = \dfrac{\pi_1}{Q_1}$,即线段的斜率就是该产量单位的平均利润。同理,再在总利润曲线上任取一点

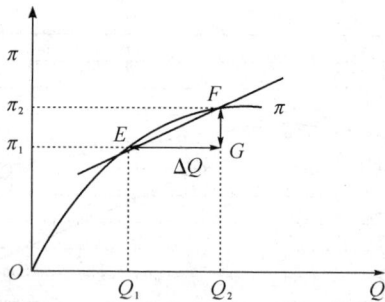

图 1-5　总利润与边际利润的关系

D,可得平均利润 $A\pi_{Q_1} = \dfrac{DQ_2}{OQ_2} = \dfrac{\pi_2}{Q_2}$,线段 OD 的斜率也是该产量单位的平均利润。于是,可以得出如下的结论:连接总利润曲线上任一点与原点连线的斜率就是平均利润,将这些斜率值描在以产量为横轴、以平均利润为纵轴的坐标系中,即可得平均利润曲线。

如图 1-5 所示,作总利润曲线的一条割线,交其于两点 E 和 F,E 点对应于产量 Q_1 和总利润 π_1 的组合,F 点对应于产量 Q_2 和总利润 π_2 的组合,因此图中 FG 线段表示总利润的变化量 $\Delta\pi$,EG 线段表示产量的变化量 ΔQ,因此线段 EF 的斜率即为 $\dfrac{\Delta\pi}{\Delta Q}$,由此可得边际利润 $M\pi_1$。同理可得整条边际利润曲线,当产量的变化量趋于零时,割线变为总利润曲线上一点的切线,由此可得如下结论:总利润曲线上每一点切线的斜率就是边际利润。

(3)最优化方法。为了说明最优化方法,我们以企业经济活动为例进行说明。

经济学认为,企业管理的主要目标是要使企业价值最大化。为了实现这个目标,就要求企业在进行生产经营决策时,应根据其可能的条件,寻求最利于实现这一目标的行动方案。企业寻求和选择最佳行动方案的分析决策过程,即为企业决策的最优化。可见,最优化是对某一特定问题确定最佳可能解的过程。因此,最优化首先需要有明确而具体的目标,比如目标产量、目标利润或目标成本等,而不是笼统地对企业较长时期的总体目标或综合目标寻求最优解。其次,寻求最佳方案只有在企业拥有多个可行的备选方案条件下才有其适用性。如果可供采取的行动方案只有一个,那就不存在决策问题,也就不需要最优化。再次,所谓最优方案或最优解从根本上看仍然是一个相对的概念。这是因为人们受时间、精力、知识和财务资源等的限制,不可能提出一切可行的方案来供选择优化。因此,所谓最优化也只是在一组相对有限的行动方案中的选择。最后,最优化分析总是同有关经济变量的数量函数关系相联系，因此，数学分析模型和方法成为最优化的基本工具。

在企业决策最优化中运用数学方法，有如下一些基本的规则。

①最优化分析经常需要求解一个函数的最大值或最小值。比如确定企业一定时期实现的最大利润或所耗的最小成本。确定函数最大值或最小值特别简便有效的数学工具就是微分法。只要计算因变量的一阶导数 $\dfrac{\mathrm{d}y}{\mathrm{d}x} = 0$，就可以确定达到目标函数最大或最小的自变量值，从而为确定最佳方案提供数学依据。采用微分法作为主要分析工具，为最优化分析同边际分析的有机结合提供了共同的基础。经济学中的边际分析实际上也是寻求最优解或者说谋求决策最优化的基本工具。

②多元函数的最优化需采用偏导求解的方法。例如，企业产品销售量通常是产品价格、质量、消费者偏好、收入水平、企业广告、营销方式等多个变量的函数。这些变量共同作用，综合形成某种结果。为了严格区别和确定全部销量中各变量单独变化所引起的销量增长最大值，则须借助数学分析中求解偏导数的方法。即先对某一变量求偏导数，其余变量暂时均视为常数；对逐个变量求偏导数，并使它们分别为零，确定使因变量函数如销量最大的值；满足所有偏导数为零的一组变量值，即为最优解。

③约束最优化。经济学所研究的问题，常常是在遵循某种约束条件下寻求经济效果最佳。约束最优化一般研究的问题是，在一定约束条件下，多种投入要素如何组合或同种资源在不同用途之间如何分配，以使目标利润或目标成本达到最佳。这时，最优化由简单的求极值问题转化为在特定约束下择优分配的问题；实现经济效益最佳的条件，由边际损益相等转化为各个边际收益都相等。这个相同的边际收益称为统一边际收益。择优分配原理指出：某一种资源利用的最佳点，是同一资源在不同用途中获得同样的边际收益。例如，一种限定数量的投入品 X，用于边际收益率不同的三种用途 A、B、C。如果 A 的边际收益大，人们自然就要将较多份数的 X 用于该种用途，以提高效益。但同时，边际收益是递减的。因此，当投入一定数量使 A 的边际收益低于 B 的边际收益时，人们自然将一些投入品 X 转移到 B。以此类推，直到使 X 品投入到 A、B、C 三种用途的边际收益都相等时为止。此时，再通过调整来增加哪种用途的投入也不会再使总效益增加。这就实现了经济效益最佳。

1.4 微观经济学与宏观经济学

经济学根据其研究的对象、范围以及相应所采取的研究方法与出发点的不同,可以划分微观经济学和宏观经济学两大分支。

微观经济学(microeconomics)是以单个经济单位为研究对象,通过研究单个经济单位的经济行为和相应的经济变量单项数值的决定来说明价格机制是如何解决社会资源的合理配置问题。

宏观经济学(macroeconomics)是以国民经济的整体作为研究对象,它从分析整个国民经济活动中各个有关经济总量的决定和相互变动关系,来说明社会资源是如何被充分利用的。

需要指出的是,微观经济学与宏观经济学并不完全是按研究对象来划分的。微观经济学虽然以分析个体为主,但个体的综合就是总体,从个体的经济规律也可以大致看到总体的经济规律。反过来,宏观经济学虽以分析总体为主,但总体可以分解为个体,从总体的经济规律也可以大致看到个体的经济规律。再说,两者所使用的许多概念和方法,也是相同的。因此,微观与宏观实际上并非彼此对立,而是相得益彰。在研究当代经济问题时,往往两者并用,互相结合。二者的主要区别如表 1-1 所示。

表 1-1　微观经济学和宏观经济学的区别

项　目	微观经济学	宏观经济学
别　名	小经济学、个体经济学	大经济学、总体经济学
中心理论	价格理论	收入理论
基本假设	资源稀缺,充分就业	需求不足,存在失业
分析方法	个量分析法	总量分析法
分析对象	以家庭、厂商等经济个体为主	以整个国民经济总体为主
分析重点	市场价格	国民收入
主要目标	个体利益最大	全社会福利最大

另外作为经济学研究的一个核心问题,资源如何配置才是有效率的呢?经济学家认为,资源配置是否有效率,不能只看资源是否都被使用了,而是用下面

的标准来衡量：如果资源采用别的使用方法，能够在不损害任何其他人经济福利的情况下，使至少一个人的经济福利得到提高，那么说明该资源目前的使用是低效率的。如果在不损害任何其他人经济福利的情况下，已不可能再找到资源使用的其他方法来增进任何一个人的经济福利，那么可以说此时该资源的使用是高效率的。这个用来评价资源配置效率的标准，通常称为帕累托最优。

经济学家指出，完全竞争的市场机制能够实现社会资源配置的高效率。但是，完全竞争的市场机制是建立在一系列理想化假设条件基础上的，这些理想化的假设条件并不是现实经济的真实反映。因此，在现实的经济中，帕累托最优状态通常是不能实现的。

⇨【本章小结】

经济学是研究资源的有效配置的科学。它研究在使用或不使用货币的情况下，将有其他用途的稀缺生产性资源，在现在或将来生产各种物品（Commodities），并把物品分配给社会各个成员或集团以供消费之用的一门科学。经济学用来解决资源（经济物品）的有限性和人类欲望的无限性之间的基本矛盾。它可以引申出经济学产生的三个基本问题：稀缺性、选择和资源利用，后面两个问题均由第一个问题所决定。

学习经济学必须掌握几个基本概念：经济变量、效用、机会成本和会计成本、经济利润和会计利润。经济变量就是指经济系统运行过程中随时都可以发生变化的量。效用是指消费者在消费商品和服务时所感受到的满足程度。机会成本是作出一项决策时所放弃的其他可供选择的最好用途。会计利润是指企业的总收益减去所有的显性成本或者会计成本以后的余额。

经济学家的任务并不仅仅是描述现象，或对这些现象进行分类度量，而是要对这些现象作出解释并发现规律。为了完成这些任务就需要我们提出经济理论与经济模型。经济理论是可以使我们解释并预测人们经济选择的一般规律或原理，而提出经济理论往往需要我们通过建立与检验经济模型来进行。经济模型的含义是各种价格和数量的均衡值。

尽管经济学中不存在刻板的经济分析程序，但是经济学家们在构造和运用理论时却遵循着一些约定俗成的程序。它们一般由以下五个主要步骤所组成：明确问题、制定假设、构造模型、推断预言和检验评价。

经济学分析方法主要有实证分析与规范分析、个量分析和总量分析、边际分析和最优化分析方法等。

经济学根据其研究的对象、范围以及相应所采取的研究方法与出发点的不同,可以划分微观经济学和宏观经济学两大分支。微观经济学是以单个经济单位为研究对象,通过研究单个经济单位的经济行为和相应的经济变量单项数值的决定来说明价格机制是如何解决社会资源的合理配置问题。宏观经济学是以国民经济的整体作为研究对象,它从分析整个国民经济活动中各个有关经济总量的决定和相互变动关系,来说明社会资源是如何被充分利用的。

【关键概念】

经济学　稀缺性　选择　经济变量　效用　机会成本　边际分析

【思考题】

1.经济学的基本问题是什么?

2.如何理解《国富论》的主要思想?

3.经济学发展过程一般可以划分为几个阶段?

4.经济学分析问题的一般程序是怎样的?

【案例讨论】

某人决定暑假去参加一个计算机学习班,这样,他就不能去打工赚2000元。参加这个学习班学费2000元,书本费200元,生活费1400元。参加这个学习班的机会成本是多少?

第 2 章

供给与需求

>>>> >

本章学习要点

1. 了解市场供求的一般原理；

2. 掌握需求定理及其应用；

3. 掌握供给定理及其应用；

4. 掌握供求定理及其应用。

【开篇案例】

我们既是买者又是卖者

如果你是房地产开发商，你要在市场上出售房屋以赚取利润，就要花钱在土地拍卖市场上竞拍土地，还要招聘员工，采购钢铁、水泥等建筑材料等；如果你是商品房的消费者，你要在市场上花钱买到商品房，就必须在劳动力市场上出售劳动力以获得高工资，或者在资本市场上投资以获得利息等。

我们每个人都既是买者又是卖者，只不过是买卖的内容、数量和质量不同而已。我们每个人都要思考在不同的市场中想买的与要卖的。

这种普遍存在的现象反映了什么经济学原理？

理论提示：在本节中，我们将了解市场供求的一般原理，明白不管是消费者还是企业，都要进入消费市场和要素市场，都要扮演供给者和需求者。我们每个人都既是买者又是卖者的现象就反映了市场供求的一般原理。

微观经济学要说明价格如何进行资源配置、调节经济,因此,价格理论是微观经济学的中心。在市场经济中,需求与供给是决定市场价格的两大基石。有人曾说,甚至可以使鹦鹉成为一个博学的经济学者——它所必须学的就是"供给"与"需求"这两个名词。因此,我们先来了解一下市场供求的一般原理。

市场经济是指通过市场配置社会资源的经济形式。简单地说,市场就是商品或劳务交换的场所或接触点。市场可以是有形的,也可以是无形的。在市场上从事各种交易活动的当事人,称为市场主体。市场主体以买者、卖者的身份参与市场经济活动,活动中不仅有买卖双方的关系,还会有买方之间、卖方之间的关系。如果不考虑政府的作用,市场经济体系中有两个部门,一个是公众(消费者),一个是企业(厂商)。两个部门的相互关系,可以说明市场供求的一般原理,如图 2-1 所示。需要指出的是,在该图中出现的一些专业术语和基本原理,在本书后面的有关内容中都会有详细的说明。在此,初学者只需要对该图的内容有一个大致的了解即可。

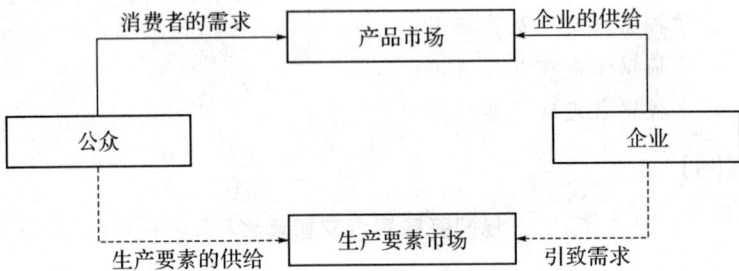

图 2-1　市场供求的一般原理

图 2-1 的左、右两个方框分别表示公众和企业。公众指的是消费者,企业指的是厂商。这里的每一个消费者和每一个厂商都具有双重的身份:单个消费者和单个厂商分别以产品的需求者和产品的供给者的身份出现在产品市场上,又分别以生产要素的供给者和生产要素的需求者的身份出现在生产要素市场上,图的上方和下方分别表示产品市场和生产要素市场。消费者和厂商的经济活动通过产品市场和生产要素市场的供求关系的相互作用而联系起来。

从图中的公众方面看,出于对自身经济利益的追求,消费者的经济行为表现为在生产要素市场上提供生产要素,如提供一定数量的劳动、土地等,以取得收入;然后,在产品市场上购买所需的商品,如一定数量的咖啡、茶叶等,进而在消费中得到最大的效用满足。从图中的企业方面看,同样也是出于对自身经济利益的追求,厂商的经济行为表现为在生产要素市场上购买生产所需的要素,如雇用一定数量的工人、租用一定数量的土地等；然后，进入生产过程进行生产，如生产一定数量的咖啡、茶叶等，进而通过商品的出售获得最大的利润。

在图 2-1 的上半部，消费者对产品（如咖啡、茶叶）的需求和厂商对产品（如咖啡、茶叶）的供给相遇于产品市场，由此决定了每一种产品（如咖啡、茶叶）的市场的均衡价格和均衡数量。在图 2-1 的下半部，消费者对生产要素（如劳动、土地）的供给和厂商对生产要素（如劳动、土地）的市场的均衡价格（如工资、地租）和均衡数量。

通过对图 2-1 的介绍，可以清楚地看到：在完全竞争条件下，无论是在产品市场，还是在要素市场，单个消费者和单个厂商的经济活动都表现为在市场机制的作用下各自追求自身经济利益最大化的过程。正是在这一过程中，每个产品市场和每个生产要素市场，进而所有的市场，都实现了供求相等的均衡状态。在这样的完全竞争的均衡状态中，每一种产品也都以最低的价格在市场上出售，消费者获得最大的满足，厂商获得最大的利润，生产要素的提供者根据各自对生产的贡献都得到了相应的报酬。

除了公众和企业之外，还有别的参与经济活动的主体吗？政府、非营利组织等也会参与经济活动。政府参与经济活动，首先在于保障经济秩序，政府保证商品在市场在一定价格下的合法买卖；其次，政府通过对经济活动征税来获取收入；最后，政府也生产和消费商品，比如进行政府采购或者经营国有企业。消费者（个人）、企业（厂商）和政府是最基本的市场参与者。

【专题】

谁是市场的经济主体？
经济主体归位论

经济体制改革前的三十年是在多数经济主体错位的情况下运行的。居民生活于很有限的消费空间，低工资低物价，无论从哪个角度看，都可以用"单一"来归结的商品供应，他们选择工作和居住地的余地很小，没有投资行为。企业实质相当于生产车间，全国好像一个大"托拉斯"，企业生产什么、生产多少、用什么生产，都要听命于上级主管机关，生产所需要的资金和原材料由上级拨给，生产产品和利润也大都上交给上级。地方政府在集权体制中的作用是有限的，基本上是上传下达。封闭状态下非常住单位难以参与中国经济运行，有限的国际交流也往往带有政治色彩。与多数经济主体错位形成极大反差的是，中央政府主体地位极端地膨胀，在经济决策中严重越位。

经济主体错位首先造成经济体内部缺少活力,本来应该是几个积极性,但实际上往往只有中央一个积极性;其次是中央政府越俎代庖,决策中难免失误,多次造成最大的浪费——计划的浪费;另外也由于缺少国际经济交流所应有的压力和推动力,中国人生活于"世外桃源",与发达国家经济水平的距离越来越远。

如果说经济主体错位是原体制的最大问题所在,那么改革开放的实质就完全可以概括为经济主体的归位。农村改革确立了农民的经济主体地位,开放使得非常住单位逐步作为一种经济主体参与到中国的经济活动中,分权意味着地方政府作为二级主体的地位,企业改制是对企业主体地位的重新确认,市场化进程是对居民主体地位的认可。消费者主权是现代经济学中的一个基本概念,近年来在中国被广泛接受,但它不过是居民经济主体权利的一个组成部分而已。

经济主体归位过程可持续的一般条件是:因经济主体归位而增加的总收益大于因归位过程中磨擦所损耗掉的收益。但通常经济主体的占位是刚性的,难以逆转的。而且经济主体归位过程一旦开始,就会带有"自放大"的性质,归位的速度将加大,归位的范围将扩展。很难想象,已经得到改革开放甘果的几亿人民会愿意回到原来那种低水平的生活中去。由此判断,中国的大势是令人乐观的。

（资料来源:邱东.经济主体归位论.光明日报,1999-01-25）

力促各类市场主体稳定发展

本报北京 9 月 3 日电（吴兴华）国家工商总局发挥工商职能,积极应对国际金融危机,把监管与发展、服务、维权、执法统一起来,有力地推动了经济发展,促进了社会稳定。

去年下半年以来,受国际金融危机冲击,我国部分企业开工不足或停产、关闭,新登记企业无法按期开工,下岗失业人员增加。国家工商总局及时提出"增加总量,扩大规模,鼓励先进,淘汰落后"的方针,制定、实施一系列帮扶企业措施:在企业登记、年检和经营中,开展股权出资、出质登记、商标专用权质押贷款等措施,帮助企业解决融资难;积极促进区域经济协调发展,指导各地高新技术开发区、实验区等经济区建设,制订促进发展的区域性经济政策,促进了各类市场主体稳定发展。

国家工商总局还出台优惠政策,千方百计为城乡新增下岗失业人员、返乡农民工、大学毕业生等扩大就业机会。总局肯定和推广了武汉市从事家电修理、鞋帽修补、衣服洗涤等个体工商户可由社区服务站集体登记、管理,不必到工商部门办理登记手续就可开业的做法;肯定、支持、推广北京等城市在城区设立早市,交易蔬菜、瓜果、衣服鞋帽等,使一批城市失业人员和近郊农民得到了就业。此外,支持对返乡农民工、大学毕业生、复员军人自主创业免收一切费用,等等。

（资料来源:吴兴华.力促各类市场主体稳定发展.人民日报,2009-09-24）

理论提示:除了按照消费者、企业、政府这三类来划分,市场主体具体有哪些? 为什么要大力发展市场主体? 各个市场主体是不是各司其职就能够发挥更大更好的作用?

2.1　需求理论

2.1.1　需求的概念

【专题】

“洛阳纸贵”的故事

“洛阳纸贵”这个成语用来比喻作品为世所重,风行一时,流传甚广。其原意是指洛阳之纸,一时求多于供,货缺而贵。但它的原意与喻意是如何联系在一起的呢? 原来,在西晋太康年间出了位很有名的文学家左思,其所作《三都赋》在京城洛阳广为流传,人们啧啧称赞。由于当时还没有发明印刷术,喜爱《三都赋》的人只能争相抄阅,因为抄写的人太多,京城洛阳的纸张供不应求,一时间全城纸价大幅度上扬。这个成语故事大家都很熟悉,它反映了人们对某种商品的需求变化对该商品价格的影响。

请列举一些人们对某商品需求变化如何受其价格等因素变化影响的例子。分析这些例子反映了什么经济学原理?

　　理论提示：在本节中，我们将学习需求定理与需求弹性理论，包括：需求的影响因素、需求定理与需求定理例外、需求量的变动与需求的变动、不同需求弹性及其影响等。通过学习，我们会明白人们对某商品的需求受哪些因素影响，明白某商品的需求如何受其价格变动的影响，明白为什么不同商品的需求受其价格变动的影响程度不同等。

　　一种商品的需求（demand）是指消费者（或购买者）在一定时期内和一定市场上，在各种可能的价格水平下愿意并且能够购买的该商品的数量。可见，需求这个概念具有如下几个含义：第一，限定了特定的时期和市场；第二，它是指既有购买欲望又有购买能力的有效需求；第三，它总是涉及价格和数量两个变量，不是指实际的购买量，是指人们想要进行的购买量。

　　需求分为个人需求和市场需求两方面。个人需求是指单个消费者对某种商品的需求，市场需求是指所有个人需求的加总。

　　需求价格（demand price）是指一定时期内购买者对一定量商品所愿意支付的最高价格，它取决于这一定量商品对购买者的边际效用。由于物品对消费者的边际效用是随着物品购买量的增加而递减，所以，需求价格随商品量的增加而呈递减趋势（详见第四章消费者行为理论）。

2.1.2　需求的表示方法

　　需求可以用三种方法来表示：

　　（1）需求表（demand schedule）。需求表是用来描述某种商品的价格与需求量相互对应关系的表格。表 2-1 是描述某一市场一定时期对某种商品的需求状况的个人需求表和市场需求表。它描述了某一市场某种商品在各种不同价格下的个人需求量和市场需求量的变化状况。

表 2-1　个人需求表和市场需求表

价格(元/千克)	需求表					市场需求量(万吨)
	个人需求量(千克)					
	甲	乙	丙	丁	……	
	1	2	4	6	……	40
5	2	3	6	8	……	60
4	3	4	8	10	……	80
3	4	6	12	12	……	100
2	6	8	14	16	……	120
1	8	12	16	18	……	140

(2)需求曲线(demand curve)。根据上述需求表中给定的需求量和商品价格之间关系的数据,可以在坐标图上绘出需求曲线。因此,需求曲线是在坐标上用来描述商品需求量与价格相互对应关系的曲线。如图 2-2 所示。图中横坐标 Q 代表需求量,纵坐标 P 代表商品价格,D 为需求曲线,从图中可看到需求曲线呈现向右下方倾斜的特征。

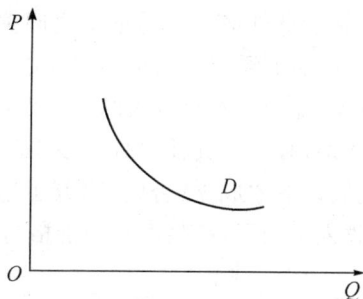

图 2-2　需求曲线

(3)需求函数(demand function)。从需求的概念可知,需求涉及两个变量,把商品的价格作为自变量,把商品的需求量作为因变量,则可用函数关系来表示价格与需求量之间的关系,这种函数就是需求函数,可表示为:

$$Q_d = f(P)$$

在这种函数形式下,只有价格是影响商品需求量的因素,其他影响商品需求的因素被假定不变。事实上,影响商品需求的因素有许多,如用 a、b、c,$\cdots$,n 代表影响需求的诸因素,则需求函数可表示为:

$$Q_d = f(a,b,c,d,\cdots,n)$$

值得注意的是,微观经济学在论述需求函数时,一般都假定商品的价格和相应的需求量之间的变化具有无限可分性。正因为如此,需求曲线才能成为一条光滑的连续的曲线。需求函数和需求曲线可以是线性的,也可以是非线性的。为简明起见,微观经济分析中大多用线性需求函数和线性需求曲线。线性需求函数的通常形式为:

$$Q_d = \alpha - \beta \cdot P$$

式中,α、β 为常数,且 $\alpha > 0$、$\beta > 0$。α 表示需求曲线在横轴上的截距,$-\beta$ 表示需求曲线相对于价格轴的斜率,可表示为:

$$-\beta = \frac{\Delta Q_d}{\Delta P}，\text{或者：} -\beta = \lim_{\Delta P \to 0} \frac{\Delta Q_d}{\Delta P} = \frac{\mathrm{d}Q_d}{\mathrm{d}P}$$

2.1.3 需求定理

1. 需求定理

从需求表和需求曲线可以看出,商品的价格越低,市场对该商品的需求量越多;反之,需求量越少。普通物品的需求量与其价格是反方向变动的。这是一种普遍存在的现象,经济学上把它叫做需求定理(law of demand)。

需求定理就是说明商品本身价格与其需求量之间关系的理论。其内容是:在其他条件不变的情况下,商品的需求量与价格之间成反方向变动,即需求量随商品本身的价格上升而减少,随商品本身价格的下降而增加。

在理解需求定理时,要特别注意"其他条件不变"这一假设条件。因为需求定理描述的内容只有在此假设下才成立;否则,离开了这一假设,需求定理就无法成立。例如,消费者的收入增加了,商品本身的价格与需求量就不一定是反方向变动了。

2. 需求定理分析

需求定理中引起商品的需求量与价格成反方向变动的原因,可以用替代效应(substitute effect)与收入效应(income effect)加以解释。

替代效应是指实际收入不变的情况下某种商品价格变化对其需求量的影响。例如,牛肉和猪肉互为替代品。如果牛肉价格上涨,而猪肉的价格不变,那么相对于牛肉而言,猪肉的价格在下降,消费者就会用猪肉来代替牛肉,从而减少对牛肉的需求。这种由于某种商品价格上升而引起的其他商品对这种商品的取代的现象就是替代效应。替代效应使价格上升的商品需求量减少。

收入效应是指在货币收入不变的情况下,某种商品价格变化对其需求量的影响。如果某种商品价格上涨,而消费者的货币收入不变,那么就意味着消费者的实际收入相对于该种商品的价格上升而言在减少,购买能力在下降,从而对这种商品的需求会减少。反之,如果某种商品价格下降,而消费者的货币收入不变,那么就意味着消费者的实际收入相对于该种商品的价格下降而言在增加,购买能力在增强,从而对这种商品的需求会增加。这种当某种商品价格上升(下降),而引起实际收入减少(增加)导致需求量减少(增加)的现象就是收入效应。

替代效应说明了一种商品价格变动对其他商品相对价格水平的影响,收入效应说明了一种商品价格变动对实际收入水平的影响,需求定理所表明的商品价格与需求量反方向变动的关系正是这两种效应共同作用的结果。

正常物品(normal good),是指需求量与收入呈同方向变化的商品。对于正常物品来说,替代效应与价格成反方向的变动,收入效应也与价格成反方向的变动,在它们的共同作用下,总效用必定与价格成反方向的变动,正因为如此,正常物品的需求曲线是向右下方倾斜的。

3.需求定理例外

需求定理指的是正常商品的规律,即它并不是适用于任何商品的普遍规律。它有三种例外情况。

(1)劣等品(inferior good),指需求量随收入变化而发生反方向变化,收入增加其需求量反而减少的商品。在人们收入提高之后,就减少许多低档生活必需品,转而消费较高品质的物品,导致低档生活必需品需求减少,其价格下降。

(2)吉芬物品(Giffen good),其价格上升需求反而增加。英国经济学家吉芬发现,在1845年爱尔兰大灾荒时,土豆的价格上升,需求量反而增加。也就是说在某种特定条件下,某些低档生活必需品随着价格上升需求反而增加。应该注意的是,不要混淆吉芬商品与劣等品。劣等品是从需求与收入的关系定义的,即需求的收入弹性小于零的商品是劣等品。而吉芬商品是从需求量与价格的关系定义的,即需求量与价格同方向变化的商品是吉芬商品,只不过在讨论吉芬商品时用到了收入效应的概念。

(3)投机性物品(speculative good)(股票、邮票等),其价格发生波动时,需求呈现出不规则的变化,受人们的心理、预期影响大,有时会出现"买涨不买落"的现象。

4.需求量的变动和需求变动

在经济分析中要求严格区分需求量的变动与需求的变动。

(1)需求量的变动是由于商品本身价格引起的需求的量的变化,其考察范围限于 $D=f(P)$。从需求表上看,需求量的变动表现为同一需求表中价格——需求量组合的移动。从需求曲线图上看,需求量的变动表现为同一条需求曲线上点的移动。如图2-3所示,当价格为 P_1 时,需求量为 Q_1;当价格下降时到 P_2 时,需求量增加到 Q_2;价格与需求量的变化在需求曲线上则是从 A 点到 B 点的移动。

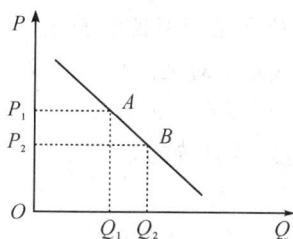

图2-3　需求量的变动

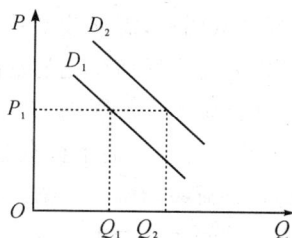

图2-4　需求的变动

(2)需求的变动是指在商品本身价格不变的情况下,由于其他非价格因素的变化所引起的需求的变动。需求的变动所涉及的需求函数公式为 $D=f(a,b,c,d,\cdots,n)$,公式中自变量排除价格因素。从需求表看,需求的变动不是同一需求表中价格——需求量组合移动,而是整个需求表的变化。从需求曲线看,需求的变动表现为整条需求曲线的平行移动。需求增加导致需求曲线向右移动,需求减少导致需求曲线向左移动。如图2-4所示,价格 P_1 并未发生变化,但由于收入、偏好、预期等一系列因素变化,引起需求曲线向右或向左的移动。例如,假设国家医疗协会突然宣布一个新发现,那些经常吃冰淇凌的人会更健康长寿。买者现在想买更多的冰淇凌,从而使冰淇凌的需求曲线向右平行移动,从 D_1 移动到 D_2。可以肯定,在同样的价格 P_1 下,需求量从 Q_1 增加到 Q_2。

2.1.4　影响需求的因素

影响某种商品需求的因素,除了其自身的价格以外,还有下述一些主要因素:

1.收入水平和分配的平等程度

一般来说,在其他条件不变的情况下,消费者的收入越高,对商品的需求越多。对一个国家而言,平均收入增加,收入分配趋向平等,会使需求增加;反之,则下降。富裕国家或家庭几乎对于一切物品的需求,都高于不发达的国家或家庭。仔细考察后我们会发现,由于各种商品需求程度上的差异,市场需求量对收入变化的反映也是不同的。生活必需品对收入变化反映不大,而奢侈品、耐用消费品对收入变化的反映则较大。应当注意,并不是任何商品的需求都与收入同方向变动。即随着收入的提高,对有些商品的需求反而会减少。经济学把需求数量的变动与消费者收入同方向变化的物品称为正常品,把需求数量的变动与消费者收入反方向变化的物品称为劣等品。

2.消费者的偏好

消费者当对某种商品的偏好程度增强时,对该商品的需求数量就会增加;相反,当偏好程度减弱时,需求数量就会减少。社会消费习惯的变化,将促进消费者在商品价格未发生任何变化的情况下增加或减少对某商品的需求。而消费者偏好的变化受许多因素的影响,其中广告宣传可以在一定程度上影响偏好的形成,这就是为什么许多厂商不惜资金大力进行广告宣传的原因。

3.其他相关商品的价格

各种商品之间存在着不同的关系,因此,其他商品价格的变动也会影响某种商品的需求。商品之间的关系有两种:一种是互补关系,另一种是替代关系。

互补关系指两种商品共同满足一种欲望,它们之间是相互补充的。例如,录音机和磁带就是这种互补关系,西装和领带也存在这种关系。这种有互补关系的商品,当一种商品(例如录音机)价格上升时,对另一种商品(例如磁带)的需求就减少,因为录音机价格上升,需求减少,对磁带的需求也会减少;反之,当一种商品价格下降时,对另一种商品的需求就增加。两种互补商品之间价格与需求成反方向变动,经济学上称这两种商品互为互补品(Complements)。

替代关系是指两种商品可以互相代替来满足同一种欲望。例如,牛肉和猪肉就是这种替代关系。当一种商品(牛肉)价格上升时,对另一种商品(猪肉)的需求就增加,因为牛肉价格上升,人们就会少消费牛肉而多消费猪肉;反之,当一种商品价格下降时,对另一种商品的需求就减少。两种替代商品之间价格与需求成同方向变动,经济学上称这两种商品为替代品(Substitutes)。

4. 消费者对自己收入水平、对商品价格水平的预期直接影响其消费欲望

当人们预料未来自己的收入水平会上升,就会增加消费,导致需求增加;反之就会减少消费,导致需求减少。当人们预料某商品的价格今后会上涨时,就会增加对它的现时购买量;而预料价格下跌时,就会减少对它的现时购买量。

5. 人口的数量与结构

人口数量的增加会使需求数量增加,人口数量减少会使需求数量减少。人口结构的变动也会影响对某些商品的需求。例如,人口的老龄化会导致碳酸饮料、儿童用品等的需求减少,同时导致保健品、药品等的需求增加。

6. 政府的经济政策

例如,政府实施适度从紧的财政政策和倾向政策,会抑制需求,而实行消费信贷制度则会增加需求。

此外,还有很多因素会影响商品的需求,如交易习惯、消费信贷的发展状况等。总之,影响需求的因素是多种多样的,有些影响需求的欲望,有些影响需求的能力,这些因素共同作用决定了需求。

【专题】

汽车价格与小型汽车的需求

如果市场对某几种产品的需求相互影响,可能出现什么情形呢?其中一种情形就是,导致一种产品价格发生变化的因素,将同时影响对另一种产品的需求。举例来说,在20世纪70年代,美国的汽油价格上升,这一变化马上对小型汽车的需求产生了影响。

回顾20世纪70年代,美国市场的汽油价格两次上升:第一次发生

在 1973 年,当时石油输出国组织切断了对美国的石油输出;第二次是在 1979 年,由于伊朗国王被推翻而导致该国石油供应瘫痪。经过这两次事件,美国的汽油价格从 1973 的每加仑 1.27 美元猛增至 1981 年的每加仑 1.40 美元。作为"轮子上的国家",石油价格急剧上升当然不是一件小事,美国人面临一个严峻的节省汽油问题。

既然公司和住宅的距离不可能缩短,人们只好继续奔波于两地之间。美国司机找到的解决办法之一就是他们需要放弃自己的旧车。在购置新车的时候,选择较小型的汽车,这样每加仑汽油就可以多跑一段距离。

分析家们根据汽车的大小来分类确定其销售额。就在第一次汽油价格上升之后,每年大约出售 250 万辆大型汽车、280 万辆中型汽车以及 230 万辆小型汽车。到了 1985 年,这三种汽车的销售比例出现了明显变化,当年售出 150 万辆大型汽车、220 万辆中型汽车以及 370 万辆小型汽车。由此可见,大型汽车的销售自 20 世纪 70 年代以来迅速下降;反过来,小型汽车的销售却持续攀升,只有中型汽车勉强维持原有水平。

对于任何产品的需求曲线均假设其互补产品的价格保持不变。以汽车为例,它的互补产品之一就是汽油。汽油价格上升导致小型汽车的需求曲线向右移动,与此同时大型汽车的需求曲线向左移动。

造成这种变化的理由是显而易见的。假设你每年需要驾驶汽车行驶 15000 英里,每加仑汽油可供一辆大型汽车行驶 15 英里,供一辆小型汽车行驶 30 英里。这就是说,如果你坚持选择大型汽车,每年你必须购买 1000 加仑汽油;如果你满足于小型汽车,你只需购买一半的汽油,也就是 500 加仑就够了。当汽油价格处于 1982 年的最高点,即每加仑 1.40 美元的时候,选择小型汽车意味着每年可以节省 700 美元。即使你曾经是大型汽车的拥护者,在这种情况下,在每年节省 700 美元的数字面前,难道你就不觉得有必要重新考虑一下小型汽车的好处吗?

理论提示:汽油价格对小型汽车的需求影响大吗?汽油价格的变化会影响将来汽车的设计吗?根据你所在城市的经济情况,分析影响目前顾客所购买车型的主要因素。

2.2　供给理论

2.2.1　供给的概念

一种商品的供给(supply)是指生产者(或出售者)在一定时期内在各种可能的价格下愿意并且能够提供出售的该种商品的数量。

应该注意:第一,供给也是供给欲望与供给能力的统一。若生产者对某种商品只有提供出售的愿望,而没有提供出售的能力,则不能形成有效供给,也不能当做供给。供给能力中包括新生产的产品与过去的存货。第二,供给不同于供给量。供给量是指在某一特定价格水平时,厂商愿意或计划供给的商品量,即每个供给量都是和特定的价格水平相对应的。第三,供给也分为个别供给与市场供给。个别供给是指单个厂商对某种商品的供给,市场供给是指厂商全体对某一商品的供给。市场供给是所有个别供给的总和。

供给价格是指生产者为提供一定数量的产品所愿意接受的最低价格。它是由生产一定量商品所支付的边际生产费用,即边际成本所决定的。一般而言,商品的边际成本随着产量的增加而上升,商品的供给价格也因此随之上升;否则,生产者无利可图,不愿增加生产和供应商品(详见第七章、第八章)。

2.2.2　供给的表示方法

商品的供给可用三种方法来表示:

(1)供给表(supply schedule)。把某种商品每一可能价格下与之相对应的供给量排列起来,可以得到一个表列。这种表示供给量和商品价格之间关系的表格即是供给表。

表 2-2　市场供给表

价格(元/千克)	A	B	C	供给量(千克)
6	100	60	60	220
5	80	50	50	180
4	60	45	45	150

续表

价格(元/千克)	A	B	C	供给量(千克)
3	40	25	25	90
2	20	15	15	50
1	0	5	5	10

如表 2-2 所示。在一定时间内,某个企业对一种产品的供给叫个别供给;某市场所有企业对这种产品的供给,叫市场供给。市场供给是个别供给的水平加总。

(2)供给曲线(supply curve)。供给曲线是在坐标图上描绘的商品的供给量与商品价格相互对应关系的曲线。如图 2-5 所示,横坐标表示供给量,纵坐标表示价格,供给曲线为 S。通常情况下,供给曲线呈现出向右上方倾斜的特征。供给曲线可以是直线型的,也可以是曲线型的,在微观经济分析中通常使用直线型供给曲线。

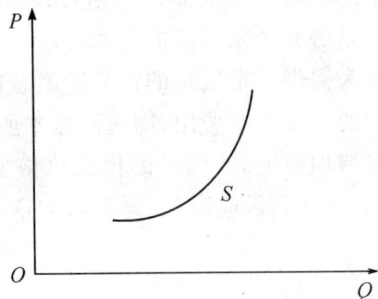

图 2-5　供给曲线

(3)供给函数(supply function)。供给的概念表明,在其他条件不变的情况下,供给只涉及两个变量,即供给量和商品价格。如果把商品的价格作为自变量,供给量作为因变量,则可用函数关系表示商品价格和供给量的关系,这种函数就是供给函数,可表示为:

$$Q_s = f(P)$$

在这种函数形式中,只有商品价格是影响供给量的因素,其他影响供给的因素被假定不变。事实上,除价格外,还有许多因素会影响商品的供给。如用 a、b、c、$\cdots$、n 代表影响供给的诸因素,则供给函数可表示为:

$$Q_s = f(P)(a,b,c,c,\cdots,n)$$

供给函数可以是线性的,也可以是非线性的,但常用线性的供给函数的一般形式为:

$$Q_s = -\delta + r \cdot P$$

式中,$-\delta$ 表示供给曲线的延长线在横坐标上的截距,即价格为零时的供给量。它意味着能使生产者提供产量的价格必定是 $P = \dfrac{\delta}{r}$,r 表示供给曲线相对于价格轴的斜率,即 $r = \dfrac{\Delta Q_s}{\Delta P}$,或者 $r = \lim\limits_{\Delta P \to 0} \dfrac{\Delta Q_s}{\Delta P} = \dfrac{\mathrm{d}Q_s}{\mathrm{d}P}$。

2.2.3 供给定理

1. 供给定理

供给定理(law of supply)是表示商品本身的价格与其供给量之间关系的理论。其内容是:在其他条件一定的情况下,商品的供给量与其价格之间成同方向变动,即供给量随商品本身价格的上升而增加,随商品本身价格的下降而减少。

在理解供给定理时,也要特别注意它的假设条件"其他条件一定"。也就是说,供给定理是在假设影响供给的其他条件一定的前提下,研究商品本身的价格与供给量之间的同方向关系。离开这个假设条件,供给定理无法成立。例如,如果厂商生产某产品不是为了实现利润的最大化,而是为了某种社会目的(援助残疾人),那么商品本身的价格与供给量就不一定成同方向变动。

2. 供给定理的例外

供给定理指的是一般商品规律,它也有例外。例如对劳动力的供给来说,当劳动力的价格(工资)增加时,劳动力的供给开始时会随工资的增加而增加。但当工资增加到一定程度以后,继续增加,则劳动力的供给量反而减少。这在以后的分配理论中还要详细介绍。

除了劳动力的供给特例外,像古董、古画、古玩等,由于受到各种环境和条件的限制,其供给量是固定不变的;而土地、证券等的供给曲线可能呈不规则变化。

3. 供给的变动和供给量的变动

像前面要严格区分需求的变动和需求量的变动一样,在进行供给分析时,也要严格区分供给的变动和供给量的变动。

首先分析供给量的变动。在供给表中,每一价格水平对应一个供给量。在供给曲线上,供给量表现为供给曲线上的点(如图 2-6 所示的 A、B 点)。供给量的变动,在供给表中表现为同一供给表中价格—数量组合的变动。从供给曲线上看,商品本身价格变动所引起的供给量的变动表现为同一条供给曲线上点的移动。图 2-6 中,当价格为 P_1 时,供给量为 Q_1 ;当价格上升到 P_2 时,供给量增加到 Q_2 。价格与供给量的变化在供给曲线上则是从 A 点到 B 点的变动。所以说,供给量的变动是在其他条件一定的情况下,由商品本身价格变动引起的。

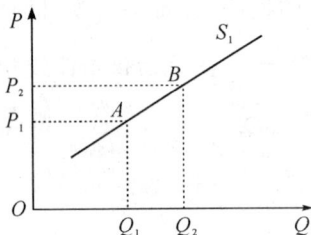

图 2-6　供给量的变动　　　　　　　　图 2-7　供给的变动

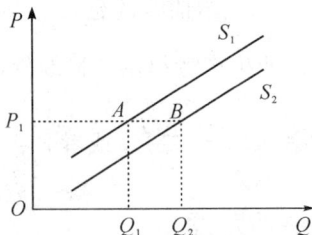

供给是指在不同价格水平时的不同供给量的总称。在供给表中,供给表现为整个供给表。在供给曲线上,供给表现为整条供给曲线(如图 2-7 所示 S_1 、S_2 两条曲线)。供给的变动是指在商品本身的价格一定的情况下,由于其他非价格因素的变化所引起的供给的变动。从供给表中看,供给的变动不是同一供给表中价格—数量组合的变动,而是整个供给表的变化。从供给曲线看,供给的变动表现为整条供给曲线的平行移动。如图 2-7 中,价格为 P_1 ,由于商品本身价格以外的其他因素变动而引起的供给曲线的移动是供给的变动。例如,假设牛奶的价格下降了。这种变动如何影响冰淇凌的供给呢? 牛奶是生产冰淇凌的主要原料,所以,牛奶的价格下降使销售冰淇凌更有利可图。这就会使厂商增加冰淇凌的供给,因此冰淇凌的供给曲线向右平行移动,从 S_1 移动到 S_2 。在任何一种既定的价格水平 P_1 时,厂商现在愿意生产更多的产量,供给量从 Q_1 增加到 Q_2 。

2.2.4　影响供给的因素

影响商品供给的因素很多,除商品自身的价格外,主要有以下因素:

1. 生产成本

在商品自身价格不变的条件下,生产成本上升会减少利润,从而生产者会减少生产,导致商品的供给量减少。相反,生产成本的下降会增加厂商利润,从而促使生产者增加生产,导致商品供给的增加。

2. 生产技术和管理水平

生产技术和管理水平的提高会提高生产效率,降低生产成本,增加生产者的利润,从而导致商品供给量的增加。

3. 相关商品的价格

两种互补商品之间,一种商品的价格上升,对另一种商品的需求减少,从而这种商品的价格下降,供给减少;反之,一种商品的价格下降,对另一种商品的需求增加,从而这种商品的价格上升,供给增加。两种替代商品之间,一种商品的价格上升,对另一种商品的需求增加,从而这种商品的价格上升,供给增加;反之,一种商品的价格下降,对另一种商品的需求减少,从而这种商品的价格下降,供给减少。另外,对于两种依赖于同一资源的商品,比如一块地既可以种小麦,也可以种棉花,当小麦的价格不变而棉花的价格提高时,生产者将减少小麦的种植而扩大棉花的种植,这表明棉花价格的提高会引起小麦供给的减少。

4.生产者从事生产的目标

经济学一般假定厂商以利润最大化为目标,即利润大小决定厂商供给的多少。但厂商有时也为了市场占有率、销售最大化以及政治、道义、名誉等目标决定其供给。

5.生产者对未来的预期

如果生产者预期某种商品价格将要上涨,就会扩大生产规模,增加未来的产品供给。但如果生产者囤积居奇,待价而售,则会使目前的供给减少,如果生产者预期未来的商品价格下降,生产者会减少产品未来的供给。

6.政府的经济政策

如政府通过税收或补贴等政策手段调节某些产品的生产,就会影响产品的供给。

总之,影响供给的因素要比影响需求的因素复杂得多,在不同的时期、不同的市场上,供给要受多种因素的综合影响(例如,厂商要考虑库存、原材料、劳动力、机器设备厂房等生产要素)。

2.3 均衡价格理论

2.3.1 均衡价格的决定

【专题】

海南的"两限令"

2009 年 11 月,海南将建国际旅游岛的消息传开时,海南房地产市场就开始急速升温。统计数据显示,2009 年 12 月,海口房价涨幅居全国第三位。仅在海南建设国际旅游岛获得国务院批准后的 5 天内,整个海南省商品房销售量就达到了 2008 年全年销售量的总和。2010 年 1 月 11 日,三亚凤凰岛一期开盘 700 套当天便销售一空,均价每平方米高达 6.5 万元。1 月 15 日,海南省决定全面暂停土地出让和审批新土地开发项目后,海口、三亚及琼海等多个地方房价应声而起,甚至一日一价。

围绕推进海南旅游岛计划和应对近期出现的地产风潮,海南出台"两限令":2010 年 3 月前,在海南国际旅游岛建设总规划正式获得国家审批前,暂停土地出让和审批新的土地开发项目,以利海南国际旅游岛长远的建设发展。但"两限令"的出台,却带来新的担忧——"两限令"会不会使开发商坐拥现有土地,囤积居奇,再次推高房价?此番叫停势必让参与海南土地炒作的民间资本饥渴数月,一旦 3 月后海南重启土地出让,会不会让开发商囤地愈加疯狂?

"两限令"的出台,不但没有抑制房价上涨,反而成了房价上涨的助推力。个别楼盘一天涨价就达 5000 元/平方米。媒体报道称,三亚和海口的高级酒店已经被前来炒房的人全部订满,为出行方便炒房客就地买车,导致近期汽车上牌量上涨了 3 倍,车管所都忙不过来了。

事实上,海南的房价涨幅一直高于全国,并以近乎 10 年 10 倍的速度上涨。上世纪 90 年代,三亚因为地产泡沫而一度陷入低迷。2000 年三亚地产开始复苏,但档次都较低,每平方米的房价也只有千元左右。但自 2002 年新建商品房价格表现出一波狂飙突进之势,一年一个价甚至几个价,10 年涨了近乎 10 倍。2007 年,三亚海景房均价已经超过每平方米 1.4 万元,房价增长超过 30%。就在全国房价开始下调的 2008 年,三亚商品房平均销售价格为 1.0159 万元/平方米,与上年同期相比增长 36.34%。尽管是这样的涨幅,本报在去年年初调查发现,仍有多数业内人士担忧投资热钱的大量涌入,海南房价泡沫将会越来越大。而现如今,最高日涨 5000 元的涨幅,海南已经吸引了全国人民的目光。

"海南停止供地 3 个月"的消息让先前已经购买三亚房产的业主们开始时刻关注自己楼盘的价格。"真疯了,我翻倍了。"海南清水湾的一位业主告诉记者,他于去年 3 月份买的清水湾楼盘,那时均价才 8500 元/平方米,而现在有人告诉他,清水湾的洋房已经卖到 2 万元/平方米。"现在三亚的房价一周一个价。"他表示。随后,记者以购房者身份致电海南清水湾售楼处询问价格时,售楼小姐只简单说了句,现在没有房源可卖了。

一份来自民间研究机构的统计数据称,已经有超过4000亿元的浙商资本涌入海南房地产市场,短期内海南房价飙涨迅速,去年12月份的海口房价涨幅居全国第三位,而三亚凤凰岛豪宅的楼盘开盘价格,已经从5万元/平方米迅速升至了7万元/平方米。海南房价的再次暴涨就连当地的开发商也"看呆了"。

业内认为,虽然最近国家出台的"国11条"以严厉的措辞,再次重申了打击投机性购房、炒房等行为,但国际旅游岛规划仍然像一块巨大的磁铁,吸引着一批又一批的民间资本进入这个风光旖旎的热带海岛,它们似乎都还未觉察到国家调控政策之下的更深寓意。"泡沫的阴影再次泛起。海南忧虑了,作为中国房地产泡沫的起源地,它显然想力图避免上世纪90年代初的那场灾难——那场浪潮给海南留下太多沧桑的印记。国际旅游岛规划,应该是海南新的机会,而不应该是另一场泡沫的轮回。"

另据最新消息称,海南将向国土资源部申请追加土地利用计划指标,加大土地供应量。

(资料来源:王菅,宋媛媛.海南热钱在无限膨胀 大多楼盘两天涨一两千.北京商报,2010-01-21)

理论提示:海南房地产的价格为什么会出现一日一价的现象?"两限令"有效地打击了投机活动吗?"两限令"是否减少了房地产的供给,在短期内加剧了供不应求的局面?

1.供求均衡

供求均衡是指一种商品的需求和供给相等时的状态。供求均衡时,需求价格等于供给价格,需求数量等于供给数量。某种商品的市场需求量和市场供给量相等时的价格,我们称之为商品的均衡价格。在均衡价格水平下的相等的供求数量被称为均衡数量。从几何意义上说,一种商品的均衡价格出现在该商品的市场需求曲线和市场供给曲线相交的交点上,该交点被称为均衡点。市场上的需求量和供给量相等的状态,也被称为市场出清的状态。

如图2-8所示,横轴 Q 表示数量(需求量与供给量),纵轴 P 表示价格(需求价格与供给价格);D 是需求曲线,S 是供给曲线;需求曲线与供给曲线相交于 E

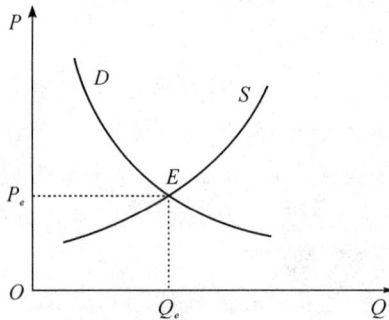

图 2-8　供求的均衡

点，由 E 点决定的价格 P_e 就是均衡价格，对应的数量 Q_e 是均衡数量。

对供求均衡的理解应注意以下几点：

(1)供求均衡的含义。供求均衡是由于需求与供给这两种相反力量的作用处于一种相对静止、不再变动的状态，这时的价格和数量是暂时确定的，即均衡价格和均衡数量。

(2)决定供求均衡的力量是需求和供给。在完全竞争市场中，需求和供给对供求均衡的决定作用不分主次，是同等重要的。因此，需求或供给的变动都会影响均衡价格和均衡数量的变动。

(3)市场上各种商品的供求均衡是最后的结果，其形成过程是在市场的背后自发进行的。

2.供求均衡的形成

供求均衡是在市场上供求双方的竞争过程中自发形成的。在市场上，需求和供给对市场价格变化做出的反应是相反的。由于均衡是暂时的、相对的，而不均衡是经常的，所以供不应求或供过于求经常发生，如图 2-9、图 2-10 所示。

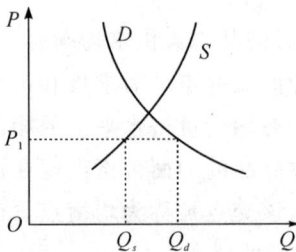

图 2-9　供不应求

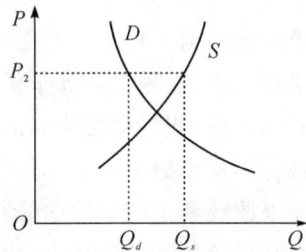

图 2-10　供过于求

如图 2-9 所示，当价格 P_1 低于均衡价格时，供给小于需求，$Q_s < Q_d$，出现供

不应求的现象。如图 2-10 所示,当价格 P_2 高于均衡价格时,供给大于需求,$Q_s >$
Q_d,出现供过于求的现象。

供不应求,市场价格就会上升,从而导致供给量增加而需求量减少;当供过
于求时,市场价格下降,从而导致供给量减少而需求量增加。供给与需求相互作
用最终会使商品的需求量和供给量在某一价格水平上正好相等。这时既没有过
剩(供过于求),也没有短缺(供不应求),供求正好均衡。这时的价格就是供求双

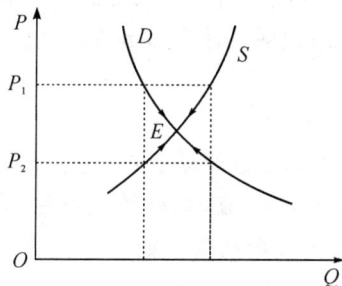

图 2-11 供求均衡的形成

方都可以接受的均衡价格。这一过程可以用图 2-11 表示。上述结论同样可用
数学模型求得。根据上述线性需求函数与线性供给函数的一般形式,再加上一
个均衡方程式,即可构成一个完全竞争市场模型的基本方程式:

$$\begin{cases} Q_d = \alpha - \beta \cdot P \\ Q_s = -\delta + r \cdot P \\ Q_d = Q_s \end{cases}$$

式中,Q_d 为需求数量,Q_s 为供给数量,P 为价格。供求均衡要求供给数量等于需
求数量。

解上式可求出均衡价格和均衡数量为:

$$\begin{cases} P_e = \dfrac{\alpha + \delta}{\beta + r} \\ Q_e = Q_d = Q_s = \dfrac{\alpha \cdot r + \beta \cdot \delta}{\beta + r} \end{cases}$$

设某商品的市场需求函数为 $Q_d = 100 - 10P$,市场供给函数为 $Q_s = -50 +$
$10P$,

则可求出该市场的均衡价格:

$$P_e = \frac{\alpha + \delta}{\beta + r} = \frac{100 + 50}{10 + 10} = 7.5$$

该市场的均衡数量:

$$Q_e = Q_d = Q_s = \frac{\alpha \cdot r + \beta \cdot \delta}{\beta + r} = 25$$

2.3.2 供求变动的影响

从上面的分析可知,均衡价格的形成是由需求和供给两种力量同时决定的,它表现为一种商品的均衡价格是由该商品市场的需求曲线和市场供给曲线的交点所决定的。因此,需求曲线或供给曲线的位置发生移动都会使均衡价格水平和均衡数量发生变动。下面说明需求和供给的变化对均衡价格和均衡数量的影响。

1. 需求曲线的移动

需求曲线的移动对供求均衡的影响。在供给曲线一定的条件下,需求增加使需求曲线右移,会使均衡价格提高,均衡数量增加;而需求减少使需求曲线左移,会使均衡价格下降,均衡数量减少。如图 2-12 所示,供给曲线为 S,当需求曲线为 D_1 时,均衡点为 E_1,均衡价格为 P_1,均衡数量为 Q_1。如果由于消费者的收入增加,导致需求增加,使需求曲线右移到 D_2,此时形成新的均衡点 E_2,均衡价格上升到 P_2,均衡数量增加到 Q_2。

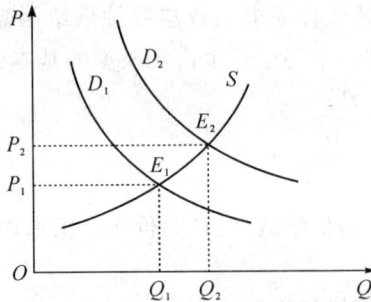

图 2-12 需求变动对供求均衡的影响

2. 供给曲线的移动

供给曲线的移动对供求均衡产生影响。在需求曲线一定的条件下,供给增加导致供给曲线右移,会使均衡价格下降,使均衡数量增加;而供给减少导致供给曲线左移,会使均衡价格上升,使均衡数量减少。如图 2-13 所示,需求曲线为 D,当供给曲线为 S_1 时,均衡点为 E_1 均衡价格为 P_1,均衡数量为 Q_1。由于生产要素涨价导致商品的生产成本增加,因此使得供给曲线左移到 S_2,形成新的均衡点 E_2,这时均衡价格为 P_2,而均衡数量则增加到 Q_2。

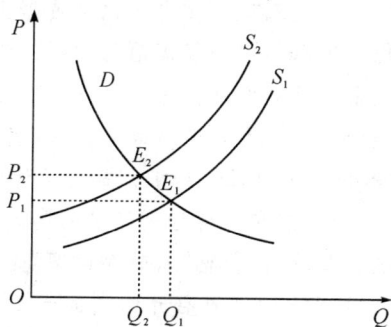

图 2-13　供给变动对供求均衡的影响

3.供求定理

从以上关于需求与供给变动对供求均衡影响的分析中可以得出以下结论:
需求的变动引起均衡价格和均衡数量同方向变动;供给的变动引起均衡价格反
方向变动而引起均衡数量同方向变动。这就是供求定理。

即:(1)需求的增加引起均衡价格上升,均衡数量增加;(2)需求的减少引起
均衡价格下降,均衡数量减少;(3)供给的增加引起均衡价格下降,均衡数量增
加;(4)供给的减少引起均衡价格上升,均衡数量减少。

【专题】

中国的价格双轨制改革

新中国成立后,我国的经济体制改革目标是照搬苏联经济模
式——高度的全民所有制和高度集中的计划经济,长期优先发展重工
业特别是国防工业,依靠高能耗、高原材料消耗、高人力投入、粗放型发
展。在抗美援朝和国民经济初步恢复后,毛泽东提出了"一化三改"的
过渡时期总路线,即"社会主义工业化"、"改造农业"、"改造手工业"、
"改造资本主义工商业"。到 1957 年第一个国民经济五年计划完成的
时候,社会主义改造基本完成,基本建立起了公有制占绝对统治地位的
100%计划经济体制。在计划经济体制下,商品不按照价格进行交易,
而是凭票供应。买粮食用粮票,买油用邮票。在全国范围内取缔了绝
大多数的市场,价格机制无法发挥作用,资源的配置以行政指令进行调
控。物资短缺,有钱也买不到商品。生产上采用"大锅饭"形式,干多干
少一个样,缺乏激励。而且失去了价格机制的作用,无法有效配置资
源,生产了大量低效商品,甚至是废品,而急需的物资却没有被生产出

来,造成全国物资短缺。随着"左"倾思想逐渐占据上风,我国先后发动了"大跃进"和"文化大革命",中国经济陷入彻底的混乱与倒退,但从本质上说,仍是一种完全的计划经济体制。

十一届三中全会后,中国开始实行改革开放,提出让价格机制重新发挥作用。邓小平和陈云在1979年首次提到了计划经济和市场经济并不矛盾的概念。从此中国在保留计划经济的同时,发展市场经济,这被称为中国的"双轨制改革"。价格"双轨制改革"是中国改革双轨战略最重要的体现之一。1984年10月召开的党的十二届三中全会作出了《中共中央关于经济体制改革的决定》,第一次提出了"有计划的商品经济"概念。此前,9月上旬,部分官方媒体出面组织在浙江德清莫干山召开了第一届中青年经济科学工作者会议,俗称"莫干山会议"。会上对于决策层最关心的价格改革有几种意见的争论,主要是"调派"与"放派"的争论。后来与会者认为,光调也不行,光放也不行,就提出了"放调结合"的双轨制。1985年3月,国务院下发文件,放开生产资料的计划外价格。这个文件被认为是价格双轨制的正式启动。从上世纪80年代中期开始,价格双轨制又逐渐拓展到经济模式的双轨转换。中国经济转轨是循序渐进开展的,这被称为渐进式改革。

同时,苏联的计划经济体系也出现了重大的挫折,经历多次改革不见成效,最终导致了上世纪90年代初的苏东剧变。苏联解体后形成的俄罗斯政权采用了"休克疗法",采取一步到位的方式实现价格、外贸的自由化和货币的自由兑换;私有化改革采取无偿分配的办法。结果休克疗法遇到了很大的问题,导致那些国家经济严重倒退。相比之下,中国渐进式的双轨制改革取得了成功,成为一个国际上经济体制改革的成功经典案例。

(资料来源:(1)华生.双轨制改革不应放弃.中国企业家,2008(6);
(2)吴敬琏.当代中国经济改革.上海:上海远东出版社,2004)

理论提示:市场的均衡价格形成机制能够促进市场自发调整。供求规律促使企业按照最有效率的方式进行生产活动,而按照行政指令开展生产活动容易造成浪费。这是我国进行价格机制改革的原因。

2.4 均衡价格的应用

运用均衡价格与供求数量之间的关系,可以解释许多经济现象。同时,现实中的市场经常会受到政府经济政策的影响,形成新的均衡。

2.4.1 政府的价格管制

根据市场均衡理论,在纯粹的竞争市场经济中,由市场供求关系所决定的价格调节着生产与消费,使资源得到最优配置。但价格调节是在市场上自发进行的,有其盲目性,所以,在现实生活中,有时由供求所决定的价格对经济并不一定是最有利的。这就是说,由价格机制进行调节所得出的结果,并不一定符合整个社会的长远利益。

一种情况是,从短期来看,供求决定的均衡价格也许是合理的,但从长期来看,对生产有不利的影响。例如,当农产品过剩时,农产品的价格会大幅度下降,这种下降会抑制农业生产。从短期看,这种抑制作用有利于供求平衡。但农业生产周期较长,农产品的低价格对农业产生抑制作用后,将会对农业生产的长期发展产生不利影响,当农产品的需求增加后,农产品供给并不能迅速增加,这样就会影响经济的稳定。

另一种情况是,由供求所决定的价格会产生不利的社会影响。例如,某些生活必需品严重短缺时,价格会很高。在这种价格之下,收入水平低的人无法维持最低生活水平,必然产生社会动乱。

政府根据不同的经济形势,经常会对价格进行控制和干预。下面介绍价格政策的两种形式:支持价格与限制价格。

1.支持价格

所谓支持价格是指政府为了扶持某一行业的生产而规定的高于市场均衡价格的价格,又称最低限价。从图 2-14 中可以看出,该行业产品的均衡价格为 P_e,均衡数量为 Q_e。

如图 2-14 所示,在政府规定的价格水平 P' 下,需求量为 Q_d,供给量为 Q_s,供给量大于需求量,市场上出现产品过剩。这时政府要维持支持价格,就必须采取收购过剩产品、扩大出口、增加储备等措施消除过剩供给。在美国,采用最低限价的一个重要领域是农业,美国政府对小麦、玉米等主要农产品,长期以来都实行最低限价。政府由此面临重要的任务是处理或限制农产品的剩余,因为美国农业发达、可耕地较多,再加上利用先进的农业生产技术,使得农产品产量较高。为了保护农民的利益,同时也保护可耕地,美国政府在农业生产上采取了"休耕制"。

2. 限制价格

所谓限制价格是指政府规定的低于均衡价格的价格,又称最高限价。如果说最低限价政策是保护生产者的利益,那么,最高限价政策则是保护消费者的利益。如图 2-15 所示,该行业的均衡价格为 P_e,均衡数量为 Q_e。

如图 2-15 所示,在限制价格水平 P' 下,需求量为 Q_d,供给量为 Q_s。供给量小于需求量,市场出现商品短缺。在这种情形下,政府必须采取配给制或凭证供应该商品。在这一限制价格下,需求者得不到所想要的商品数量。因此,限制价格常常会带来排队抢购和黑市交易盛行现象。生产者也可能粗制滥造,降低产品质量,形成变相涨价。而且如果

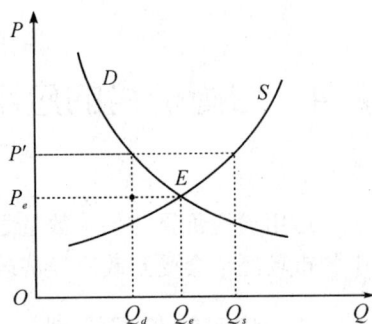

图 2-14　支持价格

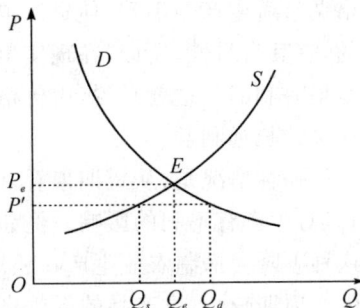

图 2-15　限制价格

长期采取限制价格,还会挫伤生产者的积极性,使短缺变得更加严重。所以,经济学者一般反对长期采用限制价格政策,否则不利于经济的发展。比如,房屋租金控制。在这一政策下,房租被压得很低,以致人们忘记了房屋是被修建起来并要加以维修的。人们都渴望租到大面积的房子,而如此低的房租又使得可以提供的房屋十分有限,新房屋的修建受到影响,住房紧张长久得不到缓解。

2.4.2　税收对供求的影响

政府经常对售卖的商品征税。例如,每零售 1 升汽油要缴纳 1 元的燃油税(按每升 1 元计征),这种按照商品数量征收的税,称为从量税。又例如,每零售一台价格 3000 元的电脑要缴纳 510 元的增值税(按售价或增值额的 17% 计征),这种按照商品售价的一定比例征收的税,称为从价税。当对某种商品征税时,将对供给曲线产生影响,使得供给曲线向上移动,移动的幅度正好是所征收的税额。

在从量税的情况下,税额在所有价格下都相同,因此供给曲线将平移。原供给曲线和新供给曲线之间的缺口保持不变。在从价税的情况下,税额随着价格的上升而增加,供给曲线将旋转上升。原供给曲线和新供给曲线之间的缺口随着价格的上升而增大。

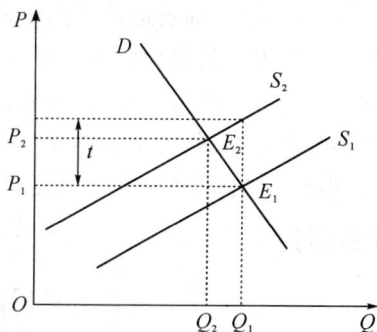

图 2-16　税收对价格和数量的影响

当政府征收从量税时,企业为了维持产量必须提高商品的价格,所提高的价格要能够弥补它们需要缴纳的税收,如果价格不能提高那个幅度,那么产量就会减少,如图 2-16 所示:

如果需求曲线是向下倾斜的,那么价格无法上升到完全弥补税收的幅度,最终会停留在一个介于 P_1 和 P_1+t 之间的一个价格 P_2,即 $P_1<P_2<P_1+t$,企业的产量减少到 Q_2,从而形成新的均衡点 E_2。在那一点上,重新达到供求均衡。可见,征税的效果是提高价格,减少数量。从价税的情况也与此类似。

2.4.3　易腐商品的售卖

有些商品,尤其是一些具有易腐特性的食品,如鲜鱼,必须在一定时期被销售出去,否则,会使销售者蒙受损失。因此对这类商品如何定价,才能使全部数量的商品能尽快销售完,又能使自己获得最大的收入呢?如果销售者能准确地知道市场上的消费者在当时对鲜鱼的需求曲线,便可以根据这一需求曲线以及准备出卖的全部的鲜鱼数量,来决定能使其获得最大收入的最优价格。用图2-17来分析说明。

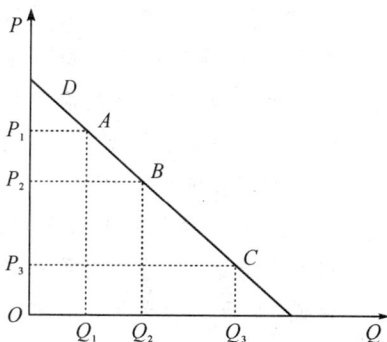

图 2-17　易腐商品的售卖

图 2-17 表示的是某鲜鱼销售者所面临的市场对他的鲜鱼的需求曲线。在既定的鲜鱼需求曲线上,可以发现在此时期内在每一价格水平上的鲜鱼的需求数量,或者说可以了解在此时期内在每一个鲜鱼的销量上消费者所愿意支付的最高价格。假如鲜鱼的成本很低,接近于零,则鲜鱼销售者的目标是收入最大化(利润最大化等于收入最大化)。当销售者在此时期内需要卖掉的鲜鱼数量为 Q_2 时,则他应该根据需求曲线将价格定在 P_2

的水平。此时,他就能使鲜鱼以消费者所愿意支付的最高价格全部卖掉,从而得到他所能得到的最大收入。因为,如果他把价格定得过高,比如 A 点,就将有大量的鲜鱼卖不出去。相反,如果价格定得过低,比如 C 点,则销售者虽然能卖掉全部鲜鱼,但总收入却不是最大。由此可见,如果一定要将所有的鲜鱼全部卖完,则只有 P_2 的价格水平是能给销售者带来最大收入的最优价格。

【专题】

牛奶为什么倒入下水道?

2002 年 3 月 5 日上午,西南乳业老大——成都市华西乳业有限公司的工人把成吨的鲜牛奶倒入下水道,并宣布:对奶牛场和奶牛大户实行限量收购、对散户实行降价收购。很快和其有合同关系的奶牛养殖户也不得不把部分牛奶倒入下水道。其实早在 2002 年春节前后,南京多家遭奶站拒收的奶农就已经开始倒多余的牛奶了。市场经济发展到今天,中国人也开始逐步对这样的事情不太吃惊了。不会像过去一样提出"弱势群体都还买不起牛奶,你们却把它倒掉,怎么可以"这种对市场经济完全陌生的问题了。

牛奶为什么要倒掉? 其实原因很简单:因为养奶牛毕竟不是做服装,对市场感应并不会太灵敏。3 年前,成都地区乳业发展看好,所以很多企业(在政府的鼓励下)纷纷投资乳业,奶源偏紧,曾经出现鲜奶短缺。市场调节(加上政府鼓励)的结果是,奶牛养殖量的增大,仁青、新都等地不少农民开始养奶牛。现在,大大小小的奶牛饲养户加起来,1天的奶产量便达 1000 吨。其中,80 吨鲜奶潮水般涌进了四川乳业三强之一的华西乳业有限公司。3 年后的今天,在大大小小各家乳业公司的参与下,市场这个蛋糕在目前的技术水平已经被挖到极致。换句话说,市场根本就没有消化这么多牛奶的能力。反映在华西乳业有限公司,只能按照每天处理 60 吨鲜奶的规模运作,中间整整差了 20 吨。这 20 吨怎么处理是很容易想到的。一方面,和奶农订的合同是长期合同,不能随便毁约,否则就会丧失奶源,无论是降价收购还是拒绝收购都会断掉未来的业务联系。在如今乳业诸强以规模优势争夺市场和资源的时候,如此做法,就是把自己的货源拱手送出。

另一方面,增加生长能力、卖出更多牛奶只会加剧市场供应量,导致价格整体下滑,最后的损失不是倒掉这些牛奶能比拟的。即便目前倒了部分牛奶,市场也有了反应,300 毫升的华西奶售价已从春节前的

2.20 元骤降至 1.50 元,比可乐、中档纯净水还要便宜。

（资料来源:经济学阶梯案例学习. http://www.gjmy.com）

理论提示:牛奶倒入下水道是不是资源的错误配置? 市场能自发地解决这一问题吗? 如果市场不能解决,政府又应该如何干预呢?

⇨【本章小结】

微观经济分析的中心问题是价格的决定,现代西方经济学认为任何商品的价格都是由供给与需求共同决定的。

需求是指消费者或购买者在一定时期内和一定市场上,在各种可能的价格水平下愿意并且能够购买的该商品的数量,可分为个人需求与市场需求两方面。

需求价格是指一定时期内购买者对一定量商品所愿意支付的最高价格,它取决于这一定量商品对购买者的边际效用。

需求有三种表示法:需求表、需求函数、需求曲线。

需求定理就是说明商品本身价格与其需求量之间关系的理论。其内容是:在其他条件不变的情况下,商品的需求量与价格之间成反方向变动,即需求量随商品本身的价格上升而减少,随商品本身价格的下降而增加。需求定理并不是适用于任何商品的普遍规律。

影响需求的因素除了商品本身的价格以外,还包括其他相关商品的价格、收入水平和分配的平等程度、人口的数量和结构、政府的经济政策、消费者的偏好、消费者对未来的预期等。因商品本身的价格变动引起的需求变动称为"需求量的变动"或"沿需求曲线上的点移动";因商品本身的价格以外的因素变动引起的需求变动称为"需求的变动"或"需求曲线的移动"。

供给是指生产者或出售者在一定时期内在各种可能的价格下愿意并且能够提供出售的该种商品的数量,也可分单个厂商的供给和市场供给两方面。

供给价格是指生产者为提供一定数量的产品所愿接受的最低价格。它是由边际成本决定的。

供给的表示法有三种:供给表、供给函数、供给曲线。

供给定理是表示商品本身的价格与其供给量之间关系的理论。其内容是:在其他条件一定的情况下,商品的供给量与其价格之间成同方向变动,即供给量随商品本身价格的上升而增加,随商品本身价格的下降而减少。供给定理也有例外情况。影响供给的因素除了商品本身价格以外,还包括其他相关商品的价格、生产者从事生产的目标、生产技术水平、生产要素的价格、政府的经济政策、厂商对未来的预期等。因商品本身的价格变动引起的供给变动称为"供给量的变动"或"沿供给曲线上的点移动";因商品本身的价格以外的因素变动引起的供给变动称为"供给的变动"或"供给曲线的移动"。

均衡价格是指商品的市场需求量和市场供给量相等时的价格。需求的变动和供给的变动都会引起均衡价格和均衡数量的变动。

需求量的变动与需求的变动是不同的,供给量的变动与供给的变动也是不同的。

供求均衡是指一种商品的需求和供给相等时的状态,它是在市场上供求双方的竞争过程中自发形成的。供求均衡是暂时的、相对的,而不均衡是经常的。

供求曲线的移动会引起供求均衡的变动。需求的变动引起均衡价格和均衡数量同方向变动;供给的变动引起均衡价格反方向变动而引起均衡数量同方向变动。这就是供求定理。

政府可以通过市场均衡理论,采取必要的经济手段进行调节,从而影响供求关系的调整与均衡价格的形成,最常见的就是采取最高限价和最低限价。

⇨【关键概念】

　　需求　供给　需求函数　供给函数　需求价格　供给价格　均衡价格　供求定理　支持价格　限制价格

⇨【思考题】

　　1.影响需求的因素主要有哪些?

　　2.影响供给的因素主要有哪些?

　　3.什么是供求定理? 供求定理总是能发挥作用吗?

　　4.联系实际说明政府管制价格(支持价格或限制价格)会产生的后果。

【案例讨论】

　　1.在商品 A 的市场中,有 100 个相同的个人,每个人的需求函数均为 $Q_d = 1200 - 200P$;同时又有 10 个相同的生产者,每个生产者的供给函数均为 $Q_s = 2000P$。

　　(1)推导商品 A 的市场需求函数和市场供给函数。

　　(2)求均衡价格和均衡数量。

　　2.在我国目前情况下,是否应该采取对农业的支持价格政策? 为什么?

第 3 章

弹性及其应用

≫ ≫ ≫   ≫

本章学习要点

1. 掌握需求弹性及其种类;
2. 掌握供给弹性及其种类;
3. 了解弹性理论的应用。

【开篇案例】

小张的服装店应该打折销售吗?

小张新开了一家服装店,生意做得还好,经营几个月后,赚取了一些利润。临近国庆节了,各大商店打折风盛行,节前几天的广告几乎被当地各主要商家占领了,清一色的商家打折促销广告覆盖了报纸的各个主要版面。满 300 送 60、满 200 送 50、满 100 送 30、甚至 0 送 15,还有直接打 8 折、打 7.5 折、打 7 折,以及打折和送券相结合、打折与送礼相结合,打折、送券、抽奖、送礼混合在一起的也有。就连一向以低价薄利多销的国美电器等电器专业店也英雄气概般地纷纷打出满 1000 元送 110 元等各种不同幅度措施的促销广告。于是乎,人们眼花缭乱,顾客不知何从。似乎不打折,就卖不出东西,不打折商家就不像过节似的。打折风越刮越紧、越刮越强烈,大家竞相打折,跟风打折,疯狂打折,折上折,折上送,连环折……小张开始发愁了,他经营的服装店也应该跟风打折吗? 如果打折,服装店还有钱赚吗?

理论提示:打折使得销售一件商品的利润减少了,但是销售数量会增加。销售数量增加了,总的利润就增加了。但是销售数量的增加,能够弥补单件商品利润的减少吗? 打折幅度应该定为多少呢? 经济学的弹性理论可以用来分析这个问题。

第二章的分析表明,商品的供求受到很多因素的影响,当这些因素变化后,商品的供求会相应变化。但是,当这些因素变动一定量的时候,商品的供求数量会变动多少呢? 在经济学中,弹性理论(theory of elasticity)成为测度和反映这种变化程度的重要工具。

弹性理论最早由 19 世纪法国经济学家古诺(Gounod)提出。后来英国著名经济学家马歇尔(Marshall)完善了弹性公式,并将其发展为一个完整的理论。20 世纪以来,弹性理论在西方经济学中有了很大发展,并被广泛运用于实证经济分析。

一般说来,只要两个经济变量之间存在着函数关系,我们就可用弹性来表示一个经济变量对另一个经济变量的反应的敏感程度。函数关系式中,某特定的数会随另一个(或另几个)会变动的数的变动而变动,这个数就称为因变量。如:$y = f(x)$。此式表示,y 随 x 的变化而变化。在这里,y 表示因变量,x 表示自变量,弹性公式就是 y 和 x 之间的函数关系的表达式。弹性公式的一般表达式为:

$$弹性系数 = \frac{因变量的变动率(百分比)}{自变量的变动率(百分比)}$$

弹性系数表达的含义是,自变量变动一定的程度(用比例或百分比表示)与所引起的因变量变动的程度之比值。如设两个经济变量的函数关系为 $y = f(x)$,则具体的弹性公式为:

$$e = -\frac{\dfrac{\Delta y}{y}}{\dfrac{\Delta x}{x}} = -\frac{\Delta y}{\Delta x} \cdot \frac{x}{y} \tag{3.1}$$

式中,e 为弹性系数;Δx、Δy 分别为变量 x、y 的变动量。

若经济变量的变化量趋于无穷小时,弹性的公式还可表示为:

$$e = \lim_{\Delta P \to 0} \frac{\dfrac{\Delta y}{y}}{\dfrac{\Delta x}{x}} = \frac{\mathrm{d}y}{\mathrm{d}x} \cdot \frac{x}{y} \tag{3.2}$$

通常将(3.1)式称为弧弹性公式,将(3.2)式称为点弹性公式。

从弹性公式的一般定义中可以看出,弹性是两个变量各自变化程度的一个比值,所以,弹性是一个具体的数字,它与自变量、因变量的度量单位无关。

　　将弹性理论应用在分析需求、供给问题上，就产生了需求弹性、供给弹性等概念。需求弹性(elasticity of demand)是用来表示影响商品需求的各种因素发生变动后，商品需求量的变动程度大小。影响需求的主要因素是商品的价格、消费者的收入、相关商品的价格。因此，需求弹性主要有三种类型，即需求的价格弹性、需求的收入弹性和需求的交叉弹性。

3.1　需求弹性

3.1.1　需求的价格弹性

1. 需求的价格弹性定义

　　需求的价格弹性(price elasticity of demand)是指商品价格变动所引起的需求量变动的程度，即需求量变动对价格变动的反应程度。价格是自变量，需求量是因变量。其公式为：

$$需求的价格弹性系数 = \frac{需求量变动率}{价格变动率}$$

需求的价格弹性可以分为弧弹性和点弹性。

2. 需求的价格弧弹性

　　需求的价格弧弹性表示某商品需求曲线上两点之间的需求量的变动对于价格的变动的反应程度。简言之，它是指需求曲线上两点之间的弹性，其计算公式为：

$$e_d = -\frac{\frac{\Delta Q}{Q}}{\frac{\Delta P}{P}} = -\frac{\Delta Q}{\Delta P} \cdot \frac{P}{Q} \tag{3.3}$$

上式中，e_d 表示需求的价格弧弹性系数，ΔQ 和 ΔP 分别表示需求量和价格的变化量。由于商品的需求量和价格在通常情况下是成反方向变动的，因此 $\Delta Q/\Delta P$ 为负值。根据习惯，为了使需求的价格弹性系数 e_d 为正值，便在公式(3.3)中加了一个负号。

　　(1)需求的价格弧弹性的计算

　　图 3-1 是需求函数 $Q_d = 2400 - 400P$ 的几何图形。

　　图中需求曲线上 a、b 两点的价格分别为 5 和 4，相应的需求量分别为 400 和

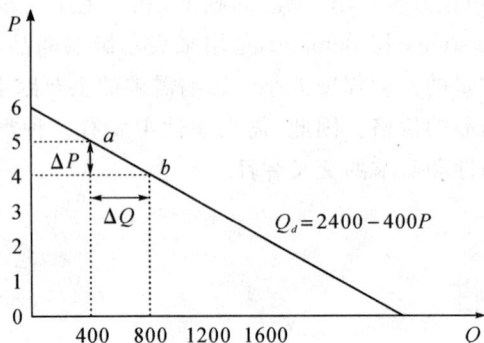

图 3-1　需求的价格弧弹性

800。根据公式(3.3),相应的弧弹性分别计算如下:

从 a 点到 b 点(即降价时):

$$e_d = -\frac{\Delta Q}{\Delta P} \cdot \frac{P}{Q} = \frac{Q_b - Q_a}{P_b - P_a} \cdot \frac{P_a}{Q_a} = -\frac{800 - 400}{4 - 5} \cdot \frac{5}{400} = 5$$

从 b 点到 a 点(即提价时):

$$e_d = -\frac{\Delta Q}{\Delta P} \cdot \frac{P}{Q} = \frac{Q_a - Q_b}{P_a - P_b} \cdot \frac{P_b}{Q_b} = -\frac{400 - 800}{5 - 4} \cdot \frac{4}{800} = 2$$

由此可见,从 a 点到 b 点和从 b 点到 a 点弧弹性系数值是不相同的。其原因在于:尽管在上面两个计算中,ΔQ 和 ΔP 的绝对值相同,但由于 P 和 Q 所取的基数值不相同,所以,两种计算的结果便不相同。这就是说,在同一条需求曲线上,涨价和降价产生的需求的价格弧弹性数值是不相同的。因此,如果只是一般地计算需求曲线上某两点之间的需求的价格弧弹性,而不是特别地强调这种需求的价格弧弹性是作为降价还是涨价的结果时,为了避免不同的计算结果,通常取两点之间的平均值来代替公式中的 P 和 Q 的数值,即需求的价格弧弹性应采用下式计算:

$$e_d = -\frac{\Delta Q}{\Delta P} \cdot \frac{\dfrac{P_a + P_b}{2}}{\dfrac{Q_a + Q_b}{2}} = -\frac{\Delta Q}{\Delta P} \cdot \frac{P_a + P_b}{Q_a + Q_b} \tag{3.4}$$

公式(3.4)又被称为需求的价格弧弹性的中点公式。

根据中点公式,上例中 a、b 两点之间的需求的价格弧弹性为:

$$e_d = -\frac{\Delta Q}{\Delta P} \cdot \frac{P_a + P_b}{Q_a + Q_b} = -\frac{800 - 400}{4 - 5} \cdot \frac{5 + 4}{400 + 800} = 3$$

(2)需求的价格弧弹性的类型

根据需求的价格弧弹性的绝对值大小,需求的价格弧弹性可分为五种基本类型:

①富于弹性:$e_d>1$,表示需求量的变化率大于价格的变化率,说明需求量对于价格变动的反应是比较敏感的。通常高档奢侈品富于弹性,如化妆品、贵重首饰等。

②缺乏弹性:$e_d<1$ 表示需求量的变化率小于价格的变化率,说明需求量对于价格变动的反应不敏感。通常生活必需品缺乏弹性,如柴、米、油、盐等。

③单位弹性或单一弹性:$e_d=1$,表示需求量的变化率与价格的变化率相等。具有这种特征的商品被称为单位价格弹性商品。

④完全弹性:$e_d=\infty$,表示只要价格发生微小的变化,则会使需求量发生无穷大的变化,即水平需求曲线上的弧弹性为无穷大。如完全竞争市场上某个卖者一提价,则买者不会再购买他的产品。

⑤完全缺乏弹性:$e_d=0$ 表示无论价格发生多大的变化,需求量都不会发生任何数量变化,垂直的需求曲线上的弧弹性为零。

上述五种弧弹性的类型可用图 3-2 表示。

比较图 3-2 中的(a)和(b)可以看出,就需求的价格弧弹性而言,富于弹性的需求曲线相对比较平坦,缺乏弹性的需求曲线相对比较陡峭,这种绘制方法已经成为一种习惯。但是应该特别引起注意的是横轴和纵轴的刻度。因为需求曲线的斜率和弹性是两回事,不同的刻度会导致曲线斜率的变化,但是弹性并不发生改变。

3. 需求的价格点弹性

当需求曲线上两点之间的变化量趋于无穷小时,需求的价格弹性用点弹性来表示。点弹性表示需求曲线上某一点上的商品需求量变动对于价格变动的反应程度。需求的价格点弹性公式的一般表达式为:

$$e_d = \lim_{\Delta P \to 0} -\frac{\Delta Q}{\Delta P} \cdot \frac{P}{Q} = -\frac{dQ}{dP} \cdot \frac{P}{Q} \tag{3.5}$$

可见,需求的价格弧弹性和需求的价格点弹性在本质上是相同的,它们的区别仅在于:前者表示价格变动量较大时的需求曲线上两点之间的弹性,而后者表示价格变动量很小时的需求曲线上某一点的弹性。

(1)需求的价格点弹性的计算

例如某商品需求函数为 $Q_d=2400-400P$,求 a 点($P=5,Q=400$)和 b 点($P=4,Q=800$)的需求的价格点弹性。根据公式(3.5)可以计算出 a、b 两点的

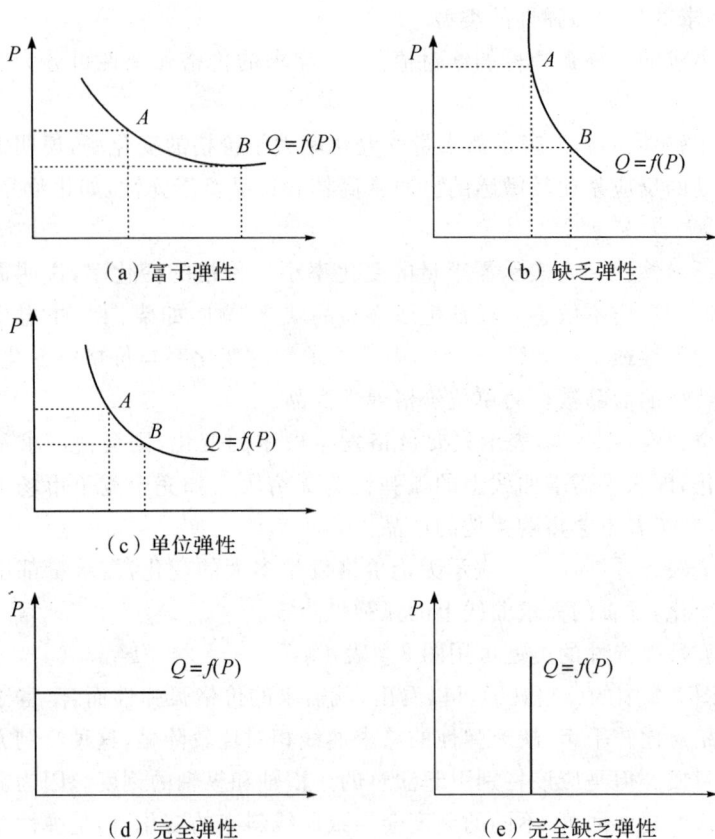

（a）富于弹性

（b）缺乏弹性

（c）单位弹性

（d）完全弹性

（e）完全缺乏弹性

图 3-2　需求的价格弧弹性

需求的价格弹性如下：

由需求函数 $Q_d = 2400 - 400P$ 可得点弹性的计算公式为：

$$e_d = -\frac{\mathrm{d}Q}{\mathrm{d}P} \cdot \frac{P}{Q} = -(-400) \cdot \frac{P}{Q}$$

所以，a 点的需求的价格点弹性系数为：

$$e_d = -\frac{\mathrm{d}Q}{\mathrm{d}P} \cdot \frac{P}{Q} = -(-400) \cdot \frac{5}{400} = 5$$

b 点的需求的价格点弹性系数为：

$$e_d = -\frac{\mathrm{d}Q}{\mathrm{d}P} \cdot \frac{P}{Q} = -(-400) \cdot \frac{4}{800} = 2$$

（2）需求的价格点弹性的几何意义与种类

首先分析线性需求曲线上的点弹性。如图 3-3 所示，线性需求曲线为 $Q_d =$

$f(P)$,它与纵坐标和横坐标分别相交于 A、B 两点,令 C 点为该线性需求曲线上的任意一点。

根据点弹性的定义,需求曲线上 C 点的需求的价格点弹性可以表示为:

$$e_d = -\frac{\mathrm{d}Q}{\mathrm{d}P} \cdot \frac{P}{Q} = \frac{GB}{CG} \cdot \frac{CG}{OG} = \frac{GB}{OG} = \frac{BC}{AC} = \frac{OF}{AF} \tag{3.6}$$

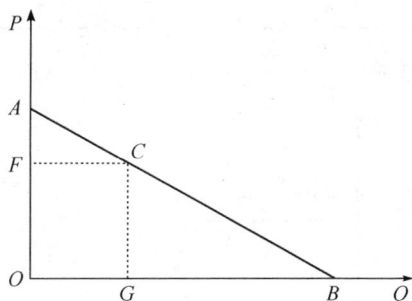

图 3-3　线性需求曲线的点弹性

从公式(3.6)中可以得到三种判断线性需求曲线上点弹性的方法:

斜线公式:$e_d = \frac{BC}{AC}$,其含义是当 C 点位于线性需求曲线 AB 的中点以上时,点弹性大于 1;当 C 点位于线性需求曲线 AB 的中点以下时,则 C 点的点弹性小于 1;当 C 点位于线性需求曲线 AB 的中点时,则 C 点的点弹性等于 1。

横轴公式:$e_d = \frac{GB}{OG}$,即以横轴线段 GB 和 OG 表示点弹性大小。点 G 越靠近原点,则 C 点的点弹性越大;反之,越小。若 G 点为 OB 的中点,则 C 点的点弹性为 1。

纵轴公式:$e_d = \frac{OF}{AF}$,即以纵轴曲线段 OF 和 AF 表示点弹性大小。点 F 越靠近原点,则 C 点的点弹性越小;反之,则越大。若 F 恰为 OA 的中点,则 C 点的弹性为 1。

从上述点弹性的几何意义上可以看出,对于任意一条线性需求曲线上的点来说,它在需求曲线上的位置越高,相应的点弹性数值就越大;相反,位置越低,相应的点弹性系数值越小。这一特征可用图 3-4 表示。

从图 3-4(a)中可以看出,对于一般的线性需求曲线来说,曲线上的每一点的需求的价格点弹性是不相等的。在线性需求曲线与横轴的交点 B,点弹性为 0,在线性需求曲线与纵轴的交点 A,点弹性为 ∞。对于特殊的线性需求曲线来说,水平的需求曲线上每一点的点弹性均为无穷大,即 $e_d = \infty$,见图 3-4(c);垂直的

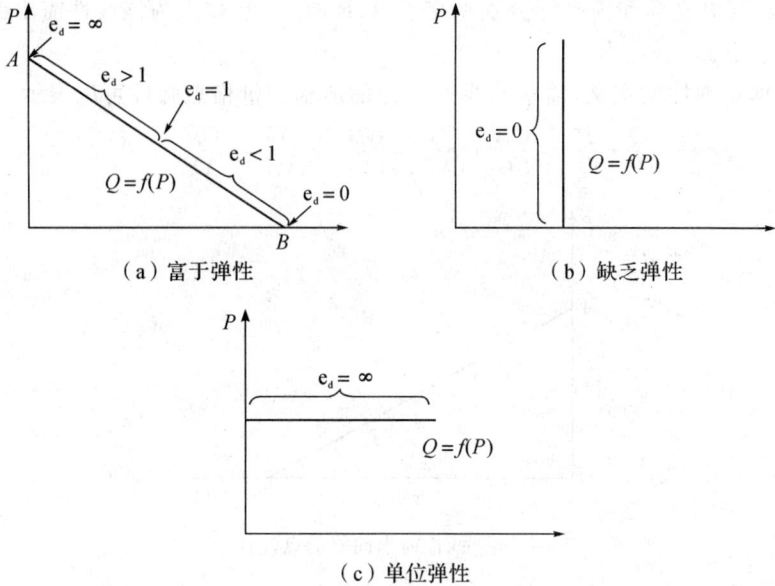

（a）富于弹性　　　　　　　　　（b）缺乏弹性

（c）单位弹性

图 3-4　弹性规律

需求曲线上每一点的点弹性均为零，即 $e_d=0$，见图 3-4（b）。

最后，要注意需求曲线的斜率和需求的价格弹性是两个不同的概念。从点弹性的计算公式（3.5）中可以看出，需求曲线上某一点的斜率为 $\mathrm{d}P/\mathrm{d}Q$，而该点的点弹性不仅取决于该点斜率的倒数 $\mathrm{d}Q/\mathrm{d}P$，还取决于相应的价格——需求量的比值 P/Q。也就是说，线性需求曲线上任一点的斜率都是相等的，而每一点的点弹性是不相同的。

4.需求的价格弹性与厂商的销售收入

厂商的销售收入是卖出商品的价格与销售数量的乘积，又叫厂商的总收益。由于一般商品的价格与其市场需求量成反向变化关系，所以厂商降低商品价格能刺激市场需求量的增加，提价会减少其销售数量。但就厂商的总收益来说，是降价能增加总收益，还是提价能增加总收益，就与其商品的需求的价格弹性有关了。

商品需求的价格弹性与提供该商品的厂商的总收益之间的关系，可以分为下列几种情况：

第一种情况：对于 $e_d>1$ 的富有弹性的商品，降低价格会增加厂商的总收益；相反，提高价格则会减少厂商的总收益，即商品的价格与厂商的总收益成反方向变动。这是因为需求富于弹性的商品，厂商降价所引起的需求量的增加率大于价格的下降率。这意味着价格下降所造成的总收益的减少量必定小于需求量增加所带来的总收益的增加量。所以,降价最终能使总收益增加。厂商提价时,最终会使其总收益减少。这种情况可从图 3-5(a)中得到体现。

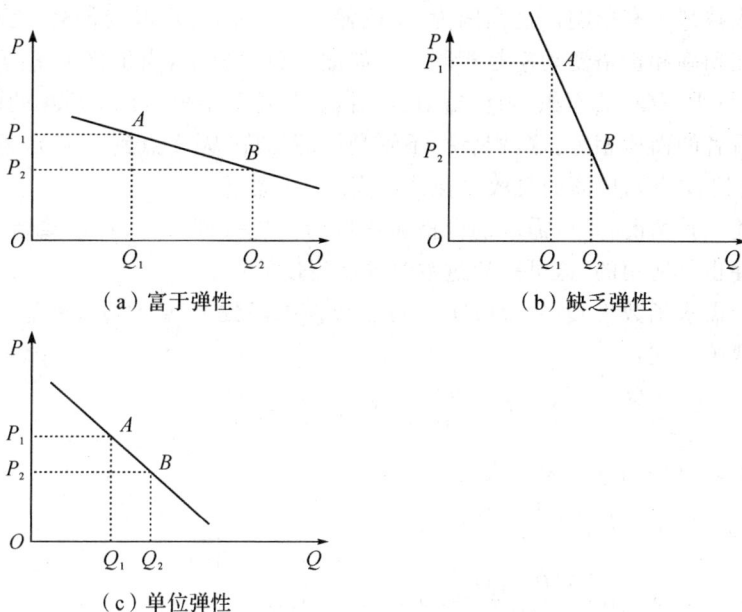

（a）富于弹性

（b）缺乏弹性

（c）单位弹性

图 3-5 需求的价格弹性与销售收入

在图 3-5(a)中,需求曲线 A、B 两点之间是富于弹性的。两点之间的价格变动率会引起一个较大的需求量的变动率。即当价格为 P_1 时,需求量为 Q_1,此时总收益相当于矩形 OP_1AQ_1 的面积;当价格为 P_2 时,需求量为 Q_2,此时的总收益等于矩形 OP_2BQ_2 的面积。显然,前者的面积小于后者的面积。这就是说,如果厂商降价(从 A 点到 B 点)则厂商的总收益会增加;如果厂商提价(从 B 点到 A 点),则厂商的总收益会减少。

第二种情况:对于 $e_d<1$ 的缺乏弹性的商品来说,降价会使厂商的总收益减少;相反,提价会使厂商的总收益增加,即商品的价格与总收益成同方向变化。这是因为,对于缺乏弹性的商品来说,需求量的增加率会小于价格的下降率,从而使需求量增加所带来的总收益的增加量不能完全抵消由于价格下降所造成的总收益的减少量。如图 3-5(b)所示。

当价格分别为 P_1 和 P_2 时,厂商的总收益分别为矩形 OP_1AQ_1 的面积和矩形 OP_2BQ_2 的面积,且前者大于后者的面积。这意味着,如果厂商降价(从 A 点到

B 点),厂商总收益会减少;相反,如果厂商提价(从 B 点到 A 点),厂商总收益会增加。

第三种情况:对于 $e_d = 1$ 的单位弹性的商品来说,降低价格或提高价格对厂商的总收益都没有影响。这是因为,单位弹性的商品,厂商改变价格所引起的需求量的变动率和价格变动率是相等的。如图 3-5(c)所示,当价格为 P_1 时,总收益为矩形 OP_1AQ_1 的面积;当价格为 P_2 时,总收益等于矩形 OP_2BQ_2 的面积,且前者与后者的面积相等。这就是说,不管是厂商降价(从 A 点到 B 点),还是提价(从 B 点到 A 点),厂商的总收益保持不变。

上述三种情况,是以需求的价格弧弹性为例进行说明的,对这些结论,需求的点弹性也是适用的,这可以通过数学证明得以验证。

假定需求函数为 $Q_d = f(P)$,且存在反需求函数 $P = f(Q)$。于是可以得到以下函数关系式:

$$\frac{d(P \cdot Q)}{dP} = Q + P \cdot \frac{dQ}{dP} = Q(1 + \frac{P}{Q} \cdot \frac{dQ}{dP}) = Q(1 - e_d)$$

由上式可得到以下关系式:

当 $e_d < 1$ 时,有:$\frac{d(P \cdot Q)}{dP} < 0$

当 $e_d = 1$ 时,有:$\frac{d(P \cdot Q)}{dP} = 0$

当 $e_d > 1$ 时,有:$\frac{d(P \cdot Q)}{dP} > 0$

除了上述三种情况以外,还有两种特殊情况,$e_d = 0$,商品完全缺乏需求弹性,厂商降价时,总收益会同比例于价格的下降而减少;提价时,总收益会同比例于价格的上升而增加。对于 $e_d = \infty$,需求完全富于弹性的商品来说,涨价又会使厂商的总收益变为零,所以厂商不会涨价;如果厂商降价,从理论上可以在既定价格下无限增加总收益,这没有考虑现实中在短期内厂商的供给能力是有限的。

上述商品的需求价格弹性和厂商的总收益之间的综合关系如表 3-1 所示。

综上所述,由于厂商的总收益变动会因商品的需求价格弹性的不同而不同,所以,厂商或政府在制定价格策略时,必须考虑不同商品的需求价格弹性,制定不同的价格策略。

表 3-1　需求的价格弹性和销售收入

价　格＼弹　性	$e_d > 1$	$e_d < 1$	$e_d = 1$	$e_d = 0$	$e_d = \infty$
降价	收入增加	收入减少	收入不变	和降价幅度同比例减少	收入无限增加
涨价	收入减少	收入增加	收入不变	和涨价幅度同比例增加	收入降为零

3.1.2　需求的交叉弹性和收入弹性

1. 需求的交叉弹性

需求的交叉弹性(cross elasticity of demand)是指商品的需求量变动对于它的相关商品的价格的变动的反应程度。它是该商品的需求量的变动率和它的相关商品的价格变动率的比值,用公式表示如下:

$$e_{xy} = \frac{\dfrac{\Delta Q_x}{Q_x}}{\dfrac{\Delta P_y}{P_y}} = \frac{\Delta Q_x}{\Delta P_y} \cdot \frac{P_y}{Q_x}$$

式中,$\dfrac{\Delta Q_x}{Q_x}$ 表示 x 商品的需求量的变化率,$\dfrac{\Delta P_y}{P_y}$ 表示 y 商品价格的变化率。当 x 商品的需求量的变化量 ΔQ_x 和相关商品价格的变化量 ΔP_y 均为无穷小时,则商品 x 的需求的交叉价格点弹性公式为:

$$e_{xy} = \lim_{\Delta P \to 0} \frac{\dfrac{\Delta Q_x}{Q_x}}{\dfrac{\Delta P_y}{P_y}} = \frac{\mathrm{d} Q_x}{\mathrm{d} P_y} \cdot \frac{P_y}{Q_x}$$

需求的交叉弹性系数的符号取决于所考察的两种商品的相关关系。商品之间的相关关系分为两种:一是替代关系,二是互补关系。如果两种商品之间在满足消费者的需求时可以互相代替,则称这两种商品之间存在着替代关系,这两种商品互为替代品,如苹果和梨之间就是替代关系。如果两种商品必须同时使用才能满足消费者的需求,则这两种商品之间就存在着互补关系,这两种商品互为互补品,如磁带和录音机之间就是互补关系。

如果两种商品互为替代品,则商品的价格与它的替代品的需求量之间成同方向变化,其需求的交叉弹性系数为正值。

如果两种商品之间互为互补品,则商品的价格与它的互补品的需求量之间成反方向变化,其需求的交叉弹性系数为负值。

如果两种商品之间不存在相关关系,则其需求的交叉弹性系数为零。

上述结论可以反过来使用,即可根据两种商品之间的需求的交叉弹性系数的正负符号来判断两种商品之间的相关关系;若两种商品的需求交叉弹性系数为正值,则这两种商品互为替代品;若为负值,则两者互为互补品。若为零,则两种商品之间既不是替代关系也不是互补关系,即无相关关系。

【专题】

世界粮食危机

自 2007 年开始,世界出现粮食的大规模短缺,导致粮食价格飙升。高粮价的严重影响日益显现。一些发展中国家近期出现粮食短缺,并引发饥饿、贫困加剧和社会动荡等严重问题。

世行报告研究了近年来的粮价走势,并逐月分析了粮价上涨与生物燃料之间的关系,最终认为欧盟和美国发展生物燃料是推动粮价飙升的主因。报告认为,从 2002 年到 2008 年 2 月,一揽子粮食价格涨幅达 140%。其中,美国与欧盟大力开发生物燃料对粮价上涨的"贡献"最大,相当于推动粮价同期上涨 75%;相比之下,能源与肥料价格上浮只让粮价上涨了 15%。

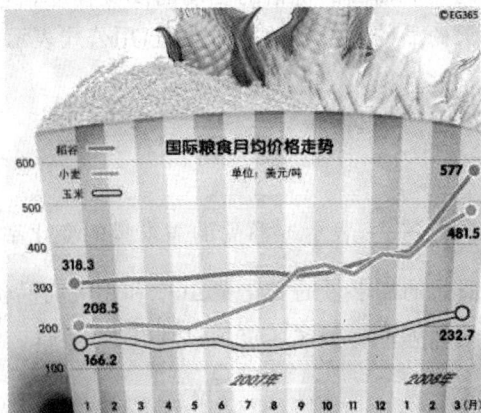

世界粮食危机的罪魁祸首是美国与欧盟大力开发的生物燃料技术。该技术使用粮食制造汽油等燃料。生物燃料技术产生以前,粮食与汽油之间没有替代关系,生物燃料技术产生以后,粮食在一定程度上成为汽油的替代品。由于燃料的高价格,粮食被用于生产燃料,导致粮食的短缺。生物燃料技术是一种环保技术,有利于可持续发展,但它的出现却推动了粮食价格的持续上涨,一些发展中国家和欠发达国家深受其害。在世界不少国家和地区饱受粮食危机困扰的时候,发达国家是否应该承担更多的义务,从维护人类生存和发展的大义出发,限制生物燃料技术的使用呢?

(资料来源:根据新华国际时评《还原粮食危机真相》改编,新华网

http://news.xinhuanet.com)

理论提示：当粮食成为汽油的替代品后，汽油的供给弹性和粮食的供给弹性是否会发生变化？如果发生变化，是变大呢，还是变小？这个案例告诉我们，随着科学技术的进步，或者风俗习惯发生变化，商品的价格弹性也会随之变化。

2.需求的收入弹性

需求的收入弹性（income elasticity of demand）是指在价格和其他因素不变的条件下，由于消费者的收入变动所引起的商品需求量发生变动的程度。通常用需求的收入弹性系数来表示需求收入弹性的大小，其公式如下：

$$需求的收入弹性系数 = \frac{需求数量变化率}{收入变化率} = \frac{\dfrac{\Delta Q}{Q}}{\dfrac{\Delta y}{y}} = E_y$$

$\Delta Q/Q$ 表示需求数量变化百分率，$\Delta y/y$ 表示收入变化百分率，E_y 用来表示需求的收入弹性系数。

如果 E_y 大于零，则表示收入变动与需求量变动成同方向变化，把具有这类特征的商品称之为正常品。一般而言，生活必需品的需求收入弹性大于零而小于1，奢侈品的需求收入弹性大于1。如果 E_y 小于零，即为负数，则表示收入变动与该商品的需求量成反方向变化，经济学将具有这种特征的商品称为劣质品或低档品。

西方经济学中的恩格尔定律就是分析收入变化中的食品支出比重的变化所得到的结论：在一个家庭或在一个国家中，食物支出在收入中所占的比例随着收入的增加而减少。即对于一个国家或一个家庭来说，富裕程度越高，则食物支出的收入弹性就越小；反之，则越大。这一定律在许多国家的经济发展过程中都得到了验证。

【专题】

关于恩格尔系数的争论

1857 年，世界著名的德国统计学家恩格尔阐明了一个定律：随着家庭和个人收入增加，收入中用于食品方面的支出比例将逐渐减小，这一定律被称为恩格尔定律，反映这一定律的系数被称为恩格尔系数。其公式表示为：

恩格尔系数（%）＝食品支出总额/家庭或个人消费支出总额

$\times 100\%$

恩格尔系数一经提出就得到广泛的认同,并一直被运用于统计工作之中。人们一般认为,恩格尔系数越低,当地经济状况就越好,民众生活水平就越高。根据联合国粮农组织提出的标准,恩格尔系数在59%以上为贫困,50%~59%为温饱,40%~50%为小康,30%~40%为富裕,低于30%为最富裕。无论是各级政府的工作报告,还是媒体报道,都可以见到恩格尔系数的踪影,使用频率极高,"恩格尔系数下降"也成了官员们一个重要政绩指标。恩格尔系数真的能表明富裕程度?

质疑 1:难道"凑合吃"比"吃得好"的要富裕?

解本友:有些家庭的恩格尔系数逐年下降,不仅不是富裕,或者消费结构升级,反而是越来越穷了。笔者的哥哥是个下岗职工,为了保证孩子上得起学,只好在"牙缝里抠食","吃"的支出在家庭总收入比例中越来越低,他家恩格尔系数的下降,不是富了,而是无奈。

质疑 2:恩格尔系数能真实反映贫富水平吗?

解本友:北京社会心理研究所公布的一项调查显示,北京市民2005年各项消费支出中食品支出的比例达35.2%,即恩格尔系数为35.2%;广州市2005年城镇居民恩格尔系数为37.31%。据联合国粮农组织提出的标准来衡量的话,北京、广州可说是进入富裕阶段了。然而,调查同时显示,山西在2003年恩格尔系数就达到33.5%。这是否意味着山西比北京、广州更早进入富裕阶段?从GDP到财政收入,从人均收入到人均支出,无论从哪个方面比较,广州、北京在国内都远远领先于山西,怎么一套用恩格尔系数,就会得出山西比广州、北京更早进入富裕阶段的结论?

质疑 3:恩格尔系数不公允

张敬伟:消费结构而言,虽然城乡居民消费开始由吃穿转向住行,消费结构正在转型升级。但辩证而言,恰恰是车市(第一消费大国)和房市火爆的消费荣景,反衬出恩格尔系数的不公允。

中国还是全球奢侈品成长最快的市场。车市、房市、奢侈品消费,这些有钱人的消费游戏,虽然降低了中国的恩格尔系数,谁能说中国社会进入了普遍小康?在中国缺乏稳定的中产阶级、贫富悬殊差距极大的社会语境下,车市、房市和奢侈品消费在消费总额中占的比例越大,越反映出基数最大的中低收入阶层消费能力的屏弱、生活质量的偏低,他们的消费恐怕依然是围着锅碗瓢盆打转,为柴米油盐而打拼。

质疑4:恩格尔失灵

恩格尔系数为什么有时候不能正确反映富裕程度呢？因为恩格尔系数在两个前提下普遍适用:(1)假设其他一切变量都是常数;(2)食物支出有统一的含义,即指维持生活所需的食物支出,在各种收入水平之下,都应按照这种含义所要求的来衡量。但问题的焦点在于食品的收入弹性。当食物以"填饱肚子"为第一要务时,收入弹性很低;但是消费食物注重"口感""品味"时,就变得富有弹性。比如高档酒类就是富有弹性的奢侈品。因此,对食物进行分类,分别计算恩格尔系数可能是改进"恩格尔失灵"的一种解决方法。

（资料来源:根据《恩格尔系数也疯狂:"凑合吃"富过"吃得好"?》、《中国居民的小康生活和恩格尔系数的数字游戏》等论文改编）

理论提示:恩格尔系数用来作为衡量人民生活水平的标准,在过去适用,现在为什么不适用了。我们是否可以通过对恩格尔系数进行一些改进,让它重新适用当前的实际情况呢？

3.1.3　需求弹性的影响因素

影响商品的需求价格弹性的因素有很多,主要有以下几个方面:

第一,商品的可替代程度。一般来说,一种商品的可替代品越多,相近程度越高,则该商品的需求价格弹性越大;相反,替代品越少,相近程度越低,则需求的价格弹性越小。对一种商品所下的定义越明确越窄,则这种商品的相近替代品越多,因此这种商品的需求价格弹性越大。例如某种特定商标的糖果的需求要比一般的糖果的需求更有弹性。

第二,商品用途的广泛性。一般来说,一种商品的用途越广,它的需求弹性就可能越大;相反,用途越窄,它的需求价格弹性就可能越小。这是因为,当用途很广的商品降价时,消费者会大量增加这种商品的购买以分配在各种用途中使用;而价格高时,只会将该商品在重要用途上使用。如电的用途很广,如果降价,则会使消费者增加购买以在各种用途中使用。如眼镜的用途单一,即使降价,也不会使消费者购买许多眼镜。

第三,商品对消费者的重要程度。一般而言,生活必需品的需求价格弹性较小,而非必需品或奢侈品的需求价格弹性较大。因为作为必需品,是人们生活中必不可少的商品,不管价格上升或下降,人们必须购买一定量,如粮食。

第四,商品的消费支出在消费者预算总支出中所占比重大小。如果该商品的支出在家庭收入中占的比例小,消费者对价格变化反应小,其需求弹性也小;如果所占的比例大,消费者对价格变化的反应就大,其需求弹性就大。如食盐、铅笔、肥皂与住宅、汽车等商品相比,需求的价格弹性更小。

第五,所考察的时期长短。一般来说,时期越长,则消费者找到替代品的可能性越大,故需求的价格弹性越大;反之,越小。

值得注意的是,一种商品的需求的价格弹性大小是由各种因素共同影响的结果。上述各种因素是就一般情况而言的,在具体考察某一种商品的需求价格弹性时,必须根据具体情况进行广泛的考察,甚至需要复杂的调查和计算才能确定。

3.2　供给弹性

供给弹性(elasticity of supply)是用来表示影响供给的各种因素发生变动后,供给数量所变动的程度。影响商品供给的因素主要有商品自身的价格、商品的生产成本、相关商品的价格、生产者预期等。与此对应,供给弹性包括供给的价格弹性、供给的成本弹性、供给的交叉弹性和供给的预期价格弹性等。这里主要介绍供给的价格弹性。

3.2.1　供给弹性的概念

供给的价格弹性(price elasticity of supply)是指,商品的供给量的变动对于该商品价格变动的反应程度。供给的价格弹性是商品供给量的变动率与商品自身价格的变动率之比值。

与需求的价格弹性一样,供给的价格弹性也分为弧弹性和点弹性。供给的价格弧弹性表示某商品供给曲线上两点之间的弹性。供给的价格点弹性表示商品供给曲线上某一点的弹性。设供给函数为 $Q_s = f(P)$,e_s 表示供给的价格弹性系数,则供给的价格弧弹性的公式为:

$$e_s = \frac{\dfrac{\Delta Q}{Q}}{\dfrac{\Delta P}{P}} = \frac{\Delta Q}{\Delta P} \cdot \frac{P}{Q}$$

　　供给的点弹性公式为:

$$e_s = \frac{\dfrac{dQ}{Q}}{\dfrac{dP}{P}} = \frac{dQ}{dP} \cdot \frac{P}{Q}$$

一般情况下,商品的供给量和商品自身价格成同方向变动,所以供给的价格弹性系数 e_s 为正值。

3.2.2 供给弹性的种类

供给的价格弹性可以根据 e_s 值的大小分为五种类型。$e_s > 1$ 表示供给富于弹性;$e_s < 1$ 表示供给缺乏弹性;$e_s = 1$ 表示供给单一弹性或单位弹性;$e_s = \infty$ 表示供给完全弹性;$e_s = 0$ 表示供给完全无弹性。

现实经济生活中,供给单一弹性、供给完全无弹性和供给完全弹性比较少见,大多数商品的供给不是富于弹性就是缺乏弹性。现实中,一些不可再生性资源,如土地的供给,以及那些无法复制的古董文物的供给价格弹性接近于零,而在劳动力严重过剩地区劳动力供给曲线具有完全弹性的特征。

3.2.3 供给弹性的影响因素

影响供给弹性的因素很多,其中主要有:

第一,时期的长短。当商品价格发生变化时,厂商对产量的调整需要一定的时间。由于在短期内,厂商的生产设备等无法改变(增加或减少),如果厂商要根据商品的涨价及时地增加产量,或根据产品的降价及时缩减产量,都存在程度不同的困难,即供给弹性比较小。但在长期中,生产规模的扩大与缩小,甚至转产都可以实现,即供给量可以对价格变动作出充分的反应,即供给弹性也就比较大。

第二,生产规模和规模变化的难易程度。一般来说,生产规模大的资本密集型企业,因受设计和专业化设备等因素的制约,其生产规模变动较难,调整的时间长,因而其产品的供给弹性小。反之,规模较小的劳动密集型企业,则其产品供给弹性相对更大一些。

第三,生产的难易程度与生产周期的长短。一般地,容易生产的产品,如技术要求低、生产周期很短,则产量调整比较快,供给弹性大;反之,较难生产的产品,如果生产周期长,则供给弹性小。

第四,生产成本的变化。在其他条件不变的情况下,如果生产成本随着产量的增加不会增加太多,则产品的供给弹性就大;相反,如果产量的增加促使成本显著增加,则供给弹性就小。

3.3 弹性理论的应用

3.3.1 税收归宿

如果政府决定对某种产品征税(流转税),这项税额究竟是由生产者负担,还是由消费者负担,或者说这项税额在买者与卖者之间的分摊比例,这就取决于这种产品的供求弹性。

假定政府是向生产者征税,厂商将把这项税额列入产品成本,因此在其他条件不变的情况下,厂商的销售价格要比不征这项税时高,厂商会把税收加到出售的每一单位产品所愿接受的最低价格(供给价格)上,这样,就使厂商的供给曲线垂直向上移动,如图 3-6 所示。D_0、S_0、E_0、P_0、Q_0 分别为征税前的需求曲线、供给曲线、均衡点、均衡价格和均衡数量。当政府征收税额 t 以后,厂商的生产成本增加 t 元,供给价格相应上涨 t 元,供给曲线垂直上移到 S_1,均衡点就为 E_1,均衡价格上升为 P_1。可见,税后价格比原均衡价格要高,但价格的上升量 P_0P_1 小于 t,这说明,消费者分担了一部分税额,分担的部分等于 (P_1-P_0) 元。而对于厂商来说,单位产品的税后收入为 P_2,比税前减少 (P_0-P_2) 元,即厂商分担的税额为 (P_0-P_2) 元。

从图 3-6 中可以看出,税额在生产者与消费者之间分摊的比例与供求曲线的平坦程度有关,即与商品的供求弹性有关。从需求方面来看,需求弹性越大,消费者分担的比例越小,需求为完全弹性时,消费者的税收负担为 0;需求弹性越小,消费者分担的比例越大,需求完全缺乏弹性时,税额将全部转嫁到消费者身上。从供给方面来看,供给越富于弹性,则生产者分担比例越小,供给完全弹性,则生产者负担为 0,税收负担完全转嫁给消费者;供给越缺乏弹性,则生产者分担比例越大,供给完全无弹性,则生产者负担全部税收,即不能转嫁给消费者。

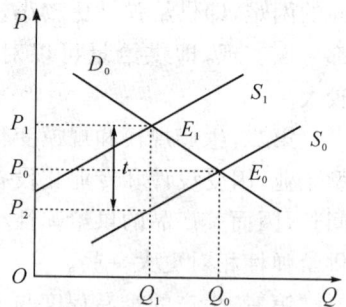

图 3-6 税收归宿

3.3.2 谷贱伤农

谷贱伤农是一种流传已久的说法。它描述的是这样一种经济现象:在丰收的年份,农民们欢天喜地庆祝丰收,结果发现收入反而减少了。这种现象可以用农产品的需求弹性原理加以解释。

作为谷物的农产品往往是缺乏需求弹性的,如图 3-7 所示,农产品的市场需求曲线比较陡峭。当农业丰收时,农产品的供给曲线向右移动到 S_1 的位置,在缺乏需求弹性条件下,农产品价格会大幅度下降,即农产品均衡价格的下降幅度大于农产品均衡数量的增加幅度,最后导致农民的总收入减少,总收入的减少量相当于矩形 $OP_0E_0Q_0$ 和 $OP_1E_1Q_1$ 的面积之差。相反,在歉收的年份,农产品的减少会导致农产品价格大幅上升,使农民的总收入增加。

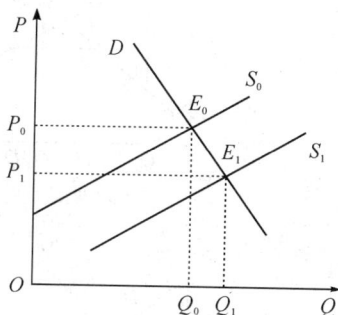

图 3-7 谷贱伤农

3.3.3 蛛网模型

蛛网模型又称蛛网理论,是 20 世纪 30 年代出现的一种关于动态均衡分析的微观经济理论,它运用弹性理论来考察某些产品(特别是农产品)的价格波动对其下一个周期产量的影响,因为本期价格对下期产品的产量影响所产生的均衡的变动的图形绘出时形若蛛网,故称为"蛛网理论"。蛛网模型的基本假设是:商品的本期产量 Q_t^s 决定于前一期的价格 P_{t-1},即供给函数为 $Q_t^s=f(P_{t-1})$;商品本期的需求量 Q_t^d 决定于本期的价格 P_t,即需求函数为 $Q_t^d=f(P_t)$。蛛网可以用三个联立方程式来表示:

$$\begin{cases} Q_t^d=\alpha-\beta\cdot P_t \\ Q_t^s=-\delta+r\cdot P_{t-1} \\ Q_t^d=Q_t^s \end{cases}$$

式中,α、β、δ 和 r 均为常数,且大于零。

按照产品的供给弹性与需求弹性的相对大小,蛛网模型分三种情况:

第一种情况:收敛型蛛网

当供给量对价格变动的反应程度小于需求量对价格变动的反应程度时,价格波动对产量的影响越来越小,价格与产量的波动越来越弱,最后自发地趋于均衡水平。或者说,当需求曲线斜率的绝对值小于供给曲线斜率的绝对值时,市场在受到干扰偏离原有的均衡状态以后,实际价格和实际产量会围绕均衡水平上下波动,波动的幅度会越来越小,最后回到原来的均衡点。

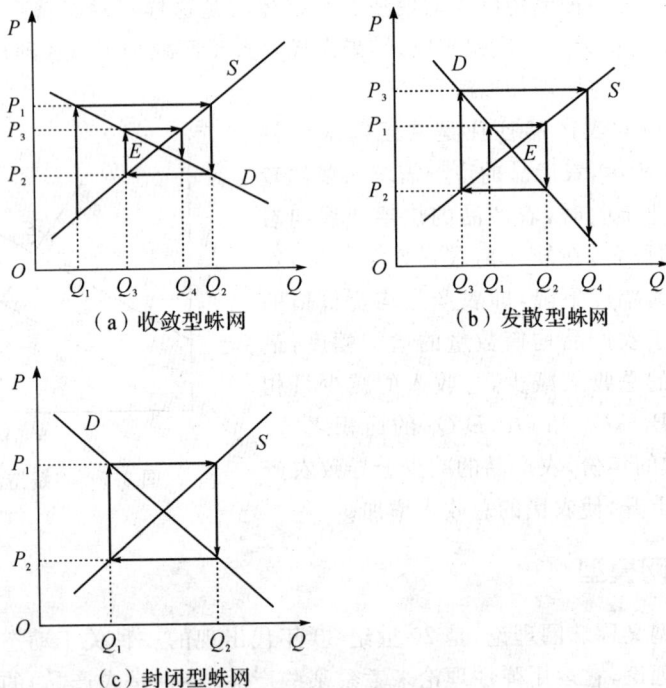

（a）收敛型蛛网　　　　　　（b）发散型蛛网

（c）封闭型蛛网

图 3-8　蛛网模型

　　如图 3-8(a)所示,假定在第一期由于外在原因的干扰,如恶劣的天气,实际产量水平由均衡水平减少为 Q_1。根据需求曲线,消费者愿意支付 P_1 的价格购买全部产量,于是实际价格为 P_1。根据第一期的价格 P_1,生产者会根据既定的供给曲线,将下期的产量增加为 Q_2。在第二期中,生产者为了销出全部产量 Q_2,必须接受消费者所愿支付的价格 P_2,于是第二期实际价格下降为 P_2。依此下去,生产者会根据第二期较低的价格 P_2 决定第三期的产量 Q_3,而在第三期,消费者愿意以 P_3 的价格购买全部的产量 Q_3,即实际价格又上升为第三期的 P_3,生产者又将根据价格 P_3 确定第四期的产量 Q_4,如此循环下去,实际产量和实际价格的波动幅度越来越小,最后恢复到均衡点 E 所代表的水平。这说明 E 点的均衡状态是一种稳定的均衡。由于外在原因,当价格和产量偏离均衡值(P_e 和 Q_e)后,经济体系中有自发的因素,促使价格和产量自动回到均衡状态。

图中的产量与价格变化的路径形成了形似蜘蛛网的图形,这种蛛网称为收敛型蛛网,把商品的供给弹性小于需求弹性称为形成收敛型蛛网的条件。

第二种情况:发散型蛛网

当供给量对价格变动的反应程度大于需求量对价格变动的反应程度时,价格波动对产量的影响越来越大,价格与产量的波动越来越强,最后离均衡点越来越远。或者说当需求曲线斜率的绝对值大于供给曲线斜率的绝对值时,当市场由于外力的干扰偏离原有的均衡状态后,实际价格和实际产量上下波动的幅度会越来越大,偏离均衡点越来越远。

如图 3-8(b)所示,实际产量与实际价格的波动幅度越来越大,偏离均衡点 E 所代表的均衡产量和均衡价格越来越远,产量与价格变化的路径形似发散的蛛网。

第三种情况:封闭型蛛网

当供给量对价格变动的反应程度等于需求量对价格变动的反应程度时,价格与产量的波动始终保持相同的程度,既不是趋向均衡点,也不是远离均衡点。

如图 3-8(c)所示,当供给曲线斜率的绝对值等于需求曲线斜率的绝对值,即供给曲线与需求曲线具有相同的陡峭或平坦程度时,当市场由于受到外力的干扰偏离原有的均衡状态以后,实际产量与实际价格始终按同一幅度围绕均衡点上下波动。

西方经济学家认为,蛛网模型解释了某些生产周期较长的商品产量与价格波动的情况,尤其用于分析农产品市场发生的周期性波动现象。一般而言,农产品的供给量对价格变动的反应大,但市场对农产品的需求较为稳定,对价格变动的反应小,所以存在最广泛的是发散型蛛网。这就是说,如果让农产品市场自发调节,农产品的波动要大于其他产品。这正是各国政府都采取各种政策稳定农业的原因。

蛛网模型也有其局限性。如模型假定,生产者总是根据上一期的价格来决定下一期的产量,即上期的价格是生产者对下期的预期价格,这与实际情况不符。因为现实中的生产者会从自己的经验中逐步修正自己的预期价格,使预期价格与实际价格不断接近,从而使实际产量接近市场的实际需求量。而套利者如果发现了这种价格产量的固定波动方式,也会通过与生产者签订远期合约的方式进行投机套利,从而消除价格的波动。

⏭〉【本章小结】

弹性用来量度自变量发生一定的变化后,因变量作出相应变化的程度。弹性系数是因变量的变化率与自变量的变化率之比值,可分为弧弹性与点弹性两种。

需求弹性主要包括需求的价格弹性、需求的收入弹性和需求的交叉弹性三种,需求的价格弹性最重要。需求的价格弹性是指商品的需求量变动对该商品的价格变动的反应程度。它有五种基本类型:富于弹性($e_d > 1$)、缺乏弹性($e_d < 1$)、单位弹性($e_d = 1$)、完全弹性($e_d = \infty$)、完全缺乏弹性($e_d = 0$)。

需求的价格弹性与厂商的销售收入有关:对于 $e_d > 1$ 的商品来说,厂商降阶可增加总收益,提价会减少总收益;对于 $e_d < 1$ 的商品来说,厂商降价会减少总收益,提价会增加总收益;对于 $e_d = 1$ 的商品来说,厂商提价或降价,总收益不变。

影响需求的价格弹性的因素主要有:商品的可替代程度、商品用途的广泛性、商品对消费者的重要程度、该商品支出在消费者预算总支出中所占比重大小、消费者调节需求量的时期长短。

需求的收入弹性是指需求量的变化率与收入变化率的比值,用来度量收入变化对需求量变化的影响程度。一般而言,必需品的需求收入弹性大于零而小于1,奢侈品的需求收入弹性大于1。

需求的交叉弹性是指某一商品需求量对另一种相关商品价格变化的反应程度。如果需求的交叉弹性为负值,则说明两种商品为互补关系;如果需求的交叉弹性为正值,则说明两种商品为替代关系;如果需求的交叉弹性为 0,则两种商品之间既不是互补关系,也不是替代关系,即互不相关。

供给弹性也有多种,但主要是供给的价格弹性,简称供给弹性。供给弹性是指商品的供给量的变动对该商品价格变动的反应程度。它有五种类型:$e_s > 1$,富于弹性;$e_s < 1$,缺乏弹性;$e_s = 1$,单位弹性;$e_s = \infty$,完全弹性;$e_s = 0$,完全缺乏弹性。

影响供给弹性的因素主要有:时期的长短、生产规模的大小以及调整生产规模的难易程度、生产周期的长短、生产成本的变化等。

弹性理论在现实中应用很广。税收归宿问题说明政府向产品征收的流转税在生产者与消费者之间的分摊比例取决于该产品的供求弹性。需求相对于供给更富于弹性,则消费者分担税收负担小;供给相对于需求更富于弹性,则生产者分担的税收负担小。

谷贱伤农反映的经济学原理是,农产品缺乏需求弹性会导致农业生产者受到农产品丰收的损害。

蛛网模型是引入时间因素来考察均衡的形成过程的动态均衡分析模型,经常被用来分析农产品在较长时期的价格与产量的波动。

⬚▷【关键概念】

　　弹性　弧弹性　点弹性　需求的价格弹性　需求的收入弹性　需求的交叉弹性　恩格尔定律　供给弹性

⬚▷【思考题】

　　1.简述厂商收益与需求价格弹性的关系。
　　2.说明薄利多销的经济学道理。
　　3.影响需求弹性和供给弹性的因素各有哪些？
　　4.说明谷贱伤农的经济学原理。

【案例讨论】

　　1.农产品往往缺乏需求弹性,因此在农产品的大丰收年份,会发生农民的收入反而减少的现象。那么针对这种现象,政府为了提高农民收入,可以采取什么样的政策,避免农民成为大丰收的受害者呢？

　　2.最近几年,矿产资源的价格波动幅度很大。有人认为矿产资源的供给一般来说缺乏供给弹性,因此短期内需求的变化会极大地影响矿产资源的价格。但是也有人认为从长期看,矿产资源的价格波动幅度并不大,因为当矿产资源价格上涨后,矿产开发企业会研究更先进的开采技术,投入更高效率的开采设备,使得开采成本下降。你认为那种说法更正确？

第 2 篇

消费者行为理论

第4章

边际效用分析

>>>   >

1. 了解基数效用论和序数效用论;
2. 理解效用、总效用、边际效用的概念;
3. 理解边际效用递减规律;
4. 掌握基数效用论的消费者均衡条件;
5. 理解消费者剩余的概念。

【开篇案例】

2009年春晚,小品《不差钱》让现场爆笑20多次,"小沈阳"因此一炮走红大江南北。在之后的一年里,他巡回全国几十个城市上百场演出。但是,2010年春节前,央视网站推出了一个"虎年春晚,谁是你最不想看到的小品演员"的网络调查,小沈阳却榜上有名,近30%的网友不希望虎年春晚再看到小沈阳。其实,不独小沈阳,他的师傅赵本山自从1990年首次上春晚,已有20年,虽然广大中国观众仍然喜爱着他的节目,但多少已经产生了"审美疲劳"。在一项春晚"观众再也不想看到的十张脸"的网上评选中,赵本山高居头名。

其实,不独小品演员,整个春节联欢晚会,从1983年至今,已经举办了28届,虽然投入越来越大,场面越来越宏大,节目越来越多样,但人们对春晚的评价却一年不如一年了,特别是近几年,已经陷入了"年年办,年年骂;年年骂,年年办"的怪圈。在2010年的"两会"上,还有代表拿出了"春晚应该停办"的提议。面对这些现象,套用一句小沈阳的经典台词:"这是为什么呢?"

在前面的章节里,我们已经学习了被称为"经济学的灵魂"(张五常语)的需求曲线。可是这条向右下方倾斜的曲线是怎样形成的呢? 事实上,需求曲线的背后是需求主体(即消费者)的行为,我们接下来要讲的就是关于消费者行为的理论。因为经济学家研究消费者行为最初是从效用这一基础概念出发的,所以消费者行为理论又称效用理论。

4.1 效用的概念

4.1.1 效用的提出

我们从导言中已经知道,微观经济学研究单个经济主体的行为,我们假设每一个经济主体的行为目标是在现有约束条件下追求自身利益的最大化,这就是经济人假设(理性人假设)。但问题是,如何衡量"利益的最大化"?

对生产者来说,我们可以很方便地找到一个现成的概念:利润。对生产者而言,利益最大就是利润最大。但对消费者来说,用什么量来衡量呢? 消费不同的物品或劳务,消费者的所得是很不一样的:吃饭为果腹,穿衣为保暖……似乎没有现成的量来统一代表我们从这些东西中所得到的利益,于是经济学家发明了一个概念——效用(Utility),以此来衡量消费者从消费过程中获得的利益。

4.1.2 效用的定义

效用,是对消费者从一组物品或劳务中获得的满足程度的抽象衡量。我们可以将效用和物理学中的温度作一类比。冷热是一种主观的感觉,但如果我们只是停留在这样一种感性的阶段,就无法对自然界中的冷热现象进行理性的研究和精确的预测。比如我们只知道体温过高会影响身体的各种机能甚至危及生命,但如果只是靠我们手的感觉,有很大的模糊性。借助一个物理量——温度——就能对体温进行精确的测量,我们就可以知道,人的正常体温是 37℃ 左右,如果高过 41℃,就可能有危险。再如,我们知道水加热到一定程度,会沸腾;冷却到一定程度,会结冰,但到底在哪个点会沸腾,哪个点会结冰,我们就必须借助温度这个量来精确地界定。同样道理,若要对消费者的行为进行有效的研究,就必须借助一些量。而效用正是这样一个量,我们可以借助这个量来对消费者的选择进行研究。

【专题】

经济学与幸福

著名经济学家萨缪尔森（Paul A. Samuelson,1915－2009,1970 年获得诺贝尔经济学奖）在谈到效用这个概念时,提出过一个幸福方程式:幸福＝效用/欲望。

从这个公式来看,幸福取决于两个因素:效用与欲望。也就是说,在欲望既定的情况下,幸福同效用成正比,物品效用越大,幸福感越高;在效用既定的情况下,幸福同欲望成反比,我们欲望越小,幸福感越高（正所谓"知足者常乐"）。

肖伯纳说:经济学是一门使人生幸福的艺术,在效用理论中,我们可以真切地理解这句话。现在越来越多的国家在衡量国民生活质量时,开始重视"幸福指数"（GNH,Gross National Happiness）,并将它作为制定发展规划和社会政策的重要参考。

4.1.3　效用的主观性

虽然我们把效用类比于物理学里的温度,但满足程度是比冷热程度更为抽象、更为主观的心理量,其大小因人、因时、因地而异。西方有句谚语:One man's meat; another man's poison（甲之美味,乙之毒药）。正如两千多年前庄子与惠子的一场辩论,惠子曰:"子非鱼,安知鱼之乐?"庄子曰:"子非我,安知我不知鱼之乐?"对每个人而言,效用"如鱼饮水,冷暖自知"。

早期的经济学家一直梦想着某一天可以对效用进行客观精确的度量。19世纪英国经济学家边沁就曾在其书中描绘过"效用仪表",该仪器具有度量不同消费活动效用的功能。尽管边沁所在的时代没有出现这种设备,当代的神经心理学家的确已经拥有能粗略度量满足感的设备,只不过这种设备还远没有达到经济学中所需要的精确程度。

【专题】

最好吃的东西

兔子和猫争论,世界上什么东西最好吃。兔子说:"世界上萝卜最好吃。萝卜又甜又脆又解渴,我一想起萝卜就要流口水。"猫不同意,说:"世界上最好吃的东西是老鼠。老鼠的肉非常嫩,嚼起来又酥又松,味道美极了!"兔子和猫争论不休,相持不下,跑去请猴子评理。猴子听了,不由得大笑起来:"瞧你们这两个傻瓜,连这点儿常识都不懂!世界上最好吃的东西是什么?是桃子!桃子不但美味可口,而且长得漂亮。我每天做梦都梦见吃桃子。"兔子和猫听了,全都直摇头。

那么,世界上到底什么东西最好吃?

4.1.4 基数效用和序数效用

我们知道,在英语中有两种数:one,two,three…这是基数;first,second,third…这是序数。基数表示数量,序数表示次序。在度量效用的问题上,西方经济学家先后提出了基数效用和序数效用的概念,并在此基础上形成了分析消费者行为的两种方法:基数效用论的边际效用分析法和序数效用论的无差异曲线分析法。

基数效用(Cardinal Utility)理论认为:效用如同长度、重量一样,可以具体计量并加总求和。例如:对某消费者,我们可以测出看一场电影或吃一顿快餐所获得10个单位的效用,吃一顿快餐获得8个单位的效用,两者总共获得18个单位的效用。

而序数效用(Ordinal Utility)理论认为:效用无法测量,只能排序。我们看一场电影或吃一顿快餐所获得效用的具体数值很难测量,但我们能说出更喜欢哪一样。实际上,我们不必知道获得效用的具体数值,只需知道喜欢程度的排序,就可以对消费行为进行有效的分析。正是因为以序数来度量效用的假定比以基数来度量效用的假定所受到的限制更少,在现代微观经济学里,通常使用的是序数效用的概念。关于序数效用理论,我们将在下一章中阐述。

【专题】

效用理论的历史

效用的概念在1700年概率统计理论开始发展后不久,就产生了。1738年,瑞士数学家丹尼尔·贝努利(Daniel Bernoulli,1700—1782)在其发表的《测定风险新理论之解说》一文中就提出了价值应该以效用为基础。他观察到,人们似乎按下列方式行动:在一种公平的赌博中,他们认为赢到的一美元的价值小于他们输掉的一美元的价值。这就意味着:相继增加的新的美元财富给他们带来的是越来越少的真实效用。

早期将效用概念引入社会科学的是英国的哲学家边沁(Jeremy Bentham,1748—1831)。1789年,边沁在《道德与立法原则导论》一书中提出了功利主义(Utilitarianism)原则。他认为,所有立法都应该按照功利主义原则制定,从而促进"最大多数人的最大利益"(Greatest Number with Greatest Utility)。特别需要指出的是,功利主义在中文里带有贬义,事实上将它译为中性的"效用主义"更为合适。

效用理论的真正奠基者,是19世纪70年代"边际革命"的先驱者、德国人戈森(Hermann Heinrich Gossen,1810—1858)。这场革命的代表人物是英国的杰文斯(William Stanley Jevons,1835—1882)、奥地利的门格尔(Carl Menger,1840—1921)、法国的瓦尔拉斯(Léon Walras,1834—1910),这三位经济学家不约而同地发现了"边际效用递减规律",人称"边际三杰"。边际效用学说建立在效用可以计量的假设之上,因此也被称为"基数效用论"。

19世纪末20世纪初,经济学家开始对效用可以计量的假设产生怀疑。1934年,希克斯(John Richard Hicks,1904—1989)和艾伦在《价值理论的再思考》这篇著名论文中提出:效用作为一种心理现象是无法计量的,因为不可能找到效用的计量单位。他们运用埃奇沃思发明的"无差异曲线"对效用进行了重新诠释,认为消费者在市场上所做的并不是权衡商品效用的大小而只是在不同的商品之间进行选择和排序,这就是所谓的"序数效用论"。

1938年,美国经济学家萨缪尔森在《关于消费者行为理论的一个解释》中提出:效用作为一种主观心理状态虽然观察不到,但我们可以观察消费者的行为;当消费者选择了某一消费品时,他的偏好就被显示了;因此,经济学家可以通过消费行为来测量和推断消费者内在的行为规范。这就是所谓的"显示性偏好理论"。其后,在诸多经济学家的共同努力下,这一理论日趋完善。这一理论让人更加确信,毋须考虑效用的计量,经济学也可以建立起一座理论大厦。

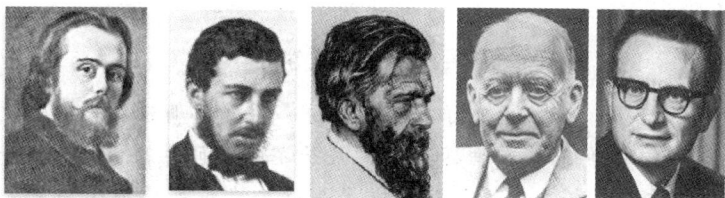

图中从左至右分别为瓦尔拉斯、杰文斯、门格尔、希克斯、萨缪尔森

4.2 边际效用递减规律

4.2.1 总效用和边际效用

总效用(Total Utility,TU)是一个人从消费某些物品或劳务(以下简称物品)中所得到的总的满足程度。边际效用(Marginal Utility,MU)是某种物品消费量增加(或减少)1 单位所引起的总效用的变化量。

效用函数(Utility Function)是指消费者的总效用与其消费的各种物品的数量的函数关系。例如,消费者消费 n 种物品,其数量分别为 $X_i, i=1\cdots n$,则其效用函数为:

$$TU = f(X_1, X_2, \cdots X_n)$$

如果消费者只消费一种物品,则效用函数为:

$$TU = f(Q)$$

式中: TU—— 总效用;

Q—— 物品的消费量。

相应的边际效用函数为:

$$MU = \frac{\Delta TU}{\Delta Q}$$

当物品消费量的变化趋于无穷小,即 $\Delta Q \to 0$ 时,边际效用可以表示为

$$MU = \lim_{\Delta Q \to 0} \frac{\Delta TU}{\Delta Q} = \frac{\mathrm{d}TU}{\mathrm{d}Q}$$

【专题】

呆子吃大饼

一个呆子吃大饼,吃了五个就饱了。呆子感慨道:"早知道吃第五个饼才饱,又何必吃前面四个呢?"呆子之所以可笑就是因为他没有分清楚边际效用和总效用。最后饱了是五个大饼所给他带来的总的感觉,是总效用,这个总效用是前面每增加一个大饼所带来的边际效用的总和。

4.2.2　边际效用递减规律(戈森第一定律)

表 4-1 显示的是某位消费者吃包子的总效用和边际效用。在他吃第一个包子时,因为很饿,这一个包子给他带来的效用很大(5 个单位)。以后,随着这个人吃的包子数量的连续增加,虽然总效用不断增加(5→9→12→14→…),但每一个包子给他带来的效用增量即边际效用却是递减的(5→4→3→2→…),当他完全吃饱的时候,包子的总效用达到最大值(15),而边际效用却降为零。如果他还继续吃包子,就会感到不适,这意味着包子的边际效用进一步降为负值,总效用也开始下降。可以设想,如果不存在边际效用递减,那么地球上所有的包子都不足以满足这个人的消费,因为他始终处在饥饿的状态,而不管消费掉多少包子。我们把表上的数据画成曲线即图 4-1。

表 4-1　总效用和边际效用

包子数量	1	2	3	4	5	6	7
边际效用	5	4	3	2	1	0	−1
总效用	5	9	12	14	15	15	14

图 4-1 中横轴表示消费物品的数量,纵轴表示效用。其中 MU 曲线是向右下方倾斜的,它反映了边际效用递减规律。相应的,TU 曲线是先上升后下降,且斜率逐渐递减。当 MU 为正值时,TU 呈上升趋势;当 MU 递减为零时,TU 达到最高点;当 MU 继续递减为负值时,TU 呈下降趋势。需要指出的是,通常理性的消费者不会出现边际效用为负的情况(也就是说,理性的消费者不会"花钱买罪受")。

【专题】

吃自助餐的体验

许多朋友都有过吃自助餐的经历,多数人会吃得"过饱"。所谓"过饱",就是已经超过了总效用曲线的最高点。如果问你一个问题,你从最后一份食物中获得的边际效用是多少?通常会是一个负数。为什么呢?因为我们最后拿过来的一堆食物通常是吃不完的,但迫于自助餐馆的规矩或是不忍浪费的心情,最后还是艰难地咽下去了。在这最后拿过来的一堆食物中,就存在着边际效用从正到负的临界点。

从数学意义上讲,如果效用曲线是连续的,则每一消费量上的边际效用值就

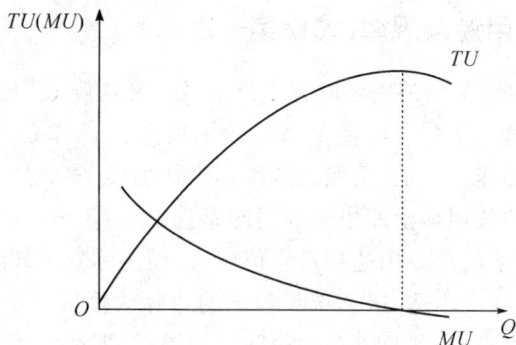

图 4-1　总效用和边际效用曲线

是总效用曲线上相应点的斜率。因此边际效用递减规律，也可以用数学语言
表达。

$$MU = \frac{\mathrm{d}TU}{\mathrm{d}Q} > 0 ; \frac{\mathrm{d}MU}{\mathrm{d}Q} = \frac{\mathrm{d}^2 TU}{\mathrm{d}Q^2} < 0$$

总效用的一阶导数，即边际效用大于零表示随着消费数量的增加，总效用也
相应增加；效用函数的二阶导数小于零则表示随着消费数量的增加，边际效用是
递减的。

所谓边际效用递减规律，就是随着消费数量的增加，边际效用呈递减趋势。
边际效用递减规律又称戈森第一定律，由德国经济学家戈森在《论人类交换规律
的发展及人类行为的规律》(1854 年)中所提出。边际效用递减规律无时无处不
在我们的日常生活中体现着，尽管有时我们没有明确地意识到，正如《周易》中所
言"百姓日用而不知"。19 世纪末期的英国经济学家马歇尔把这一规律称为"人
类本性的这种平凡而基本的倾向"，并把这一规律作为解释消费者行为的基础。

本章开头的案例，人们对小沈阳、赵本山的"审美疲劳"，很大程度上也是因
为小沈阳在近一年的电视里、赵本山在近 20 年的春晚中过于频繁地出现在人们
眼前的缘故。再比如我们做一项工作，刚开始有新鲜感，干劲十足，但如果整天
重复做这个事情，就会渐渐麻木、甚至厌烦。婚姻中的七年之痒，俗话所说的"虱
多不痒，债多不愁"，也都与这一规律有关。

【专题】

罗斯福的面包

罗斯福连任三届美国总统后，曾有记者问他有何感想，总统一言不
发，只是拿出一块三明治让记者吃。这位记者不明白总统用意，又不便

问,只好吃了。总统又拿出了第二块,记者还是勉强吃下。没料到,紧接着又来了第三块,记者为不撑破肚皮,赶紧婉言谢绝。这时罗斯福微微一笑:"现在你知道我连任三届总统的滋味了吧。"

那么,边际效用递减规律有没有例外呢?有人说,钱是一种例外,理由是随着钱的数量越来越多,对钱的渴望并没有递减。但只要仔细分析,当你身无分文的时候,增加 1 块钱给你带来的效用和当你有 1000 万的时候,增加 1 块钱给你带来的效用哪个大?毫无疑问,随着你钱数增加,边际效用递减。我们感觉递增其实是总效用递增,而边际效用是递减的。边际效用递增的可能例子,比如毒品,因为毒品似乎不会出现吸多了而厌倦的现象,越多越上瘾,最后甚至会卖掉家产、抛妻弃子,宁可食不充饥、衣不蔽体。再如在网络经济中,有一个麦特卡夫定律,网络价值同网络用户数量的平方成正比,N 个网络节点能创造 N^2 的效益。很明显,增加一个节点所增加的效用是递增的。

4.2.3 边际效用递减规律的解释

为什么在消费过程中会呈现边际效用递减规律呢?我们可以从以下两方面来解释。

一是生理的或心理的原因。效用是消费者的一种心理感受,消费某种物品实际上就是提供了一种刺激,使人在心理上有某种反应,产生一种满足感。随着消费一种物品的数量越来越多,即同一刺激不断反复时,人在心理上的兴奋程度必然减小,或者说麻木了。19 世纪的心理学家韦伯和费克纳曾做了这样一个实验:把一个孩子的眼睛蒙住,让他把臂膀平伸,手掌向上。然后把一定的重量置于他的手掌上,他肯定会感到这一重量,当你增加重量时,他也会感到重量的增加。然而,在他手掌支托的重量达到一定程度时,你再加一定的重量,他并不会感到重量的增加。这就是说,他支托的重量越大,增加的或边际的重量对他的影响越小。这种现象被称为韦伯-费克纳边际影响递减规律。当用声音、光线和其他刺激进行类似的实验时,都有这种边际影响递减现象。

二是物品本身用途的多样性。每种物品都有几种用途,再假定消费者把用途按重要性分成几个等级,当他只有一个单位的物品时,作为理性的人他一定会将该物品用于满足最重要的需要,而不会用于次要的用途上;当他有两个单位时,他会把第二单位用在次要的用途上;有三个单位时,他会把第三单位用在第三级用途上,如此等等。所以一定数量物品中的最后一个单位给消费者提供的效用,一定小于前一单位提供的效用。我们可以举一个简单的例子,假设你在沙漠中口渴难忍,已经三天没喝水了。这时如果你有一杯水,你是用来解渴,还是用来洗手？你当然会用来喝。你首先会满足你最迫切的需要,因为对你来说,用水洗手的效用不如喝水来得高。

【专题】

边际效用与物品用途

奥地利经济学家庞巴维克(Eugen Bohm-Bawerk,1851—1914)在其1888年出版的《资本实证论》中说到这样一个例子:一个农民在原始森林中建了一座小木屋,独自在那里劳动和生活。他收获了5袋谷物,这些谷物要用到来年秋天,但不必留有剩余。他是一个善于精打细算的人,因而安排了一个在一年内使用这些谷物的计划。

第一袋谷物是他维持生存所必需的。第二袋是在维持生存之外来增强体力和精力的。此外,他希望有些肉可吃,所以留第三袋谷物来饲养鸡、鸭等家禽。他爱喝酒,于是他将第四袋谷物用于酿酒。对于第五袋谷物,他觉得最好用它来养几只他喜欢的鹦鹉,这样可以解闷儿。显然,这五袋谷物的不同用途,其重要性是不同的。假如以数字来表示的话,将维持生存的那袋谷物的重要性可以确定为12,其余的依次确定为10、8、6、4。现在要问的问题是:如果一袋谷物遭受了损失比如被小偷偷走了,那么他将失去多少效用?假如损失了一袋谷物,这位农民面前只有一条惟一合理的道路,即用剩下的四袋谷物供应最迫切的四种需要,而放弃最不重要的需要,或者说是放弃边际效用。

4.3 基数效用论的消费者均衡

4.3.1 边际效用均等规律(戈森第二定律)

分析消费者的行为,最终还是要归结到本章开头所说的"效用最大化"问题。在现有的预算约束条件下,为了使总效用达到最大值,消费者应该如何将货币分配使用于各种物品呢?

为了回答这一问题,我们假定:①消费者的偏好是给定的,也就是说消费者对各种物品的效用和边际效用是既定的;②消费者决定买进两种物品:物品1和物品2,其价格 P_1 和 P_2 是既定的;③消费者的收入 I(Income)是既定的;④消费者的收入全部用来购买这两种物品。

假如作为消费者的你现在手中有1元钱,你愿意把它投到物品1的消费中,还是物品2的消费中,你会怎样考虑? 也许你很容易想到,那当然是投入到同样花1元钱,能给你带来的效用更大的一方,换句话说,你会将每1元钱都花在刀刃上,也就是投入到 MU/P 更大的那种物品上。假设 MU_1/P_1 更大,那么你会增加物品1的消费量。随着物品1消费量的增加时,边际效用会递减(也就是 MU_1/P_1 会减小)。在收入固定的情况下,物品1消费量的增加必然引起物品2消费量减少,随着物品2消费量的减少,边际效用递增,于是 MU_1/P_1 在逐渐减小,MU_2/P_2 在逐渐增大,大的在减小,小的在增大,直至趋于平衡,即消费者均衡条件为:

$$\frac{MU_1}{P_1} = \frac{MU_2}{P_2}$$

这就是边际效用均等规律(Law of Equal Marginal Utility),又称戈森第二定律。

如果推广到 n 种物品,均衡条件可以表述为:

$$\frac{MU_1}{P_1} = \frac{MU_2}{P_2} = \cdots = \frac{MU_n}{P_n}$$

其含义为:消费者选择的最优物品组合,使得自己花费在各种物品上的最后一元钱所带来的边际效用相等。

4.3.2 消费者均衡的数学证明

假设总效用函数为 $TU = f(X_1, X_2)$,消费者的行为目标是使 TU 达到最大。与此同时,消费量受到收入的约束。

$$\begin{cases} MAX & TU = f(X_1, X_2) \\ s.t. & P_1 X_1 + P_2 X_2 \leqslant I \end{cases}$$

这是微积分中的条件极值问题,可以构造拉格朗日函数求解。

$$L(X_1, X_2, \lambda) = f(X_1, X_2) + \lambda(P_1 X_1 + P_2 X_2 - I)$$

要求 $TU = f(X_1, X_2)$ 在条件 $P_1 X_1 + P_2 X_2 \leqslant I$ 下的极值,只要考虑 L 的极值就可以了。

求出 L 的所有一阶偏导:

$$\begin{cases} \dfrac{\partial L}{\partial X_1} = \dfrac{\partial f}{\partial X_1} - \lambda P_1 = 0 \\[2mm] \dfrac{\partial L}{\partial X_2} = \dfrac{\partial f}{\partial X_2} - \lambda P_2 = 0 \\[2mm] \dfrac{\partial L}{\partial \lambda} = P_1 X_1 + P_2 X_2 - I = 0 \end{cases}$$

其中，$\dfrac{\partial U}{\partial X_1} = MU_1$，$\dfrac{\partial U}{\partial X_2} = MU_2$

于是得到：$\dfrac{MU_1}{P_1} = \dfrac{MU_2}{P_2}$

4.4　基数效用论的应用

4.4.1　钻石和水的悖论——决定价格的是边际效用

200多年前，亚当·斯密在《国富论》中提出了钻石和水的悖论，大意是为什么水对人很重要、很有用，却不值钱；而钻石对人不太重要，也不太有用，却非常值钱。是物以稀为贵吗？的确，由于水的供给很大，其供给曲线和需求曲线相交于很低的价格水平；而钻石的供给很小，其供给曲线和需求曲线相交于很高的价格水平。但这并没有真正将有用反而低价、无用反而高价的原因解释得令人满意。

真正有针对性的解释是，价格并不取决于整体上的有用性（总效用），而是边际上的有用性（边际效用）。由于有如此之多的水，所以，最后一单位水只能以很低的价格出售。即使最初的几滴水相当于生命自身的价值，但最后的一些水仅仅用于浇草坪或洗汽车，所以像水那样非常有用的商品只能以几乎接近于零的价格出售，因为最后的一滴水几乎一文不值。

我们可以结合消费者的均衡条件，假设某人在消费水和钻石上达成了均衡。由于我们消费的水数量很大，我们再增加一单位的水所增加的满足感（边际效用）很小，甚至有点可有可无的味道；相反，我们消费的钻石数量很小，我们增加一单位的钻石所增加的满足感（边际效用）很大。为了满足均衡条件必然要 $P_{钻石}$ 很大，而 $P_{水}$ 很小。

$$\frac{MU_{钻石}}{P_{钻石}} = \frac{MU_{水}}{P_{水}}$$

4.4.2　从基数效用论推导需求曲线

因为需求曲线是消费者行为的体现，所以我们可以通过消费者行为理论推导需求曲线。

设想某消费者在消费若干种物品的过程中达到了均衡。这时其中一种物品价格 P 下降，而其他条件都不变，为了重新达到均衡，根据边际效用均等规律，MU 就要随着 P 一起下降。又根据边际效用递减规律，若要 MU 下降，就要增加该物品的消费量 Q，于是我们得到 $P\downarrow\cdots MU\downarrow\cdots Q\uparrow$，即价格下降，数量增加，这就是需求定理。

换个角度看也一样，某物品再增加一单位所增加的效用 MU 越大，则消费者愿意为之付出的价格 P 越高。根据边际效用递减规律，消费数量 Q 越少，MU 越大，于是 $Q\downarrow\cdots MU\uparrow\cdots P\uparrow$，数量越少，愿意为之支付的价格越高，这是需求定理的另一种表述。

就这样，我们运用基数效用论的边际效用递减规律和边际效用均等规律，推导出了需求定理。同时，解释了需求曲线向右下方倾斜的原因，而且说明了需求曲线上的每一点都满足消费者效用最大化的均衡条件。

4.4.3　消费者剩余

在实际生活中，每个消费者具体出于什么原因购买某种物品我们可能无从知晓，但有一点可以肯定：在一种购买行为发生后，消费者会觉得与购买前相比，其境况改善了。否则，理性的消费者就不会有购买行为。"消费者剩余"这一概念就是用来描述消费者从消费某种物品中得到的净利益。

新古典经济学的主要奠基者、英国经济学家阿尔弗雷德·马歇尔在他的名著《经济学原理》中这样描述消费者剩余的概念："人们购买物品所支付的价格绝对不会超过，而且很少达到，其宁愿购买而非空手而归时的出价。因此，人们从购买物品中所获得的满足通常超过其因付钱而放弃的满足，于是他从这一购买活动中得到了一种满足的剩余。这可称为消费者剩余。"简单地说，所谓消费者剩余（Consumer Surplus）就是消费者购买某种物品时，愿意支付的（最高）价格与实际支付的价格之间的差额。比如说张三很喜欢某款式的服装，就算这件衣服卖到 2000 元他还是愿意买，但实际上这件衣服只卖 500 元，那么 $2000-500=1500$ 的差额，就是消费者剩余。这一差额越大，消费者越感觉划算，也就是说从交易中获得的利益就越大。消费者剩余衡量的是消费者在参与市场的过程中真正获得的利益。经济学中，消费者剩余和生产者剩余（生产者在交易过程中获得的剩余,这一概念在生产者行为理论部分会讲到)通常被用来度量和分析社会福利问题。

消费者剩余也可以用数学公式来表示。我们知道,需求曲线表示对应不同价格的需求数量,换个说法,也可以理解为对应不同数量的支付意愿。比如,苹果价格为 5 元/斤时,需求量为 10 斤。这意味着如果价格高于 5 元/斤,我就不愿买 10 斤这么多。换句话说,就是买 10 斤时,我愿意支付的最高价格是 5 元/斤。所以,消费者剩余概念中的"支付意愿"可以用需求曲线上的价格来表示。

假设需求函数的反函数为 $P = f(Q)$,价格为 P_0 时消费者的需求量为 Q_0,则消费者剩余就可以表示为:

$$CS = \int_0^{Q_0} [f(Q) - P_0] \mathrm{d}Q$$

式中:CS——消费者剩余的英文缩写;

P_0——实际支付的价格;

Q_0——实际交易的数量。

反映在坐标图上,我们可以用消费者需求曲线以下、市场价格线之上的面积来表示,如图中阴影部分面积所示。

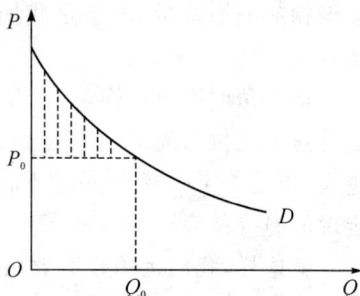

图 4-2　消费者剩余

【专题】

消费者剩余的故事

我在海口时很想买一部电子辞典,逛了数码商城之后,相中了一款,叫"名人 310"。逛了几家发现这一款价格都在 600 元以上,而且打折的余地很小。我虽然很喜欢这部电子辞典,但由于价格不够理想,所以还不能下决心购买它。

到上海学习期间,我住的地方不远处也有一家数码城,有一天下午我逛街时就进去了,在电子辞书的专售柜台果然有"名人 310"在出售,标价 580 元,比海口便宜一点,看了机器之后我便开始了讨价还价,售货员是一个二十出头的姑娘,人虽然很热情活泼,但价格却咬得很死。我坚持的底线是 530 元,当我最后报出来时,小姑娘的态度有了一定的变化,她说:"这个价格实在太低了,我得请示一下。"她打电话不知跟谁说了几句之后就对我说:"好了,就做给你吧!"

　　　　小姑娘态度的突然转变反使我产生了一丝犹豫。因为一是我还没有货比三家；二是根据买东西的经验，小姑娘有故弄玄虚之嫌，就像有些卖主嘴里说着"您再添点吧，这价钱实在太低了，没法卖"，但手里已经在给你整理东西的时候，他已经向你发出了想卖的信号一样，都是想让顾客感到自己得到了很大便宜的一种姿态而已。但我不会上当。正在不想买的当头，商场看门的大爷不耐烦地嚷嚷道："早就下班了，要关门啦！"我正好顺水推舟地说："唉，时间来不及了，明天再说吧！"却见柜台里的小姑娘面露遗憾之色，嘴里还说着："不要紧的，我马上给你开票，很快的！"但我已溜之大吉。

第二天一大早，我坐公交车到比较远的地方多看了几家数码商城，发现价格和昨天那家相差无几，还有个别商场的价格赶上了海口的水平。最后我来到了一家叫"大润发"的规模很大的超市。一进超市，首先看到了一条很醒目的提示标语："如果您在周边地区购买了比我处更便宜的同类商品，请持有关证明，大润发无条件为您补差！"看到这条承诺，我心里一下子轻松了，看来可能不虚此行。

找到了数码柜台，果然看到了"名人310"。更使我惊喜的是，上面赫然标价378元！这是我从来没有见过的低价，而且是在一家有信誉的大超市。物美价廉，我还犹豫什么？立马决定买下。当售货员拿出机器后，我发现这不是我喜欢的颜色，而且再没有别的颜色了。我问售货员："下午还会有别的颜色吗？"她说不清楚，因为下午不是她的班。我只好遗憾地回去了。中午休息后，我突然萌生了再去一趟"大润发"的念头。到了"大润发"后，我发现柜台换了一位小伙子，我问他："名人310有没有淡绿色的？""有啊！"果然他拿出了我最喜欢的那一色调。这回大功告成，我终于如愿以偿。那天我很快乐，因为通过购买"名人310"，我得到了152(530－378)元的消费者剩余。

（资料来源：李仁君.消费者剩余与买东西的乐趣.海南日报，2004-8-25）

【专题】

消费者权益

正是基于效用理论，经济学认为消费是一切经济活动的起点，因而特别尊重消费者权益（Consumer Sovereignty，或称消费者主权、消费者至上）。每一"消费者元"（Consumer's Dollar），就等于一张选票，消费者喜欢某种消费品，花钱去买它，就等于向这种产品的生产者投了选票。通过消费者在产品市场上的货币投票,生产者就可以看出社会的消费趋势,并据此安排自己的生产。这就是说,消费者凭借市场机制,可以决定生产什么、怎么生产、为谁生产、何时生产。在消费者与生产者的关系上,生产者听消费者的,消费者说了算;否则,产品没有销路,生产者就得不到利润。萨缪尔森在他的《经济学》中就这样写道:"市场经济最终是被两个主宰所控制的:即消费者和技术"。实际上,尊重消费者权益,是实现社会资源最优配置的前提。所以,社会上才会有"顾客第一"、"顾客至上",甚至有"顾客是上帝"、"顾客永远是对的"这样的口号。

企业要使自己的产品卖出高价,就要分析消费者的心理,能满足消费者的偏好。一个企业要成功,不仅要了解当前的消费时尚,还要善于发现未来的消费时尚。这样才能从消费时尚中了解到消费者的偏好及变动,并及时开发出能满足这种偏好的产品。同时,消费时尚也受广告的影响。一种成功的广告会引导一种新的消费时尚,左右消费者的偏好。

〖本章小结〗

效用是对消费者从一组物品或劳务中获得的满足程度的抽象衡量。

效用理论分为基数效用论和序数效用论,对应分析消费者行为的两种方法:边际效用分析法和无差异曲线分析法。

边际效用递减规律(戈森第一定律),是指随着消费数量的增加,边际效用呈递减趋势。该规律可以从生理或心理原因、物品本身用途的多样性等方面作出解释。

边际效用均等规律(戈森第二定律),是指消费者在 $MU_1/P_1 = MU_2/P_2$ 时,实现均衡(满足程度达到最大),该规律意味着消费者会将每 1 元钱都花在刀刃上。

消费者剩余就是消费者购买某种物品时,愿意支付的(最高)价格与实际支付的价格之间的差额。

〖关键概念〗

效用 基数效用 序数效用 边际效用 边际效用递减规律 边际效用均等规律 消费者剩余

↪【思考题】

1. 如果你有一辆汽车,但只有三个轮子,那么当你有第四个轮子时,这第四个轮子的边际效用似乎超过了第三个轮子的边际效用。这是不是违反了边际效用递减规律?

2. 假定某消费者的效用函数为 $U = \sqrt{XY}$,两商品的价格分别为 P_X, P_Y,消费者的收入为 M。分别求该消费者关于 X 物品和 Y 物品的需求函数。

3. 假设消费者张某对 x 和 y 两种商品的效用函数为 $U = x^2y^2$,张某收入为 500 元,x 和 y 的价格分别为 $P_x = 2$ 元,$P_y = 5$ 元,求:

(1)张某对 x 和 y 两种商品的最佳购买组合。

(2)若政府给予消费者消费 x 商品以价格补贴,即消费者可以原价格的 50% 购买 x,则张某对 x 和 y 两种商品的购买量又是多少?

(3)若某工会愿意接纳张某为会员,会费为 100 元,但张某可以 50% 的价格购买 x,那么张某是否应该加入该工会?

4. 设市场上的供给函数为:$Q_s = 2 + 3P$;需求函数为:$Q_d = 10 - P$。求市场均衡时的消费者剩余是多少?

【案例讨论】

效用的人际比较陷阱

有人认为,从边际效用递减规律可以推出,富翁从额外的 1 元钱中获得的效用要比乞丐从 1 元钱中获得的效用小得多。因为富翁那么有钱,对他来说,1 元钱算得了什么;而对乞丐来说,1 元钱可能意义重大。

事实上,这种分析是有问题的。边际效用递减规律只能说明,对富翁来说,额外 1 元钱的效用低于先前 1 元钱的效用;同样,对乞丐来说,额外 1 元钱的效用也低于先前 1 元钱的效用。但无法在富翁和乞丐间进行比较。

要比较富翁和乞丐各自从额外的 1 元钱当中所获得的效用,就陷入了所谓的效用的人际比较陷阱。因为正如我们前面讲过的,效用是主观的。或许这位乞丐视金钱如粪土,而这位富翁却视敛财为人生唯一乐趣,那我们还能肯定地认为乞丐从额外 1 元钱中获得的效用比富翁要高吗?

第 5 章

无差异曲线分析

>>> >

本章学习要点

1. 了解关于偏好的假定；
2. 掌握无差异曲线和预算约束线的概念；
3. 理解边际替代率递减规律；
4. 掌握序数效用论的均衡条件；
5. 理解价格和收入的变动对消费者行为的影响；
6. 了解替代效应和收入效应。

【开篇案例】

布里丹的驴——"无差异"的幽默

有一则以 14 世纪法国哲学家布里丹名字命名的寓言故事：一头饥饿的毛驴处于两堆等量等质的干草中间，因为决定不了究竟该先吃哪一堆，最后活活饿死了。后世常以此来讽刺决策过程中的优柔寡断。

从经济学角度看，这里蕴含了一个十分重要的概念——偏好。如果学了这一章的内容，我们就可以知道，毛驴对这两堆干草的偏好是相同的，或者说，毛驴可以从这两堆干草中获得无差异的满足程度。

上一章我们运用基数效用论分析了消费者行为，所有的分析都建立在这样一个前提假设上面，即效用是可以精确计量并加减运算的。而实际上，要精确度量效用几乎不可能（至少到目前为止还没有办法）。

经济学家们后来发现，即使我们不能得到效用的具体数值（甚至不必使用"效用"这一概念），只要得到消费者对各种物品（或物品组合）的偏好排序，也能对消费者行为进行有效分析。这就是本章所要讲的序数效用论及无差异曲线分析法。

5.1　无差异曲线

前面我们讲需求曲线的时候,在需求的定义中有两个要素:愿意购买且能够购买。消费者作为需求的主体,自然要考虑与此相对应的两个方面——消费意愿和消费能力。在序数效用论中,我们以无差异曲线来表示消费者主观上的偏好(消费意愿),以预算约束线来表示消费者的客观限制(消费能力)。

5.1.1　关于偏好的假定

所谓偏好(Preference)就是爱好、喜好、嗜好的意思。序数效用论关于消费者的偏好有三个基本假定。

(1)偏好的完全性(Completeness Assumption)

完全性指消费者对不同的物品(或物品组合)总能按偏好排列出唯一的顺序。换言之,对于任何两个物品组合 A 和 B,消费者总是可以作出,而且只能作出以下三种判断中的一种:对 A 的偏好大于对 B 的偏好;或者对 B 的偏好大于对 A 的偏好;或者对 A 和 B 的偏好相同(即对该消费者而言,A 和 B 是无差异的)。如果以 P_A 代表消费者对 A 的偏好,以 P_B 代表消费者对 B 的偏好,我们可以将这一假定简单地表达为:$P_A > P_B$ 或 $P_A = P_B$ 或 $P_B > P_A$,三者必居其一。

(2)偏好的可传递性(Transivity Assumption)

可传递性即偏好在逻辑上的一致性,指对于任何三个物品组合 A、B 和 C,如果消费者对 A 的偏好大于对 B 的偏好,对 B 的偏好大于对 C 的偏好,那么,必定有对 A 的偏好大于对 C 的偏好。如果以 P_A 代表消费者对 A 的偏好,以 P_B 代表消费者对 B 的偏好,以 P_C 代表消费者对 C 的偏好,我们可以将这一假定简单地表达为:$P_A > P_B$ 且 $P_B > P_C \Rightarrow P_A > P_C$。

(3)偏好的非饱和性(Nonsatiation Assumption)

非饱和性是任何两个物品组合 A 和 B,如果其区别仅在于其中的一种物品数量不同,那么,消费者总是偏好于该种物品数量较多的那个组合。比如组合 A(一个苹果两个梨子);组合 B(一个苹果三个梨子),消费者更偏好组合 B。换句话说,就是对于任何一种物品,消费者总是认为数量多比数量少好(也可以表述为"多比少好"、"多胜于少"、"越多越好"),没有达到饱和点。这也意味着,我们这里讨论的物品对消费者来说都是"好的东西"(这也是商品称为 goods 的原因),而不是"坏的东西"(如空气污染等)。

【专题】

经济探案

著名经济学家斯蒂格利茨曾经说到一个故事,可以帮助我们理解偏好的假定。

有一个名叫史蒂文森的罪犯在犯罪后潜逃他国。经过侦查,将可能的嫌疑对象圈定为加拿大的布朗、法国的葛朗台和德国的许瓦茨,并拿到了这三名疑犯的起居、消费记录。大侦探福尔摩斯接受了此案,但在几经分析之后因为没有新的发现只好宣布证据不足,无法定案。这时他的朋友萨缪尔森正好在一旁,他研究了史蒂文森和三名疑犯的消费记录之后发现:

1. 史蒂文森在潜逃之前每周消费 10 公斤香肠和 20 升啤酒,啤酒每升 1 镑,香肠每公斤为 1 镑。

2. 布朗每周消费 20 公斤香肠和 5 升啤酒,啤酒每升 1 加元,香肠每公斤为 2 加元。

3. 葛朗台每周消费 5 公斤香肠和 10 升啤酒,1 升啤酒和 1 公斤香肠均为 2 法郎。

4. 许瓦茨每周消费 5 公斤香肠和 30 升啤酒,1 升啤酒 1 马克,1 公斤香肠 2 马克。

萨缪尔森在作出四个人的预算之后,分析指出,除非史蒂文森改变其偏好,否则布朗不必受到怀疑(因为布朗所消耗的香肠比例大于其啤酒比例,其他三人则均相反)。在剩下的两名疑犯中,萨缪尔森又指出,史蒂文森自然选择前往某地,其处境一定比以前好。只要其偏好未改变,他就一定是德国的许瓦茨(因为葛朗台的总消费水平与史蒂文森具有相同的效用,而许瓦茨则更大)。后来经过追查,果然罪犯为许瓦茨。

5.1.2 无差异曲线的概念

在序数效用论中,消费者的偏好可以用无差异曲线来表示。假设你只消费苹果和梨子两样东西,这两样东西可以有无数种组合,我们可以对这些组合按偏好进行排序。比如,根据"多比少好"的假定,Ⅳ区域中的每一点都包含比 B 点更多苹果和更多梨子,消费者对Ⅳ区域中所有各点的偏好都大于 B 点;Ⅰ区域中的每一点都包含比 B 点更少苹果和更少梨子,消费者对Ⅰ区域中所有各点的偏好都小于 B 点;Ⅱ区域中的每一点都包含比 B 点更少的苹果和更多的梨子,Ⅲ区域中的每一点都包含比 B 点更多的苹果和更少梨子,消费者对Ⅱ区域和Ⅲ区域中各点的偏好是大于 B 点还是小于 B 点呢? 我们单单从偏好的假设还不能判断,需要更多的信息才能进一步比较。无差异曲线可以帮助我们解决这一问题。

我们可以想象,在两种物品的无数种组合中,应该存在这样一些组合,你对它们的偏好相同(无差异)。换句话说,就是这些组合能给你带来相同(无差异)的满足程度。比如,图 5-1 中的 A 点(1 个苹果,10 个梨子)、B 点(2 个苹果,4 个梨子)和 C 点(3 个苹果,2 个梨子)这三个组合可以给你带来同样(无差异)的满足程度,我们将这些偏好相同的点连起来,就构成一条曲线,这条曲线我们称为无差异曲线(Indifference Curve)。无差异曲线表示能给消费者带来相同满足程度的两种物品的所有组合。可以获得这一程度满足感的远不止这三种组合,比如 D 点(4 个苹果,1 个梨子),E 点(1 个半苹果＋6 个梨子)……也可以和 A、B、C 处于同样的满足水平。

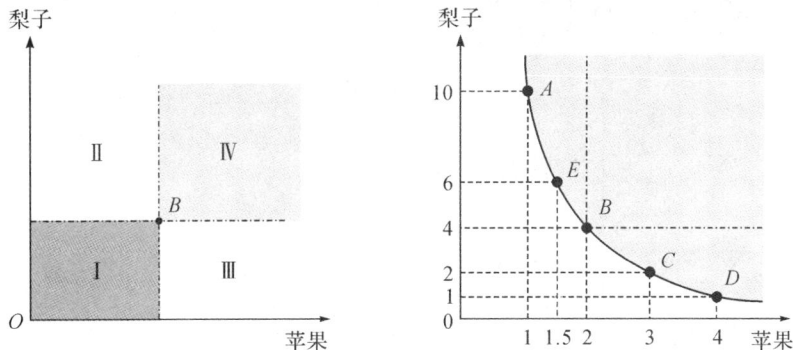

图 5-1　偏好与无差异曲线

如果借用上一章基数效用论的概念来说,同一条无差异曲线上的物品组合,能给消费者带来相同的效用水平。所以无差异曲线又称为"等效用曲线"。我们可以借效用函数来表达无差异曲线的方程:

$$f(X_1, X_2) = U_0$$

其中,X_1 和 X_2 分别为物品 1 和物品 2 的数量。这一方程表明,在一条无差异曲线上的任意两种组合,所能达到的满足程度为一个常数。但我们要注意的是,在序数效用论的分析中,我们并不关心这一相同的效用水平的具体数值是多少,只关心两种组合的效用水平孰大孰小。

5.1.3　边际替代率的概念

沿着一条既定的无差异曲线,两种物品的数量组合不断变化,但满足程度却保持不变。比如在上面的例子中,从 A 点到 B 点,梨子的消费量减少,苹果的消费量增加(或者从 B 点到 A 点,梨子的消费量增加,苹果的消费量减少),但总体的满足程度不变。换句话说,就是这两种物品可以按某种比率替换。

在维持满足程度不变的前提下(即在同一条无差异曲线上),消费者增加一单位的某一种物品所需放弃的另一种物品的消费数量,称为边际替代率(Marginal Rate of Substitution,MRS)。边际替代率在图形上可以用无差异曲线上两点连线的斜率来表示。

边际替代率的公式为:

$$MRS_{12} = -\frac{\Delta X_2}{\Delta X_1}$$

当物品数量的变化趋于无穷小时,边际替代率公式为:

$$MRS_{12} = \lim_{\Delta X_1 \to 0}\left(-\frac{\Delta X_2}{\Delta X_1}\right) = -\frac{\mathrm{d}X_2}{\mathrm{d}X_1}$$

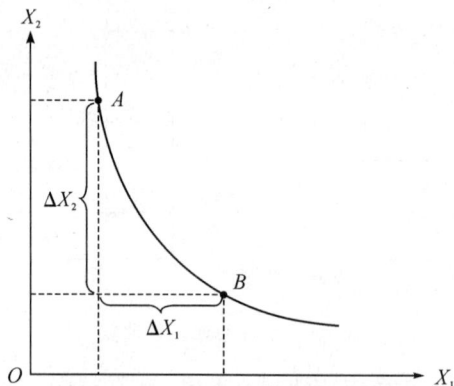

图 5-2　边际替代率

MRS_{12} 代表物品 1 对物品 2 的边际替代率,即在满足程度不变的前提下,消费者愿意为多得 1 单位的物品 1 而放弃多少单位的物品 2(即用物品 1 去替代物品 2)。ΔX_1、ΔX_2 分别表示物品 1 和物品 2 的变化量。在通常情况下,由于物品 1 和物品 2 的变化量呈反方向变动,为使物品的边际替代率是正值以便于比较,在公式中加了一个负号(也可以取绝对值)。

在上述的例子中,从 A 点到 B 点,意味着你用 10 个梨子中的 6 个换取 1 个苹果,$MRS_{苹果-梨子}=6/1=6$;从 B 点到 C 点,意味着你用 4 个梨子中的 2 个换取 1 个苹果,$MRS_{苹果-梨子}=2/1=2$;从 C 点到 D 点,意味着你用 2 个梨子中的 1 个换取 1 个苹果,$MRS_{苹果-梨子}=1/1=1$。

5.1.4 边际替代率递减规律

在上述的例子中,我们发现,从 A→B→C→D,随着苹果数量的增加,苹果对梨子的边际替代率逐渐减小,从 6→2→1;反过来,从 D→C→B→A,随着梨子数量的增加,梨子对苹果的边际替代率也逐渐减小,从 1→1/2→1/6。这就是边际替代率递减规律,即在维持满足水平不变的前提下,随着一种物品消费量的连续增加,消费者为得到每一单位的这种物品所需放弃的另一种物品的消费量是递减的。

表 5-1 边际替代率递减

	Δ 苹果	Δ 梨子	$MRS_{苹果-梨子}$	$MRS_{梨子-苹果}$
A—B	1	6	6	1/6
B—C	1	2	2	1/2
C—D	1	1	1	1

之所以普遍发生物品的边际替代率递减的现象,其原因在于:随着一种物品的消费数量的逐步增加,消费者想要获得更多的这种物品的愿望就会递减,从而,他为了多获得 1 单位的这种物品而愿意放弃的另一种物品的数量就会越来越少。在上述的例子中,当你拥有 1 个苹果和 10 个梨子时,因为你手里的苹果少梨子多,所以你愿意用自己的 6 个梨子换得多 1 个苹果;当你拥有 3 个苹果和 2 个梨子时,因为你手里的梨子少而苹果多,这时候你只愿意用自己的 1 个梨子换得多 1 个苹果,于是呈现出了边际替代率递减的趋势。

我们上一章学过的边际效用递减规律已经暗含了边际替代率递减规律。边际效用递减规律表明,随着一种商品消费量的增加,其边际效用不断减小,从而使它的替代能力不断降低。我们可以看一下边际效用递减规律和边际替代率递减规律的联系。

在图 5-2 中,从 A 点到 B 点,X_1 增加了,X_2 减少了。我们以 MU_1 代表增加 1 单位的 X_1 所增加的效用,根据边际效用的定义 $MU=\dfrac{\Delta TU}{\Delta Q}$,增加 ΔX_1 个单位

所增加的效用:

$$\Delta TU_1 = MU_1 \Delta X_1 \qquad (5.1)$$

同样,减少 ΔX_2 个单位所减少的效用:

$$\Delta TU_2 = MU_2 \Delta X_2 \qquad (5.2)$$

由于 A、B 位于同一条无差异曲线上,它们的效用水平应该是相等的,所以有:

$$|\Delta TU_1| = |\Delta TU_2|$$

即 $\Delta TU_1 = -\Delta TU_2$

代入(5.1)和(5.2):

$$MU_1 \Delta X_1 = -MU_2 \Delta X_2$$

结合边际替代率的定义公式 $MRS_{12} = -\dfrac{\Delta X_2}{\Delta X_1}$,可以得到:

$$MRS_{12} = \frac{-\Delta X_2}{\Delta X_1} = \frac{MU_1}{MU_2} \qquad (5.3)$$

即边际替代率等于两种物品边际效用之比。由于随着 X_1 的增加,MU_1 是递减的,而 MU_2 是递增的(因为随着 X_1 的增加,X_2 是减少的),因此 MU_1/MU_2 无疑是递减的,这也就解释了边际替代率递减规律。

这一结论我们通过微积分的知识可以更方便地得到。假设效用函数 $U = f(X_1, X_2)$,则 $f(X_1, X_2) = C$(常数)代表一条无差异曲线的方程。在等式两边取全微分,有:

$$\frac{\partial U}{\partial X_1} dX_1 + \frac{\partial U}{\partial X_2} dX_2 = 0$$

所以 $-\dfrac{dX_2}{dX_1} = \dfrac{\dfrac{\partial U}{\partial X_1}}{\dfrac{\partial U}{\partial X_2}} = \dfrac{MU_1}{MU_2}$

即 $MRS_{12} = -\dfrac{dX_2}{dX_1} = \dfrac{MU_1}{MU_2}$

5.1.5　无差异曲线的特点

由于无差异曲线代表消费者的偏好,所以它们有某些反映这些偏好的特征。大多数无差异曲线都具有以下四个基本特征:

特征 1:离原点越远的无差异曲线代表的满足程度越高;离原点越近的无差异曲线代表的满足程度越低。

因为任何一个物品组合都代表着一定的满足程度,所以平面坐标图上的任意一点都有一条无差异曲线通过,因此我们可以画出无数条无差异曲线(构成一个无差异曲线族),以至覆盖整个平面坐标图。我们选择其中四条无差异曲线作为代表,如图 5-3 所示。

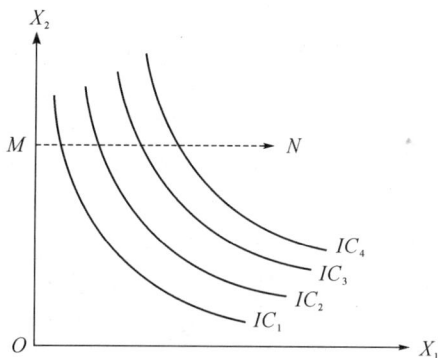

图 5-3　无差异曲线族

我们可以将物品 2 的数量固定在 MN 线上,沿着 $M \rightarrow N$ 的方向,物品 1 的数量递增,根据"多比少好"的假定,可以推出 IC_1、IC_2、IC_3、IC_4 代表的满足程度依次递增。换句话说,消费者偏好离原点较远的无差异曲线。

特征 2:无差异曲线向右下方倾斜。如果减少梨子的消费量,为了获得无差异的满足感,就必须增加苹果的消费量;反之,如果增加梨子的消费量,为了获得无差异的满足感,必须减少苹果的消费量(这里我们只考虑边际效用为正的"经济物品",而不考虑给消费者带来零效用或负效用的物品)。我们可以用反证法论证这一点:如果无差异曲线向右上方倾斜,那么曲线上总有一些点比另一些点同时包含更多的苹果和更多的梨子,根据"多比少好"的假定,前者的满足程度应大于后者,这与同一条无差异曲线上所有点满足程度无差异是矛盾的。

特征 3:无差异曲线不相交。我们同样可以用反证法说明这一点:假设两条无差异曲线相交,如图 5-4 所示。显然 A 点两种物品的数量均多于 B 点,根据"多比少好"的假定,A 点的满足程度大于 B 点。与此同时,A 点与 C 点在同一条无差异曲线 IC_2 上,满足程度一定相等,B 点也与 C 点在同一无差异曲线 IC_1 上,满足程度也相等,由偏好的可传递性假定,可以得出 A 点的满足水平等于 B 点。这样,A 点的满足程度既大于 B 点,又等于 B 点,违背了偏好的完全性假定。可见,无差异曲线不可能相交。

特征 4:无差异曲线凸向原点。这一特征并不能从偏好的三个基本假设中推导出来,是由边际替代率递减规律决定的。无差异曲线斜率的绝对值递减,即

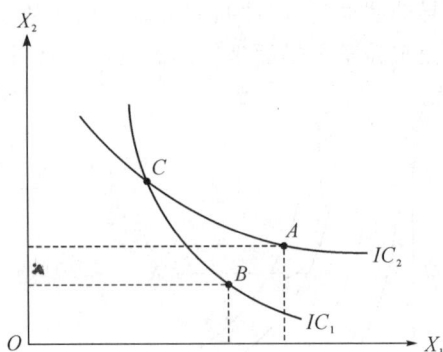

图 5-4 无差异曲线不相交

无差异曲线凸向原点。

5.1.6 两种极端的无差异曲线

上述的特征为无差异曲线的一般形状。下面考虑无差异曲线的两种极端、特殊的情况。

（1）完全替代品

完全替代品指两种物品间的替代比例是固定不变的情况，相应的无差异曲线为一条斜率不变的直线，MRS_{12}为一常数。

比如1元硬币和5角硬币，无论组合中的1元硬币和5角硬币有多少，你总愿意用1枚1元硬币换2个5角硬币。你在1元硬币和5角硬币之间的边际替代率是一个不变的数——2。再比如，对有些人来说，可口可乐和百事可乐也属于完全替代品，它们之间的替代率总是1∶1。

（2）完全互补品

完全互补品指两种物品必须按固定不变的比例同时被使用的情况，相应的无差异曲线呈直角形，与横轴平行的无差异曲线部分的 $MRS_{12}=0$，与纵轴平行的无差异曲线部分的 $MRS_{12}=\infty$。

比如左脚鞋子和右脚鞋子，如果你有1只左脚鞋子，那么右脚鞋子1只、2只、3只……对你来说作用是一样的；或者，如果你有1只右脚鞋子，那么左脚鞋子1只、2只、3只……对你来说作用也是一样的。因此，这时候无差异曲线是直角形。再比如，眼镜架和眼镜片。对于一副镜架而言，只需要两枚镜片即可，任何超量的镜片都是多余的，换句话说，消费者不会放弃任何一副镜架去换取额外的镜片。

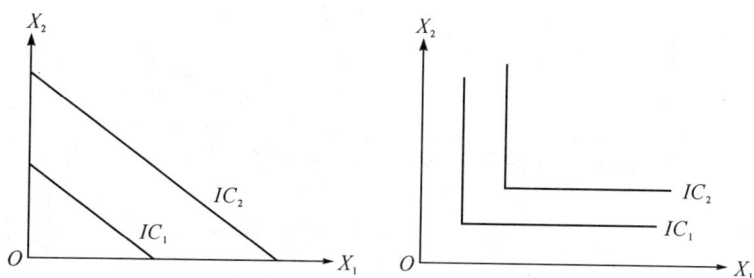

图 5-5　无差异曲线的极端情况

当然,在现实世界中,大多数物品既不是完全替代品又不是完全互补品。更典型的情况是,无差异曲线凸向原点,但不像直角形那样凸向原点。

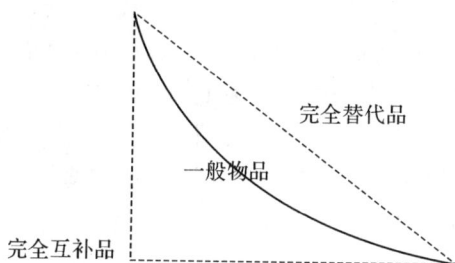

图 5-6　无差异曲线的一般情况

5.2　预算约束线

无差异曲线描述了消费者对不同的物品组合的偏好,它仅仅表示了消费者的消费愿望。这种愿望构成消费者行为的一个方面。另一方面,消费者在购买物品时,必然会受到自己的收入水平和市场上物品价格的限制,这就是预算约束(Budget Constraint)。无差异曲线代表的是消费行为的主观意愿,消费预算线代表的是消费行为的客观限制,两者共同决定消费者的最后选择(如图 5-7 所示)。正如我们第一章里所言,任何经济个体是在现有约束条件下追求自身利益的最大化。

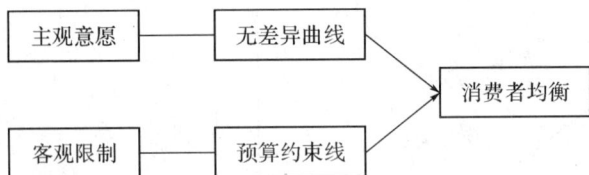

图 5-7 消费者均衡:主观与客观的统一

5.2.1 预算约束线的概念

预算约束线(简称预算线),又称为消费可能性曲线,表示在消费者收入和物品价格既定的条件下,消费者的全部收入所能购买到的两种物品的不同数量的各种组合。

我们仍假定消费者只消费物品 1 和物品 2 这两种物品。这两种物品的价格分别为 P_1 和 P_2,消费者可支配的收入为 I。可见,购买物品 1 的支出为 $P_1 X_1$,购买物品 2 的支出为 $P_2 X_2$,于是,消费者用于购买物品 1 和物品 2 的总支出必须小于或等于可支配的收入。如果收入全部花完,那么

$$P_1 X_1 + P_2 X_2 = I$$

或 $$X_2 = -\frac{P_1}{P_2} X_1 + \frac{I}{P_2}$$

这就是预算约束线的方程。我们可以用图 5-8 来表示。其中 I 表示消费者的既定收入,P_1 和 P_2 分别为已知的物品 1 和物品 2 的价格,X_1 和 X_2 分别为物品 1 和物品 2 的数量。消费者的全部收入购买物品 1 的数量为 I/P_1,是预算线在横轴的截距;消费者的全部收入购买物品 2 的数量为 I/P_2,是预算线在纵轴的截距;$-P_1/P_2$ 为预算线的斜率,即两种物品价格之比的负值。

我们可以举一个例子,假定某人有一笔收入 20 元,全部用来购买苹果和梨子。其中苹果(物品 1)的价格 5 元/斤,梨子(物品 2)的价格 2 元/斤。如果所有的收入都用来买苹果,可以购买 4 斤;如果都用来买梨子,可以购买 10 斤。那么其预算线可用方程表示:$5X_1 + 2X_2 = 20$。

预算约束线给出了消费者可以选择的区域的界限,在图中,MN 线以下阴影部分的区域(包括 MN 线本身)内任何一点所代表的物品组合都是消费者的收入可以承担的。其中在 MN 线上的点,如 A 正好让消费者耗尽所有的收入。而在 MN 线内的点,如 B 点,消费者的收入还有剩余。在一般情况下,我们都假定消费者花掉所有的收入,因此选择都在预算约束线上进行。但在 MN 线以外的点,如 C 点是消费者力所不能及的消费组合。联系本书开头"稀缺性"的概念,

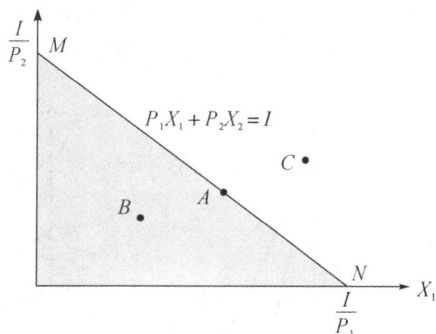

图 5-8　预算约束线

消费者不能无止境地消费,无论他偏好怎样,他只能在预算约束线划定的范围内进行选择。

5.2.2　预算约束线的变动

消费者的收入 I 或物品价格 P_1 和 P_2 变化时,会引起预算线的变动。预算线的变动有以下两种情况:

(1)两种物品价格不变,消费者收入变化

当两种物品价格不变,消费者的收入变化时,会引起预算线的平移。在上面的例子中,假定你的可支配收入从 20 元上升到 50 元(苹果和梨子的价格没有改变),那么,显然你可以消费更多的东西。若将所有的收入都花在苹果上,可以购买 10 斤苹果;若将所有的收入花在梨子上,你可以购买 25 斤梨子。如图 5-9 (a)所示,预算线 AB 将向右平移至 $A'B'$;反之如果可支配收入减少,预算线 AB 将向左平移至 $A''B''$。

(2)消费者的收入不变,一种物品价格不变而另一种物品价格变化

当消费者的收入不变,一种物品价格不变而另一种物品价格变化时,会引起预算线的斜率及相应截距变化。假定苹果(物品1)的价格从 5 元涨到 10 元(梨子的价格和可支配收入保持不变),那么如果你将所有收入都花在苹果上,现在只能购买 2 斤苹果。如图 5-9(b)所示,预算线将从 AB 沿着 A 点向里旋转到 AB'',变得更为陡峭。反之,如果苹果价格下降,预算线将从 AB 沿着 A 点向外旋转到 AB',变得更为平坦。梨子(物品2)价格变动也可同样推理,如图 5-9(c)所示。

如果收入、价格同时变化,预算约束线的变化可依此类推。一个特殊的情况是:两种物品价格和消费者的收入同比例同方向变化时,预算线不变。因为如果

收入上升 1 倍,所有价格上升 1 倍,可以说对消费者没有任何影响。这等于在预算约束线的定义算式 $P_1X_1+P_2X_2=I$ 的两边同时约去一个公因子。

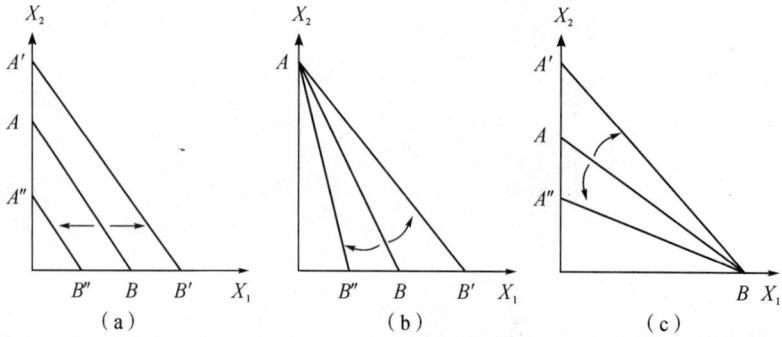

图 5-9　预算约束线的变动

5.3　序数效用论的消费者均衡

5.3.1　序数效用论的消费者均衡条件

有了无差异曲线和预算约束线,我们就可以说明消费者如何作出选择了。

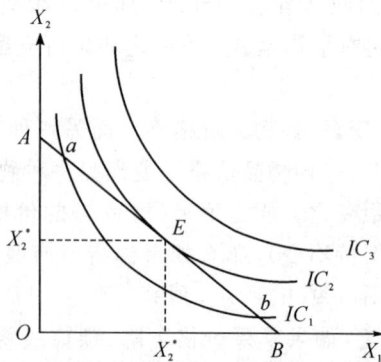

图 5-10　序数效用论的消费者均衡

我们假定:第一,消费者的偏好是既定的——在图 5-10 中意味着代表消费者的无差异曲线族是给定的;第二,消费者的收入和两种物品的价格也是既定的——在图 5-10 中意味着消费者的预算约束线也是给定的。

我们可以在脑海中想象一下无数条无差异曲线与一条预算约束线相交的情形。消费者要想实现物品 1 和物品 2 的最优组合,一方面,尽可能远离原点的无差异曲线(获得尽可能大的满足程度);另一方面,这一组合一定在他的预算约束线上(线外的组合——消费者无法承受;线内的组合——消费者还没花完所有预算,他还可以购买更多的物品,根据多比少好的假定,显然线内的组合满足程度还没有达到最大)。那么,具体哪一点是消费者满足程度最大的点(均衡点)呢?

我们从无差异曲线族中取出三条(IC_1、IC_2、IC_3)以便简化分析。IC_3 虽然满足程度比较高,但 IC_3 上任何一种物品组合都不在消费者的预算范围内,是消费者可望而不可及的。IC_1 虽然在消费者的预算范围内,其余预算约束线的交点 a 和 b 消费者可以承受,但其满足程度显然还没有达到最大。事实上,如果我们选择预算约束线上 ab 之间的任何一种物品组合,都可以达到比 IC_1 更高的满足程度。沿着预算线由 a 点往右和由 b 点往左的运动,最后必定在 E 点(在 E 点,某条无差异曲线 IC_2 与预算约束线相切)达到平衡,此时,消费者才在既定的预算约束条件下获得最大的满足。

在切点 E,无差异曲线和预算线的斜率相等。无差异曲线的斜率的绝对值即物品的边际替代率,预算线的斜率的绝对值即两种物品价格之比,所以消费者的均衡条件是:

$$MRS_{12} = \frac{P_1}{P_2}$$

这一均衡条件表示:在一定的预算约束下,为了实现最大的效用,消费者应该选择最优的物品组合,使得两物品的边际替代率等于两物品的价格之比。也可以这样理解:在消费者的均衡点上,消费者愿意用 1 单位的某种物品去交换的另一种物品的数量,等于该消费者能够在市场上用 1 单位的这种物品去交换得到的另一种物品的数量(P_1/P_2 也就是按市场价格,能用 1 单位物品 1 换得物品 2 的数量)。如果我们把物品的价格之比看作市场对物品的客观评价,而边际效用之比看作消费者对物品的主观评价,那么当客观评价与主观评价正好相符时,消费者达到了效用最大化。

5.3.2 基数效用论和序数效用论的均衡条件比较

到这里,我们已经介绍了基数效用论如何运用边际效用分析法研究消费者行为,也介绍了序数效用论如何运用无差异曲线分析法研究消费者行为。虽然我们运用的是不同的方法分析,但两者所得到的消费者的均衡条件实质上是相同的,实际上我们是在用不同的方法、从不同的角度分析同一个问题,以下的推导可以说明这一点。

序数效用论的消费者均衡条件为:

$$MRS_{12} = \frac{P_1}{P_2}$$

在分析边际替代率递减规律时,由(5.3)我们有:

$$MRS_{12} = \frac{MU_1}{MU_2}$$

于是

$$\frac{MU_1}{MU_2} = \frac{P_1}{P_2}$$

这就是基数效用论的消费者均衡条件,即

$$\frac{MU_1}{P_1} = \frac{MU_2}{P_2}$$

由此我们知道,基数效用论的均衡条件和序数效用论的均衡条件是等价的。

5.3.3 收入变化对消费者行为的影响(收入—消费曲线与恩格尔曲线)

前面我们已经讲过,消费者收入或物品价格的变化会引起预算约束线的变动。而预算约束线的变动又会引起消费者均衡点的变动。我们首先来看消费者收入变动如何影响消费者的均衡。

假设收入增加了,消费者购买两种物品的数量会发生什么变化呢?前面我们讲过,收入增加引起预算约束线平行移动。我们考虑两种情况:第一种情况是如果两种物品都是正常物品,收入增加引起两种物品的消费量都增加;第二种情况是如果物品1是低档物品、物品2是正常物品,那么收入增加引起物品1消费量减少、物品2消费量增加,如图5-11所示。需要说明的是,如果消费者就消费这两种物品,那么这两种物品不可能都是低档物品,我们可以通过反证法来证明这一点:假设两种物品的价格不变,那么,如果两种物品都是低档物品,收入增加引起两种物品的数量都减少,根据预算约束方程 $P_1X_1 + P_2X_2 = I$,等式右边的收入也将减少,这与收入增加矛盾。

收入—消费曲线(Income Consumption Curve,ICC)是在消费者偏好和物品价格不变的条件下,与消费者不同收入水平相联系的消费者均衡点的轨迹。

在图5-12(a)和(b)中,随着收入水平的不断增加,预算线由 AB 移至 $A'B'$,再移至 $A''B''$,于是,形成了三个不同收入水平下消费者效用最大化的均衡点 $E_1E_2E_3$。如果收入变化是连续的,则可以得到无数个这样的均衡点的轨迹,即

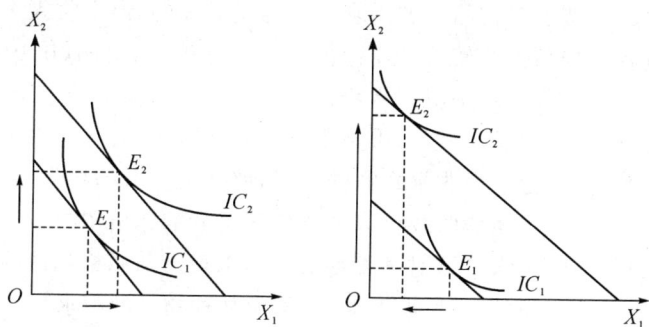

图 5-11　收入变化对消费者行为的影响

收入—消费曲线。

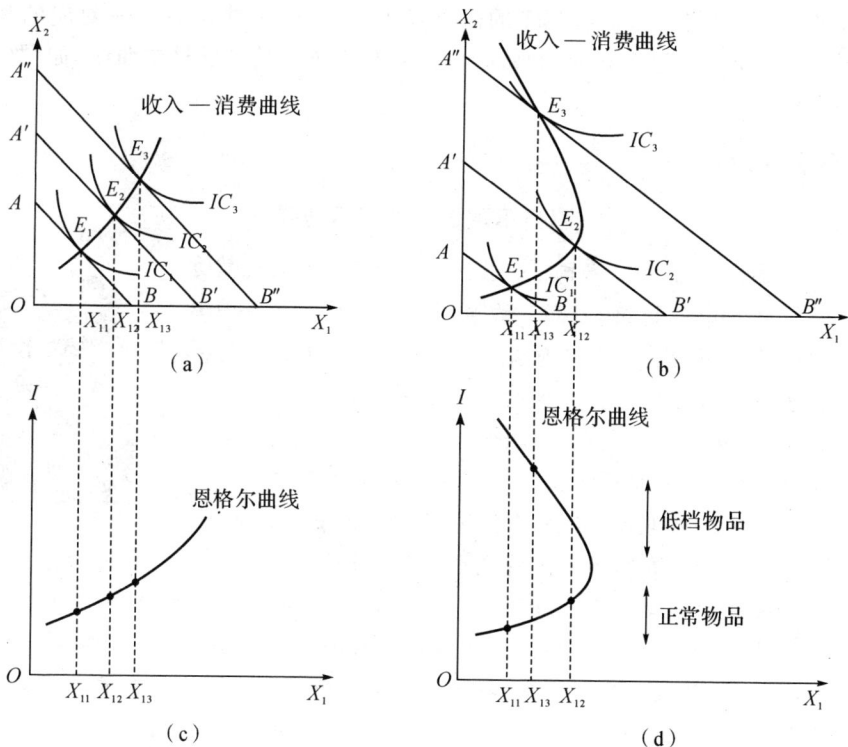

图 5-12　收入—消费曲线和恩格尔曲线

在图(a)中,随着收入水平的增加,消费者对物品 1 的需求量始终是增加的。这说明对图(a)中的消费者而言,物品 1 始终是正常物品。而在图(b)中,随着收入水平的增加,消费者对物品 1 的需求量开始是增加的,但当收入上升到一定水平之后,消费者对物品 1 的需求量反而减少了。这说明,对图(b)中的消费者而言,物品 1 在一定的收入水平由正常物品变成了低档物品。我们可以在日常经济生活中找到这样的例子。譬如,乘坐市内的公共汽车,对收入水平很低的人来说,是正常物品,但当他变得非常富裕的时候,就变成了低档物品。

由消费者的收入—消费曲线可以推导出消费者的恩格尔曲线。恩格尔曲线表示消费者在每一收入水平下对某种物品的需求量。与恩格尔曲线相对应的函数关系为 $X = f(I)$。其中,I 为收入水平,X 为某种物品的需求量。

恩格尔曲线是如何得来的呢? 在图(a)、(b)中的收入—消费曲线反映了消费者的收入水平和物品需求量之间的一一对应的关系,即:以物品 1 为例,当收入水平为 I_1 时,物品 1 的需求量为 X_{11};当收入水平为 I_2 时,物品 1 的需求量为 X_{12};当收入水平为 I_3 时,物品 1 的需求量为 X_{13};……,把这种一一对应的收入和需求量的组合描绘在相应的平面坐标图中,就可以得到恩格尔曲线,如图(c)、(d)所示。

【专题】

恩格尔定律与恩格尔曲线

恩格尔曲线以德国 19 世纪后期统计学家恩格尔(Ernst Engel,1821—1896)的名字命名。恩格尔一直致力于研究家庭收入和各项支出之间的关系,在 1857 年,他提出了著名的恩格尔定律(Engel's law),即随着收入的上升,食品在总支出中的比重是下降的。从统计结果来看,世界各地小至家庭、大至国家基本上都遵循这一定律,因此我们常常将恩格尔系数(Engel's Coefficient),即食品在总开支中的比重作为衡量经济发展水平的一个指标。

按照联合国划分的标准,一个国家的家庭平均恩格尔系数大于 60% 为贫穷;50%~60% 为温饱;40%~50% 为小康;30%~40% 属于相对富裕;20%~30% 为富裕;20% 以下为极其富裕。这一标准在中国是否适用一直存有争议,我们在运用它进行国际和城乡对比时,要考虑到某些不可比因素。但总体上,改革开放以后,随着国民经济的发展和人们收入水平的提高,中国农村家庭、城镇家庭的恩格尔系数在不断下降。

5.3.4　价格变化对消费者行为的影响(价格—消费曲线与需求曲线)

我们再来看价格变动如何影响消费者的均衡。假设物品 1 的价格下降了,消费者购买两种物品的数量会发生什么变化呢? 前面我们讲过,价格变动引起预算约束线旋转,从而使消费者均衡发生变化。

价格—消费曲线(Price Consumption Curve,PCC)用来说明一种物品价格变化对消费者均衡的影响。它是在消费者的偏好、收入以及其他物品价格不变的条件下,与某一种物品的不同价格水平相联系的消费者均衡点的轨迹。

消费者的需求曲线由消费者的价格—消费曲线推导出。如图 5-13 所示,物品 1 的价格 P_1 发生变化,从 P_{11} 下降为 P_{12},再下降为 P_{13},相应的预算线从 AB 移至 AB',再移至 AB'',分别与无差异曲线 IC_1、IC_2 和 IC_3 相切于均衡点 E_1、E_2 和 E_3。事实上,如果物品 1 的价格连续变化,可以找到无数个消费者的均衡点,它们的轨迹即价格—消费曲线。在每一个均衡点上,都存在着物品 1 的价格和物品 1 的需求量之间一一对应的关系。如:在均衡点 E_1、E_2 和 E_3,物品 1 的价格从 P_{11} 下降为 P_{12},再下降为 P_{13},则物品 1 的需求量由 X_{11} 增加为 X_{12} 再增加为 X_{13}。将每一个 P_1 值和相应均衡点上的 X_1 值绘制在物品的价格—数量坐标图上,则得到了单个消费者的需求曲线 $X_1 = f(P_1)$。图中需求曲线上的点 D_1、D_2、D_3 分别与价格—消费曲线上的均衡点 E_1、E_2 和 E_3 相对应,可见需求曲线上每一点都代表消费者的均衡。

5.3.5　替代效应和收入效应

前面我们分析了一种物品价格的变化会引起该物品需求量的变化,这一变化我们可以分解为替代效应和收入效应两个部分,即总效应＝替代效应＋收入效应。

我们还是以苹果和梨子为例,假设苹果价格下降,那么消费者行为的变化可以考虑以下两个方面:一方面,苹果降价意味着苹果相对梨子来说变得便宜了,你会多消费相对便宜的苹果以替代相对昂贵的梨子,这叫替代效应(Substitution Effect)。另一方面,苹果降价意味着你的购买力(也称为实际收入)增加了,因为原来数量的苹果和梨子现在只需要花费收入的一部分,剩余的收入可以购买更多的苹果和梨子,这叫收入效应(Income Effect)。

为了研究这两种效应,首先遇到的问题是:如何才能将替代效应和收入效应截然区分开。或者说,如何将实际收入的变动(收入效应)分离出来,我们需要构造一种状态,即苹果价格发生变动后维持消费者实际收入不变。由于对实际收

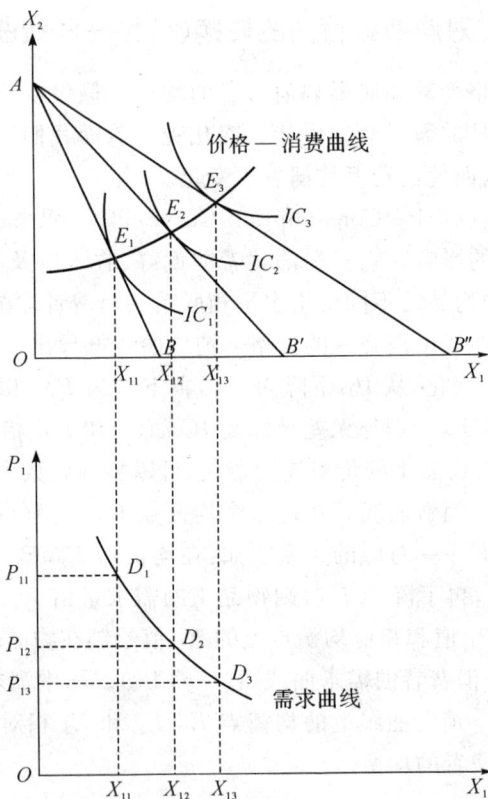

图 5-13　价格—消费曲线和需求曲线

入不变所下的定义不同,存在着两种不同的分析方法:希克斯(Hicks)分析法和斯勒茨基(Slutsky)分析法。希克斯分析法认为实际收入不变指原来的满足程度不变,即消费者在价格变动后仍维持原有的满足水平,保持原有的无差异曲线。斯勒茨基分析法则认为实际收入不变指原来的物品组合不变,即消费者在价格变动后刚好能购买原来的物品组合。我们这里采用希克斯分析法。

我们需要借助一条辅助线——补偿预算线(Compensated Budget Line)。我们将现在的预算约束线平移到与原来的无差异曲线相切的位置,即得到补偿预算线,如图 5-14 中的 A_tB_t。换句话说,补偿预算线与原来的无差异曲线相切,与现在的预算约束线平行。它代表这样一种状态:苹果的价格发生了变化,但维持购买力不变(只能消费到和原来一样的满足程度)。

这样从 $E_1 \rightarrow E_2$,我们现在可以分解为两步:第一步:$E_1 \rightarrow E_t$,为替代效应;第二步,$E_t \rightarrow E_2$,为收入效应。图 5-14(a)、(b)分别表示了正常物品、低档物品的

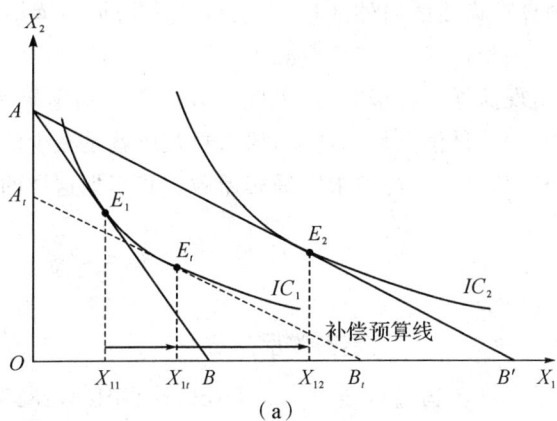

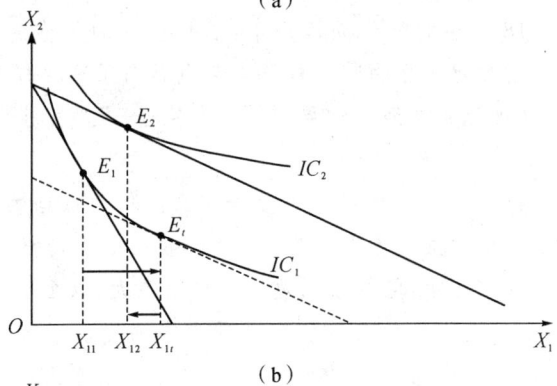

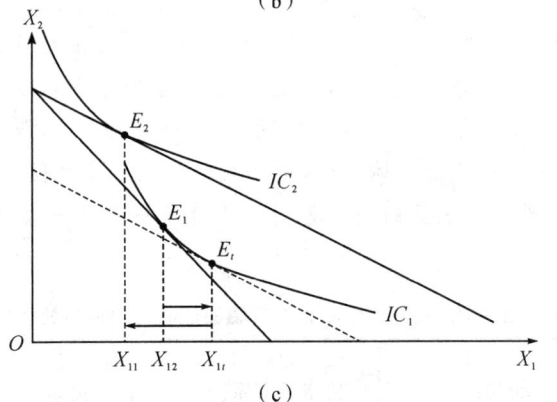

图 5-14　正常物品、低档物品和吉芬物品的收入效应与替代效应

两种效应。两者的替代效应是一致的，即苹果降价引起消费者以相对便宜的苹果替代相对昂贵的梨子，苹果消费量必然增加。而对收入效应而言，如果苹果是

正常物品,随着预算约束线的向外平移(即实际收入增加),苹果消费量增加;如果苹果是低档物品则相反,苹果消费量减少。

这里可能会出现这样一种情况,如果收入效应引起的苹果消费量的减少超过了替代效应引起的苹果消费量的增加,那么总效应就是减少的,即苹果降价引起苹果消费量的减少,这显然与需求定理相矛盾。我们把这样的物品,称为吉芬物品。

【专题】

吉芬物品之谜

吉芬物品是以英国经济学家吉芬(Robert Giffen,1837—1910)的名字命名的。1845年的爱尔兰饥荒中,虽然土豆的价格急剧上升,但当地农民反而增加对土豆的需求量。吉芬观察到了这种与需求定理不一致的现象,这种现象被经济学界称为"吉芬之谜"。吉芬商品是否存在,学术界一直存在争论。

吉芬物品事实上是一种特殊的低档物品。作为低档物品,吉芬物品的替代效应与价格呈反方向的变动,收入效应则与价格呈同方向的变动。其特殊性就在于:它的收入效应的作用很大,以至于超过了替代效应的作用,从而使得总效应与价格呈同方向的变动。这也就是吉芬物品的需求曲线呈现出向右上方倾斜的特殊形状的原因。

在19世纪中叶的爱尔兰,购买土豆的消费支出在大多数的贫困家庭的收入中占一个较大的比例,于是,土豆价格的上升导致贫困家庭实际收入水平大幅度下降。在这种情况下,变得更穷的人们不得不大量地增加对劣等物品土豆的购买,这样形成的收入效应是很大的,它超过了替代效应,造成了土豆的需求量随着土豆价格的上升而增加的特殊现象。

表 5-2　正常物品、低档物品和吉芬物品的收入效应与替代效应

物品类别	替代效应与价格的关系	收入效应与价格的关系	总效应与价格的关系	需求曲线的形状
正常物品	反方向变化	反方向变化	反方向变化	向右下方倾斜
低档物品	反方向变化	同方向变化	反方向变化	向右下方倾斜
吉芬物品	反方向变化	同方向变化	同方向变化	向右上方倾斜

5.4 序数效用论的应用

5.4.1 工作还是休闲

鱼，我所欲也，熊掌，亦我所欲也——我们总是希望拥有尽可能多的收入和尽可能多的闲暇，但问题是每个人的时间都是有限的，如何将有限的时间合理地分配于赚钱和休闲，以获取最大的满足感，这是几乎每个人都需要考虑的问题。我们可以借助消费者行为理论进行分析。

这里对应的两种物品是"工作收入"和"闲暇时间"。假设小杨的工资率是每小时 20 元，每周有 100 小时可供使用。如果他把所有时间全都用于休闲，他可以享受 100 小时的闲暇，但没有收入；如果他把所有时间全都用于工作，他可以获得 2000 元的收入，但没有闲暇。我们可以作出他的预算约束线 AB（$X_{工作收入}$/ $20 + X_{闲暇时间} = 100$）和无差异曲线（表示他对工作收入和闲暇时间的偏好），切点 E 即代表小杨的最优选择。如图 $5-15$ 所示。

现在我们考虑小杨的工资率从每小时 20 元涨到了 30 元，这时预算约束线变为 AB'（$X_{工作收入}$/$30 + X_{闲暇时间} = 100$），他的选择会发生什么变化呢？

我们先来看替代效应，当小杨的工资率上涨时，休闲相对地变得昂贵了，他会倾向于增加工作时间而减少休闲时间。再看收入效应，当小杨的工资率增加时，他的状况变好了，只要收入和闲暇都是正常物品，他只需用比先前更少的时间就可以获得比先前更多的收入，同时获得更多的闲暇。综合替代效应和收入效应，我们看到，工资率上涨后，小杨的收入增加了，但工作时间和休闲时间的分配却不一定。

可见，当工资率上涨时，替代效应使工作时间增加（休闲时间减少），收入效应使工作时间减少（休闲时间增加）。总效应取决于两者的相对大小，如果替代效应大于收入效应，他就增加工作时间（减少休闲时间）；如果收入效应大于替代效应，他就减少工作时间（增加休闲时间）——分别对应图 5-15 中的 (a)、(b) 两种情况。因此，劳动供给曲线既可能向右上方倾斜，也可能向左上方倾斜。

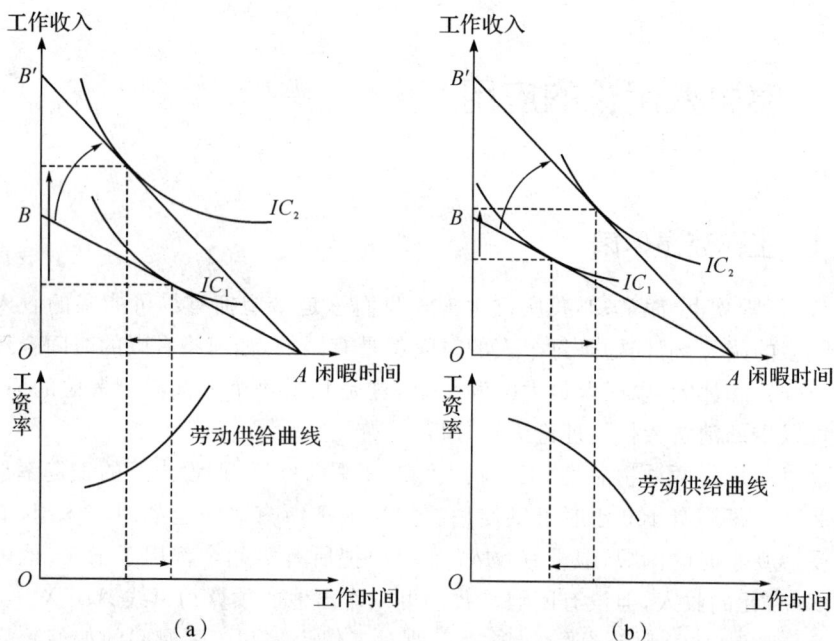

图 5-15　收入与闲暇

5.4.2　储蓄还是消费

每个人所面临的一个重要决策是把多少收入用于今天的消费,把多少收入用于以备未来之需的储蓄。我们同样可以消费者行为理论来分析这一决策。

假设小李的一生分为两个时期:在第一个时期,小李年轻并且工作;在第二个时期,他年老并且退休。小李年轻时赚了 100 万元收入。她把这笔收入分为现期消费和储蓄。当她年老时,将消费她所储蓄的钱和储蓄所赚到的利息。

假设利率为 10%(即小李年轻时每储蓄 1 元钱,年老时可以消费 1.1 元钱)。这里的两种物品是"年轻时消费"和"年老时消费"。如果她不储蓄,则她年轻时消费 100 万元,而年老时没有消费;如果她把所有的钱都储蓄起来,她年轻时没有消费,而年老时有 110 万元的消费。我们可以作出她的预算约束线 AB($1.1X_{年轻时消费} + X_{年老时消费} = 110$)和无差异曲线(表示她对现期消费和储蓄的偏好),切点 E 即代表小李的最优选择,如图 5—16 所示。

现在考虑利率从 10% 上升到 20%,这时预算约束线变为 AB'($1.2X_{年轻时消费} + X_{年老时消费} = 120$),她的选择会发生什么变化呢?

124　　我们先来看替代效应,当利率上升时,相对于年轻时消费而言,年老时消费的成本变低了,她会倾向于年轻时消费更少,年老时消费更多。再来看收入效应,当利率上升时,她的状况变好了,只要两个时期的消费都是正常物品,她只需储蓄比先前更少的钱就可以获得比先前更多的年老时消费,同时获得了更多的年轻时消费。

可见,当利率上升时,替代效应使储蓄增加,收入效应使储蓄减少。总效应取决于两者的相对大小,如果替代效应大于收入效应,则储蓄增加;如果收入效应大于替代效应,则储蓄减少——分别对应图 5-16 中的(a)、(b)两种情况。

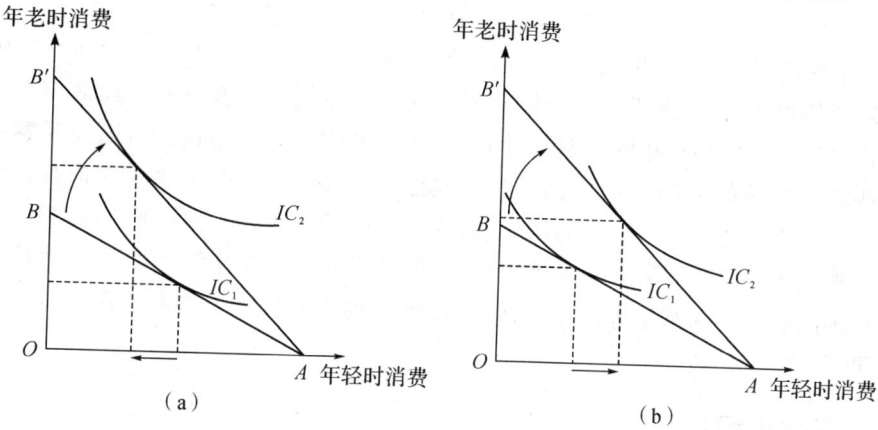

图 5-16　储蓄与消费

5.5　消费者行为理论的总结

$$
\text{消费者行为理论}\atop\text{(效用理论)}\left\{\begin{array}{l}\text{基数效用理论——边际效用分析法 —— 均衡条件:}\\ \text{最后一元支出的边际效用相等}\\ \text{序数效用理论——无差异曲线分析法——均衡条件:}\\ \text{无差异曲线与预算约束线相切}\end{array}\right.
$$

图 5-17　消费者行为理论的总结

到此为止,我们已经了解了消费者行为理论的基础内容(如图 5-17 所示)。如果回归到本篇的主旨——消费者的行为,有人可能会问这样一个问题:在现实的世界中,一位消费者在购买商品的过程中真是按照这样的理论来盘算的吗?

当我们走进商场时,似乎从来没有考虑过 $MU_1/P_1 = MU_2/P_2$,也从来没有画过无差异曲线和预算约束线。

的确没有一个消费者(除非一位职业经济学家)是有意识地借助这种理论中来进行消费决策的。但他们的决策中又确实隐含着现有约束条件下追求最大满足程度的心理过程,也就是说隐含着上述的理论模型。这就好比我们投铅球,虽然我们从来不会在投掷的过程中精确地计算抛物线轨迹的方程,但铅球飞行的过程确实遵循物理学的基本原理,而且理解这些原理对我们投得更远很有指导意义。

事实上,消费者行为理论为我们学习更高深的经济学理论,以及分析现实中更复杂的消费行为,提供了一个的框架。我们引用钱颖一教授的一段话作为结尾:"以为这些模型描述的是现实世界,因此将它们到处套用,或者,因为观察到这些模型与现实的差距而认为它们都是胡言乱语、毫无用处,这两种倾向都是错误的。理论发挥着'参照系'的功能,为我们提供了一个基本的分析架构和视角。我们把现实中的某个因素加入进来,利用模型所建立的既有平台做分析,然后和模型的既有结构和结果进行比较,就可以观察现实中的这个因素的作用机制和效果了。"

☞【本章小结】

我们分析消费者行为,不但要考虑消费者的购买愿望,还要考虑消费者的购买能力。

预算约束线表示消费者的购买能力在其收入与物品价格既定时他可以购买的不同物品的可能组合,预算约束线的斜率等于这些物品的相对价格。

消费者的无差异曲线代表他的偏好,无差异曲线表示能使消费者同样满足的各种物品组合。无差异曲线上任何一点的斜率是消费者的边际替代率。

消费者通过选择既在预算约束线上又在最高无差异曲线上的一点而实现最优。在这一点上,无差异曲线的斜率(物品之间的边际替代率)等于预算约束线的斜率(物品的相对价格)。

当一种物品价格变动时,对消费者选择的影响可以分解为替代效应和收入效应,即总效用=替代效应+收入效应。

☞【关键概念】

偏好　无差异曲线　边际替代率　边际替代率递减规律　预算约束线　替代效应　收入效应　吉芬物品

⏵**【思考题】**

1.免费发给消费者一定量的实物,和发给消费者按市场价格计算的这些实物折算的现金,哪种方法给消费者带来更大的满足感? 为什么? 试用无差异曲线来说明。

2.假设某消费者均衡(如图 5-18 所示),其中纵轴表示商品 A 的数量,横轴表示商品 B 的数量。消费预算线与横轴、纵轴的交点如图所示。曲线 IC 为消费者无差异曲线,E 为效用最大化的均衡点。已知 A 的价格 $P_A=2$。

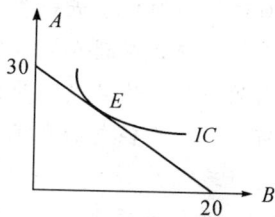

(1)求消费者的收入 M,商品 B 的价格 P_B。

(2)写出预算线方程,并求预算线斜率。

(3)求 E 点的 MRS_{AB} 的值。

图 5-18

3.某消费者收入为 60 元,红酒每杯 3 元,奶酪每块 6 元。(假定只消费这两种物品)

(1)画出该消费者的预算约束线(横轴表示红酒),写出这条预算约束线的方程。并求这条曲线的斜率。

(2)如果该消费者在 10 杯红酒和 5 块奶酪时达到最佳消费点,作一条最佳消费的无差异曲线,并求最佳消费点的边际替代率。

(3)该消费者的收入从 60 元降低到 30 元(其他条件不变)。如果红酒和奶酪都是正常物品,消费量会发生什么变动? 如果红酒是正常物品、奶酪是低档物品,消费量会发生什么变动? (作图说明)有没有可能红酒和奶酪对该消费者来说都是低档物品? 为什么?

(4)奶酪的价格从 6 元上升到 10 元(红酒价格仍是 3 元,收入仍是 60 元)。如果红酒和奶酪都是正常物品,消费量会发生什么变动? 把这种变动分解为收入效应和替代效应。(作图说明)

(5)奶酪价格上升有可能使消费者购买更多的奶酪吗? 并解释之。

【案例讨论】

苹果与阿尔钦－艾伦定理

在华盛顿州,有人注意到质优味美的华盛顿苹果都被运往别处。这与常识相矛盾。难道质量最优的苹果在它们的产地找不到吗?

对美味苹果的讨论引出一个问题,也就是众所周知的"阿尔钦—艾伦定理"。

根据阿尔钦和艾伦所述,当相同的附加成本被加在两个相似的商品价格上时,其结果是人们会增加对优质商品的相对消费量。因此,优质商品很可能被出口。

这种阿尔钦—艾伦效应在很多市场上都能看到。比如加利福尼亚的桔子和葡萄、意大利的皮革制品、法国的葡萄酒、德克萨斯的牛肉、哥伦比亚的咖啡、爱达荷的土豆、夏威夷的凤梨、佛罗里达的桔子以及华盛顿的苹果。阿尔钦和艾伦对这一问题作了进一步扩展:

为什么亚洲人从美国进口高价汽车的比低价的多呢? 为什么国际贸易中交易的多是奢侈品呢? 为什么年轻父母看昂贵的演出(而不看电影)的次数要比没有孩子的年轻夫妇多呢? 为什么对"次等货"的消费多发生在产地附近而不是远离产地呢?

这个问题是阿尔钦和艾伦回答一位消费者写给《西雅图时报》的信件时出现的。那位愤怒的消费者抱怨说在当地水果店买不到优质苹果,他写道:

为什么当地市场上的华盛顿苹果又小又难看呢? 最近,几个采摘苹果的朋友带来了一些他们刚摘的苹果,这些苹果至少是那些能在当地市场买到的苹果的四倍大。这些美味的苹果都到哪儿去了呢? 它们被运往欧洲或中东地区了吗? 在西雅图这里能买得到吗? 署名:M.W.P.

阿尔钦和艾伦对此的回答如下:

M.W.P. 所抱怨的"所有的优质苹果都运到中东去了",你可能会注意到这是华盛顿大学经济系的课堂上或考试中常碰到的一个问题。但这也是实际现象,很容易得到解释,例如,我们假定在当地买一个优质苹果要花 10 分钱,而次等苹果需 5 分钱,那么,吃一个优质苹果的花费与吃两个次等苹果的花费相等,我们可以说一个优质苹果"值"两个次等苹果,两个优质苹果就值四个次等苹果。假定将一个苹果运到中东的成本是 5 分钱。那么在中东,一个优质苹果的值 15 分,而次等苹果值 10 分。但现在吃两个优质苹果的花费就等于吃三个而不是四个次等苹果。尽管两者的价格都提高了,但相对而言,优质苹果变得便宜了,因此,中东地区对优质苹果的消费比例比这里高。这不是要什么花招,只不过是需求规律在起作用。

后来,古德(John Gould)和赛格尔(Joel Segall)又对阿尔钦—艾伦定理提出了挑战,他们反问道:"为什么经常听到的是,只有开车去郊外在路边的货站上才能买到真正优质的农产品? 或者必须到缅因州才能买到真正宜人的龙虾?"然而像布切丁(Borcherding)和西尔伯伯格(Silberberg)回答的那样,这种批评是不合理的。因为阿尔钦—艾伦假定商品在运住目的地的过程中没有发生损坏、腐烂或其他质量上的改变。

安姆伯克(John Umbeck)将阿尔钦—艾伦定理扩展为税收理论。例如,如果对酒类或香烟征收 1 单位的税,会有怎样的结果呢? 如果对香烟征税,会"导致消费者购买那些每包能抽更长时间的香烟"。他怀疑对香烟征税会导致对特长烟和超级特长烟的进口。

接下来看对酒征收单位税(比如,每瓶征税 1 美元)的效应。这时,像悌恩德伯德(Tynderbird)、瑞普(Ripple)或伯尼的农场(Boone's Farm)之类的便宜葡萄酒的价格上涨幅度将远大于 100 美元一瓶的昂贵的法国葡萄酒的上涨幅度。

如果电话公司提高电话的安装费,结果会怎样呢? 除了"那些打电话次数确实很多的人"外,很少有人会装电话。类似地,"如果打一个市内电话的固定收费提高了,人们就会减少打电话的次数,但会延长每次通话的时间"。

其他地区对进口商品的需求会更高吗?"有可能,"阿尔钦和艾伦回答道,"那也正是为什么加利福尼亚的桔子和葡萄即使在纽约的贫困地区也比在加州本地更有销路的原因"。

简而言之,只要把税收、运输费用或者其他固定成本加到产品的可变成本中去,就会产生阿尔钦—艾伦效应:消费者偏好将转向优质产品。

(资料来源:[美]马克 · 斯考森、肯那 · 泰勒. 经济学的困惑与悖论. 103—105 页)

第 3 篇

生产者行为理论

上一篇主要从市场的需求角度分析了消费者的偏好及行为,消费者行为理论构成了需求曲线的基础。这一篇将从供给角度重点考察生产者行为,以此了解供给曲线背后的决策依据。经济学往往假设企业的目标是实现利润最大化。企业为了实现这一目标,一方面要努力以最少的投入获得最大的产出,另一方面要力争以最小的成本取得最大的收益。其中前者关注的是投入—产出之间的物质关系,后者考察的是成本与收益之间的关系。第六章重点分析第一个方面的内容,第七章将对第二个方面的内容进行研究。

第 6 章

生产理论

≫ ≫ ≫　≫

本章学习要点

1. 长期和短期的区分；
2. 总产量曲线、平均产量曲线、边际产量曲线的特征及相互关系；
3. 生产三阶段的划分及生产要素的合理投入区间；
4. 边际收益递减规律；
5. 等产量线的定义及特征；
6. 等成本线的定义；
7. 生产要素组合的最优点选择；
8. 规模报酬的三种形式；
9. 生产理论与消费者理论的比较。

【开篇案例】

噩梦开始　丰田"召回门"事件凸显规模之殇

"世界第一"对很多企业来说都是梦寐以求的荣耀，但是在汽车行业里，这个头衔却一次次被证明是个噩梦的开始。通用汽车倒下之后，继承"世界第一"头衔的丰田汽车，在 2008 财年爆出巨额亏损之后，2010 年开年又发生了 800 万辆的大规模召回事件。"规模之殇"？一直视规模为制胜不二法则的汽车行业，为何被"规模"羁绊？是否有能够突破"规模"困境的密钥？

原本即将走出 2008 财年亏损阴影、在本财年力求盈利，但丰田汽车却一脚踏空，踩在了一块小小的刹车垫片和加油踏板上，再次引起了业界对汽车企业规模的深思。汽车专家张志勇对记者表示，这次丰田汽车的大规模召回,从根本上来说,是规模和管理之间失衡引起的,丰田汽车的管理没能跟上快速扩张引起的规模急剧膨胀。

这是积累了十年的疼痛。新世纪一开始,在奥田硕和张富士夫的带领下,丰田汽车走上了争创世界第一的道路,虽然从质量、效率以及竞争力方面,丰田早已傲视群雄,但是丰田仍然希望争夺规模最大公司的桂冠。

每年50万辆生产能力的大规模扩张,代价则可能是质量控制体系以及产品质量的不稳定。其实丰田的召回事件从2005年左右就已经开始显露苗头。而金融危机的冲击,以及这次的大规模召回,将规模扩张的恶果暴露无遗。

在丰田汽车全球化程度越来越深、扩张加速的同时,精益体系、精益人才却跟不上。随着丰田市场开拓范围加大、原有的精益人才退休、新的精益人才还未培养起来等原因,丰田这个曾经的精益大本营,实际上现在非常缺真正能做精益的人才。由于扩张过快,一些人被迅速提升到关键岗位,但他们并没有全部准备好。对比而言,对规模的追求同样也是通用汽车破产重组的罪魁祸首。

按照常理,汽车行业是一个讲究规模效应的行业,对一个全球性的大企业来说,一定的规模是必要的,原因在于有了一定规模,在降低成本和规避风险上就有了话语权。

事实也证明了规模始终是促进汽车管理发展的动力。1931年,在庞大规模的需求下,福特诞生了流水线式的生产方式;而1937年,斯隆则因为管理规模的不断扩大,而引入事业部制;到了上世纪70年代,丰田的精益生产方式确定了一种以销定产的模式。

但是,丰田汽车和通用汽车都在追求规模的道路上付出了沉重的代价,规模为什么会成为企业管理的瓶颈?科斯天花板(Coaseanceiling)理论认为,如果公司的扩大超越了某个点,便不可能继续成长并维持正常运行,导致其自身的崩溃。问题是什么时候公司的规模才会到了"那个"点呢?

(资料来源:丁彬. 噩梦开始 丰田"召回门"事件凸显规模之殇,第一财经日报,2010-02-09)

理论提示:随着企业规模的扩大,企业先后经历规模报酬递增、规模报酬不变和规模报酬递减的阶段。在本章中,我们将在介绍企业的短期生产决策后,对长期中企业产量随着投入变动而变动的规律加以详细介绍。

【专题】

企业的起源与边界

科斯说:"建立企业是有利可图的,主要原因是利用价格机制是有成本的⋯⋯市场的运行需要成本,而组成组织,并让某些权威人士(如企业家)支配其资源,如此便可节省若干市场成本。企业家必须做到以低成本行使其职能,因为他可以用低于市场交易的价格获得生产要素。如果他做不到,一般也能再回到公开市场。""为了得到一定报酬,生产要素通过合约统一在一定限度内听从企业家的指挥⋯⋯当资源配置取决于企业家,由关系系统组成的企业便开始出现。""当企业家组织额外的交易时,企业的规模就会扩大。反之,当企业家放弃组织这些交易时,企业的规模就会缩小⋯⋯直至企业内部组织一笔额外交易的成本,等同于在公开市场中进行此项交易的成本,或在另一企业中组织此交易的成本为止,企业将一直扩大规模。""在其他条件相同的情况下,如果具备以下条件之一,企业将趋于扩大规模:(1)组织成本越少,被组织的交易增多时,成本增加越慢;(2)企业家失误的可能性越小,被组织的交易增多时,失误增加越少;(3)企业的规模越大,生产要素越大,生产要素的供给价格降低的越多(或升高的越少)。"

(资料来源:科斯.企业的性质[J].载于路易斯·普特曼,兰德尔·克罗茨纳:企业的经济性质.上海:上海财经大学出版社,2000)

理论提示:企业和市场是组织交易的两种不同方式。他们的区别在于交易成本大小不同。如果企业组织内部交易的成本小于市场组织交易的成本,那么企业将取代市场进行交易。科斯的理论有助于解释企业为什么存在,以及企业应该以多大的规模存在。

我们每天要消费很多的商品:大米、食用油、衣服、鞋子,等等,这些商品都是由各种各样的企业生产出来。如服装厂生产衣服,制鞋厂生产鞋子等。无论哪家企业在组织生产时都必须解决以下问题:生产什么、如何生产、生产多少。之前所学的供给曲线对企业的生产决策进行了初步的描述:随着价格上升,企业的供给量增加。这里我们将对企业生产决策进行更深入的考察,以了解供给曲线背后的决策。

6.1 生产函数

为了理解企业所作出的生产决策,首先必须了解企业的目标。经济学家通常假定,企业的目标是实现利润最大化。为了说明企业如何实现这一目标,我们必须全面考虑企业投入与产出的关系。接下来我们将从生产函数开始对企业的投入与产出的关系加以讨论。

6.1.1 生产函数的定义

所谓生产,指的是对各种投入品加以组合并转变为产出的过程。所有企业,从制衣厂到理发店,他们的生产过程都要包括两个基本要素:投入和产出。一方面,生产过程中所使用的各种经济资源被称为投入,也叫做生产要素,具体包括劳动、土地、资本和企业家才能,等等。劳动指的是人们在生产过程中所提供的劳务,既包括体力劳动,也包括脑力劳动。土地泛指生产过程中所使用的各种自然资源,如土地、河流、矿藏、森林等。资本是指为了生产其他物品和劳务而生产出来的各种耐用品,包括机器设备、厂房建筑物和原材料等。企业家才能(Entrepreneurship)指企业家经营企业的组织能力、管理能力与创新能力,企业家能将以上劳动、土地和资本进行有效的组合,在生产过程中发挥着重要作用。因而马歇尔在《经济学原理》中将劳动、土地、资本和企业家才能列为相互补充的"生产四要素"。另一方面,生产过程中所创造的各种物品和劳务被称为产出。产出既包括各种有形的物品,如彩电、住房、面包等,也包括各种各样无形的劳务,如律师为客户打官司、发型师为人理发、教师对学生进行教学活动、医生给病人看病等。

在一定技术条件下,生产要素的数量和组合与它所能生产出来的最大产出之间存在一定的依存关系,这一关系被称为生产函数。生产函数可以用列表、图形和数学公式的方法加以表达。如果分别用 K、L、N、E 和 Q 代表资本、劳动、土地、企业家才能和产量,则生产函数一般可以表示为:

$$Q = f(K, L, N, E) \tag{6-1}$$

为简化分析,这里假定有两种投入要素,资本 K 和劳动 L,则生产函数可以简化为:

$$Q = f(K, L) \tag{6-2}$$

为更加形象地表达生产函数,投入—产出关系也可表达成表格形式,如表6-1 所示。

表 6-1　生产函数表

K ＼ Q ＼ L	1	2	3
1	650	750	800
2	750	1100	1250
3	800	1300	1400

值得注意的是,生产函数显示的是一定的要素投入组合与最大可能产出之间的数量关系。这里假定了所有的要素投入都得到了最有效的利用,不存在浪费或限制。因此所得出的产量,是在给定技术和要素投入组合的前提下所能得到的最大可能的产量。

例如,对于一家运输公司而言,所运输的数量取决于车辆和驾驶员的组合。每辆货车都需要一个驾驶员,因此生产函数可以表示为:$Q=\min(K,L)$。这个函数表示,在一定时间内,在货车和驾驶员这两种生产要素都得到充分利用的情况下,运输货物的最大数量取决于货车数量与驾驶员数量的最小值,如 2 辆货车和 1 个驾驶员最多可以运输 1 车货物。

需要指出,每一个生产函数仅适用于某一个给定的技术条件。随着技术的进步,投入转化为产出的方法也发生改变,企业可以用相同的投入生产更多的产品,或者用更少的投入生产同样多的产品。此时应采用新的生产函数。例如,随着集装箱技术的不断革新,每个驾驶员可以在相同时间内运输更多的货物。此时原有的生产函数已经不再适用,新的生产函数可能变成:$Q=2\min(K,L)$。

6.1.2　短期和长期

在生产相同数量的产品时,可以多用资本少用劳动,也可以多用劳动少用资本。生产函数允许投入用各种比例进行组合。例如,同样是皮鞋,既可以由一家雇用大量人工的劳动密集型企业进行生产,也可以在一家资本密集型企业中通过电脑控制的自动化生产设备且仅雇用了少量工人的方式生产。然而企业在各种生产要素的组合方式之间的调整并不是随意的。企业调整生产要素的组合需要时间。例如,引入一套新的自动化设备,需要计划、订购、制造、运输和安装。完成这一系列的活动需要一年甚至更长的时间。而在这些时间里,企业不可能实现以资本替代劳动。因此,在分析企业的生产决策时,有必要考虑生产要素是否可变。进而在讨论生产问题时,有必要对长期和短期加以区分。

短期是指至少一种生产要素的投入量来不及改变的时间段。这种不可改变的生产要素称为固定投入要素。可以改变的生产要素称为可变投入要素。长期指的是所有要素投入都可以发生改变所需的时间段。在长期和短期中,企业作出的决策是截然不同的。例如,当上述制鞋厂想要扩大产量的时候,它不可能在一夜之间建成更大的工厂,安装好更现代的设备,只能通过充分利用原有的厂房和机器设备,雇用更多的工人,投入更多原材料,加班加点来实现这一目标。这一期间对该制鞋厂而言是短期,这些难以改变的生产要素,如厂房、设备等为固定投入要素,工人、原材料则为可变投入要素。而如果时间足够长,企业则可以通过引入新的设备、扩建厂房等方式来调整生产规模,扩大产量。这一期间对该制鞋厂则为长期,此时所有的生产要素投入均可以发生改变。

长期和短期的区分依据并不按照具体的时间长短,而是在于企业能否改变所有的要素投入。对于不同行业的企业而言,长期和短期的具体时间规定是不一样的。例如,一家复印店想要扩大规模可能只需要一个月,购置一台新的复印机即可,一个月对于这家复印店就是长期;而一家汽车厂想要引入新的流水线生产设备,可能需要 5 年,对于这家汽车厂,长期则意味着 5 年。

对应的,生产函数可以区分为短期生产函数和长期生产函数两种。在经济分析中,往往假定短期中资本数量不变,企业只通过改变劳动投入来改变产量,则短期生产函数可表示为:$Q=f(L)$;而长期中所有生产要素都可变,则长期生产函数可表示为:$Q=f(L,K)$。本章将在第二节和第三节中分别考察短期和长期生产函数,以及对应的厂商生产决策。

6.2 短期生产函数

我们从一个简单的例子开始,来考察其他生产要素都不变,仅一种生产要素发生变化时,企业如何确定这种可变要素的投入量以使企业利润最大化。为实现利润最大化的目标,企业必须清楚地知道产量如何随着这一可变投入的变化而发生改变。

6.2.1 几个产量概念

假设张三是一位生产冰淇淋的厂商。在短期内,工厂的厂房和机器设备都是固定的,为简化起见,我们进一步假设除了工人以外,用于生产冰淇淋的其他生产要素也是固定不变的,张三只能通过改变工人数量来改变产量。为实现利润最大化的目标,张三在生产经营中必须对雇用多少工人、生产多少冰淇淋作出决策。在此之前,张三有必要深入了解产量是如何随着工人数量的增加而变动。表 6-2 给出了张三的冰淇淋厂工人数量与冰淇淋产量之间的关系。

表 6-2　张三的冰淇淋厂工人数量与冰淇淋产量之间的关系

工人数量(L)	总产量(q)	平均产量(AP_L)	边际产量(MP_L)
0	0	—	—
1	10	10.0	10
2	25	12.5	15
3	43	14.3	18
4	63	15.8	20
5	82	16.4	19
6	100	16.7	18
7	116	16.6	16
8	129	16.1	13
9	135	15.0	6
10	138	13.8	3
11	139	12.6	1
12	139	11.6	0
13	136	10.5	−3
14	131	9.4	−5
15	121	8.1	−10

表 6-2 中第二栏给出了总产量,即企业投入一定的生产要素后所得到的产量总和,简称 q。当有 0 个工人时,张三冰淇淋厂生产 0 个冰淇淋;当劳动投入从 1 增加到 12 时,冰淇淋总产量也逐渐增加;但是超过这一点后,随着劳动投入的增加,冰淇淋总产量反而减少了。这可以解释为,在资本投入固定的情况下,刚开始时劳动投入量较少,增加劳动投入可以使厂房和机器设备的利用越来越充分,但是超过一定阶段后,过多的劳动共享有限的机器设备,这不仅不能增加

产量,反而会由于工人之间相互阻碍而导致总产量降低。6 个人操作冰淇淋生产设备比 3 个人有效率,但是如果 15 个人一起操作,就适得其反了。

表 6-2 中第三栏给出了劳动的平均产量。平均产量指的是平均每单位劳动投入的产出量,简称 AP_L。它描述了平均意义上每单位劳动对生产的贡献,是企业劳动生产率的重要衡量指标。平均产量等于产量 q 除以劳动量 L。在上述例子中,平均产量起初随着劳动投入量的增加而增加,但是在劳动投入量多于 6 以后,平均产量随着劳动投入量的增加而呈现下降趋势。

表 6-2 中第四栏给出了劳动的边际产量,表示的是新增 1 单位劳动投入量所能带来的产量的变化,简称 MP_L。它描述的是新增的 1 单位劳动对生产的贡献。劳动的边际产量可以根据 $\Delta q/\Delta L$ 计算得出。在例子中,劳动投入从 0 变成 1 时,产量从 0 变成 10,增加了 10 个单位,此时边际产量等于 10;劳动投入从 1 变成 2 时,产量从 10 变成 25,增加了 15 个单位,此时边际产量为 15。在最初阶段,边际产量随着劳动量的增加而增加,当劳动投入量超过 4 个以后,边际产量开始逐渐下降,当劳动量大于 12 个以后,边际产量由正变负,意味着此时新增 1 单位劳动量,产量反而会减少。

6.2.2 各种产量曲线的形状

根据表 6-2 的数据,可以画出产量、平均产量、边际产量的曲线,这些曲线分别表示的是总产量、平均产量和边际产量如何随着劳动量的变动而变动的规律,如图 6-1 所示。

这里注意一下各类曲线之间的关系。

第一,总产量曲线与边际产量曲线之间的关系。由于边际产量反映的是劳动投入变动 1 个单位的时候产量的变化量,这在总产量曲线中就体现为总产量曲线的斜率,因此总产量曲线越陡峭,边际产量曲线的水平就越高。当劳动投入为 4 时,总产量曲线最为陡峭,此时对应的,边际产量曲线也达到最高(如 A 点所示)。而当劳动量为 12 时,总产量曲线达到最高点,也是总产量曲线最为平坦的一点(总产量曲线的斜率为 0),此时,边际产量曲线与横坐标相交,边际产量等于 0(如 C 点所示)。当劳动投入大于 12 时,新增一名工人,总产出反而降低,意味着该工人的边际产量为负。

第二,总产量曲线与平均产量曲线之间的关系。平均产量可以由总产量曲线上某一点与原点之间连线的斜率来表示。如 B 点所示,劳动量为 6 单位时,产量为 100 单位,总产量曲线上,B 点与原点之间连线的斜率等于产量 100 除以劳动量 6,平均产量为 16.7。可以算出,B 点为平均产量曲线的拐点,B 点之前,

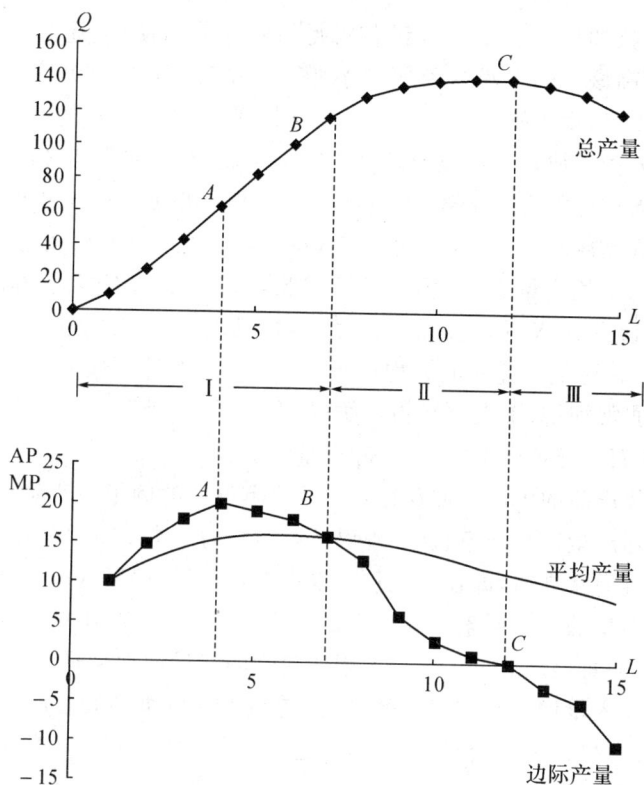

图 6-1　张三冰淇淋厂的生产曲线

平均产量递增,而 B 点之后平均产量递减。

　　第三,平均产量与边际产量曲线之间的关系。平均产量曲线与边际产量曲线交于平均产量曲线的最高点(点 B),在 B 点之前,边际产量大于平均产量,平均产量随着劳动量的增加而递增;在 B 点之后,边际产量小于平均产量,平均产量随着劳动投入的增加而递减。为了理解平均产量与边际产量曲线的这种关系,可以考虑一个类比。平均产量就像一个篮球队中所有队员的平均身高,边际产量就像篮球队新成员的身高,如果新成员的身高超过了篮球队原有队员的平均身高,那么该篮球队的平均身高将增加;如果新成员的身高低于篮球队原有队员的平均身高,那么该篮球队的平均身高将减少。平均产量与边际产量之间的关系和平均身高与新队员身高之间的关系完全相同。

6.2.3　边际收益递减规律

　　从上述劳动投入对边际产量的影响可以看出,在冰淇淋厂资本设备固定的情况下,工人数如果小于 4,资本设备将得不到充分的使用,此时每新增一个工人,将大大提高该厂的生产效率,这个新增工人的边际产量非常高。但是工人数量一旦超出 4 个,由于资本设备已经得到充分利用,此时新增的工人虽然可以帮助之前的工人做些协调性的以及辅助性的工作,从而增加产量,但是增加的产量与之前的工人相比将有所下降,即新增的工人虽然仍具有较高的边际产量,但是边际产量将开始减少。例如,第 5 个工人的边际产量为 19,虽然仍比较高,尤其是高于此时的平均产量 16.4,但是已经低于第 4 个工人的边际产量 20。当冰淇淋厂雇用第 11 个工人时,这第 11 个工人也能够增加一些产量,但是增加的数量并不大,仅为 1,远低于此时的平均产量 12.6;当冰淇淋厂雇用第 13 个工人时,由于工厂内非常拥挤,工人之间相互妨碍,发生矛盾,因而新增的工人不仅不能增加产量,反而会导致产量降低,边际产量为负。

在大多数产品的生产中都存在着上述冰淇淋厂的例子中劳动或其他可变生产要素的边际产量递减现象,这一现象可以归纳为生产要素报酬递减规律,也被称为边际收益递减规律,即在一定技术水平下,当把一种可变的生产要素同其他一种或几种不变的生产要素投入到生产过程中,随着这种可变的生产要素投入量的增加,最初每增加 1 单位生产要素所带来的产量增加量是递增的,但当这种可变要素的投入量增加到一定程度之后,增加 1 单位生产要素所带来的产量增加量是递减的,最终必然会出现某一点,边际产量为负,随着生产要素投入的增加,产出反而下降了。

【专题】

三季稻不如两季稻

两季稻是我国农民长期生产经验的总结,它行之有效,说明在传统农业技术下,土地、设备、水力资源、肥料等生产要素得到了充分利用。在农业耕作技术没有发生重大改变的条件下,两季稻改为三季稻并没有改变上述生产要素,只是增加了劳动、种子的投入量,这导致土地因过度利用而引起肥力下降,设备、水力资源、肥料等由两次使用改为三次使用,每次使用的数量不足。这样,三季稻的总产量反而低于两季稻。后来,四川省把三季稻改为两季稻之后,全省的粮食产量反而增加了。江苏省邗江县 1980 年的试验结果表明,两季稻每亩总产量达2014 斤,而三季稻只有 1510 斤。此外,两季稻还节省了生产成本。群众总结的经验是"三三见九,不如二五一十"。这就是对边际报酬递减规律的形象说明。

（资料来源：梁小明.微观经济学纵横谈[M].上海：生活·读书·新知三联书店，2000）

理论提示： 大多数产品的生产中都存在边际产量递减的现象。请结合理论分析，为什么"三季稻"的产量会不如"两季稻"？

边际收益递减规律一般应用于以下几种场合。

第一，至少要有一种生产要素固定不变。即在保持其他生产要素不变的条件下，只增加其中某种生产要素的投入，由于各生产要素之间存在一个最优搭配比例，因此当某种可变生产要素的投入增加到一定程度以后，可变投入显得过多，而固定投入有所不足，此时边际收益递减规律将发挥作用。如果所有生产要素都按照原有的比例同时增加，那么边际收益递减不一定会发挥作用。例如，在冰淇淋厂中，如果机器设备保持不变，那么随着劳动投入的增加，将由于更多的劳动共享既定的机器设备，从而导致边际收益递减；但是如果机器设备和劳动投入的数量都扩大一倍，那么新增的劳动也有可供其使用的机器设备，边际收益不一定递减。

第二，新增的生产要素应该与之前投入的生产要素具有相同的质量。在冰淇淋的例子中，如果最初雇用的工人具有较强的生产能力，而之后雇用的工人无论在劳动的熟练程度上，还是在体力上都不如之前的工人，那么新增的工人所能带来的产量增量肯定是递减的，但是这种递减是由于工人素质导致的，而不是由于工人共享既定的机器设备所致，因此这种情况不能称为边际收益递减。类似的，如果新雇用的工人在工作的各方面都强于之前的工人，那么新工人所能带来的产量增量可能递增，这种情况同样是由于工人素质所致，因而也不能称为对边际收益递减规律的违背。

第三，技术水平保持不变。每个生产函数对应的都是一定技术条件下的投入产出关系。如果技术进步了，投入产出关系也会相应发生变化，此时劳动生产率将提高，每1单位的可变生产要素能相对原有技术条件创造出更多的产品，因此无论是总产量曲线，还是平均产量曲线，或者是边际产量曲线，都会发生向上的相应移动。

如图6-2所示，随着技术的进步，总产量曲线由 TP_1 先上移至 TP_2，最后至 TP_3。更高的总产量曲线，意味着即使雇用同样数量的工人，由于技术进步，企业也能产出更多的产品。假设冰淇淋厂在增加劳动投入的同时，采用了更现代化的机械设备、更优质的原料和更先进的配方，结果使冰淇淋厂的产出由 A 点（工人数为9，产出为135）先移至 B 点（工人数为10，产出为159），随后移至 C

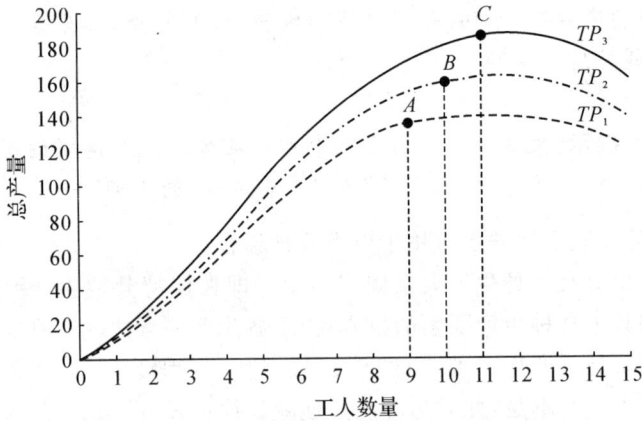

图 6-2 技术进步的作用

点(工人数为 11,产出为 186)。表面上看,边际产量随着工人数量的增加而逐渐增加,没有出现边际报酬递减的现象。而实际上,这一现象表明,边际报酬递减规律要在技术条件不变的前提下才发挥作用。

【专题】

马尔萨斯人口论与边际报酬递减规律

经济学家马尔萨斯(1766—1834)的人口论的一个主要依据便是报酬递减定律。他认为,随着人口的膨胀,越来越多的劳动耕种土地,地球上有限的土地将无法提供足够的食物,最终劳动的边际产出与平均产出下降,但又有更多的人需要食物,因而会产生大的饥荒。幸运的是,人类的历史并没有按马尔萨斯的预言发展(尽管他正确地指出了"劳动边际报酬"递减)。

20 世纪,技术发展突飞猛进,改变了许多国家(包括发展中国家,如印度)的食物的生产方式,劳动的平均产出因而上升。这些进步包括高产抗病的良种、更高效的化肥、更先进的收割机械。在"二战"结束后,世界上总的食物生产的增幅总是或多或少地高于同期人口的增长。

粮食产量增长的源泉之一是农用土地的增加。例如,从 1961—1975 年,非洲农业用地所占的百分比从 32% 上升至 33.3%,拉丁美洲则从 19.6% 上升至 22.4%,在远东地区,该比值则从 21.9% 上升至 22.6%。但同时,北美的农业用地则从 26.1% 降至 25.5%,西欧由 46.3% 降至 43.7%。显然,粮食产量的增加更大程度上是由于技术的改进,而不是农业用地的增加。

在一些地区,如非洲的撒哈拉,饥荒仍是个严重的问题。劳动生产率低下是原因之一。虽然其他一些国家存在着农业剩余,但由于食物从生产率高的地区向生产率低的地区的再分配的困难和生产率低地区收入也低的缘故,饥荒仍威胁着部分人群。

(资料来源:平狄克,鲁宾费尔德著;高远等译.微观经济学[M].北京:中国人民大学出版社,2009)

理论提示:边际报酬递减规律要在技术条件不变的前提下才发挥作用。请结合以上案例分析,为什么马尔萨斯"人口论"的预言没有变成现实?

6.2.4　生产要素的合理投入区间

如图 6-1 所示,总产量、平均产量和边际产量的变动可分为以下几个阶段:

第一阶段:劳动投入小于 6。在这一阶段中,边际产量大于平均产量,因此总产量和平均产量都随着劳动投入的扩大而增加。此时新增劳动投入从各方面看都是有利可图的,因此理性的厂商将增加劳动投入,以获得更高的总产量及平均产量。

第二阶段:劳动投入大于 6 小于 12。此时仅总产量随着劳动增加而递增,而边际产量已经低于平均产量,因此平均产量随着劳动投入的增加而递减。

第三阶段:劳动投入大于 12。在此阶段,边际产量为负,无论是总产量、平均产量还是边际产量均随着劳动投入的增加而逐渐减少。新增劳动投入,反而降低了产量。任何理性的厂商都不会选择在这一区域进行生产。

综上所述,在第一阶段中,企业有动力不断增加雇佣工人,并且理性的企业没有动力将工人数增加至第三阶段,因此第二阶段为企业生产要素合理使用区域,即经济区域。理性的企业会调整自己的生产要素,直至进入第二阶段。至于企业将会选择第二阶段的哪一点,这还要综合成本因素来进行考虑。假生产者不以利润最大化而以产量最大化为目标,可以不考虑单位产品成本,可变要素投入以第二区域右边为界,在例子中的情况下将选择劳动投入量为 12 的点;假定生产者不以产量最大化为目标,而是追求平均成本最低,那么一种可变要素投入应在第一区域的右边界,在例子中将选择劳动投入量为 6 的点,平均产量达到了最大,即单位产品平均成本最低。

6.3 长期生产函数

第二节讨论了企业的短期生产函数,在短期内,企业存在一些无法改变的生产要素(如厂房、机器设备),只能改变其他一些要素(如劳动)进而改变产量,在此前提下,短期生产函数考察了短期内企业的产量如何随着可变生产要素的投入变动而变动。本节开始转向分析长期生产函数。长期生产函数的分析与消费者行为的分析有许多类似之处。

一方面,正如消费者可以通过购买不同的商品组合达到一定的满足程度一样,在长期内,企业所有的要素投入都可以改变,企业也可以改变要素组合来生产一定的产量。比方说,企业既可以选择高度自动化的机器设备加上少量的工人这种组合方式,也可以选择少量的机器设备和大量的工人这种组合。那么在新成立的企业中,企业应该雇用多少工人,采用多少台机器呢?企业想要扩大产量的时候,应该多雇用工人,还是应该多安装一些机器设备呢?长期生产函数的分析要解决这一问题。

另一方面,消费者行为理论认为,虽然消费者总是希望消费更多的各类产品以实现更高的满足程度,但是消费者最终的选择必须受到收入的制约,类似的,企业总是希望能生产更多的产出,但是企业的生产决策要受到来自成本的制约。因此与消费者行为理论中引入的无差异曲线以及预算约束线相类似,本节在讨论长期生产函数时将引入等产量线和等成本线,在此基础上来讨论企业生产中的投入选择。

6.3.1 等产量线

为了简化起见,我们假定企业在生产中只使用两种生产要素:劳动(L)和资本(K)。为了得到相同的产量,企业可以选择 L 和 K 的不同组合方式。表 6-3 给出了产量为 800 时可以采用的各种生产要素组合。

表 6-3 要素组合方式及其产出

组合方式	L	K	Q
A	1	9	800
B	3	5	800

			续表
组合方式	L	K	Q
C	5	3	800
D	9	1	800

表 6-3 的信息也可以用等产量线来表示。等产量线表示的是其他条件不变时,为了得到相同的产量所需投入的两种生产要素的所有可能的组合。

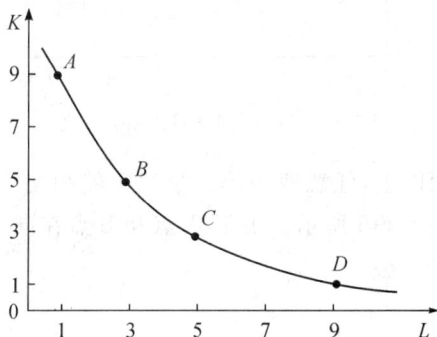

图 6-3 等产量线

图 6-3 中各点与表 6-3 中各点相对应,代表了劳动与资本投入的各种组合,它们都能得到 Q=800 的产量。比方说,A 点 9 单位资本与 1 单位劳动的组合,能得到 800 的产量,D 点 9 单位劳动与 1 单位资本的组合,同样也能得到 800 的产量。等产量线展现了企业生产决策的灵活性。当劳动力出现短缺现象时,企业可以通过增加设备的方式来替代劳动力,或反之。

与消费者选择理论中的无差异曲线相类似,等产量线具有以下四个特征:

第一,等产量线是一条向右下方倾斜的线,其斜率为负值。这表明,两种生产要素在生产这种产品时,具有一定的替代性。企业为了获得一定产量,在增加某种生产要素的投入时,可以减少另一种生产要素的投入。如果等产量线的斜率不为负,那么企业为了得到同样的产量,即使增加某种生产要素投入,也不能减少,甚至得增加另一种生产要素的数量。即在得到同等的产出时,企业必须投入更多的生产要素。作为一个理性的厂商,肯定不会选择这种产品组合,因而现实中的等产量线应斜率为负。

第二,在同一平面图上,可以有无数条等产量线。同一条等产量线代表相同的产量,不同的等产量线代表不同的产量水平。离原点越远的等产量线所代表的产量水平越高,离原点越近的等产量线所代表的产量水平越低。图 6-4 中标出了三条等产量曲线,其中 Q_3 的产量大于 Q_2,Q_2 的产量大于 Q_1。

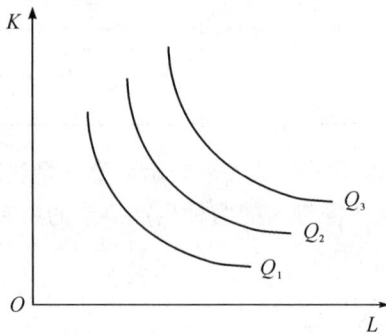

图 6-4 对应不同产量的等产量线

第三,在同一平面图上,任意两条等产量线不能相交。为证明这一点,假设两条等产量线相交,如图 6-5 所示。由于 A 点和 B 点在同一条等产量线 Q_1 上,

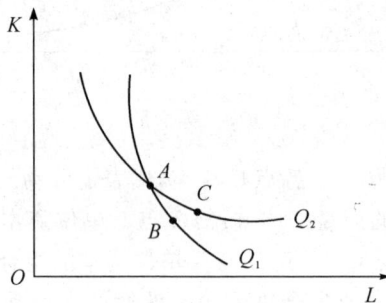

图 6-5 等产量线不能相交

两点能得到同样的产量,此外,A 点和 C 点在另一条等产量线 Q_2 上,也能得到同样的产量。这意味着,C 点对资本和劳动的投入都更多,但 C 点和 B 点只能得到相同的产量。这就与第二个特征相矛盾。因此等产量线不能相交。

第四,等产量线是一条凸向原点的线。等产量线的斜率代表的是边际技术替代率(*marginal rate of technical substitution*,*MRTS*),它表明了在维持产量不变的前提下,一种投入要素对另一种投入要素的替代比率。如劳动对资本的边际技术替代率指的是,为了维持相同的产量,新增 1 单位劳动投入,可以减少的资本的投入量。考虑图 6-3 中的例子,从 A 点到 B 点,为了维持同样的产量,劳动投入从 1 增加到了 3,资本投入从 9 减少到了 5,意味着 2 单位的劳动可以替代 4 单位的资本,即边际技术替代率等于 2。

随着劳动投入量的逐渐增加,劳动对于资本的边际技术替代率也不断发生改变。在 A 点企业投入了大量的资本,且仅投入了少量的劳动,此时新增 1 单位的劳动,能够替代大量的资本;在 D 点,企业投入了少量的资本和大量的劳动,此时新增 1 单位的劳动,仅仅能够替代少量的资本。在维持产量不变的情况下,随着一种生产要素投入量的增加,它所能替代的另一种生产要素的数量越来越少,这一规律被称为边际技术替代率递减规律。边际技术替代率递减规律与上一节介绍的边际收益递减规律是一致的。随着 L 的不断增加,L 的边际产量不断下降;相反,K 的边际产量却随着 K 数量的减少而不断上升。因此,随着劳动投入 L 的不断增加,为了维持同一产量,L 所能替代的 K 的数量将不断减少。这就表现为劳动对资本的边际技术替代率递减,表现在图形上,等产量曲线的斜率将随着 L 的增加而越来越低,因而等产量曲线将凸向原点。

等产量线告诉我们,厂商为了维持一定的产量,用一种生产要素替代另一种生产要素的可能性。当两种生产要素很容易相互替代时,无差异曲线呈现较小的凸性;当两种生产要素难以相互替代时,无差异呈现较大的凸性。关于生产过程中投入要素的相互替代,存在两种极端情况。

在第一种情况下,两种生产要素是完全替代的。例如,在生产某产品时,企业既可以完全使用石油作为能源,也可以完全使用天然气;既可以使用大量石油和少量天然气的组合,也可以使用少量石油和大量天然气的组合。企业如果只关心产量的话,这两种要素可以按照 1∶1 的比率完全替代。

可以用图 6-6 中的等产量线表示该企业中石油和天然气这两种生产要素之间的替代关系。由于边际技术替代率不变,因此等产量线为直线。

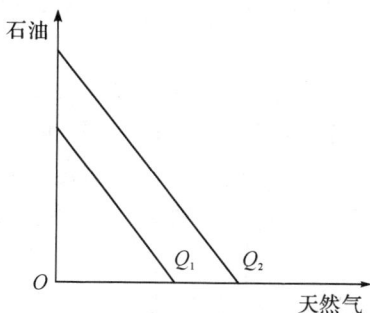

图 6-6　投入要素可完全替代的等产量线

在第二种情况下,两种生产要素不能相互替代,它们之间是一种互补关系,要按照既定比例搭配使用,缺一不可。比方说,某矿泉水公司生产桶装水,它的两种投入品是水桶和水,1个标准大小的水桶装 20 公斤水,如果投入更多的水桶而不增加水的投入,桶装水的产出仍然不变,因为水桶和水必须按照固定比例进行配比。同样,如果增加水的投入的同时不增加水桶的投入,产出水平仍然无法提高。

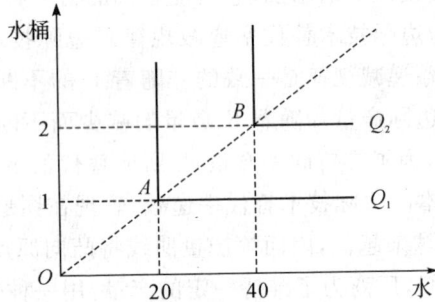

图 6-7　投入要素互补的等产量线

如图 6-7 所示,A 点表示企业可以投入 1 个水桶和 20 公斤水,生产出 1 桶桶装水,即 Q=1。如果水桶数量固定在 1,仅增加水的投入,新增的水的投入不会带来任何产出的变化;同样,水的数量固定在 20,增加水桶的投入也不能改变产出。因此,等产量线为直角形状。只有同比例地增加水桶和水的投入,才能带来产出的增加。如 B 点,2 个水桶和 40 公斤水能生产出 2 桶桶装水。

现实的情况是,大多数企业所使用的各种生产要素之间既不是完全替代的关系(如例子中的石油和天然气),也不是完全互补的关系(如水桶和水)。更典型的情况是,等产量线凸向原点,而不是像直角形状那样凸向原点。

6.3.2　等成本线

等产量线表示的是企业生产同样产量的各种生产要素组合。等产量线越高,表示产量越大。然而企业并不能选择任意高度的一条等产量线,之所以如此,是因为企业的投入决策要受到来自成本的制约。因此有必要考察企业投入与成本之间的关系。

为了简化起见,同样假设企业只使用两种投入资本(K)和劳动(L)。资本价格为 P_k,劳动价格为 P_L,企业总成本为 C,那么投入与成本应满足以下成本方程:$C=P_L \times L + P_k \times K$。假设资本的价格(每月租用费)为 $P_k=1000$ 元,劳动的价格(工人的月工资)为 $P_L=2000$ 元,用于资本和劳动的总成本 C=20000,那么成本方程可以写成:$C=2000 \times L + 1000 \times K$。

表 6-4 中的数据说明了企业可以使用的资本和劳动的多种组合。该表的第一行数据说明,在总成本为 20000 元的情况下,企业可以只使用资本不使用劳动进行生产,它这时需要 20 个单位的资本。第二行的数据表明另一种投入组合,企业可以使用 18 个单位的资本和 1 个工人,以此类推。每种投入组合的成本正好都是 20000 元。

表 6-4 成本固定时资本和劳动的多种组合

资本数量	劳动数量	总成本
20	0	20 000
18	1	20 000
16	2	20 000
14	3	20 000
12	4	20 000
10	5	20 000
8	6	20 000
6	7	20 000
4	8	20 000
2	9	20 000
0	10	20 000

图 6-8 描述了企业可以选择的投入组合,纵坐标代表资本,横坐标代表劳动。在 A 点,企业不投入劳动而投入 20 单位资本;在 B 点企业不投入资本而投入 10 单位劳动;在 C 点企业投入 10 单位资本和 5 单位劳动。这三点只是企业可以选择的资本和劳动的各种组合中的三种。直线 AB 上所有的点都是可能的选择。这条线称为等成本线,它表示生产要素价格以及总成本都既定的情况下,企业所能购买的各种生产要素的组合。在本例中,它表示企业面临的资本和劳动之间的权衡取舍。

等成本线的斜率衡量的是企业用一种生产要素替代另一种生产要素的比率,可以用纵坐标截距除以横坐标截距来计算。在本例中,纵坐标截距大小为 20,横坐标截距大小为 10,因此斜率为每单位劳动 2 单位资本。虽然实际上由于等成本线向右下方倾斜,斜率应该为负,但为了简化起见,我们略去负号。

等成本线的斜率等于两种要素的相对价格之比。1 单位劳动的价格是 1 单

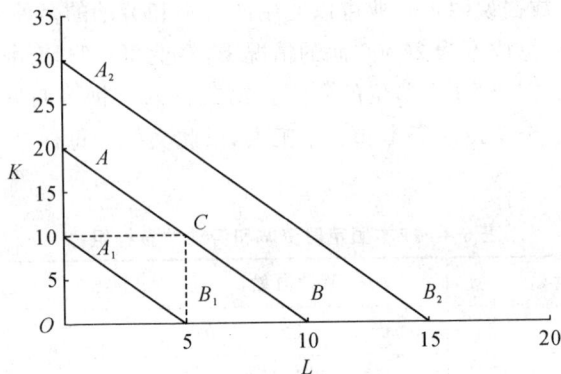

图 6-8   等成本线

位资本价格的 2 倍,因此企业投入 1 单位劳动的机会成本是 2 单位资本。等成本线的斜率为 2,反映了市场提供给企业的权衡取舍:1 单位劳动换 2 单位资本。

在要素价格既定的情况下,每个总成本对应一条等成本线。如果总成本增加了,那么等成本线将向右上方平行移动;反之,向右下方平行移动。如图 6-8 所示,当总成本为 10 000 元时,等成本线移至 A_1B_1;当总成本为 30 000 元时,等成本线移至 A_2B_2。

6.3.3   生产要素组合的最优点选择

之前讨论了生产要素在生产过程中的替代关系(用等产量线衡量)以及企业所面临的成本约束(用等成本线衡量)。无论是等产量线,还是等成本线,都只能反映企业对生产要素组合的可选择范围,并没有说明企业究竟会选择哪种组合进行生产。理性的企业在选择要素组合时,会遵循以下原则:在成本既定的情况下,努力实现产量最大化;或者在产量既定的情况下,努力实现成本最小化。为得到符合以上原则的最优选择点,有必要将等产量线与等成本线结合起来进行分析。

1. 最优点的选择依据

同样考虑上个例子。从第一项原则——成本既定时产量最大化出发,企业想要实现产量最大化,就得选择最高的等产量线。但是企业的选择还得考虑成本约束,因此所选择的点不能高于它所面临的等成本线。图 6-9(a)表示企业的等成本线和其中三条等产量线。生产者可以达到的最高的等产量线(图中的 Q_2)正好是与等成本线相切的那条等产量线。生产者也许更想达到 C 点(产量更大),但是无法达到,因为这一点在等成本线之外。生产者能够负担得起 A 点和 B 点,但是这些点在较低的等产量线上,因此给企业带来的产量较低。切点 E 代表生产者可以得到的资本与劳动的最优组合。

在最优点 E 点处,等产量线与等成本线相切。此时等产量线的斜率等于等成本线的斜率。由于等产量线的斜率是边际技术替代率,等成本线的斜率是两种要素的价格之比。因此,企业选择的两种要素最优组合应该能使边际技术替代率等于相对价格。即:

$$MRTS_{LK} = \frac{P_L}{P_K} \tag{6-3}$$

类似的,也可以从第二项原则——产量既定时成本最小化出发,得到一致的结论。企业想要成本最小化,就得选择最低的等成本线。图 6-9(b)表示企业的等产量线和三条等成本线。企业所能达到的最低的等成本线刚好也与等产量线相切。企业也许想要使成本更低,达到 K_1L_1,但是在这一成本下无法实现 Q_0 的产量。A 和 B 点组合同样可以实现 Q_0 的产量,但是这些组合在更高的等成本线上,因此企业要付出更多的成本。因此,最优点 E 同样是等成本线与等产量线的切点。这一点,两种要素的边际技术替代率等于两种要素的价格之比。

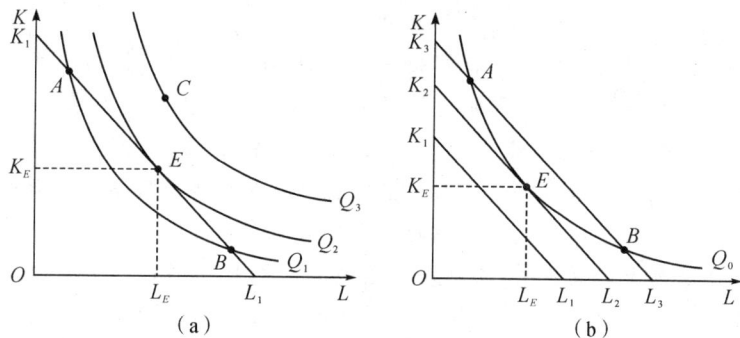

图 6-9 生产要素的最优组合

【专题】

小麦的生产函数

人们可以有许多不同的方式生产谷物,在美国的大型农场中,粮食的生产一般是资本密集型的,其中包含了大量的资本投资,如建筑物、设备等,和少量的劳动投入;但是,粮食的生产也可以采用精耕细作的方式,用较少的资本、较多的人力来完成。描述农业生产过程的方式之一是用一条(或多条)等产量线,表示生产出特定产量的投入组合。下面便是一例,其中的生产函数是统计估计的结果。

图 6-10 中的等产量线对应 13 800 蒲式耳的小麦年产量,它与生产函数相关,利用这条等产量线,农场主可以决定在雇用劳动和使用机器之间何者更合算。假设农场的经营状况目前处于 A 点,劳动投入 L 为 500 小时,资本投入 K 为 100 机时,农场主决定减少机器的使用时间为 90 机时。为了得到相同的年产量,他必须多投入 260 小时的劳动。

农场主的这个尝试使他逐步了解小麦的生产函数的等产量线的形状,比较图中的 $A(L=500, K=100)$ 与 $B(L=760, K=90)$,它们都位于等产量线上。可以通过不同的劳动资本组合得到 13800 蒲式耳的小麦年产量。A 点代表资本密集型的生产,B 点更倾向于劳动密集型,A 和 B 之间的边际技术替代率为 $10/260=0.04$。

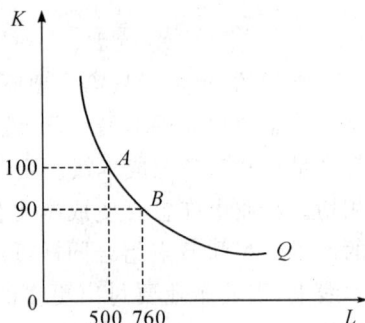

图 6-10　小麦生产的等产量线

MRTS 使农场主知道增加劳动投入与减少机器使用之间的权衡关系。因为 *MRTS* 远小于 1,农场主明白当工人的工资等于机器运行的成本时,他将付出更多的资本(在目前的生产水平上,他必须以 260 单位的劳动去替代 10 单位的资本)。事实上,农场主知道,除非劳动的价格比机器单位时间的使用成本低廉得多,否则,他的生产方式应更趋向于资本密集型。

这个例子已经表明,了解等产量线和边际技术替代率对一个经理人员而言是十分有益的,它同时说明了为什么在劳动相对昂贵的加拿大和美国,生产大多处于 *MRTS*(资本—劳动比)比较高的阶段,而一些劳动力成本较低廉的发展中国家,则处于较低的 *MRTS*(资本—劳动比)阶段。劳动/资本的具体组合取决于投入品的价格。

(资料来源:平狄克,鲁宾费尔德著;高远等译.微观经济学[M].北京:中国人民大学出版社,2009)

理论提示:企业在组织生产时所选择的两种要素最优组合应该能使边际技术替代率等于相对价格。请结合案例分析,如果劳动力变得更加廉价了,那么农场主在雇用劳动和使用机器之间进行的选择将会发生怎样的改变?

2.总成本变动对最优点的影响

在生产要素的价格、生产技术和其他条件不变时,如果企业改变成本,等成本线就会发生平移;如果企业改变产量,等产量线就会发生平移。这些不同的等产量线将与不同的等成本线相切,形成一系列不同的要素组合均衡点,这些组合均衡点的轨迹就是扩展线。扩展线上的点代表在不同生产规模下生产要素的最优投入组合,所以追求利润最大化的厂商在扩大生产规模时必然会在生产扩展曲线上选择投入组合。如图 6-11 所示,E_1、E_2 和 E_3 分别代表产量为 Q_1、Q_2 和 Q_3 时的最优要素组合点,它们的连线就是扩展线,代表技术和要素价格既定的情况下,企业扩展生产规模时将选择的最优路线。

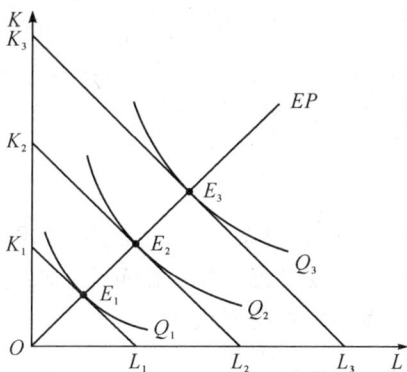

图 6-11　扩展线

3.要素价格变动对最优点的影响

假设资本价格由原来的 1000 元每单位下降到 500 元每单位。这时资本价格对最优组合点的影响可以分解为两种效应:替代效应和产量效应。企业可能会从以下两个方面做出反应:

• 资本变得更便宜了,所以企业要多使用资本少雇用工人,即用资本替代劳动(这是替代效应)。

• 资本变得便宜了,因此企业的购买力实际上提高了,企业现在可以购买更多的要素来获得更多的产量(这是产量效应)。

考虑这两种效应的结果。随着资本价格的降低,替代效应将促使企业多使用资本少使用劳动,因此资本使用量将增加,而劳动使用量将减少。但同时随着企业购买力的提升,企业将扩大产量,增加要素的投入。在这个过程中,资本和劳动使用量都将增加。在综合考察替代效应和产量效应的影响之后可以发现,企业肯定会增加资本的使用,但是所使用的劳动量的变动方向是不确定的。这一分析结果可以概括在表 6-5 中。

表 6-5　资本价格下降时的替代效应与产量效应

生产要素	替代效应	产量效应	总效应
资本	资本变得相对便宜了,因此企业会多使用资本。	企业购买力提高了,将会增加资本的投入。	替代效应和收入效应方向相同,因此生产者会增加资本的投入量。
劳动	劳动变得相对昂贵了,因此企业会减少使用劳动。	企业购买力提高了,将会增加劳动的投入。	替代效应和收入效应的作用相反,总效应的方向不确定。

6.4　规模报酬

企业在进行长期的生产经营决策时,不仅需要考虑既定生产规模下,各种生产要素之间的替代关系,还需要考虑规模报酬问题,即:当所有生产要素同比例变动时,企业的产出将会发生怎样的变化。

6.4.1　规模报酬的几种情况

例如,某服装生产厂每天使用了 50 台机器和 200 个工人,每天产出 1000 件衣服,机器和工人的比例为 1:4。如果该服装生产厂决定扩大生产规模,机器和工人的数量都比原来增加一倍,即每天使用 100 台机器和 400 个工人,机器和工人的比例仍为 1:4。在所有生产要素都同比例增加的情况下,产出的数量几乎肯定将会比原来的 1000 件衣服要多,但是要多多少呢? 产出的增加将会多于一倍,刚好等于一倍,还是小于一倍? 这些分别对应了以下三种不同的情况:规模报酬递增、规模报酬不变和规模报酬递减。

1.规模报酬递增

所谓规模报酬递增,指的是产出增加的倍数大于生产要素增加的倍数。规模报酬递增经常出现在企业的扩张初期。之所以出现规模报酬递增,可能主要是由于以下几点原因:

第一,分工和专业化。早在 18 世纪,亚当·斯密就在《国富论》中以大头针行业为例说明专业化分工带来的好处。一个人如果未接受过专业训练,那么他一天只能勉强做一个大头针。但如果将生产分为 18 个工序,每人只承担一个工序,人均日产量将达到 4800 个大头针。生产效率的提高是分工和专业化带来的。因为做大头针需要很多步骤,而一个人的精力是有限的,他不可能在每个步骤上都特别精通,并且他在工作过程中还需要不断地在各个步骤之间进行转化。因此,他的工作效率将很低。通过细密的劳动分工,每个人专门从事某项具体工作,每个人在自己所从事的具体工作方面的劳动熟练程度都将大幅提高,并且工人在各工序之间进行转化的时间得到节约。这些都可能导致劳动生产率成百倍甚至千倍地提高。

第二,生产要素的不可分割性。某些大型的生产要素具有不可分割性。如:电脑管理、流水作业等,这些生产技术只有当产量超过一定水平时才能采用。汽车装配线就是典型例子。在生产汽车时,流水线作业具有明显的成本优势。统计显示,年产量超过 30 万辆的汽车厂,成本要比小规模生产的企业大大降低。

第三,几何因素。由于某些几何尺度的因素,企业规模扩大时,企业能以较少的投入生产单位的产出,即产出量的翻倍不需要投入量的加倍。例如,石油的储藏成本与储油罐的钢材消耗有关。把储油罐的体积增加一倍(即企业的产出增加一倍)以后,建造储油罐的钢材用量并不需要增加一倍,这时成本的增加倍数小于产出的增加倍数。

【专题】

福特汽车的规模报酬

1908 年 10 月 1 日,福特公司推出了 T 型车。伴随这款"世纪之车",工厂的生产管理日渐稳定。每个工头每天都记录他的部门的效率。监工有一个囊括各种内容的表格,如果一个部门有什么地方不对劲,产量表格马上就能显示出来。

对于汽车制造这件麻烦事,"流程分解、优化"推进得坚决而彻底,而且效果惊人。

以活塞杆组装为例,按照老式的方法,28 个人每天装配 175 只——每只 3 分 5 秒;工头用秒表分析动作之后,发现有一半时间用于来回走动,每个人要做六个动作,于是他改造了流程,把工人分成三组——再也不需要来回走动了,凳子上装了滑轮传动——现在 7 个人就能每天装配 2600 只。

几乎每个星期,福特公司都对机器或工作程序进行某些改进。生产规模很小的时候,工厂曾需要 17 个人又累又脏地专门清理齿轮的毛边;有了专门的机器,4 个人能轻松干几十个人的活。曾有 37 个人专门弄直炉子里的凸轮轴,用了新型炉子之后,产量大增之下也只要8个人……

对生产流程的彻底分解和优化,预示了生产史上最具有颠覆性的力量。亨利·福特在此基础上,创造了前所未有的流水线。

工业化大生产的流水线到底有多大的效用?

工人装配一台飞轮磁石电机曾经需要20分钟,后来工作被分解成29道工序,装配时间最终降低到5分钟,效率提高了四倍;直到1913年10月,装配一台发动机还要10个小时,半年后用传动装配线降低到六小时。福特公司后来日产量达4000辆,工人还不到5万——如果没有流水线,将不得不雇用20多万人。

借助流水线,亨利·福特"单一品种、超大规模"的战略得以实施。T型车在20年内生产了1500万辆,汽车从五六千美元的"富人专利"变成了几百美元的大众消费品。

流水线模式使汽车生产从作坊跨进了工厂时代,进而为现代工商业带来了革命。

理论提示:规模报酬变化是指在其他条件不变的情况下,企业内部各种生产要素按相同比例变化时所带来的产量变化。如果产出的增加倍数大于生产要素的增加倍数,这种情况就被称作规模报酬递增。请结合案例分析,福特成功的秘诀是什么? 为什么福特出现了规模报酬递增?

2. 规模报酬不变

随着所有生产要素同比例增加,产出的增加比例有可能刚好等于要素增加的比例。这种情况被称为规模报酬不变。之所以出现规模报酬不变,是因为这种产品的生产过程很容易"复制",生产规模不影响要素生产率。比方说,在大头针企业中,如果已经实现了充分的专业化分工与协作,此时再将各类生产要素的投入翻倍,由于无法进一步细化分工,因此产出也将是原来的两倍。规模报酬不变主要出现在规模报酬递增阶段的后期,此时大规模生产的优势已得到充分发挥,同时,厂商采取各种措施与努力以推迟规模报酬递减阶段的到来。

3. 规模报酬递减

规模报酬递增不可能一致持续下去,当生产达到一定规模时,将无法进一步享受规模报酬递增带来的好处,此时规模报酬递减将发挥作用,即产出的增加比例小于要素增加的比例。出现规模报酬递减可能是由于以下几点原因。

第一,当分工和专业化细化到一定程度后,无可避免地使工人的工作成为一种机械劳动,工人长时间从事机械劳动,难以避免会产生厌倦情绪,同时也将丧失创新性的思维,这些都将降低工人的工作效率。

第二,几何因素要带来规模收益递增必须符合一定前提条件。例如,储油罐的体积不能无限制地扩大,过大的储油罐无论在生产、运输还是使用方面都存在很多困难,抵消了钢材消耗量降低所带来的成本优势。

第三,企业规模过大会带来管理上的很多问题。生产规模越大,管理系统越复杂,管理层级越多,企业内部的沟通和协调问题也就越突出。比方说信息的传递更容易失真、延误甚至是缺失,高等管理者与下级之间的联系和交流更加困难,等等。

注意:规模收益递减不同于边际收益递减。前者针对的是企业的长期生产决策,而后者针对的是企业的短期生产决策;前者指的是所有生产要素都同比例增加时产量的变化规律,而后者指的是其他生产要素固定不变时,仅仅变动一种生产要素所带来的产量的变动规律。

6.4.2 规模报酬的图形描述

可以用扩展线来描述规模报酬问题。

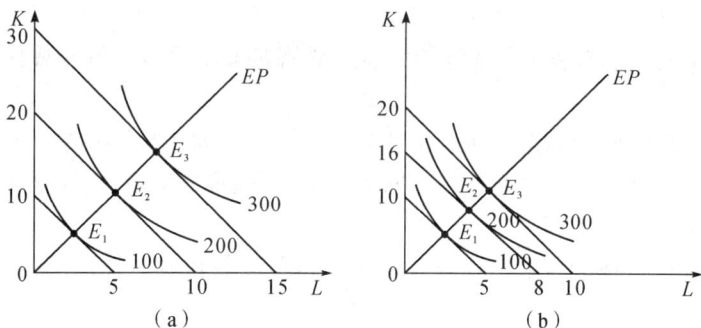

图 6-12 规模报酬

如图 6-12 所示,图中有三条等产量线,分别代表产量为 100、200 和 300 的生产要素组合。这三条等产量线分别与等成本线切于 E_1、E_2 和 E_3 三点。图 (a) 表示规模收益不变,使用 5 个单位的劳动或 10 个单位的资本可以生产出 100 个单位的产出,使用 10 个单位的劳动或 20 个单位的资本可以生产出 200 个单位的产出,以此类推,说明要素投入增加的比例与产出增加的比例刚好相等,此时符合规模收益不变的定义,反映在图形中 OE_1、E_1E_2、E_2E_3 的距离是相等的。图(b)中,使用 5 个单位的劳动或 10 个单位的资本同样可以生产出 100 个单位的产出,而只需使用 8 个单位的劳动和 16 个单位的资本就可以生产出 200 个单位的产出,产出增加的比例大于要素增加的比例,此时符合规模收益递增的规律,反映在图形中 OE_1、E_1E_2、E_2E_3 的距离越来越小。

【本章小结】

在一定技术条件下,生产要素的数量和组合与它所能生产出来的最大产出之间存在一定的依存关系,这一关系被称为生产函数。

短期是指至少一种生产要素的投入量来不及改变的时间段。长期指的是所有要素投入都可以发生改变所需的时间段。短期内,一定技术水平下,产量随着某种可变投入而发生的改变符合边际收益递减规律。

等产量线表示的是其他条件不变时,为了得到相同的产量所需投入的两种生产要素的所有可能的组合。等成本线表示生产要素价格以及总成本都既定的情况下,企业所能购买的各种生产要素的组合。

等产量线的斜率表示为边际技术替代率,两种要素之间的替代关系可以用边际技术替代率递减规律加以总结。等成本线的斜率可以表示为两种要素的价格之比。企业选择的投入要素的最优组合应该满足边际技术替代率等于两种要素的价格之比。

要素价格变动对投入要素组合最优点选择的影响可以分解为替代效应和产量效应。

规模报酬问题指的是当所有生产要素同比例变动时,企业的产出将会发生怎样的变化。规模报酬存在三种不同的情况:规模报酬递增、规模报酬不变和规模报酬递减。

消费者行为理论与生产者行为理论之间有许多相似之处,表 6-6 列举了其中一些要点。

表 6-6　消费者和生产者理论的比较

序　号	消费者理论	生产者理论
1	商品空间(X_1, X_2)	生产要素空间(L, K)
2	MU_1、MU_2	MP_L、MP_K
3	效用函数:$U = U(X_1, X_2)$	生产函数:$Q = F(L, K)$
4	预算线及其性质	等成本线及其性质

序　号	消费者理论	生产者理论
5	无差异曲线及其性质	等产量线及其性质
6	完全替代品的无差异曲线	线性的等产量线
7	完全互补品的无差异曲线	投入要素互补的等产量线
8	消费者均衡条件： $MRS_{12}=MU_1/MU_2=P_1/P_2$	生产者均衡条件： $MRST_{LK}=P_L/P_K$
9	边际效用递减法则	边际产量递减法则
10	边际替代率（MRS）及其递减法则	边际技术替代率（MRTS）及其递减法则
11	收入消费曲线	扩展线

▷【关键概念】

生产函数　短期　长期　总产量　平均产量　边际产量　等产量线　边际技术替代率　等成本线　扩展线　规模报酬　规模报酬递增　规模报酬不变　规模报酬递减

▷【思考题】

1. 什么是生产函数？短期生产函数和长期生产函数有何区别？

2. 为什么在短期生产中会经历边际产量先递增后递减的变化？

3. 总产量曲线、平均产量曲线、边际产量曲线之间有何关系？请用图形加以说明。

4. 等产量线的形状如何？特征有哪些？线性的或者 L 形的等产量线分别代表什么意思？不同类型的等产量线分别意味着怎样的边际技术替代率？

5. 请解释边际技术替代率递减的原因。

6. 请解释等产量线与等成本线的切点是生产要素的最优组合点。

7. 分别阐述导致规模报酬递增、规模报酬不变以及规模报酬递减的原因。

8. 说明规模报酬递减与边际收益递减的不同之处。

【案例讨论】

动漫电影的投入品在过去 15 年里已经发生了很大的变化。在 20 世纪 90 年代上半期以前，迪士尼公司统治着动漫电影市场，迪士尼电影的制造方法是让成百上千的漫画电影家先画出漫画,然后将漫画转化为电影。每部电影包含多达 17 万张单独的图片。比方说,1994 年,迪士尼制作了《狮子王》。这部电影仅耗资 5000 万美元,但是给公司带来了多达 10 亿美元的利润。在这次成功之后,迪士尼和其他一些电影制片厂开始制作更多的动漫电影,刺激了对电影漫画家的需求,从而推高了他们的工资。之后有一件事情极大地影响了动漫电影的制作。1995 年皮克斯动画制片厂发布了他们的电影《玩具总动员》。这是第一部成功使用计算机制作的正式电影。此后几年,技术的不断进步降低了制作动漫电影所需要的计算机以及软件的成本。从这以后,计算机和软件的价格相对于电影漫画家的价格不断下降。现在的动画制片厂比 20 世纪 90 年代更多地使用了电脑,而更少地使用电影漫画家。

思考题:请用本章学过的知识对动画制片方式的改变加以解释,并请画图分析。

第7章

成本理论

≫ ≫ ≫ ≫

本章学习要点

1. 会计成本和经济成本的定义及其联系和区别；
2. 各种短期成本曲线的形状、特征及相互联系；
3. 边际成本递增规律；
4. 长期成本曲线的形状；
5. 规模经济与规模不经济；
6. 规模经济与规模报酬递增的区别；
7. 范围经济的含义及成因。

【开篇案例】

格兰仕的规模经济

面临着越来越广阔的市场,每个企业都有两种战略选择:一是多产业,小规模,低市场占有率;二是少产业,大规模,高市场占有率。格兰仕选择的是后者。格兰仕的微波炉,在国内已达到 70% 的市场占有率,在国外已达到 35% 的市场占有率。

格兰仕的成功体现了规模经济的理论,即某种产品的生产,只有达到一定的规模时,才能取得较好的效益。微波炉生产的最小经济规模为 100 万台。早在 1996—1997 年间,格兰仕就达到了这一规模。随后,规模每上一个台阶,生产成本就下降一个台阶。这就为企业的产品降价提供了条件。格兰仕的做法是,当生产规模达到 100 万台时,将出厂价定在规模 80 万台企业的成本价以下;当规模达到 400 万台时,将出厂价又调到规模为 200 万台企业的成本价以下;而现在规模达到

1000 万台以上时,又把出厂价降到规模为 500 万台企业的成本价以下。这种在成本下降的基础上所进行的降价,是一种合理的降价。降价的结果是将价格平衡点以下的企业一次又一次大规模淘汰,使行业的集中度不断提高,使行业的规模经济水平不断提高,由此带动整个行业社会必要劳动时间不断下降,进而带来整个行业的成本不断下降。

成本低,价格必然就低,降价最大的受益者是广大消费者。从 1993 年格兰仕进入微波炉行业到现在,微波炉的价格由每台 3000 元以上降到每台 300 元左右,降掉了 90% 以上,这不能不说是格兰仕的功劳,不能不说是格兰仕对中国广大消费者的巨大贡献。

(案例来源:刘华,李克国.经济学案例教程.大连:大连理工大学出版社,2007)

理论提示:在本章中,我们将深入了解企业的成本与产量之间的关系,明白在短期和长期中,企业的成本如何随着产量而发生变动的规律。

上一章中我们主要考察了投入要素如何转化为产出,该分析是在企业的生产技术这一层面进行的,目的是寻求短期内生产要素的合理使用区域和长期内生产要素的最优组合。这一章我们将转向企业成本的分析,将在对成本如何界定和计量的基础上,重点考察企业的成本如何随着产出的变动而发生改变。由于企业的供给曲线表示的是企业愿意按照一定的价格提供的产品数量,而生产成本对于企业供给量的决定至关重要,因此本章的分析将构成供给曲线背后决策因素的重要理论依据。

7.1 成本的测度

经济学假设理性的企业目标是实现利润最大化。那么什么是利润?企业所得到的全部销售收入称为总收益(TR),企业在生产过程中的全部支出被称为总成本(TC),企业的总收益减去总成本之后剩下的部分就是企业的利润(π),即:

$$\pi = TR - TC \tag{7.1}$$

企业要实现利润最大化的目标,意味着企业应努力使总收益与总成本之差达到最大。对于任何一家企业而言,为了实现这一目标,它必须首先对总收益和总成本的大小及测度有清楚的了解。总收益的衡量相对简单,它等于产品销售的价格乘以产品销售的数量。而总成本则相对复杂。企业的生产经营中要涉及众多生产要素,并且要为众多生产要素支付要素报酬,比方说,对劳动力要支付工资,对资本要支付利息,对土地要支付所有者的地租,对企业家才能要支付报酬,等等。那么哪些项目应该包含在企业的成本当中?如果企业使用的资金为自有资金,不需要支付利息,该如何核算?为了说明企业如何实现利润最大化,首先必须对成本进行科学的界定和计量。

【专题】

企业的社会责任

企业社会责任(*Corporate Social Responsibility*,简称 *CSR*)是指企业在创造利润、对股东承担法律责任的同时,还要承担对员工、消费者、社区和环境的责任。企业的社会责任要求企业必须超越把利润作为唯一目标的传统理念,强调在生产过程中对人的价值的关注,强调对消费者、对环境、对社会的贡献。

"企业社会责任"概念最早由西方发达国家提出,近些年来这一思想广为流行,连《财富》和《福布斯》这样的商业杂志在企业排名评比时都加上了"社会责任"标准,可见西方社会对企业社会责任的重视。联合国也是推动企业发挥社会责任的重要机构。新一届秘书长安南上台后,联合国的工作重点发生了较大的变化,即从国家主权的维护更多地转向了公民权利的维护。鉴于全球化的脆弱性和国际间越拉越大的差距,鉴于国家内部的差距也在拉大以及财富的分配不公和不平等,特别是鉴于某些企业不合理的发展对世界安全和生态环境带来巨大威胁,安南向国际商界领袖提出了挑战,那就是呼吁企业约束自己自私的牟利行为,并担负起更多的社会责任。

1999 年 1 月,在瑞士达沃斯世界经济论坛上,联合国秘书长安南提出了"全球协议",并于 2000 年 7 月在联合国总部正式启动。该协议号召企业遵守在人权、劳工标准和环境方面的九项基本原则,其内容是:①企业应支持并尊重国际公认的各项人权;②绝不参与任何漠视和践踏人权的行为;③企业应支持结社自由,承认劳资双方就工资等问题谈判的权利;④消除各种形式的强制性劳动;⑤有效禁止童工;⑥杜绝任何在用工和行业方面的歧视行为;⑦企业应对环境挑战未雨绸缪;⑧主动增加对环保所承担的责任;⑨鼓励无害环境科技的发展与推广。

分析这九项原则，从企业内部看，就是要保障员工的尊严和福利待遇；从外部看，就是要发挥企业在社会环境中的良好作用。总体来说，企业的社会责任可分为经济责任、文化责任、教育责任、环境责任等几方面。就经济责任来说，企业主要为社会创造财富，提供物质产品，改善人民的生活水平。就文化责任和教育责任等方面来说，企业要为员工提供符合人权的劳动环境，教育职工在行为上符合社会公德，在生产方式上符合环保要求。用"全球协议"的标准来对照我们中国企业，可以看到很多差距。也就是说，目前中国企业的发展目标距离国际标准还差得很远。

具体来讲，当前某些中国企业最突出的问题大体表现在八个方面：一是无视自己在社会保障方面应起的作用，尽量逃避税收以及社保缴费。二是较少考虑社会就业问题，将包袱甩向社会。三是较少考虑环境保护，将利润建立在破坏和污染环境的基础之上。四是一些企业唯利是图、自私自利，提供不合格的服务产品或虚假信息，与消费者争利或欺骗消费者，为富不仁。五是依靠压榨企业职工的收入和福利来为所有者谋利润，企业主堕落成资本的奴隶、赚钱的机器。六是缺乏提供公共产品的意识，对公益事业不管不问。七是缺乏公平竞争意识，一些在计划经济时期延续下来的垄断企业，大量侵吞垄断利润，并极力排斥市场竞争。八是普遍缺少诚信，国有企业对国家缺少诚信，搞假破产逃避债务，民营企业通过假包装到市场上圈钱。

中国企业的发展正处在一个急功近利的历史阶段。如何摆正企业与社会的关系？如何发挥企业的社会责任？企业到底应该肩负起哪些社会责任？中国社会对这些问题还茫然无知。从国际经验看，企业社会责任的提出，主要是为了解决资本与公众的矛盾问题，是为了解决企业与消费者的矛盾。没有正确的理念，资本就会过度地偏向少数人。例如，企业如果搞假冒伪劣，就会不正当地攫取消费者的利益；如果生产优质产品，不欺骗顾客，就要减少利润。如果要搞清洁生产、减少污染、保护环境，就更要减少利润。这是一对矛盾，一个社会如果没有清晰的商业伦理和经营理念，便可能陷入自私自利、互相诈骗的泥沼之中。因此，今天在中国掀起一场企业社会责任的大讨论是十分必要的。企业如何牟利，如何与消费者争利，不仅需要法律保障，更需要一定的思想道德境界来保障。

另外，企业在社会中担负起越来越大的责任，说到底是"小政府大社会"的结果,中国企业今后能否发挥越来越大的作用,这取决于我们对这一问题的认识,更取决于政府机能下一阶段的改革。

　　理论提示:企业社会责任具体包括哪些内容？为什么要提倡企业社会责任？企业社会责任与企业利润最大化的目标是否矛盾？如何有效衔接？

7.1.1　会计成本与经济成本

　　经济学家对于成本的认识不同于会计师。会计师关心的是流入和流出企业的货币。比方说,企业支付给员工的工资、购买原材料的费用、租用的房屋和设备所花费的租金、借款产生的利息、广告费、保险费、税金,等等,这些费用都将体现在企业的财务报表当中。因此,我们把会计师所关心的成本称为会计成本,又称为显性成本,它指的是需要企业支出货币的投入成本。

　　经济学家所关注的成本不仅如此。设想张三经营了一家五金店,作为五金店的经营人员,张三辞去了在会计师事务所的工作,而他原本在会计师事务所每年能拿到 10 万元的年薪。由于张三经营五金店时并不向自己发放工资,对企业家才能这一生产要素的报酬支付并没有产生现金交易,因此会计师在处理工资问题时不用考虑张三,即会计成本或者说是显性成本在这一项为零。但是经济学家并不这样思考问题。经济学家往往认为,虽然张三并不向自己发放工资,但是张三参与生产经营活动导致张三无法获得会计师事务所的 10 万元年薪,这项放弃了的工资收入也应计入经营活动的成本之中。

　　回顾以前学过的机会成本的概念。机会成本指的是既定资源用于某种用途所放弃的另一种的最大的收入。机会成本概念体现了资源的稀缺性和生产要素的多用途性。张三既有在会计师事务所工作的能力,又有经营五金店的能力,但是张三一旦决定经营五金店,就必须放弃会计师事务所的工作,以及在会计师事务所所能拿到的 10 万元年薪。这笔潜在的收益构成了经营五金店的巨大的机会成本。

　　经济学家把这种企业使用自由生产要素时所产生的机会成本称为隐性成本,由于企业使用的是自有的生产要素,不需要现金的支付,因此这些成本都将不反映在企业的财务报表当中。但是为了使用这些自有的生产要素,企业就必须放弃这些生产要素用于其他用途所能产生的收益。比方说,由于经营场所使用的是自有的房屋,因此不需要交租金,但是不需要交租金并不意味着没有成本,因为房屋租给他人可以产生租金收入,而一旦决定自己使用就得放弃可能得到的租金收入,这就是一种隐含的成本。类似的,企业使用自有的资金虽然不需要交利息,但是得放弃可能产生的利息收入,这同样是一种隐含的成本。

显然,理性的厂商在进行生产经营决策时既应该考虑显性成本,也不能忽视隐性成本,即厂商的总生产成本应等于包括显性成本和隐性成本在内的生产物品和劳务的所有机会成本。由于机会成本是经济分析和经济决策中常用的一个概念,因此又把机会成本称为经济成本。

从显性成本和隐性成本的差别中可以看出,会计师和经济学家在分析生产经营活动时视角是不完全相同的。会计师的工作侧重点是记录显性成本,目的在于回顾流入和流出企业的货币。而经济学家则在关注显性成本的同时也给予了隐性成本高度的重视,目的在于使包括各生产要素在内的各稀缺资源都得到最有效的配置。考虑机会成本之后,企业在使用生产要素时不仅需要考虑得到了什么,还需要考虑由于使用该生产要素将失去些什么。如果使用生产要素的机会成本超过了使用生产要素所得到的收益,那么意味着生产要素的使用是不合理的。

类似的,会计师和经济学家在计算利润的大小时也采用了不同的衡量方法。会计师计算出的利润等于总收益减去会计成本(即显性成本),这种利润被称为会计利润。而经济学家计算出的利润等于总收益减去经济成本(即总机会成本,也就是显性成本和隐性成本之和),这种利润被称为经济利润。由于会计成本总是小于经济成本,因此会计利润总是大于经济利润。

考虑经济利润能帮助企业作出正确的决策。之前所说的张三五金店的例子,假设张三五金店每年的销售收入为 15 万元,各项原材料等显性成本之和为 6 万元,那么张三五金店每年的会计利润等于 9 万(15 万减去 6 万)元。如果仅考虑会计利润,那么张三经营五金店似乎有不错的盈利。但是考虑到张三所放弃的 10 万元年薪的隐性成本后,张三五金店的经济利润实际为 −1 万元(15 万减去 6 万,再减去 10 万)。经济利润为负,说明企业的总收益不足以弥补所有的机会成本,企业事实上是有经济亏损的。因此,除非在以后的各年内企业的经营情况能明显改善,否则张三最终应关闭企业,并回到会计师事务所。

综上所述,会计成本、经济成本、会计利润、经济利润的关系可以概括如下。

会计成本=显性成本   (7.2)

经济成本=显性成本+隐性成本   (7.3)

会计利润=总收益−会计成本=总收益−显性成本   (7.4)

经济利润=总收益−经济成本=总收益−显性成本−隐性成本

      =会计利润−隐性成本   (7.5)

【专题】

让顾客自行定价的鞋城老板

天津市某鞋城它的促销口号是"公开成本价让顾客自由加价"。此口号一时间在天津有线电视台连续播放数日。广告的效应不错,鞋城门庭若市,买鞋的人很多。某顾客当时看到了一双喜欢的鞋标价是149.8元,拿出150元就和售货员小姐说:"我加2角"。售货员小姐说:"加价一般都在2元之上,如果都是像你这样的顾客我们就赔了。"该顾客说:"我1分钱不加,你们该赚的钱都赚到手了,不信你问你们老板。"说着走过来一位先生,好像是管理人员,同意了顾客加2角钱。于是顾客买走了这双鞋。

可以用经济学的原理阐述鞋城的"公开成本价让顾客自由加价"的这句促销口号。

鞋城所公开的成本就是经济学的成本,而不是老百姓所讲的会计成本,"公开成本价"所讲的成本既有显性成本(会计成本),又有隐性成本。鞋的显性成本包括鞋的进价、租用鞋城的场地租金、水电费、税收以及雇用店员等销售费用的开支。假定显性成本支出是10万元。鞋的隐性成本包括,开鞋城需要投资10万元,如果不用来开鞋城这10万元放在银行的利息是1万,鞋城的老板如果不开鞋城他有一份稳定的职业每年工资收入是2万,这两项之和3万,就是开鞋城的隐性成本。鞋城老板的"公开成本"就是显性成本和隐性成本之和13万,如果顾客一分钱不加,鞋城老板的经济利润刚好等于0,意味着鞋城老板刚好赚了正常的利润。如果顾客以高于公开的成本价买鞋,假如一年顾客高于成本价累加起来是1万,对鞋城老板来说,这1万是正的经济利润,即超额利润。鞋城老板利用了经济学的成本与会计学成本差异,创造了这一新的销售方式,赚取了正常利润和超额利润。

鞋城老板为什么放弃原来稳定的工作而开鞋城?对于这一问题还是用机会成本来判断,鞋城老板作为一个人力资源,他不开鞋城一年工资收入是2万,开鞋城获利是3万。不开鞋城的机会成本是3万,开鞋城的机会成本是2万。在其他条件都一样的情况下,投资决策应选择成本低收益大。鞋城老板选择成本低收益大的进行投资决策应是明智选择,他使他拥有的资源得到了最佳的配置。

(资料来源:刘华,李克国.经济学案例教程[M].大连:大连理工大

学出版社,2007)

理论提示:厂商的总生产成本包括显性成本和隐性成本。请结合理论分析,鞋城的促销口号是"公开成本价让顾客自由加价",这里的成本价指的是什么?在顾客只愿意支付所谓的"成本价"的情况下,鞋城的会计利润与经济利润分别是多少?

7.1.2 固定成本和可变成本

我们在上一章中根据企业是否来得及改变所有的要素投入将时间区分为长期和短期。短期是指至少一种生产要素的投入量来不及改变的时间段。这种不可改变的生产要素称为固定投入要素。可以改变的生产要素称为可变投入要素。

与固定投入要素相对应,购买固定投入要素所需花费的开支就是固定成本(*fixed cost* ,FC),指的是不随着产量变动而变动的成本。固定成本是个常数,即使企业产量为零,企业仍需要支付固定成本。比方说,企业租用了营业场所,即使在这个月内企业的总收益为零,企业仍然要支付营业场所的租金。这笔租金就是固定成本。类似的,企业雇用了一些全日制工作的雇员(如会计师、柜台销售人员、经理等),即使没有卖出一件产品,但是仍然得支付这些雇员的工资。这种情况下,工资同样也属于固定成本。消除固定成本的唯一方法是关闭企业。只有企业彻底退出生产,企业才不需要支付固定成本。

可变成本(*variable cost* ,VC)指的是随着产量变动而变动的成本,它对应的是可变投入要素所需花费的开支。比方说,企业如果想要生产更多数量的冰淇淋,它就得投入更多的水、奶粉、糖、电力等生产要素。这些生产要素的投入量随着企业产量的增大而增大,如果企业停止营业,那么这些原料也就不需要投入了。购买这些原料的成本均属于可变成本。

注意,关闭企业和企业停止营业有不同的含义。关闭企业意味着企业把所有固定投入都转让掉,永远退出生产,此时无论固定成本还是可变成本都等于零。企业停止营业指的是企业暂停生产,虽然此时可变成本为零,但是仍需支付固定成本,由于固定投入要素仍在,因此当经营环境转好以后企业又能迅速进入生产。

企业的总成本(*total cost* ,TC)等于固定成本与可变成本之和。即:

总成本=固定成本+可变成本 (7.6)

也可表示成:

$$TC = FC + VC \tag{7.7}$$

固定成本与可变成本之分要取决于所考虑的时间长短。在很短的时间内，由于很难改变大多数生产要素的投入，比方说，在短时间内不管企业产量是多少，企业都很难解除租赁合同或者雇用合同，因此在短期内存在大量固定成本。但是随着时间的推移，原有的租赁合同逐渐到期，原有的雇用的工人可以解雇，原有的机器设备可以变卖，等等，因此在长期内，所有成本都可以改变。即长期内将不存在固定成本，只有可变成本。

那么多长时间可以称作长期？多长时间应称作短期呢？这要取决于所考虑的企业的特性。对于汽车这类需要大型机器设备的制造企业而言，进入长期可能需要 1 年甚至更长的时间。而对于一家工艺简单的手工作坊而言，进入长期可能只需要 1 天的时间。

之所以要区分固定成本和可变成本，是因为企业的生产决策及定价行为在很大程度上要依赖于其成本结构。企业必须要知道当它扩大或者缩减产量的时候，成本将会发生怎样的改变。因此，识别固定成本和可变成本就非常重要了。比方说，在旅游淡季，一架 120 个座位的机舱内往往只能坐 40 个人左右。这时航空公司面临着要不要缩减航班的选择。在作决策前航空公司需要知道缩减航班将会给成本带来多大的影响。航空公司知道，在短期内，无论飞机飞行多少航班、每班航班乘坐了多少乘客，有些生产要素，如民航公司的飞机、工作人员等，都是不变的。即使航班减少，这些成本也必须支出。缩减航班，能减少的成本仅仅包括民航公司所用的汽油和其他随着飞行次数与乘客人数而变动的生产要素（乘客的食物等）。既然无论是否缩减航班，固定成本都不可变。那么在短期内，航空公司在作决策时，就不需要考虑固定成本。只要开航班的总收益能够弥补可变成本，航空公司就应该继续开航班，否则就应该缩减航班。

【专题】

旅行社在旅游淡季如何经营

某旅行社在旅游淡季打出从天津到北京世界公园 1 日游 38 元（包括汽车和门票），我的一位朋友说不信，认为是旅行社的促销手段。一日他跟我提起这事，问我是真的会这么便宜吗？38 元连世界公园的门票都不够。我给他分析，这是真的，因为旅行社在淡季游客不足，而旅行社的大客车、旅行社的工作人员这些生产要素是不变的，一个游客都没有，汽车的折旧费、工作人员的工资等固定费用也要支出。任何一个企业的生产经营都有长期与短期之分，从长期看如果收益大于成本就可以生产。38元票价旅行社也还是有钱赚的,我们给他算一笔账,一个旅行社的大客车载客50人,共1900元,高速公路费和汽油费假定是500元,门票价格10元共500元,旅行社净赚900元。在短期不经营也要损失固定成本的支出,因此只要收益弥补可变成本,就可以维持下去。换个说法,每位乘客支付费用等于平均可变成本,就可以经营。另外,公园在淡季门票也打折,团体票也会打折也是这个道理。

（案例来源:刘华,李克国.经济学案例教程[*M*].大连:大连理工大学出版社,2007）

理论提示:短期内,企业存在一些难以改变的固定成本,即使企业停止营业也必须支付固定成本。请解释,为什么旅行社在淡季愿意以低于总成本的价格提供旅游服务？旅行社有可能在长期中以这一价格提供服务吗？

7.1.3 边际成本和平均成本

任何一家企业在进行生产时所必然要面临的一个重要决策是决定生产多少。在进行这项决策时,仅了解固定成本、可变成本和总成本是不够的。企业必须要知道在每个产量时,企业的成本如何随着产量的变动而发生改变。在作决策时,以下两个问题往往会进入到决策者的视野。第一,平均每个单位的产出要消耗多少的成本？第二,每多生产一单位产出要多消耗多少成本？其中第一种成本对应着平均成本,第二种成本对应着边际成本。

平均成本(*average cost*,AC)指的是将总成本在所生产的所有单位中平均分摊后每单位产量的成本。平均成本等于总成本除以产量(q)。即:

$$AC=TC/q \tag{7.8}$$

比方说,某企业年产量为100万瓶矿泉水,总成本为40万元,那么平均成本等于0.4元,意味着普通的一瓶矿泉水要消耗0.4元的成本。

平均成本由平均固定成本和平均可变成本两个部分组成。平均固定成本(*average fixed cost*,AFC)等于固定成本除以产量。平均可变成本(*average variable cost*,AVC)等于可变成本除以产量。即:

$$AFC=FC/q \tag{7.9}$$

$$AVC=VC/q \tag{7.10}$$

如果上述矿泉水企业的40万元的总成本中包含了25万元的固定成本和15万元的可变成本,那么该矿泉水企业在该年的平均固定成本等于0.25元(25

万/100 万);平均可变成本等于 0.15 元(15 万/100 万)。由于总成本包含了固定成本和可变成本,因此不难推出平均成本等于平均固定成本与平均可变成本之和。即:

$$AC＝AFC＋AVC \tag{7.11}$$

表 7-1 各类成本概念

名　称	符　号	定　义	相互关系
显性成本		需要企业支出货币的投入成本,又名会计成本	
隐性成本		企业使用自由生产要素时所产生的机会成本	
经济成本		包括显性成本和隐性成本在内的生产物品和劳务的所有机会成本	经济成本＝显性成本＋隐性成本
固定成本	FC	不随着产量变动而变动的成本	
可变成本	VC	随着产量变动而变动的成本	
总成本	TC	全部投入的成本	$TC=FC+VC$
平均成本	AC	每单位产量的总成本	$AC=TC/q$ $=AFC+AVC$
平均固定成本	AFC	每单位产量的固定成本	$AFC=FC/q$
平均可变成本	AVC	每单位产量的可变成本	$AVC=VC/q$
边际成本	MC	新增加一单位产量所带来的成本的增加	$MC=\Delta TC/\Delta q$ $=\Delta VC/\Delta q$

平均成本告诉我们平均每单位产品的生产成本,这对以后计算企业的盈亏情况有重要作用。但是平均成本并没有告诉企业的成本是如何随着产量的变动而发生改变。我们已经知道最优决策往往是在边际上作出的。当企业想知道要不要多生产一单位产量时,需要考虑为了多生产一单位产量成本会增加多少。边际成本(*marginal cost*,MC)指的是新增加一单位产量所带来的成本的增加。例如:如果每多生产一瓶矿泉水,企业就需要多支付 0.5 元的成本,那么边际成本就是 0.5 元。可以将边际成本写成:

$$MC=\Delta TC/\Delta q=\Delta VC/\Delta q \tag{7.12}$$

可以将这一节所介绍的各类成本的概念和相互关系概括如表 7-1 所示。

7.2 短期成本分析

在短期内,企业存在着一些难以改变的生产要素和一些固定成本。在长期中,企业的成本均可以改变。这一节中我们集中讨论短期成本,下一节我们将重点分析长期成本。

7.2.1 从生产函数到成本函数

企业管理层利用相关成本概念去决定产品的产量和价格时,需要了解本企业产品成本与产量的关系,即其成本函数。具体而言,所谓成本函数,指的是技术水平和要素价格都不变的条件下,成本与产出之间的相互关系。成本函数依存于:(1)企业的生产函数;(2)其投入要素的价格。生产函数表明了投入与产出的技术关系。投入与产出的这种技术关系又同投入要素的价格结合起来,共同决定成本函数。

表 7-2 给出了张三服装厂的相关数据,前三栏给出了生产函数的相关数据,描述了企业的产出如何随着投入要素数量的变动而发生改变。后三栏给出了成本的相关数据。其中第四栏给出了固定成本(FC),表示无论产出和可变投入的数量如何改变,厂房、机器设备、固定高层管理人员的工资等都不会发生改变,即企业的固定成本为每小时 100 元。第五栏给出了可变成本(VC),在这个例子中,我们假设张三服装厂的可变成本仅包括了部分员工的工资,为了增加产出,必须不断增加这些员工的数量。由于这些员工的小时工资为 20 元,因此如果企业雇用一个工人,那么可变成本就为每小时 20 元,如果雇用两个工人,那么可变成本就为每小时 40 元,以此类推。第六栏给出了总成本(TC),总成本为固定成本和可变成本之和。表 7-2 表示企业的产出以及成本是如何随着工人数量而发生改变的。从中不难看出,企业的成本同时取决于企业的生产函数与要素的价格。

给定生产技术和要素价格,也可以从生产函数的数学表达式中推出成本函数。例如,某产品的生产函数表达为: $Q = \sqrt{K \times L}$。再假定企业需要投入 5 个单位的固定投入资本 K,资本的价格 $P_k = 100$,劳动的价格 $P_L = 20$。那么,成本函数的推导过程可以表达如下:

$$C = K \times P_k + L \times P_L = 5 \times 100 + (\frac{Q^2}{5}) \times 20 = 500 + 4 \times Q^2$$

表 7-2　从生产函数到成本函数：张三服装厂

工人数量 （L）	总产量 （q）	边际产量 （MP_L）	固定成本 （FC）	可变成本 （VC）	总成本 （TC）
0	0	——	100	0	100
1	10	10	100	20	120
2	25	15	100	40	140
3	43	18	100	60	160
4	63	20	100	80	180
5	82	19	100	100	200
6	100	18	100	120	220
7	116	16	100	140	240
8	129	13	100	160	260
9	135	6	100	180	280
10	138	3	100	200	300
11	139	1	100	220	320
12	139	0	100	240	340
13	136	−3	100	260	360
14	131	−5	100	280	380
15	121	−10	100	300	400

　　成本函数不同于上一章所介绍的成本方程。成本方程表示的是总成本为花费在所有投入要素上的费用之和，往往表示成 $C = K \times P_k + L \times P_L$。成本方程是一个恒等式，表示的仅仅是要素数量、要素价格与总成本之间的简单加总关系。成本方程并没有体现出产量与成本之间的关系。成本函数则建立在成本方程和生产函数的基础上，可以帮助企业知道企业的成本是如何随着产量而发生改变的，进而可以帮助企业作出各项生产和定价的重要决策。

7.2.2　边际收益递减与边际成本递增

　　表 7-3 中的数据显示了某冰淇淋厂的成本随着产量而变动的相关数据。这

里我们先重点关注边际成本(MC),可以看出边际成本随着产量的变动呈现出先递减后递增的变动规律。

回顾上一章学过的边际收益递减规律,即在一定技术水平下,当把一种可变的生产要素同其他一种或几种不变的生产要素投入到生产过程中,随着这种可变的生产要素投入量的增加,最初每增加一单位生产要素所带来的产量增加量是递增的,但当这种可变要素的投入量增加到一定程度之后,增加一单位生产要素所带来的产量增加量是递减的,最终必然会出现某一点,边际产量为负,随着生产要素投入的增加,产出反而下降了。

表7-3 企业的成本

q	TC	FC	VC	AFC	AVC	AC	MC
0	40	40	0				
1	68	40	28	40.0	28.0	68.0	28.0
2	81	40	41	20.0	20.5	40.5	13.0
3	89	40	49	13.3	16.3	29.7	8.0
4	95	40	55	10.0	13.8	23.8	6.0
5	104	40	64	8.0	12.8	20.8	9.0
6	117	40	77	6.7	12.8	19.5	13.0
7	136	40	96	5.7	13.7	19.4	19.0
8	164	40	124	5.0	15.5	20.5	28.0
9	203	40	163	4.4	18.1	22.6	39.0
10	255	40	215	4.0	21.5	25.5	52.0

这里边际成本的变动趋势与边际收益的变动规律是由同一原因产生的。同样是以该冰淇淋厂为例,在企业工人数量较少时,企业机器设备的利用率不高,此时增加工人数量能提高机器设备的利用率,从而新增的一个工人能带来更大的产量。因此在这一阶段,边际收益是递增的。按照同样的逻辑,当机器设备利用率不高时,为了能多生产一箱冰淇淋,只需要新增很少的工人就可以做到了,因此这一阶段边际成本应递减。但是当工人数量的增加超过某一阶段之后,由于工人只能共享既定的机器设备和厂房,车间出现拥挤,每新增一个工人所新增的产量并不大,从而会带来工人的边际收益递减。按照类似的逻辑,当车间拥挤时,为了多生产一箱冰淇淋,就得增加更多的工人,从而造成边际成本递增。

7.2.3 各类成本曲线的形状

我们以横坐标代表产量,纵坐标代表各类成本(总成本、固定成本、可变成本、平均总成本、平均固定成本、平均可变成本、边际成本),则可以画出各类成本曲线(分别对应总成本曲线、固定成本曲线、可变成本曲线、平均总成本曲线、平均固定成本曲线、平均可变成本曲线、边际成本曲线)。这些曲线体现了不同类型的成本随着产量而发生变动的不同特征。根据表 7-3 中的数据可以画出各类成本曲线,如图 7-1 所示。图 7-1(a)给出了总成本曲线及其两个构成部分固定成本曲线和可变成本曲线。图 7-1(b)给出了边际成本曲线和各类平均成本曲线。各类成本曲线的形状可以描述如下:

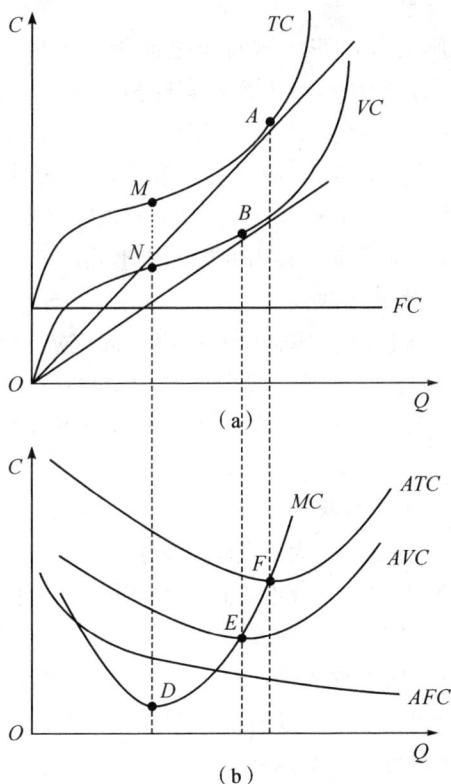

图 7-1　短期成本曲线

1. 固定成本曲线的形状

由于固定成本(FC)不随着产量发生变动,因此固定成本曲线为一条水平线,无论产量多少,固定成本曲线与横坐标之间的垂直距离都是一样的。

2.可变成本曲线的形状

观察可变成本(VC)的变化,在产量为零时,可变成本也为零,随后随着产量逐渐增加,企业不断增加投入进而提高产量,因而可变成本也不断增加,可变成本曲线不断上升。

3.总成本曲线的形状

总成本(TC)为固定成本和可变之和,并且由于固定成本保持不变,因此总成本曲线的形状必然与可变成本曲线一样,只是将可变成本曲线向上平移了相当于 FC 大小的距离。总成本曲线必然位于固定成本曲线和可变成本曲线的上方,总成本曲线和可变成本曲线之间的垂直距离恒等于固定成本 FC。

4.边际成本曲线的形状

边际成本曲线的形状为 U 形。这符合之前所述边际成本先递减后递增的规律,在企业生产较少的产量时,由于企业有较多的资本和较少的劳动,因此劳动能带来较高的边际产量,此时也就意味着新增一单位产量只需追加较少的劳动,进而只会带来较少的边际成本;而当企业有较高产量时,由于劳动共享有限的资本设备,因此劳动有较少的边际产量,较少的边际产量意味着新增一单位产量需要追加较多的劳动,进而带来较高的边际成本。

5.平均固定成本曲线的形状

平均固定成本等于固定成本除以产量,由于固定成本是个常数,因此平均固定成本必然随着产量增大而不断减少。当产量趋于无限大时,平均固定成本将无限趋近于零。平均固定成本曲线是一条向右下方倾斜且无限接近于横轴的曲线。

6.平均可变成本曲线的形状

平均可变成本曲线的形状也为 U 形,表明平均可变成本也是随着产量的增加先递减后递增。其原因和边际成本先递减后递增的原因相同。当边际成本足够低时,新增一单位产量所需增加的成本投入非常少,此时由于新增的成本非常低,因此将拉低平均可变成本的水平,导致平均可变成本也降低;而当产量和边际成本都非常高时,新增一单位产量需要非常大的成本投入,此时由于新增的投入非常大,因此将使平均可变成本也升高。

7.平均总成本曲线的形状

平均总成本曲线的形状同样为 U 形。平均总成本为平均固定成本和平均可变成本之和。平均总成本的变动趋势取决于平均固定成本和平均可变成本是如何随着产量而发生变动的。一方面平均固定成本随着产量增加而递减;另一方面产量超过某个数量后,平均可变成本必然要进入到随着产量增加而递增的阶段。既然平均总成本的变动受到了这两种相反力量的影响,那么平均总成本究竟怎样变动就得取决于哪种力量的作用大。通过进一步观察后可以发现,平均固定成本的下降速度并不是匀速的。当产量水平比较低的时候,平均固定成本以非常快的速度减少,而随着产量水平的提高,平均固定成本下降的速度则越来越慢。平均总成本的变动综合了以上各方面的影响。在产量水平比较低时,平均总成本曲线向右下方倾斜,是由于此时产量的增加对固定成本的分摊作用非常的大,成为影响平均总成本曲线的主要因素。但是随着产量的增加,固定成本的下降幅度变得非常小,而平均可变成本却开始大幅度上升,因此此时平均总成本曲线将开始向右上方倾斜。

此外,由于平均总成本曲线是平均固定成本曲线和平均可变成本曲线垂直加总的结果,因此平均总成本曲线与平均可变成本的垂直距离应等于平均固定成本。并且由于平均固定成本随着产量增加而逐渐减少,因此平均总成本曲线与平均可变成本曲线的垂直距离也应随着产量扩大而不断缩小,随着产量扩大这两条曲线将无限接近。

7.2.4 各类成本曲线之间的关系

考察以上各类成本曲线,还有几点值得注意的关系。

1. 平均成本与边际成本之间的关系

正如上一章所描述的平均产量与边际产量之间的关系那样,平均总成本曲线与边际成本曲线相交于平均总成本曲线的最低点。例如,在图 7-1(b)中,在 F 点之前,边际成本小于平均总成本,因此当产量增加时平均总成本下降;但是在 F 点之后,边际成本大于平均总成本,因此随着产出增加平均总成本上升。这和篮球队员的平均身高的变动是一个道理。新增队员的身高高于原有篮球队员的平均身高时,整个篮球队的平均身高将被提高;新增队员的身高低于原有篮球队员的平均身高时,整个篮球队的平均身高将被降低。在 F 点处,平均总成本与边际成本相等,在这一点,平均总成本曲线达到最低点。

类似的,平均可变成本曲线也与边际成本曲线相交于平均可变成本曲线的最低点(如图 7-1(b)中 E 点所示)。这是由于固定成本在短期内是不可变的,因此边际成本在反映新增一单位产出时总成本的变动大小的同时,也反映了可变成本的变动大小。因此,用论证平均总成本与边际成本之间关系的同样的逻辑也可以推出平均可变成本与边际成本之间的关系。与平均总成本曲线稍有不同的是,平均可变成本曲线能在较低的产量位置达到最低点。即图中 E 点在 F 点

179

的左边。之所以如此,是因为平均总成本曲线总是在平均可变成本曲线的上方,在交点 E 处,边际成本等于平均可变成本;在交点 F 处边际成本等于平均总成本;而平均总成本总是大于平均可变成本,因此 F 点的边际成本应该大于 E 点。根据边际成本递增,F 点的产量也应该大于 E 点。

2. 边际成本与总成本之间的关系

考察图 7-1,总成本曲线与可变成本曲线的形状一致。在曲线上某一点取切线并关注斜率。可以发现,总成本曲线或者是可变成本曲线的切线斜率意味着产量变动一个单位时总成本或者可变成本的变动大小,这与边际成本的概念相一致。因此图 7-1(a)中曲线的陡峭程度就与图 7-1(b)中边际成本的高度联系起来。总成本或者可变成本曲线越陡峭,边际成本曲线的水平位置越高;总成本或者可变成本曲线越平坦,边际成本曲线的水平位置越低。图 7-1(a)中 M 点和 N 点处可变成本和总成本曲线最为平坦(曲线切线的斜率最小),与此相对应,在同样的产量处,图 7-1(b)中 D 点为边际成本曲线的最低点。

3. 平均成本与总成本之间的关系

在图 7-1(a)中取平均总成本曲线上某一点到原点的射线。射线的斜率可以表示成总成本除以产量,其大小等于平均总成本。因此图 7-1(a)中曲线上某点与原点连线的斜率就与图 7-1(b)中平均总成本曲线的高度联系起来。连线的斜率越大,平均总成本曲线的水平位置越高;反之,越低。A 点为连线斜率最小的点,与此相对应,图 7-1(b)中,在同样的产量位置,F 点为平均总成本曲线的最低点。

类似的,平均可变成本曲线上某点与原点连线的斜率反映了平均可变成本的大小。因此,图 7-1(a)中连线越陡峭,图 7-1(b)中平均可变成本越高。反之,连线越平坦,平均可变成本越低。图 7-1(a)中的 B 点和图 7-1(b)中的 E 点对应的都是同一个产量,表示的都是平均可变成本在该产量处达到最小值。

7.3　长期成本分析

短期中,企业存在一些不可变的生产要素和相应的固定成本,比方说,考虑某企业使用资本和劳动两种生产要素。在短期内,资本的投入可能是固定的。因此产量随着劳动的增加而增加,并且产量随着劳动而发生的变动要符合边际收益递减规律。各类短期成本曲线反映的是资本存量既定的情况下,企业的各类成本如何随着产量而发生改变的规律。

而在长期中，所有生产要素都可以发生调整，因此与短期成本曲线不同，长期成本曲线反映了所有要素都发生调整时的生产成本随着产量而发生的变动。接下来我们将讨论长期成本曲线的形状，以及长期平均成本曲线与短期成本曲线的区别。

7.3.1 长期平均成本曲线

长期平均成本(*long-run average cost*，*LAC*)指的是平均分摊到每单位产品的长期成本。即：

$$LAC = \frac{LTC}{q} \qquad\qquad (7\text{-}13)$$

由于厂商在长期内可以实现每一产量水平上的最小总成本，根据 $LAC=LTC/Q$ 可以推知，厂商在长期内实现每一产量水平的最小总成本的同时，必然也就实现了最小平均成本。

图 7-2 中给出了三种不同规模下的短期平均成本曲线分别为 $SAC(K_1)$、$SAC(K_2)$ 和 $SAC(K_3)$。如果企业计划生产的产量小于 Q_1^*，那么企业将选择 K_1 所对应的生产规模，因为此时的平均成本是所有生产规模中平均成本最低的；类似的，如果企业计划生产的产量大于 Q_1^* 小于 Q_2^*，那么企业将选择 K_2 所对应的生产规模；如果计划产量大于 Q_2^*，则选择 K_3 所对应的生产规模。通过不断的调整生产规模，企业总是可以找到长期内生产某一产量的最低平均成本。因此，长期平均成本曲线 LAC 就是各个产量所对应的所有短期平均成本曲线中的最低点的连线。

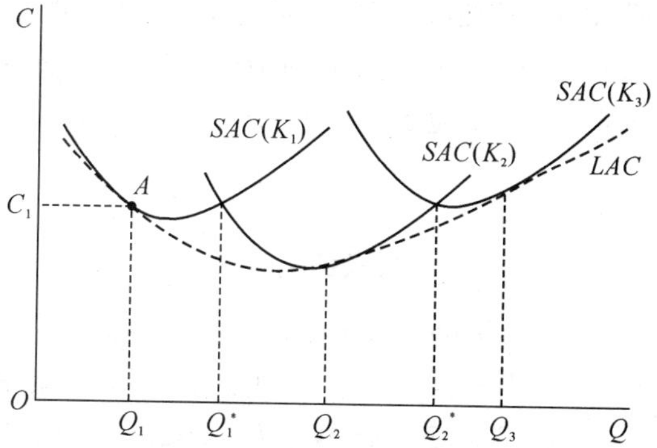

图 7-2　长期平均成本曲线

如果企业的生产规模可以无限细分，即企业的短期平均成本曲线可以有无数条,那么 LAC 便是一条平滑的、先降后升的"U"形曲线。长期平均成本曲线是无数短期平均成本曲线的包络线,与短期平均成本曲线相切。

可以把长期平均成本曲线理解为企业的计划曲线,它反映了企业还在构建蓝图时对各种不同产量下最低平均成本的预期。企业可以根据该预期,在许多不同规模的工厂中进行选择。而一旦企业选定了某一生产规模并开始生产,这一规模在短期内就将无法改变。

长期平均总成本曲线与短期平均总成本曲线均为 U 形,但是两者的原因并不一样。短期平均总成本(SAC)之所以呈 U 形,是由于受到生产要素的边际报酬先递增后递减的变动规律的影响;而长期平均总成本(LAC)之所以也呈 U 形,是由于规模经济和规模不经济造成的。(参见 7.3.2)

值得注意的是,长期平均成本曲线 LAC 是各个产量所对应的所有短期平均成本曲线中的最低点的连线。这并不等同于说长期平均成本曲线是所有短期平均成本曲线最低点的连线。图 7-2 中,产量为 Q_1 时,企业选择 K_1 对应的生产规模,此时的短期平均成本的大小为 C_1,企业之所以选择这种最小的生产规模,是由于其他的生产规模下,为了生产 Q_1 的产量所需付出的平均成本均大于 C_1。因此,选择 K_1 对应的生产规模是企业在 Q_1 的产量时所能选择的最优的生产规模。这一点之前已有详细论述。然而企业此时选择的生产点 A 并不是 SAC(K_1)曲线的最低点,而是在最低点的左边。之所以如此,是因为作为包络线,LAC 曲线上的每一点总是与某一特定的 SAC 曲线相切,在切点处,两条曲线的切线斜率值应该相等。而 LAC 曲线之前论述过应呈 U 形,因此,在 LAC 曲线的下降段,LAC 曲线切线斜率为负,那么切点处相对应的 SAC 曲线的切线斜率也应为负,此时的切点只可能在相对应的 SAC 曲线的最低点的左边。类似的,在 LAC 曲线的上升段,LAC 曲线的斜率为正,那么切点处相对应的 SAC 曲线的切线斜率也为正,此时的切点应该在相对应的 SAC 曲线最低点的右边。只有在 LAC 曲线的最低点上,LAC 曲线才相切于相应的 SAC 曲线的最低点。

【专题】

瓦依纳错误

雅各布·瓦伊纳(*Jacob Viner*,1892—1970)是早期芝加哥学派的重要成员。他曾就读于哈佛大学并获博士学位,是当时著名经济理论和国际经济学权威陶西格(*Frank W. Taussig*,1859—1940)的学生与朋友。瓦伊纳曾担任芝加哥大学教授,并担任著名的《政治经济学杂志》主编 18 年之久。他对成本曲线、垄断竞争和寡头市场上的拗折的需求曲线的研究都是开创性的,在经济思想史的研究中也造诣颇深。他影响最大的是关于成本理论的研究和成本曲线的图形表述。这些仍然是今天微观经济学中成本理论的重要内容。

在研究成本理论时,他提出了今天人们都熟悉的包络曲线概念,即长期平均成本曲线是无数条短期平均成本曲线的包络曲线。当时瓦伊纳认为,在长期中企业总可以通过调整生产规模实现平均成本最低,因此,长期平均成本曲线应该是无数条短期平均成本曲线最低点组成的轨迹。根据这种思路,他要求制图员画出一条满足以下两个条件的包络曲线:第一,这条包络曲线要把无数条短期平均成本曲线包在内;第二,这条包络曲线要和所有短期平均成本曲线的最低点相切。

据记载,瓦伊纳的这个制图员是一个中国人(可惜名字已无法考证),且精通数学。制图员告诉瓦伊纳,这个图是画不出来的,因为在数学上任何一条包络曲线就无法同时满足这两个条件。如果要把无数条曲线包在内,这条包络曲线就不能与这些曲线的最低点相切;如果要使包络曲线与各条曲线的最低点相切,这条包络曲线就不能把各条曲线都包在内。这就是说,包络曲线只能满足瓦伊纳要求的两个条件之一,而不能同时满足这两个条件。瓦伊纳为此与制图员发生争吵。

在此之前,经济学家普遍认为,既然长期中企业可以调整规模使平均成本最低,长期平均成本曲线就应该是短期平均成本曲线最低点的轨迹。瓦伊纳的包络曲线概念和对包络曲线两个必须满足的条件的总结正是这种思想的概括。但事实上长期平均成本曲线并不能是各短期平均成本曲线最低点的包络曲线。这种对短期与长期平均成本曲线关系的误解被称为"瓦依纳错误",是一个不知名的中国制图员纠正了这个错误。

大经济学家并非全能的上帝,当然会犯错误。学问是无止境的,做学问时用得上毛泽东同志的一句话:世界上怕就怕认真二字。大经济学家犯的错误会流传更广。这提醒我们,千万不可迷信大经济学家,把他们的话句句作为真理。

(案例来源:梁小民.黑板上的经济学[M].北京:中国社会科学出版社,2003)

理论提示:为什么长期平均成本曲线不可能与每条短期平均成本曲线相切于短期平均成本曲线的最低点?

7.3.2 规模经济与规模不经济

规模经济是指厂商的长期平均成本随着生产规模扩大而递减。规模不经济则是指厂商的长期平均成本随着生产规模扩大而递增。规模经济与规模不经济是影响长期平均成本曲线形状的重要因素。图 7-2 中，LAC 曲线的下降段描述的是企业存在规模经济的情景；而 LAC 曲线的上升段描述的则是企业出现规模不经济的情景。以下将对产生规模经济和规模不经济的原因进行论述，并将规模经济与规模报酬之间的区别进行对比。

1. 规模经济的成因

产生规模经济的原因部分来自于规模报酬递增。一方面，一些大规模的生产技术，只有使用于大规模的生产时才是经济的；另一方面，专业化分工能大幅度提高工人的工作效率。在企业规模不断扩大的过程中，企业内部的分工和专业化会变得更加充分，工人在此过程中会不断提高自己的劳动熟练程度，管理人员会掌握更有效的管理技巧，设计人员会不断地推出更节省和更高效的新的技术等（详见第六章第四节）。规模报酬递增意味着产出的增加倍数大于投入的增加倍数，这反过来也意味着成本的增加倍数要小于产量的增加倍数，即存在规模经济。

此外，规模经济也会表现在融资、采购、销售、管理、广告、研究费用以及废物的综合利用等方面。更大规模的采购能让企业获得更廉价的原料。一些固定成本，如广告费用、专业化设备的开发费用、原料来源和产品市场的寻找费用及谈判费用等，能够分摊到更多的产品上从而降低了平均成本等。例如，沃尔玛能提供大批量采购压低进货价格。

一定范围内存在的规模报酬递增以及采购销售等过程中的规模经济共同解释了为什么大规模企业可以在一定范围内比小规模企业有更低的平均成本。这些因素都导致了长期平均成本曲线随着产量的增加逐渐向右下方伸展。

【专题】

王永庆的成功之路

台塑集团老板王永庆被称为"主宰台湾的第一大企业家"，"华人经营之神"。王永庆不爱读书，小学时的成绩总在最后 10 名之内，但他吃苦耐劳勤于思考，终于成就了一番事业。王永庆大概也没有读过什么经济学著作，但他的成功之路却与经济学原理是一致的。

王永庆的事业是从生产塑胶粉粒 *PVC* 开始的。当时名不见经传的王永庆就像吃了豹子胆似的，竟筹借50万美元，创建了台湾第一家塑胶公司。塑胶原料生产出来了，但是日本同类产品物美价廉，充斥着台湾市场，而王永庆的产品严重滞销，仓库爆满，股东们灰心意冷，王永庆几乎陷入绝境。

王永庆对失败有自己独特的理解，他认为失败并不可怕，只要从失败中找出失败的原因，就可能取得成功。

王永庆认为，自己的产品卖不出去，是因为自己的产品售价高，售价高是由于产品成本过高，而成本高是由于企业的产量太少。当时王永庆的企业每月产量只有100吨，是世界上规模最小的，所以成本高。这实际上是一个恶性循环：产量越低成本越高，越打不开市场；越打不开市场，产量越低成本越高。王永庆知道，要降低PVC的成本只有扩大产量，所以扩大产量、降低成本，打入世界市场是成功的关键。于是，他冒着产品积压的风险，把产量扩大到1200吨，并以低价格迅速占领了世界市场。事实证明，王永庆的决定是正确的。

（资料来源：梁小明.微观经济学纵横谈[M].上海：上海.生活·读书·新知三联书店，2000）

理论提示：规模经济是指厂商的长期平均成本随着生产规模扩大而递减。规模不经济则是指厂商的长期平均成本随着生产规模扩大而递增。请解释，王永庆成功的秘诀是什么？

2.规模不经济的成因

规模不经济的成因类似于规模报酬递减。随着规模的扩大，规模经济的优势逐渐被越来越严重的管理效率的降低所抵消。企业越大，对员工的监督和激励、管理指令的实施将变得更加复杂，官僚无效率的现象也就变得越来越严重。丰田在2004年扩大了在乔治敦、肯塔基和中国的生产规模后，就发现企业已经进入了规模不经济的阶段，公司无法阻止成本的不断攀升。其车间主管感叹："永无止境的追求会榨干你的生命。"这句话已成了规模不经济的形象描述。此外，如果一些关键生产要素的供给是有限的，那么当企业生产达到一定规模后，批量采购的优势可能丧失，反而会推动成本的上升。

【专题】

企业生产的规模经济与规模不经济

综观我国轿车厂家：一汽大众、神龙富康、上海大众、天津夏利、广

州本田等,其建设规模大致有两种模式:

第一种,一汽大众及神龙富康模式:按"最小经济规模",年产 15 万辆轿车建厂。

第二种,上海大众模式:先按年产 3 万辆轿车的"起始规模"建厂,再一步一步"滚动发展"到"经济规模"。

几年下来,两种模式产生完全不一样的经济效益。按"经济规模"建设的轿车工厂,在很长时间都没有带来规模的效益;相反却造成规模能力的放空。按年产 3 万辆的"起始规模","滚动发展"建设的轿车工厂,产能较少放空,经济效益"芝麻开花节节高"。

这样,我国按"经济规模"建设的轿车厂,都没有带来经济效益;相反,没有按"经济规模"建设的轿车厂,经济效益却都很好。是"经济规模"错了,还是我们错了?如果中国轿车发展道路需要反思的话,这个话题实在无法回避:轿车厂的建设规模到底多大为宜?

(案例来源:顾永生.经济规模为何不"经济".经济日报,2001-03-20)

思考:为什么我国汽车企业没有实现规模经济?

理论提示:

从理论上说,"经济规模"是降低成本的有效措施,建设轿车厂,应该上经济规模。但是,只有当市场容量大时,才有条件上经济规模。市场容量,是决定轿车厂规模的关键性因素。

那么,中国的轿车市场又如何呢?中国轿车市场尚不成熟,是一个不确定的市场。因此,工厂要想上"经济规模",风险较大。为此,不论生产 B 级公务车,还是生产 A 级经济型轿车,都不宜一上来就建设"经济规模"。1985 年上海大众的 B 级轿车,1986 年天津夏利的 A0 级轿车,1998 年广州本田 B/C 级轿车,2000 年天津丰田 A 级轿车,都是按年产 3 万辆轿车的"起始规模"来建厂,实践证明是一条明智的道路。

3.规模经济与规模报酬的联系与区别

规模报酬递增指的是产量的增加倍数大于投入要素的增加倍数。而规模经济指的是产量的增加倍数大于成本的增加倍数。规模经济与规模报酬是两个有关联但又不能等同的概念。

第一,规模报酬是一个关于生产函数这一技术层面上的概念,它是通过技术函数来表现的,且没有考虑价格因素;而规模经济是通过成本来表现的,是以价值来衡量的。规模报酬是产生规模经济的一个原因。假设要素价格不变,则规模报酬递增必定要产生规模经济。

第二,规模报酬的定义要求要素同比例变化,而规模经济定义中,随产量的变化,要素的比例可以发生变化。于是规模报酬递增就构成了规模经济的一种特殊情况,而规模经济则更一般化。因为它允许企业在改变产量时改变要素的组合比例。这样即使规模报酬递减也可能出现规模经济。

【本章小结】

经济学中所提到的成本,指的是包括了显性成本和隐性成本在内的所有机会成本。所谓成本函数,指的是技术水平和要素价格都不变的条件下,成本与产出之间的相互关系。

短期中各类成本曲线符合以下规律:第一,边际成本曲线、平均总成本曲线、平均可变成本曲线都为 U 形,而且边际成本曲线与平均总成本曲线和平均可变成本曲线均交于最低点;第二,随着产量的增加,平均固定成本曲线的水平位置越来越低;第三,随着产量的增加,平均总成本与平均可变成本曲线之间的差距越来越小。

边际成本变动的规律与边际收益变动的规律是由同一原因产生的。

长期平均成本曲线是无数短期平均成本曲线的包络线,与短期平均成本曲线相切。

短期平均总成本呈 U 形,是由于受到生产要素的边际报酬先递增后递减的变动规律的影响,而长期平均总成本之所以也呈 U 形,是由于规模经济和规模不经济造成的。

【关键概念】

会计成本 机会成本 总生产成本 经济成本 收益 会计利润 经济利润 固定成本 可变成本 总成本 平均成本 平均固定成本 平均可变成本 边际成本 长期总成本 长期平均总成本 规模经济 规模不经济

【思考题】

1.什么是隐性成本?它与显性成本的区别在哪里?

2.什么是平均成本曲线、平均可变成本曲线、平均固定成本曲线、边际成本曲线?请描述它们之间的关系。

3.说明边际成本变动的规律及其原因。

4.什么是长期平均成本曲线？解释它与短期平均成本曲线之间的关系。

5.什么是规模经济？什么是规模不经济？它们的成因分别是什么？请解释规模经济与规模报酬的联系与区别。

【案例讨论】

2000年9月19日,被竞争对手、媒体称为"枭雄"、"杀手"、"屠夫"的格兰仕集团首次对外宣布,将投资20亿进军空调、冰箱制冷业,并声称在短时间内打造继微波炉产品之后的第二王国。

格兰仕向来以专业化著称,且一直将几乎全部精力集中在微波炉行业,总成本领先和集中一点是其决胜市场的最为鲜明的战略趋向,此次进军制冷业等于是向多元化经营迈开了一大步,更何况,空调行业早已是供过于求、血雨腥风。虽然格兰仕对20亿资金的具体构成保密,只透露这是和六家跨国公司、两大基金合作的结果(其中格兰仕控股),但格兰仕此举似乎不像是"空穴来风",倒像是谋定而后动。5年前,格兰仕就曾对外宣称:格兰仕将集中精力将微波炉支撑到全球最大,然后再寻求第二个支撑点,再将其做到全球最大。而目前,格兰仕已经实现了微波炉全球最大的一期战略目标,于是,很自然空调、冰箱制冷业便成为其选择的第二个经济增长点。

格兰仕再次制造了产业悬念:格兰仕为什么要进军空调、冰箱制冷业？格兰仕进军制冷业面临哪些威胁、挑战和机会？格兰仕能否在制冷业成功克隆微波炉发展模式？

19日晚,在格兰仕总部,本报记者对格兰仕集团副总经理俞尧昌进行了深度采访。

"格兰仕强势切入空调冰箱制冷业,一是公司战略延伸的需要,二是为了回避规模不经济。"俞尧昌开门见山地对记者说。他进一步解释道:现在格兰仕微波炉的市场占有率不管是从国内还是国际看均已达到很高,基本完成了格兰仕5年前定下的战略目标,在这个时候进军制冷业是格兰仕长远发展战略的又一阶段性选择。格兰仕微波炉目前的极限生产能力是1200万台,按照格兰仕的发展速度,不出两年就将饱和,格兰仕已经非常接近规模的平衡点,如果再扩大生产,就将出现规模不经济。也就是说,格兰仕已将微波炉做到了极点,很难再有大的发展空间,格兰仕必须选择第二个产品,格兰仕只追求规模经济但坚决回避规模不经济。

俞尧昌认为,格兰仕切入空调冰箱制冷业是机会大于威胁,他的理由主要有两点:空调和冰箱的市场容量和前景非常广阔,人们可能会用目前空调业存在的严重的产销矛盾(去年国内市场需求为800万台左右,但国内生产能力已经达到1300万台)这一事实来驳斥这一观点,但空调供过于求的根本原因不在市场容量,而在于价格的居高不下,这对以总成本领先而获取竞争优势的格兰仕来说,是一个极大的机会;空调行业是一个没有巨头的行业,用经济学术语讲,完全竞争的空调市场远远没有形成完全充分的竞争,十几个品牌集中瓜分了80%的市场份额,但是各自的占有份额相差不大,均在十几个百分点,也就是说谁都不拥有对市场的决定权,这也是格兰仕的机会所在。这种竞争态势与垄断竞争的市场不同,比如微波炉,格兰仕和LG已经占有90%的市场份额,在余下10%左右的市场空间里几十家企业在恶拼,市场已经没有什么价值,导致理智的企业不愿再投入。而对冰箱业来说,今年国内四大冰箱生产企业(科龙、海尔、新飞、美菱)中,科龙高层变动频繁,美菱处于合资调整阶段,这对格兰仕来说均是切入的良好机会点。

决定格兰仕微波炉成功的因素主要有三点:拿来主义、专注于生产和规模经济。格兰仕表示要在空调、冰箱领域克隆微波炉发展模式。"我们在空调冰箱领域将继续微波炉的发展道路,以产品高起点、高品质及服务优质化入市,坚持规模专业化生产和薄利多销策略。格兰仕规划将空调年生产规模支撑到800万台,冰箱年生产规模将支撑到500万台左右。"俞尧昌列出了格兰仕的规模目标,但他强调这是全球市场的战略规模。他还透露了格兰仕空调的上市价位:"格兰仕空调上市价格将为其他品牌同类产品的一半左右。"果真如此的话,一场不亚于彩电和微波炉价格大战的惨烈的空调、冰箱大战很快就会在市场上演。

案例来源:周忠、刘斌,《南方都市报》,2000—10—10

思考题:格兰仕在多元化与专业化道路上的选择的变化是基于什么样的原因而产生的?请结合本章所学经济学理论对此加以解释。

【引申阅读】

生产者剩余

供给曲线描述了企业在不同价格水平上愿意并且能够提供的产品的数量。成本是影响供给曲线的一个重要因素。如果企业额外多生产一单位产品的成本为1元,那么企业要得到一个大于或者等于1元的价格时,才会愿意额外多生产一单位这样的产品。图7-3中,B点处,企业生产第50个单位的产品时边际成本为1元,那么企业至少要收取1元1个的价格才会愿意提供第50个单位产品的生产。C点处,企业生产第75个单位的产品时边际成本为1.5元,那么企业至少要收取

1.5元1个的价格才会愿意提供第75个单位产品的生产。因此,供给曲线可以理解为生产者在不同的供给量下,再额外提供一单位的产量所需要付出的代价。供给曲线也就是边际成本曲线。

如果市场价格是1.5元,那么企业能以1.5元的价格卖出第75个单位的产品,在这第75个单位的产品交易中,企业新增的成本和新增的收益均为1.5元,企业并没有获益。但是在第1个至第74个单位的产品交易中,企业的边际成本均低于1.5元的市场价格,因此企业能从交易中获得好处。例如,在第50个单位的产品交易中,由于市场价格为1.5元,企业的边际成本仅为1元,因此企业能从第50个单位的产品交易中获益0.5元(1.5-1=0.5)。在第25个单位的产品交易中,由于市场价格为1.5元,企业的边际成本仅为0.75元,因此企业能从第25个单位的产品交易中获益0.75元(1.5-0.75=0.75)。生产者参与市场得到的利益又被称为生产者剩余,它指的是企业愿意接受的最低价格与企业实际得到的价格之差。

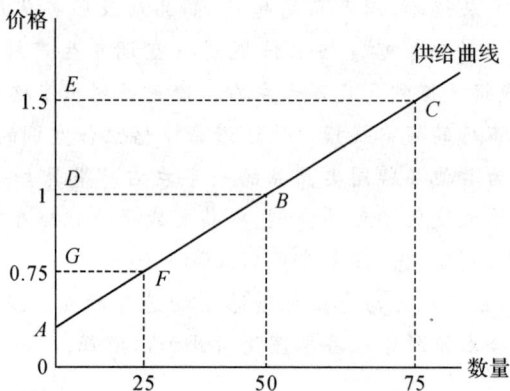

图 7-3 生产者剩余

企业愿意接受的最低价格可以用边际成本曲线,或者是供给曲线的高度来衡量,企业实际得到的价格可以用市场价格线的高度来衡量,两者的高度之差就衡量了在每一个特定的产量水平下的生产者剩余。图7-3中,当市场价格为1.5元时,企业从它生产的第1个至第74个的每一单位的产品上都获得了一定的生产者剩余,把这些所有单位上获得的生产者剩余加起来,就可以计算生产者剩余的总量。因此,如果产量的数量单位可以无限细分的话,那么生产者剩余总量就等于供给曲线以上和市场价格线以下的这片区域的面积。如图,价格为 1.5 元时,生产者剩余总量的大小可以用三角形 *ACE* 的面积来衡量;价格为 1 元时,生产者剩余总量的大小可以用三角形 *ABD* 的面积来衡量;而价格降为 0.75 元时,生产者剩余总量的大小则可以用三角形 *AFG* 的面积来衡量。很显然,生产者剩余将随着市场价格的降低而减少。

第 4 篇

市场结构理论

第 8 章

完全竞争

$\gg\gg\gg$ $\gg$

本章学习要点

1. 了解完全竞争市场的定义；
2. 理解完全竞争市场中企业的产量决策；
3. 在图形中表示企业的利润或亏损；
4. 解释在长期企业进入退出如何导致零利润；
5. 解释企业和产业的短期、长期供给曲线的形成；
6. 解释完全竞争是如何产生经济效率的。

【开篇案例】

呼和浩特市：猪肉价格持续下跌 养殖户赔了

2009 年，生猪养殖业界称之为"鬼市"，而近期的猪肉市场又显得扑朔迷离。目前，内蒙古自治区呼和浩特市场上猪肉零售价格最低每公斤达到 9.76 元，这一现象与往年的常规形成了鲜明的对比，特别是在当前这个农产品价格普涨的时期，猪肉出现降价就显得较为异常。6日，记者走访了部分生猪养殖企业、猪肉经营户以及个别消费者，对目前的猪肉市场进行了全方位的调查采访。

记者在采访中获悉，目前，全国猪肉价格已经连续 12 周出现下跌；与此同时，猪粮比价普遍跌破了盈亏平衡点，生猪生产出现全面亏损。

猪肉价格为何会大幅度下降？对此，美通首府无公害食品物流中心肉食部的彭光副部长认为，呼和浩特市冷鲜肉市场越来越火，市场竞争比较激烈，价格也因此降低。此外，国家实施的一系列补贴政策让养猪户养殖积极性提高，养猪数量增加，生猪出栏率高，可是销售量却随着季节的变化而在减少,因此导致供给大于需求。内蒙古自治区发改委价格处副调研员姚伯岩分析说:由于目前猪肉价格低,今后可能会导致养殖数量减少,等到今年年底或明年年初,可能又会引发新一轮的价格暴涨现象,因此,希望国家继续采取宏观调控措施,也希望养殖户把握猪肉价格波动走势,避免集中屠宰,同时养殖户应把握好出售时机,获取更好的利益。

(资料来源:李国萍,郝佳丽北方新闻网)

理论提示:在所有的经济领域,激烈的竞争都会使长期利润减少,最终使价格只能弥补成本。这一竞争过程是市场体系的精髓,也是我们本章关注的重点。

在完全竞争的市场中,企业只能是市场价格的接受者,在长期无法控制所出售产品的价格,并且无法获得大于零的经济利润。这主要有两个原因:一是无数分散的企业生产和销售完全同质的产品;二是新企业进出该行业没有障碍。

然而,现实中的大多数行业并不是完全竞争的。大多数行业中的企业生产的产品并不是完全同质的,而新企业也并不总能轻而易举地进入某些行业。

现实中的行业成百上千,虽然有些行业有特殊性,但大多数行业还是有其内在的相似性,不同的行业,都有以下四个关键的特征:第一,行业中企业的数目;第二,行业中企业所生产的产品的差别程度;第三,单个企业对市场价格的控制程度;第四,企业进入或退出该行业的难易程度。因此,在经济分析中,经济学家根据不同的市场结构的特征,将市场划分为完全竞争市场、垄断竞争市场、寡头市场和垄断市场四种类型。关于完全竞争市场、垄断竞争市场、寡头市场和垄断市场的划分及其相应的特征可以用表 8-1 来概括。

表 8-1　市场类型的划分和特征

市场类型	企业数目	产品差别程度	对价格控制的程度	进出一个行业的难易程度	接近哪种商品市场
完全竞争	很多	完全无差别	没有	很容易	一些农业品
垄断竞争	很多	有差别	有一些	比较容易	一些轻工产品、零售业
寡头	几个	有差别或无差别	相当程度	比较困难	钢铁、汽车、石油
垄断	惟一	惟一的产品,且无相近的替代品	很大程度,但经常受到管制	很困难,几乎不可能	公用事业,如水、电

8.1 概　述

8.1.1 完全竞争市场的含义

为什么在完全竞争的市场中,企业只能是市场价格的接受者,在长期无法控制所出售产品的价格,并且无法获得大于零的经济利润呢?

一个完全竞争的市场必须具备以下三个基本条件:

第一,市场上有大量的消费者和企业。由于市场上有无数的消费者和企业,所以,相对于整个市场的总需求量和总供给量而言,每一个消费者的需求量和每一个企业的供给量都是微不足道的,都好比是沧海一粟。任何一个消费者买与不买,或买多与买少,以及任何一个企业卖与不卖,或卖多与卖少,都不会对市场的价格水平产生任何的影响。于是,在这样的市场中,每一个消费者或每一个企业对市场价格没有任何的控制力量,他们每一个人都只能被动地接受既定的市场价格,他们被称为价格接受者(*price taker*)。

第二,市场上每一个企业提供的商品都是完全同质的。这里的商品同质指企业之间提供的商品是完全无差别的。这样一来,对于消费者来说,产品是无法区分的。在这种情况下,如果有一个企业单独提价,那么,他的产品就会完全卖不出去。当然,单个企业也没有必要单独降价。因为,在一般情况下,单个企业总是可以按照既定的市场价格卖出他想卖的量。所以,企业既不会单独提价,也不会单独降价。可见,完全竞争市场的第二个条件,进一步强化了在完全竞争市场上每一个消费者和企业都是被动的既定市场价格的接受者的说法。

第三,新企业进入、退出市场没有任何壁垒。所有资源可以在各企业之间和各行业之间完全自由地流动,不存在任何障碍。这意味着企业可以完全自由和毫无困难地进入或退出一个行业。

符合以上三个假定条件的市场被称为完全竞争市场。经济学家指出,完全竞争市场是一个非个性化的市场。因为,市场中的每一个消费者和企业都是市场价格的被动接受者,而且,他们中的任何一个成员都既不会也没有必要去改变市场价格;每个企业生产的产品都是完全相同的,毫无自身的特点;所有的资源都可以完全自由地流动,不存在同种资源之间的报酬差距;市场上的信息是完全的,任何一个交易者都不具备信息优势。因此,完全竞争市场中不存在交易者的个性。所有的消费者都是相同的,都是无足轻重的,相互之间意识不到竞争;所有的生产者也都是相同的,也都是无足轻重的,相互之间也意识不到竞争。因此,我们说,完全竞争市场中不存在现实经济生活中的那种真正意义上的竞争。

由以上分析可见:理论分析中所假设的完全竞争市场的条件是非常苛刻的。在现实经济生活中,真正符合以上三个条件的市场是不存在的。通常只是将一些农产品市场,如大米市场、小麦市场等,看成是比较接近完全竞争市场。很多具有大量销售者和生产者的市场中,企业销售的产品并不是完全相同的,例如不是所有的化妆品都是一样的,所有的女装也是有差异的,因此,我们将在第10章讨论垄断竞争市场,在这样的市场中,很多企业销售相似但并不完全相同的产品。在第9章和第11章,我们将进一步分析寡头市场和垄断市场,在这两种企业中,新企业的进入门槛都相当高。本章,我们将集中讨论完全竞争市场,完全竞争市场模型也是以后对其他类型市场竞争程度进行分析评价的基准模型。

8.1.2 完全竞争市场中企业的需求曲线和市场需求

市场上对某一个企业的产品的需求状况,可以用该企业所面临的需求曲线来表示,该曲线也被简称为企业的需求曲线。在完全竞争市场条件下,企业的需求曲线是什么形状的呢?考虑小麦市场,某农场主老张在完全竞争的小麦市场中出售他生产的小麦,由于在完全竞争市场上,企业是既定市场价格的接受者,所以,他可以按照市场价格出售任何他想出售的数量,而一旦他提高价格,他的销量将下降为零,所以他出售小麦的需求曲线形状比较特殊:是一条水平线。如图 8-1 所示,完全竞争企业的需求曲线是一条由既定市场价格水平出发的水平线。反之,如果老张面临的需求曲线是一条水平线,那么他必须接受当前的市场价格,而不论他出售的产品数量是多少,都不会影响市场价格。

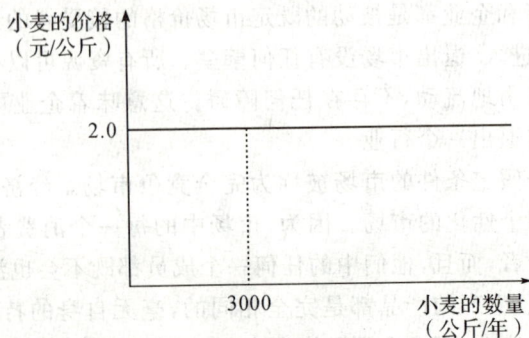

图 8-1 完全竞争市场中企业的水平需求曲线

但是,整个小麦市场的需求曲线和农场主老张面临的需求曲线形状是截然不同的。图 8-2(b)表示了小麦市场的供需情况,可以看出,小麦市场的供求情况和普通市场的表现是一样的,市场需求是一条向右下倾斜的直线。图 8-2(a)是老张的需求曲线,老张面临的市场价格就是整个市场供需曲线相交决定的价格。值得注意的是,两幅图的横轴刻度单位是不一样的,图 8-2(b)的市场均衡数量是 30 亿公斤,而图 8-2(a)中老张仅生产了 3000 公斤,他的产量占市场交易总量的 0.0001 个百分点,是非常微小的比例。

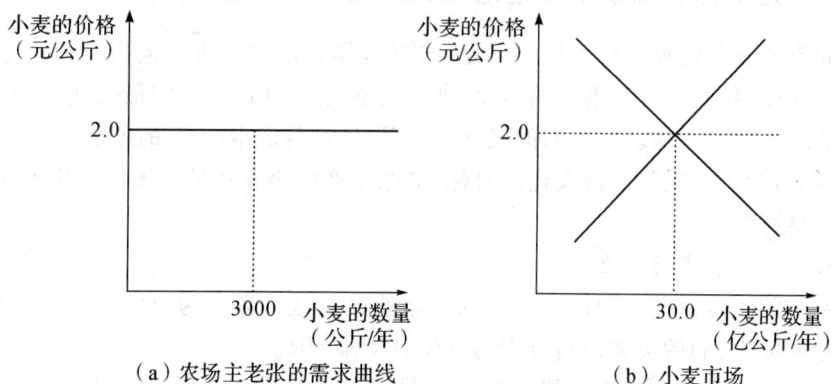

图 8-2 单个农场的需求曲线和市场需求曲线的对比

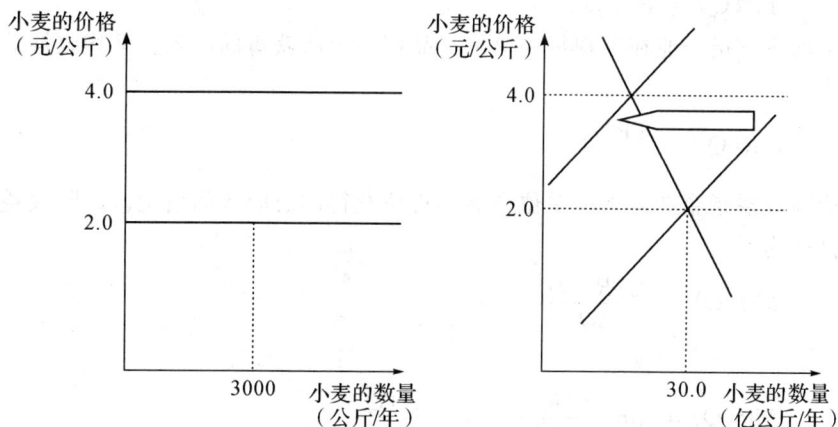

(a)农场主老张的需求曲线　　　　(b)小麦市场

图 8-3 市场发生变化时,单个农场的需求曲线和市场需求曲线的对比

值得注意的是,在完全竞争市场中,单个消费者和单个企业无力影响市场价格,他们中的每一个人都是被动地接受既定的市场价格,但这些并不意味着完全

竞争市场的价格是固定不变的。当影响市场供给或（和）需求的因素发生变化时,如经济中先进技术的推广、经济中消费者收入水平的普遍提高等,使得众多消费者的需求量和众多生产者的供给量发生变化时,供求曲线的位置就有可能发生移动,从而形成市场的新的均衡价格。在这种情况下,我们就会得到由新的均衡价格水平出发的一条水平线,如图 8-3 所示。不难看出,企业的需求曲线可以出自各个不同的给定的市场的均衡价格水平,但它们总是呈水平线的形状。

8.1.3　完全竞争市场中企业如何达到利润最大化

如果老张不能控制他出售的小麦的价格,那么他如何决定他生产的产品数量呢？ 在此,我们有一个基本的假设,那就是企业的目标是利润最大化,这在大多数情况下是合理的。而利润的概念是收益(TR)与成本(TC)的差值。

因此,为了实现利润最大化的目标,老张生产的小麦数量应该使得收入成本的差额尽可能大。

1. 完全竞争市场中企业的收益

企业的收益就是企业的销售收入。企业的收益可以分为总收益、平均收益和边际收益,它们的英文简写分别为 TR、AR 和 MR。

总收益指企业按一定价格出售一定量产品时所获得的全部收入。以 P 表示既定的市场价格,以 Q 表示销售总量,总收益的定义公式为：

$$TR(Q) = P \times Q$$

平均收益指企业在平均每一单位产品销售上所获得的收入。平均收益的定义公式为：

$$AR(Q) = \frac{TR(Q)}{Q}$$

边际收益指企业增加一单位产品销售所获得的总收入的增量。边际收益的定义公式为：

$$MR(Q) = \frac{\Delta TR(Q)}{\Delta Q}$$

或者

$$MR(Q) = \lim_{\Delta Q \to 0} \frac{\Delta TR(Q)}{\Delta Q} = \frac{dTR(Q)}{dQ}$$

由上式可知,每一销售水平上的边际收益值就是相应的总收益曲线的斜率。

表 8-2　农场主老张的收益

销售量 Q	价格 P	总收益 $TR=PQ$	平均收益 $AR=TR/Q$	边际收益 $MR=dTR/dQ$
1000	2	2000	2	2
2000	2	4000	2	2
3000	2	6000	2	2
4000	2	8000	2	2
5000	2	10000	2	2

　　表 8-2 是老张的收益表。由表中可见,在所有的销售量水平,产品的市场价格是固定的,均为 $P=2$(因为,单个完全竞争企业的销售量的变化不可能对产品的市场价格产生影响)。这样一来,老张每销售一单位产品的平均收益是不变的,它等于价格 $P=2$,而且,每增加一单位产品销售所增加的收益即边际收益也是不变的,也等于价格 $P=2$。也就是说,有 $AR=MR=P=2$。此外,在表中,随着销售量的增加,由于产品价格保持不变,所以,总收益是以不变的速率上升的。

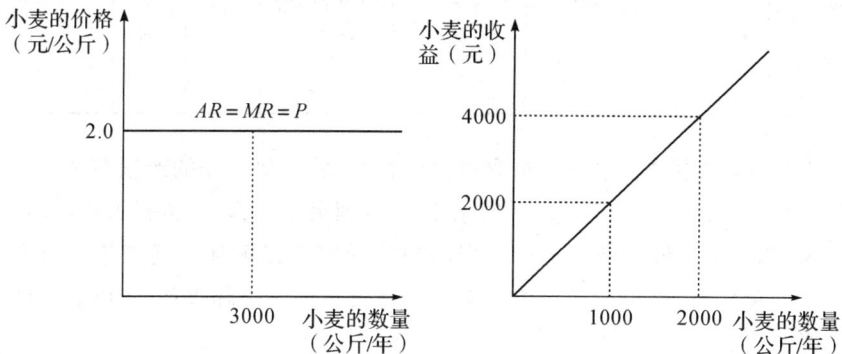

图 8-4　单个农场的需求曲线和收益曲线

　　图 8-4 是根据表 8-2 绘制的收益曲线图,该图体现了完全竞争企业的收益曲线的特征。由图可见,完全竞争企业的平均收益 AR 曲线、边际收益 MR 曲线和需求曲线 d 三条线重叠,它们都用同一条由既定价格水平出发的水平线来表示。因为,在企业的每一个销售量水平都有 $AR=MR=P$,且企业的需求曲线本身就是一条由既定价格水平出发的水平线。此外,完全竞争企业的总收益 TR 曲线是一条由原点出发的斜率不变的上升的直线。因为,在每一个销售量水平,MR 值是 TR 曲线的斜率,并且 MR 值等于固定不变的价格水平。关于这一点,也可以用公式说明如下:

$$\mathrm{MR} = \frac{\mathrm{dTR}}{\mathrm{dQ}} = \frac{\mathrm{d(P\Delta Q)}}{\mathrm{dQ}} = \mathrm{P}$$

2.完全竞争市场中企业的利润最大化

为了理解老张如何达到利润最大化,还需要知道他的成本。小麦的生产过程会产生很多成本,包括购买种子、肥料,支付雇工的工资等。在表8-3中,我们将老张的成本数据和收益数据放到同一张表中(市场价格 $P=4$)。

表8-3 农场主老张的利润

销售量 Q	价格 P	总收益 (TR)	总成本 (TC)	总利润 (∏)	边际收益 (MR)	边际成本 (MC)
0	4	0	1	−1	—	—
1	4	4	4	0	4	3
2	4	8	7	1	4	2
3	4	12	9.5	2.5	4	1.5
4	4	16	12.5	3.5	4	2
5	4	20	16	4	4	2.5
6	4	24	19	5	4	3
7	4	28	23.5	4.5	4	4.5
8	4	32	28.5	3.5	4	6
9	4	36	33.5	2.5	4	7
10	4	40	40.5	−0.5	4	8

表8-3中,用总收益减去总成本得到总利润,只要老张的产量在 2—9 之间,他就能获得正的利润,当产量为 6 时,他能得到最大利润,当再扩大产量时,虽然利润为正,但呈下降趋势。最后一列的边际成本可以解释上述现象。当产品数量大于 6 单位时,多生产一单位带来的边际成本大于边际收益,所以老张的利润会下降。

为什么会出现这一现象呢?

显然,对低水平的产量而言,利润为负,因为收入不足以抵消固定成本和可变成本。例如当产量为零时,由于存在固定成本,利润为负。随着产量增加,边际收益大于边际成本,意味着增加产量会增加利润。随着产量继续增加,利润会变为正值,当生产的产量使边际收益等于边际成本,此时利润达到最大值,收入与成本间的直线差距最大,边际收益曲线与边际成本曲线相交(由于表格的产量不是连续的,表格中没有一个产量水平是使得边际收入恰好等于边际成本的,老张选择的是最接近的产量水平 6,因为再增加产量时,利润出现下降)。而继续增加产量时,边际成本大于边际收益,这一单位的生产带来的利润为负,意味着增加产量带来的总利润出现下降的趋势。

因此当边际收益等于边际成本时,利润实现最大化,这一法则适用于所有的企业,不论是竞争性的还是非竞争性的。这一重要法则可以通过数学方法推导出来。利润 $\pi = TR - TC$,在额外增加一单位产量正好使利润不变的点上达到最大(函数获得极值的必要条件是 $\dfrac{\Delta \pi}{\Delta Q} = 0$)。即:

$$\frac{\Delta \pi}{\Delta Q} = \frac{\Delta TR}{\Delta Q} - \frac{\Delta TC}{\Delta Q} = 0$$

$\dfrac{\Delta TR}{\Delta Q}$ 是边际收益 MR,$\dfrac{\Delta TC}{\Delta Q}$ 是边际成本 MC,因此我们得出结论,当 $MR = MC$ 时,函数获得极值。对于利润函数,可以是利润最大化,也可能是亏损最小化。

当然在此基础上,我们还可得出仅仅对于完全竞争市场上的企业成立的结论:对于完全竞争市场上的企业来讲,价格等于边际收益,即 $P = MR$。因此,我们可以将利润最大化的条件改为 $P = MC$。

8.2　短期均衡

8.2.1　选择短期产量

1. 完全竞争市场中企业的短期利润最大化

在完全竞争企业的短期生产中,市场的价格是给定的,而且,生产中的不变要素的投入量是无法变动的,即生产规模也是给定的。那么在短期,企业如何选择产量水平以实现利润最大?

为了用最直观的方法研究这个问题,我们需要将利润或亏损用图示法表达出来。

$$\Pi = TR - TC = P \times Q - TC$$

式子两边同时除以 Q,我们可以得到:

$$\Pi / Q = P - TC / Q = P - ATC$$

$$\Pi = TR - TC = P \times Q - ATC \times Q = (P - ATC) \times Q$$

用图 8-5 中的阴影部分可以表示总利润。

通过前面的分析,可以明确的是,企业要选择生产的产量是最后一单位产品带来的,边际收益等于边际成本。例如当市场价格为 P 时,如果选择生产的产量为较低的产量水平 Q_1,此时 $P = MR = AR > MC$,那么增加产量能增加利润,

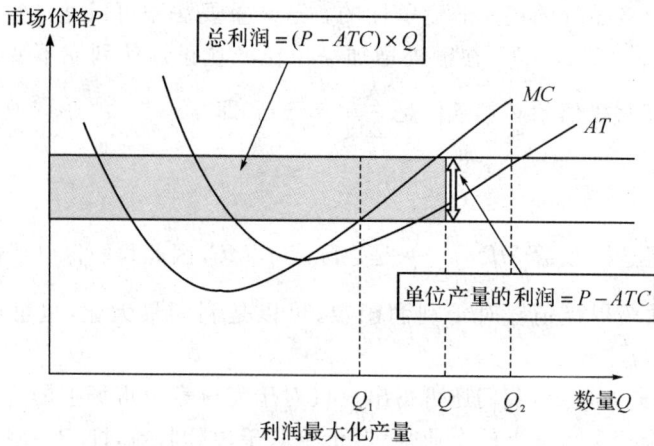

图 8-5 最大利润区域

但如果选择生产的产量是较高的产量水平 Q_2,此时 P＝MR＝AR＜MC,因而降低产量能节约成本。

2.完全竞争市场中企业的短期盈利能力

为了最大化利润,企业选择在边际收益等于边际成本的产量处生产,但在这个产量水平下企业是否盈利呢? 这要取决于此时价格和平均总成本的关系。如图 8-6 所示,存在以下三种可能性:

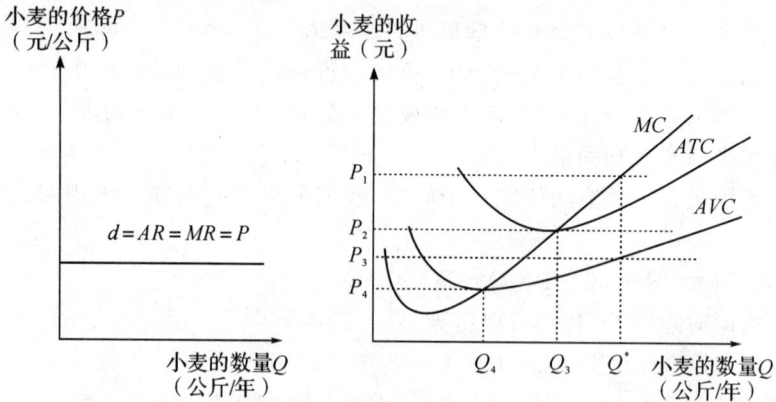

图 8-6 企业获利的各种情况

(1)P＝P_1＞ATC,意味着企业处于盈利状态。

(2)P＝P_2＝ATC,意味着企业处于收支平衡状态,总成本等于总收益。

（3）P＝P_3＜ATC，意味着企业处于亏损状态，此时选择的是能使亏损最小化的产量。

为什么亏损的企业不彻底退出行业呢？在短期，企业在亏损状态下可能继续生产，因为它预期将来当产品价格上升或生产成本下降时可获得利润。实际上，企业在短期有两种选择：

（1）生产一些产量。

（2）临时停产，暂时关闭。

它将在两者之间选一个更有利的（或较少不利的）方案。在很多情况下，企业会选择继续生产。因为在 Q_3 的产量上，企业的平均收益 AR 大于平均可变成本 AVC，所以，企业虽然亏损，但价格仍超过平均可变成本，每生产一单位产量可得到高于可变成本的更多收益，可以弥补在短期内总是存在的不变成本的一部分。所以，在这种亏损情况下，生产要比不生产强。

但是，产量 Q_4 上，企业是亏损的，它的平均收益 AR 等于平均可变成本 AVC，企业可以继续生产，也可以不生产。也就是说，企业生产或不生产的结果都是一样的。这是因为，如果企业生产的话，则全部收益只能弥补全部的可变成本，不变成本得不到任何弥补。如果企业不生产的话，企业虽然不必支付可变成本，但是全部不变成本仍然存在。由于在这一点上，企业处于关闭的临界点，所以，该点也被称作停止营业点或关闭点。

在分析企业的关闭决策时，我们假定固定成本表现出了沉没成本的特性，那就是这些成本已经被支付而无法收回，即使企业关闭也无法回收，所以企业在决策时不应考虑这部分成本，企业决策的关键是企业的总收益（P×Q）可否补偿可变成本（AVC×Q）。也就是说，只有总收益大于可变成本，即 P×Q＞AVC×Q，等同于 P＞AVC 时，企业才能在短期内继续生产。

因此，如果价格低于最低可变平均成本，竞争性的企业不生产；价格高于最低可变平均成本，可以生产，当它生产时，选择价格等于边际成本的产量水平，以实现利润最大化。当价格大于平均总成本时，利润为正。

【专题】

你是否曾经走进一家餐馆吃午饭，发现里面几乎没人？你会问为什么这种餐馆还要开门呢？看来几个顾客的收入不可能弥补餐馆的经营成本。

在作出是否经营的决策时，餐馆老板必须记住固定与可变成本的区分。餐馆的许多成本——租金、厨房设备、桌子、盘子、餐具等都是固定的。在午餐时停止营业并不能减少这些成本。换句话说,在短期中这些成本是沉没的。当老板决定是否提供午餐时,只有可变成本——增加的食物价格和额外的侍者工资——是相关的。只有在午餐时从顾客得到的收入少到不能弥补餐馆的可变成本时,老板才会在午餐时间关门。

夏季度假区小型高尔夫球场的经营者也面临着类似的决策。由于不同的季节收入变动很大,企业必须决定什么时候开门和什么时候关门。固定成本——购买土地和建球场的成本——又是无关的。只要在一年的这些时间,收入大于可变成本,小型高尔夫球场就要开业经营。

(资料来源:曼昆.经济学原理(第三版).北京:机械工业出版社,2003)

理论提示:短期决策时,固定成本是沉没成本。

在完全竞争市场中,亏损企业要主动提高价格是不可能的,因为一旦它这样做,它会发现所有的顾客都将流失,转投其他成千上万的卖家中的任何一个,它自身的销售额降为零。

3. 竞争性企业的短期供给曲线

企业的供给曲线告诉我们在每一可能的价格下它愿意出售的产品数量。回忆完全竞争市场中企业的选择,企业会增加产量直到价格等于边际成本,但如果价格低于平均可变成本,它则会停止生产。因此,对于任意给定的价格,我们可以从边际成本曲线上找出企业愿意供给的产品数量,所以,在完全竞争市场中,位于平均可变成本曲线以上的边际成本曲线部分就是其供给曲线。由于边际成本曲线和平均可变成本曲线相交于后者的最低点,所以企业供给曲线是位于平均可变成本最低点以上的边际成本曲线。如果价格低于最低平均可变成本,那么供给曲线是一条与价格轴重合的水平线,表示企业的供给为零。图 8-7 中虚线部分表示企业的短期供给曲线。

4. 完全竞争行业的市场供给曲线

在任何价格水平上,一个行业的供给量等于行业内所有企业的供给量的总和。因此,假定生产要素的价格不变,则一个行业的短期供给曲线由该行业内所有企业的短期供给曲线的水平加总而得到。下面,用图 8-8 具体加以说明。

在图 8-8 中,假定小麦市场中有 100000 个相同的企业,每个企业都具有相同的边际成本曲线和相应的供给曲线,用图 8-8(a)中的黑线 MC 表示。将这 100000 个相同的企业的边际成本曲线水平相加,便得到图 8-8(b)中的行业的供

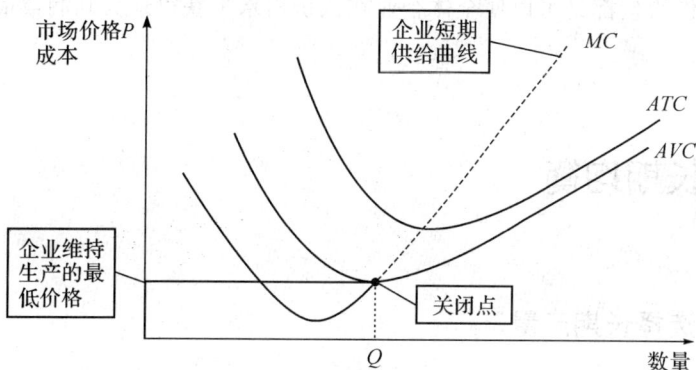

图 8-7 企业的短期供给曲线

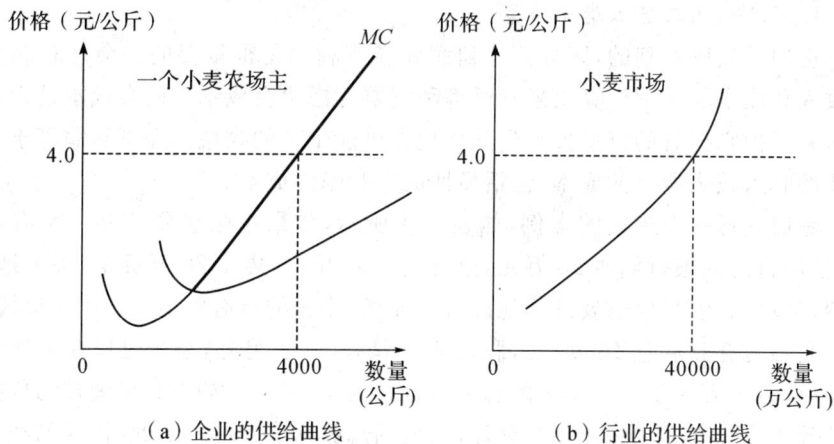

（a）企业的供给曲线　　　　　（b）行业的供给曲线

图 8-8 供给曲线的形成

给曲线 S。很清楚,在每一个价格水平,行业的供给量等于这 100000 个企业的供给量的总和。例如,当价格为 4 时,每个企业的供给量为 4000 公斤,则行业的供给量为 40000 万公斤(4000×100000)。

当然,每家农场生产的数量完全一样是一种假设,现实中,有的生产多一些,有的少一些,但总可以通过加总每个农场主在给定价格水平下愿意供给的产品数量,得到整个市场的供给函数。

显然,完全竞争行业的供给曲线保持了完全竞争企业的供给曲线的基本特征。这就是,行业的短期供给曲线也是向右上方倾斜的,它表示市场的产品价格和市场的短期供给量呈同方向变动。而且,行业的供给曲线上与每一价格水平相对应的供给量都是可以使全体企业在该价格水平获得最大利润或最小亏损的最优产量。

8.3 长期均衡

8.3.1 选择长期产量

长期来看,如果一家企业的收入无法补偿其总成本,它将会选择停业并退出市场。

1. 经济利润与进入退出决策

正如前面所看到的,区分会计利润和经济利润是很重要的。会计利润可通过收入和成本的差别计算出来。经济利润要考虑机会成本。机会成本是指企业的所有者把它拥有的资本投入到其他地方可能带来的收益。经济利润等于一家企业的收入减去所有的成本,包括显性成本和隐性成本。

考虑这样一个现实的案例,如表 8-4 所示,如果小张想要开办一家有机农场,他用自己的银行储蓄 20 万元、银行贷款 8 万元,共计 28 万资金,买了地、葡萄树以及经营农场所需要的其他设备。显然,小张的自有资金会产生机会成本,最少是银行存款利息 10000 元,假定利息率是 5%。另外,小张可以在其他企业工作,获得 3 万元工资。小张的总成本合计为 13 万元。如果有机葡萄的价格是每公斤 15 元,他共出售 10000 公斤,则他的总收入为 15 万元,此时,他的经济利润为 20000 元。经济利润是一家企业的收入减去所有成本,包括显成本和隐成本。因此,小张的收入不仅能够补偿所有的显成本和隐成本,还能够得到 20000元的经济利润。

表 8-4　农场主小张每年的成本　　　　　单位:元

显成本	
水	10000
电	10000
有机肥料	10000
工资	20000

续表

银行还贷	40000
隐成本	
放弃的工资	30000
投入农场 10 万元的机会成本	10000
总成本	130000

经济利润引起新企业的进入。正的经济利润会吸引一批新企业进入有机葡萄种植业,随着行业内企业数量的逐步增加,市场上的产品供给就会增加,市场价格就会逐步下降,如图 8-9 所示,供给曲线右移,相应地,单个企业的利润就会逐步减少。只有当市场价格水平下降到使单个企业的利润减少为零,也即供给曲线移动到 S_2 时,新企业的进入才会停止。

此时,市场价格为 10 元/公斤,假设小张与其他的农场主的成本结构是相同的,当价格从 15 降为 10 时,小张的需求曲线从 D_1 降到 D_2。在新的均衡点,小张以每公斤 10 元的价格出售 7500 公斤有机葡萄,小张和其他种植者一样都不再获得经济利润,刚好维持收支平衡。而其他的企业也不会进入这个行业,因为该行业的回报并不比其他行业好。

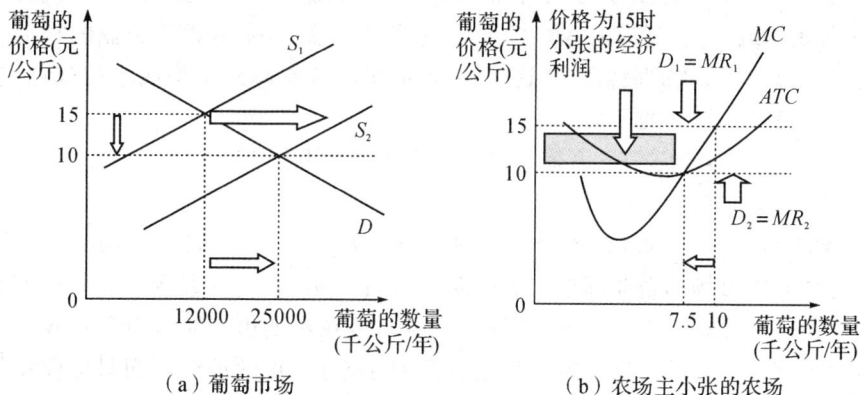

（a）葡萄市场　　　　　　　（b）农场主小张的农场

图 8-9　新企业进入对经济利润的影响

那么,小张还会不会留在这个行业呢?

会。因为种植有机葡萄带给他的收益是所有可能的情况下,他能够获得的最高回报。为什么这样说?因为此时的利润为零指的是经济利润为零,投资的机会成本和损失的薪水都列在经济成本中,从而获得了补偿。也就是说,此时会计利润大于零。

亏损引起新企业的退出。如果消费者对有机葡萄的认可度降低,那么有机葡萄的需求曲线将从 D_1 移动到 D_2,市场价格从 10 降到 8 时,企业根据 $MR=MC$ 的利润最大化原则选择的产量为 Q_3,相应的最优生产水平沿着边际成本曲线下移,企业是亏损的。在短期,只要价格高于平均可变成本,企业即使亏损,也会继续生产。但是从长期来看,如果无法补偿其全部成本,企业将会退出市场。随着行业内企业数量的逐步减少,市场的产品供给将会减少,供给曲线不断右移,市场价格就会逐步上升。相应地,单个企业的亏损就会减少。只有当市场价格水平上升到使单个企业的亏损消失即利润为零,图 8-10 中标示价格为 10 元/公斤时,原有企业的退出才会停止。

2. 完全竞争市场的长期均衡

在完全竞争市场中,如果经济利润大于零,将会有新企业进入;经济利润小于零,将会有企业退出。不管是新企业的进入,还是原有企业的退出,最后,这种调整一定会使市场价格达到等于平均成本的最低点的水平。在这一价格水平,行业内的每个企业既无利润,也不亏损,但都实现了正常利润。于是,企业失去了进入或退出该行业的动力,行业内的每个企业都实现了长期均衡。长期均衡的价格由代表性企业的平均总成本曲线的最低点确定。

图 8-10 中的 A 点是完全竞争企业的长期均衡点。在企业的长期均衡点,ATC 曲线达最低点,相应的 MC 曲线经过该点。总之,完全竞争企业的长期均衡出现在 ATC 曲线的最低点。这时,生产的平均成本降到平均成本的最低点,商品的价格等于最低的平均成本。

最后,我们得到完全竞争企业的长期均衡条件为:

$$MR=MC=ATC$$

式中,$MR=AR=P$。此时,单个企业的利润为零。

完全竞争市场的企业都想比竞争对手先行一步,它们一直在寻找生产产品的新方法。企业在短期内可能获得经济利润,但在长期由于完全竞争市场的特点,信息充分流动,最终这种方法将被竞争对手掌握,正的经济利润只能保持较短的时间。

8.3.2 行业的长期供给曲线

1. 完全竞争市场的供给曲线

如果代表性农场主能够在 10 元/公斤的价格水平下保持盈亏平衡,那么在长期,市场价格总会回到这一水平。如图 8-11 所示,如果需求增加,市场需求曲

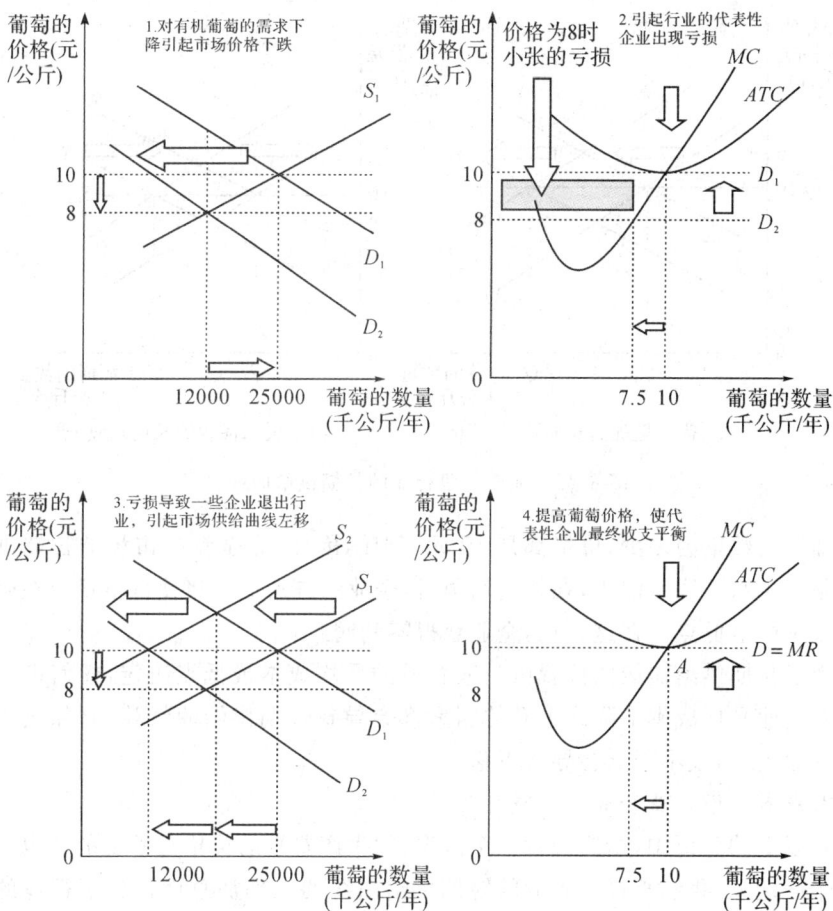

图 8-10　企业退出对于经济利润的影响

线向右移动,从 D_1 到 D_2,新的均衡价格大于 10 元/公斤,短期将上升到 15 元/公斤,那么农场主将会获得正的经济利润,而这个正的利润将吸引更多的农场主进入市场,这导致供给增加,供给曲线从 S_1 移动到 S_2,从而使价格回落到 10 元/公斤,从而经济利润降为零。

　　同理,如果需求减少,市场需求曲线向左移动,从 D_1 到 D_2,新的均衡价格小于 10 元/公斤,短期将下降到 8 元/公斤,那么农场主将会承担损失,而这个负的利润将使一部分农场主退出市场,这导致供给减少,供给曲线从 S_1 移动到 S_2,从而使价格上升到 10 元/公斤,经济利润回归为零,企业不再有损失。

　　长期供给曲线表示了长期价格与供给数量之间的关系,在长期无论生产的

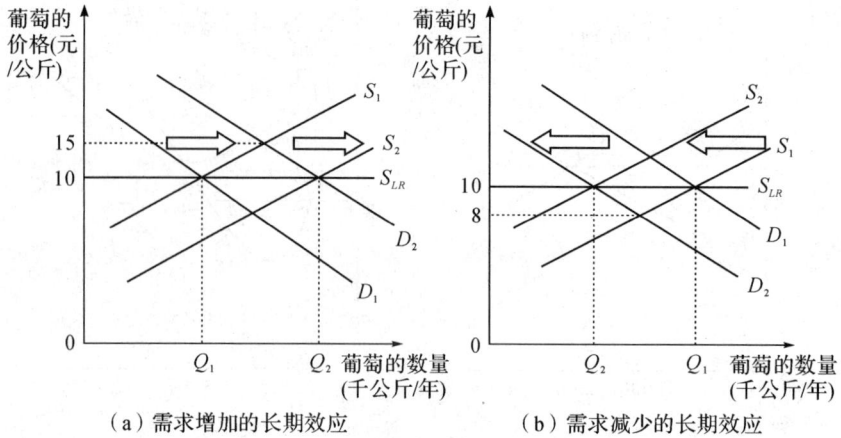

（a）需求增加的长期效应　　　　　（b）需求减少的长期效应

图 8-11　完全竞争行业的长期供给曲线

有机葡萄的数量为多少,价格都是 10 元/公斤,因此,完全竞争市场的长期供给曲线是一条水平线。因为,在长期均衡时,企业的进入退出将使价格稳定在企业平均成本的最低点。在这一点,企业获得零利润。

由于长期供给曲线的位置由一般企业的平均成本最低点决定,任何可能引起一般企业平均成本下降或上升的因素都会导致长期供给曲线移动,如成本增加会导致上移,成本降低会导致下移。

2. 成本递增行业和成本递减行业

在以上的分析中,始终隐含一个假定,即生产要素的价格是不变的。也正是在这个假定下,我们直接由企业的短期供给曲线的水平加总而得到了行业的短期供给曲线。然而,当我们分析行业的长期供给曲线时,这个假定显然是需要斟酌的。因为,当企业进入或退出一个行业时,整个行业产量的变化有可能对生产要素市场的需求产生影响,从而影响生产要素的价格。

根据行业产量变化对生产要素价格所可能产生的影响,我们将完全竞争行业区分为成本不变行业、成本递增行业和成本递减行业。

成本不变行业是这样一种行业,该行业的产量变化所引起的生产要素需求的变化,不对生产要素的价格发生影响。这可能是因为这个行业对生产要素的需求量,只占生产要素市场需求量的很小一部分。在这种情况下,如同前文分析,行业的长期供给曲线是一条水平线。

成本递增行业的长期供给曲线

如果生产某一产品的某种原材料数量有限,那么该行业产量增加会引起对这种原材料需求的增加,会导致原材料价格的上升。结果,只有当价格上升到能弥补代表性企业成本的上升时,在长期才会有更多的产品被生产出来。成本递增行业是较为普遍的情况。成本递增行业的长期供给曲线是一条向右上方倾斜的曲线,以图 8-12 进行分析。

在图 8-12 中,在市场均衡价格水平为 10 元/公斤时,企业在平均成本曲线的最低点实现长期均衡,且每个企业的利润为零。

假定市场需求增加使市场需求曲线向右移至 D_2 曲线的位置,并与原市场短期供给曲线 S_1 相交形成新的更高的价格水平。在此价格水平,企业在短期内将仍以既定的生产规模进行生产,并由此获得利润。在长期,新企业会由于利润的吸引而进入到该行业的生产中来,整个行业供给增加。一方面,行业供给增加,会增加对生产要素,如原材料的需求。与成本不变行业不同,在成本递增行业,生产要素需求的增加使得生产要素的市场价格上升,从而使得企业的成本曲线的位置上升。另一方面,行业供给增加直接表现为市场的 S_1 曲线向右平移。

那么,这种移动一直要持续到什么水平才会停止呢? 如图 8-12(a) 所示,当供给曲线到达 S_2 曲线的位置,从而在新的成本曲线的最低点处达到企业的长期均衡和行业的长期均衡。此时,由 D_2 曲线和 S_2 曲线所决定的新的市场均衡价格水平 15 元/公斤,企业在新的成本曲线的最低点实现长期均衡,每个企业的利润又都为零。

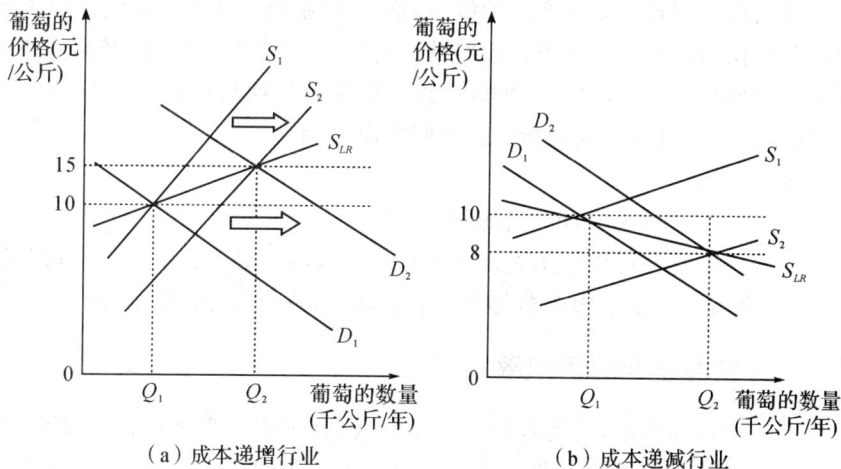

图 8-12　完全竞争行业的长期供给曲线

连接这两个行业长期均衡点的线 S_{LR} 就是行业的长期供给曲线。成本递增行业的长期供给曲线是向右上方倾斜的。它表示：在长期,行业的产品价格和供给量呈同方向变动。市场需求的变动不仅会引起行业长期均衡价格的同方向变动,还同时引起行业长期均衡产量的同方向变动。

注意:成本增加指的是长期平均成本曲线向上移动,而不是指成本曲线的斜率是正的。

成本递减行业的长期供给曲线

成本递减行业是这样一种行业,该行业产量增加所引起的生产要素需求的增加,反而使生产要素的价格下降了。行业成本递减的原因是外在经济的作用。这可能主要是因为生产要素行业的产量的增加,使得行业内单个企业的生产效率提高,从而使得所生产出来的生产要素的价格下降。成本递减行业的长期供给曲线是向右下方倾斜的。

以图 8-12b 进行分析。当市场价格上升,新企业由于利润吸引而加入到该行业中来的时候,一方面,在成本递减行业的前提下,行业供给增加所导致的对生产要素需求的增加,却使得生产要素的市场价格下降了;另一方面,行业供给增加仍直接表现为 S_1 曲线的位置向右移动。这两种变动一直要持续到企业和行业实现新的长期均衡为止。此时,在由 D_2 曲线和 S_2 曲线所决定的新价格水平 8 元/公斤,企业在新的降低了的平均成本曲线的最低点实现长期均衡,每个企业的利润又恢复为零。

连接这两个行业长期均衡点的线 S_{LR} 就是行业的长期供给曲线。成本递减行业的长期供给曲线是向右下方倾斜的。它表示:在长期,行业的产品价格和供给量呈反方向变动。市场需求的增加会引起行业长期均衡价格的反方向的变动,还同时会引起行业长期均衡产量的同方向变动。

问题:

现实中出现这种现象,可能有哪些原因?

一个较大的行业可以使用先进的运送系统或者更好但并不昂贵的财务管理系统,此时会出现长期平均成本曲线向下移动,产品的市场价格下降。

8.3.3 完全竞争与经济效率

在一个市场体系中,消费者的力量是巨大的,如果消费者的需求发生变动,则通过价格的传导会影响企业的进入、退出,进而影响市场的供给,市场的这一反应是企业由于逐利的天然需求对市场价格变动的响应,而不是政府官员或任何其他有权力的机构命令企业这么做。

1. 生产效率

生产效率指的是产品或服务以其可能的最低成本进行生产。

在市场体系中,消费者可以购买那些以最低成本生产的葡萄。从前面的论述中,我们已经充分认识到竞争的力量,它会使市场价格降到代表性企业的平均成本最低点。完全竞争会产生生产效率。

企业逐利的需求会使它遍寻方法降低成本,但由于完全竞争市场信息完全的特性,其他企业很快会学到这种降低成本的方法。所以,在长期,只有消费者能够从成本降低中获益,而生产者之间的竞争会使长期利润归于零。

2. 配置效率

配置效率是指市场中企业的生产反映了消费者的偏好,每种商品或服务的最后一单位给消费者带来的边际收益等于其边际生产成本。

完全竞争市场中,企业生产的最后一单位产品的边际成本等于其价格,而价格反映了消费者能够从消费最后一单位该产品中所获得的边际收益。因此,企业的边际生产成本等于消费者的边际收益。也就是说,完全竞争达到了配置效率。

【专题】

帕雷托最优,也称为帕雷托效率(Pareto Efficiency)、帕雷托最佳配置。帕雷托最优是指资源分配的一种理想状态,假定固有的一群人和可分配的资源,从一种分配状态到另一种状态的变化中,在没有使任何人境况变坏的前提下,使得至少一个人变得更好,这就是帕雷托改进或帕雷托优化。帕雷托最优的状态就是不可能再有更多的帕雷托改进的余地;换句话说,帕雷托改进是达到帕雷托最优的路径和方法。帕雷托最优是公平与效率的"理想王国"。帕雷托最优回答的是效率问题。从社会福利角度出发,用效率来评价总体经济运行有其合理性,因为如果资源配置未达到帕雷托最优,那么,总有一些人能改善境况而没有人会受损。也就是说,社会福利总量肯定能上升,那么通过一种恰当的分配或补偿措施,能使所有人的境况都有所改善。

值得注意的是:我们可以判断一种状态是不是帕雷托最优,但我们却不能将两种帕雷托最优进行比较。换言之,如果两个都是最优,那么,哪一个更优?经济学没有办法判定。也就是说,如果要判定哪一个更优,需要加入经济学之外的东西——价值观。

(资料来源:根据智库百科改编,http://wiki.mbalib.com)

🔾➤【本章小结】

处于激烈的市场竞争中的企业,在压力的作用下,会以自身可能达到的最低成本,生产更新或更好的产品或服务。长期来讲,市场会作出选择,那些不能采用最新或最有效率的技术或者没有根据消费者需求而开发新产品的企业最终会被淘汰。

完全竞争的思想和达尔文的生物进化论阐述的"物竞天择,适者生存"的思想,有一脉相承之处,在一个资源稀缺的世界,只有依靠竞争才能达到资源的最有效率的使用和配置。

完全竞争市场的基本特征是,有很多买者和卖者,不同企业生产的产品是完全同质的,没有进入、退出壁垒。

用利润最大化原则进行产量决策,即使得边际收益等于边际成本的产量。

在成本曲线图中,用长等于生产的产品数量,宽等于价格与平均成本差额的矩形面积来标示成本的大小。

如果代表性企业有经济利润,会吸引新的企业进入,从而使市场供给增加,市场价格减少,企业的利润空间下降,最终会回到零。如果代表性企业有亏损,会使一些平均成本高的企业退出市场,从而减少市场供给,抬高市场价格,减少亏损空间,最终使利润回到零。

完全竞争使企业在长期能以最低成本生产,因而获得生产效率,同时由于 $P=MR=MC$,使得企业的边际生产成本等于消费者的边际收益,因而也获得配置效率。

🔾➤【关键概念】

完全竞争市场　短期均衡　长期均衡　会计利润　经济利润　经济效率

🔾➤【思考题】

1.完全竞争市场的基本特征是什么?

2.什么是价格接受者? 为什么完全竞争企业是价格接受者?

3.为什么企业的短期停业价格和长期关闭价格不一致? 为什么企业在短期亏损时尚可经营,而长期却无法忍受?

4.为什么零利润是长期均衡的条件? 一家只能获得零利润的企业会否继续经营?

5.在完全竞争产业,企业面临的需求曲线是什么样的?

6.为什么当产业利润为正的时候,市场供给曲线向右移动?

7.在完全竞争产业,企业和产业的长短期供给曲线各是什么形态?

8.什么是生产效率? 什么是配置效率? 二者之间有什么区别?

【案例讨论】

大型养鸡场为什么赔钱?

为了实现"市长保证菜篮子"的诺言,许多大城市都由政府投资修建了大型养鸡场,结果这些大型养鸡场反而竞争不过农民养鸡专业户或老太太,往往赔钱者多。为什么大反而不如小呢?

从经济学的角度看,这首先在于鸡蛋市场的市场结构。鸡蛋市场有四个显著的特点。第一,市场上买者和卖者都很多。没有一个买者和卖者可以影响市场价格。即使是一个大型养鸡场,在市场上占的份额也微不足道,难以通过产量来控制市场价格。用经济学术语说,每家企业都是价格接受者,只能接受整个市场供求决定的价格。第二,鸡蛋是无差别产品,企业也不能以产品差别形成垄断力量。大型养鸡场的蛋与老太太的鸡蛋没有什么不同,消费者也不会为大型养鸡场的蛋多付钱。第三,自由进入与退出,任何一个农民都可以自由养鸡或不养鸡。第四,买者与卖者都了解相关信息。这些特点决定了鸡蛋市场是一个完全竞争市场,即没有任何垄断因素的市场。

在鸡蛋这样的完全竞争市场上,短期中如果供大于求,整个市场价格低,养鸡可能亏本。如果供小于求,整个市场价格高,养鸡可以赚钱。

但在长期中,养鸡企业(包括农民和大型养鸡场)则要对供求作出反应:决定产量多少和进入还是退出。假设由于人们受胆固醇不利于健康这种宣传的影响而减少鸡蛋的消费。鸡蛋价格下降,这时养鸡企业就要作出减少产量或退出养鸡业的决策。假设由于发生鸡瘟,供给减少,鸡蛋价格上升,原有养鸡企业就会扩大规模,其他人也会进入该行业。在长期中通过供求的这种调节,鸡蛋市场实现了均衡,市场需求得到满足,生产者也感到满意。这时,各养鸡企业实现成本(包括机会成本在内的经济成本)与收益相等,没有经济利润。

在完全竞争市场上,企业完全受市场支配。由于竞争激烈,成本被压得相当低。生产者要对市场供求变动作出及时的反应。换言之,在企业一点也无法控制的市场上,成本压不下来或调节能力弱,都难以生存下去。大型养鸡场的不利正在于压低成本和适应市场的调节能力远远不如农民养鸡者。在北京鸡蛋市场上,大型养鸡场就斗不过北京郊区和河北的农民。

大型养鸡场的成本要高于农民。在短期中,养鸡的成本包括固定成本(鸡舍、蛋鸡、管理人员等)和可变成本(鸡饲料、劳动等人)。大型养鸡场的固定成本(现代化养鸡设备和从场长、党委书记到职员的众多管理人员)远远高于农民(农民养鸡的固定成本除蛋鸡外其他很少)。农民的可变成本也低(用剩饭菜等代替部分外购饲料,自己的劳动也可忽略不计)。这样,当价格低时,大型养鸡场难以维持或要靠政府财政补贴,而农民养鸡户却可以顽强地生存下来。长期中,大型养鸡场每个蛋的平均成本也高于农民,因为现代化大量养鸡带来的好处并不足以弥补巨额投资和庞大管理队伍的支出。农民则以低成本和低价格占领了鸡蛋市场。

大型养鸡场的市场适应能力也不如农民。当供大于求价格低时,农民可以迅速退出市场,不会有多大损失,大型养鸡场停产则很困难。现代化养鸡设备闲置下来比不用鸡窝的损失大得多。解雇管理人员比老太太不养鸡有多难?在供小于求价格高时,大型养鸡场的产量要受设备能力的限制,但有什么能限制农民多养鸡呢?

在鸡蛋市场上需要的是"造小船成本低"和"船小好调头"。庞然大物的大型养鸡场反而失去了规模经济的好处。而且,即使就是将来农民养鸡也现代化了,也仍然是农民养鸡业的进步,难以有大型企业的地位。这是行业生产技术特点决定的。你听说过美国500强企业中有养鸡公司吗?或者说,你听到过什么有名的养鸡场吗?这类企业本来就应该是"小的是美好的"。

(资料来源:梁小民.微观经济学纵横谈.北京:生活·读书·新知三联书店,2000)

思考题1.同样是养鸡,大型养鸡场为什么养不过老太太?

2.大型养鸡场应走什么样的发展之路?

第 9 章

完全垄断市场中的厂商均衡 ≫ ≫ ≫　≫

本章学习要点

1. 了解完全垄断的特征和形成原因;
2. 理解完全垄断厂商的均衡实现条件;
3. 掌握完全垄断市场结构与完全竞争市场结构的经济效率比较;
4. 掌握差别定价的实现条件和各种类型的差别定价。

【开篇案例】

微软是如何实现垄断的?

微软在操作系统上市场份额很高,它的 Windows 视窗系统在世界市场上占到了 90% 以上的市场份额,近乎垄断了操作系统的整个市场。不仅如此,将视窗操作系统与网络浏览器捆绑是微软的一贯作风,这也是 IE 占据全球大部分浏览器市场的原因之一,利用捆绑战略让 IE 的竞争对手火狐、Chrome、遨游、Opera 和苹果的 Safari 等浏览器感到巨大的竞争压力。

对于微软公司来说,要想增加操作系统软件的销售量,不仅取决于这种操作系统的质量和消费者的偏好,而且主要取决于在这种操作系统上所开发的应用软件的数量。如果以这种操作系统为开发平台的应用软件越多,则这种操作系统的需求和销售量就会越大。相同的,对于应用软件开发商来说,要想增加销售量,主要取决于这种应用软件的开发平台的操作系统销售量。因为这种应用软件只有在与之兼容的操作系统上才能正常地运行。因此,操作系统的销售量会间接地影响到这种应用软件的销售量,操作系统的销售量越大,则以这种操作系统为开发平台的应用软件的销售量会相应地增加。操作系统 Windows 与应用软件 Explore 之间存在正的网络效应,这种网络效应与规模经济相互作用、相互促进。网络效应可以增加规模经济的作用,规模经济又扩大了网络效应的作用,两者的作用大大地加强了操作系统市场竞争力量的偏向,最终产品市场的均衡向用户基数最大的操作系统集中。同时,网络效应与规模经济的相互作用也抬高了操作系统市场的进入壁垒,使新的操作系统难以挤入高度集中的市场。

不仅在美国国内,微软还面临欧盟的指控。1998 年 12 月,太阳微系统公司(Sun Micro System Co.)向欧盟监管机构投诉微软,因为微软拒绝提供给 Sun 有关软件信息,导致其产品无法与微软 Windows 操作系统兼容。这引发欧盟对微软的漫长调查,判决其是否滥用 Windows 垄断地位进而对服务器和媒体软件进一步获得市场垄断地位。2009 年 1 月,欧盟委员会指控微软公司将其网络浏览器 IE 与其市场操作系统捆绑在一起在欧洲市场销售,违反了欧盟的反垄断法规,有损正常市场竞争,对微软处以总额近 17 亿欧元的反垄断罚款。12 月,抗辩无力的微软向欧盟作出了具有法律约束力的承诺,同意不再将其网络浏览器 IE 与其新版市场操作系统捆绑。欧盟认为微软的这种承诺消除了欧盟的担忧,决定撤销之前对微软的反垄断诉讼和罚款。

(资料来源:李太勇.网络效应与进入壁垒:以微软反垄断诉讼案为例[J].财经研究,2000,26)

理论提示:微软公司有哪些产品是具有垄断市场势力的,并且是如何实现垄断的?欧盟政府最初为何要对微软公司进行高额罚款?

9.1 完全垄断的特征及其形成原因

上文提到完全竞争厂商,因为生产的产品是其他厂商也能生产的,市场份额又微不足道,只能是价格的接受者,那么厂商赚取微薄的正常利润。显然厂商会不甘于此,只要产品有一定的差别,做到"人无我有、人有我特",产品就有了特殊性、有了垄断因素,有了可以赚取超额利润的办法。这样的不完全竞争市场是相对于完全竞争市场而言的,有三种市场类型:完全垄断市场、寡头市场和寡头垄断市场。其中,垄断市场的垄断程度最高,操控市场的能力最大,定价权最强;其次是寡头市场,垄断竞争市场最低。本章将分析完全垄断市场结构中唯一的厂商是如何进行价格和产量的决定,以期实现利润最大化。同时,将这种市场结构与之前的完全竞争市场结构进行比较,解释为何国家要出台反垄断法。

完全竞争市场的另一极端就是完全垄断。如果某个行业的商品都是由一家生产商提供的,这种不存在竞争因素的市场结构,我们称之为垄断或独占。

具体地说,具备以下三个条件的市场属于垄断市场:

(1)市场上只有唯一的一个厂商生产和销售这种商品。这样无须考虑其他卖主的厂商,可以根据自己利润最大化原则,来决定整个产品的市场供给与市场定价,因而它不像完全竞争市场中的厂商那样是价格的接受者,而是价格的制定者。

(2)该厂商生产和销售的商品没有任何相近的替代品。当商品价格上升时,想消费这种商品的消费者仍要购买此厂商的商品,没有其他替代品可以选择。否则,这种商品市场上就存在竞争了,不是垄断了。

(3)存在进入壁垒。其他任何厂商进入该行业都是极为困难或不可能的。这也就意味着独占。

值得一提的是,与完全竞争一样,在现实经济环境里完全垄断的市场也很难找到。厂商都会受到各种各样、或大或小的竞争者,或者是潜在竞争者。

形成垄断的原因主要有以下几个方面:

(1)由于某厂商控制了生产该商品的主要资源或关键技术,使得其他厂商无法生产该种商品。

(2)政府或法律特许的独家经营,其他厂商不许进入该行业。比如依靠专利法的保护,在有效期限内限制了市场上的竞争者,用政府法规形成了行业壁垒。此外还有生产许可证制度,政府对于符合要求的企业授予生产许可证,而那些没有该证的厂商就不能进入该行业生产。

(3)自然垄断。有些行业其产品的提供,首先需要大量的投资才能使单位生产成本大大降低,并且一家厂商一旦达到这种规模就可以满足整个市场的需要,两家厂商分别提供产品就会造成厂商亏损。这是从规模经济效益考虑。公用事业,如供水、供电、供气等行业都被视为自然垄断行业,如图 9-1 所示:

一方面,由于自然垄断表现出的规模经济,

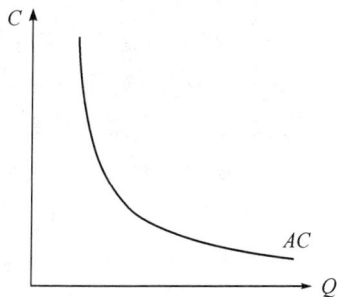

图 9-1　自然垄断的特性

所以其经济效果肯定要比几家厂商同时生产要更好。但另一方面,越来越多的经济学家发现,自然垄断作为垄断的一种形式,同样存在由于缺乏竞争造成的垄断厂商的高价格、高利润以及低产出水平等经济效率的损失,所以打着自然垄断的旗号维护着行政性垄断给自己的巨大收益,非常需要政府将这些公用事业、通讯行业纳入政府管制之中。

【专题】

自然垄断行业也要引入竞争

自然垄断行业通常具有这样一种生产技术特征:面对一定规模的市场需求,与两家或更多的企业相比,某单个企业能够以更低的成本供应市场。现实中的自然垄断行业以公用事业为主,如供水、供电、煤气供应等,辅之以其他一些特殊产业。这些自然垄断行业的初始投资往往十分巨大,如果任由市场竞争机制发挥作用,政府不加以适当规制,可能会产生不利于社会福利改进及资源最优配置的结果。常见的后果有两种:一种结果是市场竞争无法实现优胜劣汰,任何企业都达不到经济规模,恶性竞争持续不断。另一种结果是市场竞争达到了均衡,某个企业独占市场份额,达到规模经济,行业生产成本因此而大幅度降低,但是无数其他企业被竞争淘汰。

自然垄断产业大多属于网络型产业。网络型产业分为三类:实体网络、无形网络和 IT 网。以物质网络为基础的社会基础设施,包括铁路、航空、公路、电力、电信、输油(气)以及城市供水、排水等公共基础事业是实体网络。

在中国受到诟病最多的行业——如电信、铁路、航空、自来水、石油石化行业等,都是一些少数拥有垄断经营权的国有控股公司,恰恰是打着自然垄断旗号的行业。自然垄断和准公共物品的特性,要求政府实行规制,无论是通过招标制度还是区域间标尺竞争以及其他种类的特许经营选择,最后的结果只能是政府赋予特定的厂商以垄断经营权。政府从制度上确保垄断经营,直至出现了行政垄断。

垄断性行业依靠垄断获得高利润,内无提高效率的动力,外无参与竞争的压力。有了行政垄断,垄断公司变得高枕无忧,垄断行业的高工资福利,垄断厂商的随意提价,垄断厂商较差的服务,让消费者甚为不满。

理论提示：人们似乎认可自然垄断，因为一家企业提供产品的成本最低。但很快发现，某些行业的独占厂商打着自然垄断的旗号，行政性地把其他潜在竞争者拒之门外，没有了改进产品服务的和质量的内在动力。允许自然垄断还是打破垄断？消费者选择了后者。

9.2 完全垄断厂商的市场均衡

9.2.1 完全垄断厂商的收益分析

由于垄断行业中只有一个厂商，整个行业的需求曲线也就是此厂商所面临的需求曲线——一条向右下方倾斜的曲线，市场价格随着自己供应量的变化而反方向变动。这条曲线意味着：垄断厂商可以用减少销售量的办法来提高市场价格，也可以用增加销售量的办法来压低市场价格。即通过改变销售量来控制市场价格，另外该厂商会再结合成本曲线来实现利润最大化。

我们先分析厂商的收益函数：厂商的总收益 TR、边际收益 MR 及平均收益 AR 的定义在完全竞争市场中已经介绍。因为市场需求线即为该垄断厂商面临的需求线，表 9-1 显示总收益、平均收益和边际收益的关系。

表 9-1　垄断者的总收益、平均收益和边际收益

牛奶的数量 （Q 吨）	价格 （P 万元）	总收益 （$TR=PQ$）	平均收益 （$AR=TR/Q$）	边际收益 （$MR=\Delta TR/\Delta Q$）
0	11	0	0	——
1	10	10	10	10
2	9	18	9	8
3	8	24	8	6
4	7	28	7	4
5	6	30	6	2
6	5	30	5	0
7	4	28	4	−2
8	3	24	3	−4

上表提供的需求关系是 $P = 11 - Q$。我们可以一般化这样的直线型需求曲线,并分析它的的收益情况如下:对于直线型需求曲线,$P = a - bQ$。总收益函数是 $TR = P \cdot Q = (a - bQ)Q$,平均收益函数是 $AR = \dfrac{TR}{Q} = \dfrac{P \cdot Q}{Q} = (a - bQ)$,边际收益函数是 $MR = a - 2bQ$。各收益图形表现如图 9-2 所示。

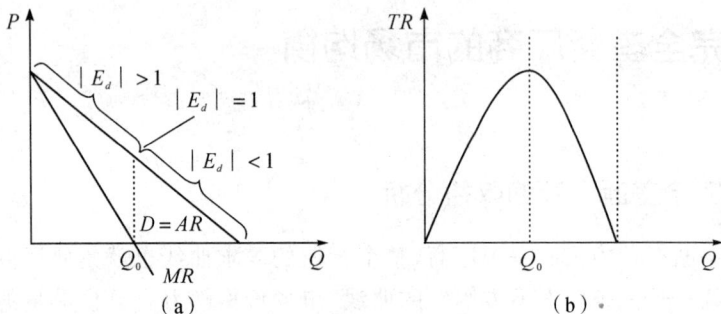

图 9-2　完全垄断厂商的收益曲线

我们可以看到,在完全垄断市场中,厂商所面临的需求曲线与平均收益曲线仍然重合。不同的是在完全垄断市场中,厂商的平均收益曲线与边际收益曲线并不是重合在一起,MR 曲线始终在 AR 曲线的下方。这是因为,厂商如果增加销量必然导致市场价格的下降,即最后销售的那个单位的产品价格低于其之前所售产品的价格,也就是必然低于已销售的所有产品的平均价格,$MR < AR$。

另外,当垄断厂商的需求曲线为直线时,需求曲线(平均收益线)和边际收益曲线有共同的纵轴截距,而且边际收益的横轴截距是需求曲线(平均收益线)横轴截距的一半,即边际收益线的斜率是需求收益线(平均收益线)的 2 倍。同时,边际收益的横轴截距坐标是 $Q = \dfrac{a}{2b}$,此时总收益实现了最大。

接下来分析完全垄断厂商的收益规律:

$$TR(Q) = P(Q) \cdot Q$$

$$MR = \frac{\mathrm{d}\,TR}{\mathrm{d}Q} = \frac{\mathrm{d}P(Q)}{\mathrm{d}Q} \cdot Q + P(Q) = P(Q)\left\{1 + \frac{Q}{P(Q)} \cdot \frac{\mathrm{d}P(Q)}{\mathrm{d}Q}\right\}$$

$$= P(Q)\left[1 - \left[-\frac{1}{\dfrac{\mathrm{d}Q}{Q} \cdot \dfrac{P(Q)}{\mathrm{d}P(Q)}}\right]\right] = p\left(1 - \frac{1}{|E_d|}\right)$$

当 $|E_d| > 1$ 时,$MR > 0$,总收益随着产量的增加而增加;

当 $|E_d| < 1$ 时,$MR < 0$,总收益随着产量的增加而减少;

当 $|E_d|$ ＝1 时，$MR=0$，总收益达到最大值。

以上三种情况，在图 9-2 的(a)、(b)图中得到了体现。

9.2.2 完全垄断厂商的短期均衡

垄断厂商为了获得最大利润，也必然按照极值一阶条件 $MR=MC$ 的原则。在短期内，厂商在既定的生产规模下通过可变要素投入量的改变来调整产量，确定市场的均衡价格，以期实现利润的最大化。如图 9-3 所示，SMC 和 SAC 曲线确定了厂商的成本状况，再结合收益情况，厂商会在 SMC 与 MR 交点对应的产量 Q_e 上生产，此时的市场价格为 P_e，那么垄断厂商的总收益就是矩形 P_eOQ_eA 的面积，而总成本是矩形 BOQ_eC 的面积，所以，最大利润便是矩形 P_eBCA 的面积，此时的均衡说明利润最大化。符合 $MR=SMC$ 的条件是否意味着厂商一定有超额垄断利润呢？这与完全竞争市场相似，也是不一定的，如图 9-4 所示。$MR=SMC$ 对应的产量可能是厂商超额利润最大的产量，也可能是亏损最小的产量。在亏损的情况下，只要 $MR=SMC$ 对应的产量上 $AR>AVC$，短期会继续生产，因为垄断厂商可以弥补全部的可变成本，以及部分的固定成本。但是，如果 $MR=SMC$ 对应的产量上 $AR<AVC$，也就意味着垄断厂商的收益还不能弥补可变成本，这将导致更大的亏损，厂商将马上停止生产。

理论上也存在一种厂商的最优状态，此时厂商恰好盈亏平衡。也就是说，厂商如果调整产量，无论是大于 Q_e，还是小于 Q_e，都会导致厂商亏损。如图 9-5 所示。

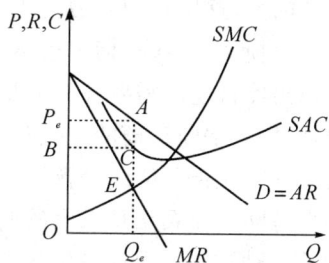

图 9-3 完全垄断厂商的短期均衡

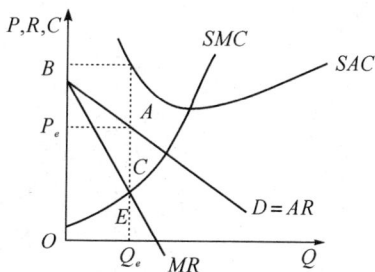

图 9-4 完全垄断厂商的短期均衡，厂商此时为亏损

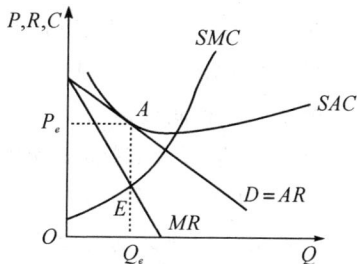

图 9-5 完全垄断厂商的短期均衡，厂商恰好为盈亏平衡

9.2.3 完全垄断厂商的长期均衡

垄断厂商在长期内排斥了其他新厂商的进入,它可以调整全部生产要素的投入量——包括短期内那些看上去不变的要素——实现利润的最大化。要特别注意的是,这里是利润最大化,而并非亏损的最小化。因为垄断厂商一旦短期内存在亏损,如果在长期中也不存在使得厂商能获得利润的生产状态,该厂商肯定会退出此行业。需要补充的是,越生产亏损越多的不利状态应该使企业及早退出,但完全垄断厂商的进入和退出是不自由的,现实中也许政府认为有必要给予财政补贴让企业继续经营下去。

垄断厂商真正意义上的调整有两种情况:第一种,垄断厂商在短期内是亏损的;在长期中,它通过最优生产规模的选择,摆脱了亏损的状况,甚至获得了利润。第二种,垄断厂商在短期内利用既定的生产规模获得了利润;在长期中,它通过对生产规模的调整,使自己获得更大的利润。我们以第二种情况为例进行说明。

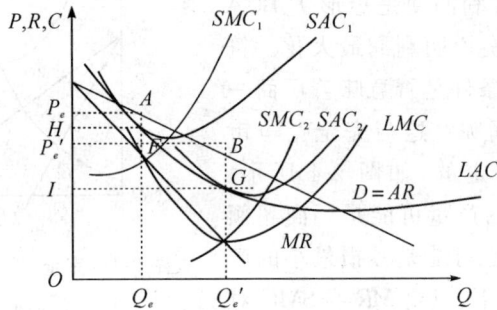

图 9-6　完全垄断厂商的长期均衡

如图 9-6 所示,LMC 以及 LAC 说明此垄断厂商一定有存在利润的生产状态。当曲线 SMC_1 以及 SAC_1 表示的生产规模下厂商的最大利润应该是 Q_e 表示的产量生产。利润为矩形 P_eHFA 所表示的面积。在长期内,经过扩大生产规模,确定 SMC_2 以及 SAC_2 表示的生产规模为最优规模,在这个规模下产量确定为 Q_e',因为此时实现了 $LMC = MR$,利润为矩形 P_e'IGB 表示的面积,且为最大。完全垄断厂商长期均衡的条件是 $MR = LMC = SMC$,此时的产量对应的利润为最大。

【专题】

市场禁入的长期后果

2002 年 7 月 22 日,美国邮资委员会宣布从当年 6 月 30 日起全面调涨邮资,国内平信(first class)将从现在的 34 美分提升为 37 美分。作为一个政府长久独家垄断的行业,美国邮政业究竟怎么啦?

炭疽病毒不相干

去年美国邮政总共亏损了 16.8 亿美元。比较而言,美国邮政似乎最有资格指称这是恐怖主义炭疽病毒袭击的结果。是的,全世界都看到,为了防范炭疽病毒的入侵,美国邮政不仅牺牲了数名员工的宝贵生命,而且花费了大量人力、物力清理邮件和杀毒。为了对付恐怖主义,开支要增加,而这些开支如同国防费用一样,由财政资源——纳税人的钱——来负担,应该顺理成章。

不过,即便在美国,炭疽病毒与邮政运营效率低下的相关性也是很小的。第一,上述美国邮政亏损额发生在结束于 9 月 30 日的 2001 财政年度,炭疽病对邮政的影响总共还没有几天。第二,早在 2000 年,美国邮政就预警 2001 年将出现 30 亿美元的巨额赤字,后来仅仅由于冻结了基建,才减少了实际亏损额;但在恐怖主义攻击发生之前,美国邮政的亏损额估计已经达到 13.5 亿美元。第三,美国邮政 2001 财政年度的业务总收入——高达 657 亿美元——比上年略有增长。这些证据表明,美国邮政的亏损源于"经营不善",就是没有炭疽病毒事件,情形也不会大不相同。

从更长期的角度来看吧。1960 年美国一封平信的邮资为 4 美分,如果邮资的增长指数与通货膨胀率相等,那么 2000 年平信邮资应该是 26 美分,而不是当时实际的 32 美分。为了对付邮政的巨额亏损,美国邮政除了得到国会更多的补贴和税收优惠特权以外,还在 2001 年内一年两次提高邮资。不料,2000 年邮资涨价的结果——和过去一样——仅仅是导致来年更大的亏损,以及未来的美国邮政——如美国国会审计处指出的那样——将更依赖于持续上涨的财政补贴和邮资提价。难怪华盛顿邮报的一篇评论说,这样的生意要做下去没门!

市场禁入是祸根

为什么美国邮政的运营效率如此之低?刚刚卸任的美国邮政部部长的解释是:普遍服务。他说,向任何地址提供每周六天、每天定时的邮递服务——哪怕是到大峡谷或阿拉斯加某处送一封平信——是不会有"成本效率"。

问题是,邮政成为政府独家垄断的服务行当,最主要的"经济理由"无非是它具有"自然垄断"性质——只有一个供应商在技术上更优。难道不正是因为邮政普遍服务的基础建设耗资巨大,才"必须"由政府独家经营,以杜绝重复建设和"恶性竞争"造成的"社会浪费"吗?邮政拿了那么多年的独家垄断特权,为什么"规模经济效益"江河日下,甚至南辕北辙?

看起来,普天下行政垄断的"局"都是这样做成的:先是说只有独家垄断才可以提供"最优的"普遍服务;一旦独占特权到手,又说因为只有我一家提供普遍服务,所以只有我倒霉地承受成本无效率。

如此与众不同的"逻辑",最关键的环节只在一处,那就是产品(服务)市场的法定垄断终究要传导到要素市场上,从而左右服务成本。我们都知道在真实世界里要"控制成本"——在竞争中根据生产率决定薪水和福利水准、管理以及创新——绝非舒服的差事。既然邮递服务有专营特权的保护,既然"服务费用"可以经过一个政治程序转嫁给消费者,要邮政管理当局努力控制成本,是不是在说笑话?

因此,无论邮政"规模经济"的技术潜力多么巨大,它总要受到"市场禁入体制"对"成本效率"的不断侵蚀。假以时日,行政垄断邮递服务的成本与生产力脱节、收费与服务质量脱节,就没有什么好奇怪的了。讨论美国邮政面临的问题,单单扯"普遍服务"是不够的。人们要问:花费如此代价来获取邮递的普遍服务,值还是不值?人们更要探讨:有没有更可取的办法来运营邮递服务?

破除邮政专营的迷信

要寻找合适的解决办法,首要条件是破除对邮政专营体制的迷信。我的意思不是说,破除了迷信,各方可以接受的邮政改革方案就会自然诞生。不是的,改革要触动现有邮政体制的既得利益,光"讲道理"不管用。我的意思不过是,对邮政专营体制的迷信,是既得利益的护身符。破除迷信,至少可以让既得利益者在道理上先输一局。

为什么认为邮政专营是迷信?因为它与经验不合。第一,在历史上不少国家——包括美国在内——的邮递服务曾经不是政府专营体制,那时候这个行当生机勃勃。第二,当代有一些国家——包括瑞典、芬兰和新西兰——已经解除了邮政专营,私人公司可以进入邮件递送服务;而另外一些国家——例如德国和荷兰——已经完成了政府独家拥有的邮政公司的"股份化改制",并决定在 2003 年全面解除邮政专营。

更重要的第三点是,即使在邮政专营的体制内,市场竞争——依赖于形形色色直接替代或间接替代的技术——从来就没有完全消失过。以美国为例,1907 年 UPS(当时叫"美国信使公司")在西雅图成立时的招牌业务——"包裹递送",如同后来推出的"快递"服务一样,是当时的美国邮政还不能提供的。近年的电子信件大量替代传统邮递,可从来不是拜了专营制之福。

当然最重要的还是要废除邮政专营制。二十多年前在里根"解除管制"的时代,美国的包裹和快递市场就已经对非邮政公司正式放开。但是,还是有一部《私人快递公司法》(the private express statutes)明令私人公司不得从事平信和 3 美元以下包裹的递送业务。私人公司也不可以使用邮箱资源——即使是私人家庭的由私人购买的邮箱。

不少人断言,正是美国邮政的巨额亏损推动早日废除邮政专营体制。这当然是要由美国人决定的问题。我们只希望美国邮政的故事给中国邮政专营体制一个教训:不要沿着强化市场禁入的方向"规范市场",不要以任何名义,包括毫不相干的炭疽病毒。

(资料来源:周其仁.收入是一连串事件.北京:北京大学出版社,2006)

理论提示:打着自然垄断的幌子,实行所谓的"专营"——行政垄断之实,中国和美国都一样。中国的国家邮政局借口要承担国防和社会公益性质的邮政物流,就可以连年亏损。《邮政法》提供给国家邮政局"邮政专营"的庇护,但无法阻挡人们选择其他民营公司方便、快捷、随叫随到的热情。它们能盈利,而中国邮政局为什么不能?能否在自己身上找原因?

9.3 完全垄断厂商的经济效率

【专题】

商务部否决可口可乐公司对汇源果汁的收购案

2009年3月18日,经审查商务部认定,可口可乐收购汇源果汁所形成的集中将对竞争产生不利影响,最终否决了交易双方的收购事项。自2008年8月我国反垄断法实施以来,可口可乐收购汇源案是第一个未获通过的案例。

汇源果汁集团为中国最大的纯果汁制造商。早在2008年9月3日,总部位于北京的中国汇源果汁集团有限公司(China Huiyuan Juice Group Ltd.)通过一份声明表示,全球最大软饮料制造商——可口可乐公司(Coca-Cola Co.),报价179亿港元(约合23亿美元),以现金方式收购该公司。

商务部公告称,依据《反垄断法》的相关规定,从市场份额及市场控制力、市场集中度、集中对市场进入和技术进步的影响、集中对消费者和其他有关经营者的影响及品牌对果汁饮料市场竞争产生的影响等几个方面对此项集中进行了审查。

经审查,商务部认定:此项集中将对竞争产生不利影响。集中完成后可口可乐公司可能利用其在碳酸软饮料市场的支配地位,搭售、捆绑销售果汁饮料,或者设定其他排他性的交易条件,集中限制果汁饮料市场竞争,导致消费者被迫接受更高价格、更少种类的产品;同时,由于既有品牌对市场进入的限制作用,潜在竞争难以消除该等限制竞争效果;此外,集中还挤压了国内中小型果汁企业生存空间,给中国果汁饮料市场竞争格局造成不良影响。

可口可乐公司此后还提出过修改方案,但经过商务部评估,仍不能有效减少此项集中对竞争产生的不利影响。

可口可乐公司无论从市场份额及市场控制力、市场集中度等各方面来看,都称得上是饮料企业的全球老大,而汇源果汁目前在中国纯果汁市场占有率第一,年设计生产能力达220多万吨,并拥有覆盖全国的产品营销网络。有关调查数据显示,2007 年汇源在中国 100％果汁市场和中浓度果汁市场占有率均达到四成。因此,如此次并购成功,则很有可能在饮料市场形成垄断,给中国果汁饮料市场竞争格局造成不良影响,从而损害消费者的利益。这个裁决结果也表明了我国《反垄断法》的严肃性,而法制的可预期性正在构成一个国家商业环境的最重要因素之一,任何一个市场经济体制的国家,对外资的进入都不会歧视,但都会按照法律和国际规则行事,中国也不例外。

（资料来源:http://news.hexun.com/2008/kekoukelesghy/）

理论提示:我们不仅要打破有些行业内国有企业的垄断,也同样要对一些跨国巨头在我国的行业垄断说:“不”! 为什么要打破垄断,经济学上给出了基于社会总福利的解释。

本章节分析了完全垄断厂商在利润最大化的驱动下,按照 $MR = MC$ 的原则,确定垄断价格。这个定价是否太高,是否是有效率的价格?本书将完全竞争市场与完全垄断市场作一对比。假设某医药垄断厂商由于某专利到期,该技术制造工艺被其他厂商合法获得并生产,而且医药厂商数量很多,接近完全竞争市场。并且假设该项药品生产的边际成本为常数 K。

如图 9-7 所示,在垄断厂商唯一生产时,它会选择 $MR = MC$ 时的产量 Q^m 进行生产,在这个产量水平下,市场的需求线决定了该垄断厂商的定价为 P^m,那么此时的消费者剩余是图形 $AB\ P^m$ 围成的面积,此时的生产者剩余是 $P^m BE_1 P^c$,因此社会的总福利为 $ABE_1 P^c$ 所围成的面积。

一旦专利到期,市场变为完全竞争市场。其中的任何一厂商按照边际成本定价,超额利润为零,那么价格是 P^c,此时的市场需求量是 Q^c,这样消费者剩余是 $AE_2 P^c$,生产者剩余为零。社会总福利是 $AE_2 P^c$。分析其各组成部分,打破垄断后,消费者剩余增加,生产者剩余减少,而且消费者剩余增加的部分超过了生产者剩余减少的部分,社会总福利净增加 $BE_2 E_1$。由以上的分析,经济学家认定一个行业在长期均衡时是否实现了价格等于边际成本,作为判断该行业是否实现了有效资源配置的条件。商品的市场价格通常被看做是商品的边际社会价值,边际成本看做是商品的边际社会成本。当价格高于边际成本,就是说商品的边际社会价值高于商品的边际社会成本,它表示相对于该商品的需求而言,该商品的供给是不足的,应该有更多的资源转移到该商品的生产中来,社会的总福利境况就会变得更好。当然,随着更多的资源用于生产产品,供给会增加,价格下降,直到商品的边际社会价值等于商品的边际社会成本。此时社会的总福利达到最大。

　　为了预防和制止垄断行为,保护市场公平竞争,提高经济运行效率,维护社会公共利益,各个国家都限制垄断。有鉴于以上的原因,《中华人民共和国反垄断法》已由中华人民共和国第十届全国人民代表大会常务委员会第二十九次会议于2007年8月30日通过,自2008年8月1日起施行。该法规定以下的行为是垄断行为并加以反对,它们包括:经营者达成垄断协议;经营者滥用市场支配地位;具有或者可能具有排除、限制竞争效果的经营者集中。

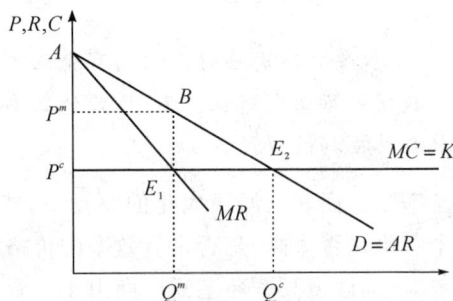

图 9-7　完全垄断和完全竞争市场的经济效率比较

　　现实经济生活中有很多的案例是政府通过拆分等强制措施限制垄断,但是也有案例是政府允许兼并巩固厂商的市场地位。经济学家还是存在一些分歧,比如垄断市场与技术进步之间的关系。有的经济学家认为,垄断厂商会阻碍技术进步。因为垄断厂商只要依靠自己的垄断力量即可以长期获得利润,往往就缺乏技术创新的动力,甚至为了防止潜在竞争对手的新技术和新产品对其垄断地位造成的威胁,而采用各种方式阻碍技术进步。但也有学者认为,垄断有利于技术进步。一方面是因为垄断厂商具有雄厚的经济实力,有条件进行各种研发,并将成果用于生产和服务。另一方面,垄断厂商必须自己进步才能不被潜在的进入者威胁,并获取比新技术采用前更多的利润。这些学术分歧,如果再加上国家竞争能力和地缘政治的原因,可以各自为反对垄断和强化垄断提供学理上的支持。

【专题】

拆分与合并:垄断与反垄断案例

　　上个世纪七八十年代,美国电报电话公司(AT&T)垄断了美国电信市场,它实行了包括提供长途服务、市话服务,以及通讯设备制造和研究开发在内的一体化经营。为了进一步加强这种垄断局面,美国电报电话公司自行设计了专门的技术标准,并保守网络标准信息,以排除其他制造企业的进入。最明显的案例就是美国电报电话公司滥用市场垄断力量拒绝美国微波通讯公司(MCI)接入其交换机上这一事例。当时美国微波通讯公司曾打算将自己铺设的光纤通讯网络连接到美国电报电话公司的各地交换机时,美国电报电话公司予以拒绝。除了其他理由外,美国电报电话公司还宣称,技术上无法支持美国微波通讯公司的通讯网络,并声称如果允许其他公司的通讯网络连接到美国电报电话公司网络上,将会降低网络系统的质量标准。但是法庭否认了它所提出的理由,并认为其他厂商可以按照同样的标准来生产设备保证系统正常运行,况且,美国微波通讯公司已经在技术上和经济上对这一做法作出过可行性论证。最终法庭以美国电报电话公司滥用市场力量,一体化经营和保密是反竞争的为由,裁定其行为属于垄断行为,并在1984年将美国电报电话公司支解成7个大型地区性电话公司,而美国电报电话公司只保留了它的长话业务、贝尔实验室和西方电器公司。

　　美国是世界航空工业大国,但在军用与民用上一直受到俄罗斯和欧盟的全面竞争。当今世界的主旋律是和平与发展,因此美国与欧盟在民用飞机上的竞争局面就被凸现出来。正如欧盟数度补贴空中客车一样,美国政府,更准确地说是美国五角大楼利用巨额的军事订单变相补贴波音,然后双方又以非法补贴的罪名把对手告上世贸组织,后来又集体撤诉,决定以谈判方式解决问题。最终,美国以国家利益着想,在1997年允许了波音与麦道的合并,但是由于欧盟的反对,合并后的波音也在一系列问题上做出了让步。总体上看,波音与麦道合并案是双方妥协的一个例子。合并前波音和麦道公司分别是美国航空制造业的老大和老二,居于世界航空制造业的第1位和第3位。合并后波音公司在民用飞机市场上明显成为全球最大的制造商,它独占全球飞机市场65%以上的份额,而且合并后波音公司是美国市场唯一的飞机供应商,占美国国内市场的份额几乎达到百分之百。因此,单从市场结构角度来看,合并后的波音属于垄断企业,明显违反了《反托拉斯法》,这在美国是要受到反垄断的制裁的,况且以前也有过先例。例如:美国烟草公司当时垄断了美国的香烟市场,在美国市场中每盒烟中仅2/3根烟不是美国烟草公司生产的。由此,美国烟草公司被裁定属于垄断行为,违反了《反托拉斯法》，并在毫无争辩的情况下被拆分成 16 家公司。而美国对于波音和麦道合并不但不对此进行制止，并且还参与此事促成其合并。

由此可见，美国政府在面对企业并购案例时，要进行两方面的考虑：一方面从国内的视角审视并购后的企业在国内市场中的市场地位与市场行为。另一方面从全球的视角下进行审视，既要考虑美国企业在全球的竞争力，还要考虑国家整体产业竞争力，同时更要考虑美国的国家经济与安全。通过对这两方面权衡与比较，美国政府最终才会决定自己的态度。

（资料来源：刘伟，徐成哲.美国的反垄断与兼并对我国解决反垄断问题的启示.金融纵横，2005(4)）

理论提示：为何美国拆分美国电报电话公司？为何在上世纪 90 年代又同意波音公司兼并麦道成为美国唯一的民用飞机制造商？

9.4 完全垄断厂商的差别定价

【专题】

为何会有优惠券？

洋快餐经常以某种形式发放优惠券，例如，在麦当劳的网站上发放，顾客只要打印这张优惠券，就可以凭券到麦当劳以 7—8 折不等的优惠价格享受某种套餐。或者把优惠券夹在麦当劳的宣传报纸里，顾客只要看这张报纸就会得到优惠券，或者在路边免费发放。

为什么要发放优惠券呢？

一种容易想到的解释是：吸引更多的顾客，扩大销售量。但如果是这样的目的，那么为什么不直接降价呢？可见，这个解释不对。

另一种解释是：麦当劳想借此进行价格歧视——把顾客分开。请读者注意，要获取麦当劳的优惠券，总是要花费一定的时间成本的，而不是随手可得——上麦当劳的网站浏览寻找优惠券，打印优惠券，或者阅读麦当劳的宣传报纸，或者到路边索取，都是需要花费成本，主要是时间成本。通常是什么人才愿意花费这些成本呢？是时间成本比较便宜的人。什么人的时间比较便宜呢？显然是一些收入偏低的人。另外,优惠券能够购买的通常是某种指定的商品组合,而不是随意购买。也就是说,使用优惠券的顾客,是要付出代价——不能随意挑选商品的代价。这也是一种成本。

通过上述种种方式,麦当劳成功地把顾客中的富人和穷人分开,然后,对于富人——不持有优惠券的人,麦当劳供给他们的商品就比较贵（没有优惠）,而对于穷人——持有优惠券的人,麦当劳给他们打折。时间、地点、商品都相同但价格不同,这就是典型的差别价格。通过不同的定价,麦当劳向消费者榨取了更多的消费者剩余,增加了利润。

理论提示:理论提示:向不同消费者索要不同的价格,是企业定价时经常发生的。向能够购买的消费者定高价,增加了收益;也向原本不能够购买的消费者定低价,使他们也成为顾客,增加了收益。差别定价,厂商哪有不赚的道理?

厂商按照市场需求状况与自身成本曲线,确定它生产的数量以及价格,这里的价格是对所有购买者索取相同的价格。在现实经济生活中,许多市场上都存在着差别价格,即厂商对同一种商品向不同的消费者收取两种甚至两种以上的价格。比如:村子里有99个穷人和1个地主,假设他们每年都要得一次病,村里唯一的老郎中该如何收取就诊费? 如果老郎中实行统一低价,每人收取一个铜板,那么老郎中一年就能够收取100个铜板。如果老郎中实行统一高价,每人收取50个铜板,那么只有地主才能付得起就诊费,穷人有病也请不起医生,老郎中一年只能收取就诊费50个铜板。如果实行差别定价,对穷人收取就诊费每人1个铜板,对地主收取就诊费50个铜板,结果老郎中一年能够获得149个铜板。可见,实行差别价格,能够获取更多的利润。

9.4.1 实现差别定价的前提条件

在实行差别价格之前,必须首先考虑是否满足以下三个条件:

(1)市场存在不完善之处。在完全竞争市场上实行差别定价是不可能的,因为厂商是市场价格的接受者。但是,当市场存在不完全性,或者当市场的各部分被运输成本、消费者的无知等因素所阻隔时,厂商就可以对各个市场或市场的不同部分向消费者索取不同的价格。

(2)在各个市场或市场的不同部分,消费者的需求价格弹性不相同。正是因为地主有钱且重视自己的健康,对老郎中就诊费的需求弹性较小,从而被实行高价。而穷人没有多少钱,一旦老郎中就诊费提高他们就无力承担医疗费用,其需求价格弹性较大,从而实行低价。这样无论穷人还是地主都会付就诊费,使老郎中有较大收益。

(3)各市场之间或市场的各个部分之间必须完全有效分开。如果厂商无法隔离他的市场,消费者将都到低价市场上购买商品,那么实行差别价格就没有意义了。按照价格差别的程度不同,厂商的差别定价一般有三种类型:一级、二级、三级价格差别。

9.4.2 一级价格差别

一级价格差别是指厂商向每个顾客索取其愿意支付的最高价格。在日常生活中,买卖双方进行讨价还价,卖方试图通过信息了解买方愿意支付的最高价,然后告诉买方是物有所值的。

如果厂商掌握了消费者的需求曲线,如图 9-8 所示。

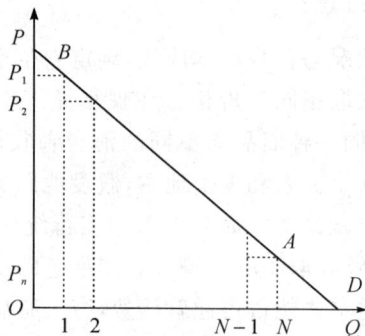

图 9-8 一级差别价格

根据需求曲线提供的信息,消费者对第一单位的产品愿意支付的价格是 P_1,对于第二单位的产品愿意支付的价格是 P_2,……对于第 N 单位的产品愿意支付的价格是 P_n,厂商不再采用统一定价,而是针对不同单位的产品各自定一个价格:第一个单位定价为 P_1,卖第二单位产品定价为 P_2,……卖第 N 单位的产品定价为 P_n,这样消费者没有任何的消费者剩余,全部转化为生产者剩余被厂商攫取了。所以,如果厂商最后销售了 N 单位的产品,那么经过无限逼近,总的厂商销售收入(即总收益)将是 $ONAB$ 所围成的面积,此时的社会总福利全部是生产者剩余。比较单一定价,如果要卖掉 N 单位产品数量,按照 P_n 价格销售,那么总的销售收入只有 $ONAP_n$。

9.4.3　二级差别价格

二级价格差别又叫数量折扣定价策略,它通过相同货物或服务的不同消费量或"区段"索取不同价格来实现更多利润的目的。在美国电力市场上,如果消费者每月电量消费超过第一段消费区间,超过部分可以享受折扣,如果消费者每月电量消费超过第二段消费区间,超过部分可以享受更大的折扣。这种措施将激发消费者的电力需求,电力公司大大降低单位成本,获得更多的利润。如图9-9所示,该厂商按照产品销售数量,对消费者购买了 Q_1 数量时按照 P_1 销售,对于 Q_2-Q_1 部分的产品按照 P_2 价格销售,对于 Q_3-Q_2 部分的产品按照 P_3 价格销售。

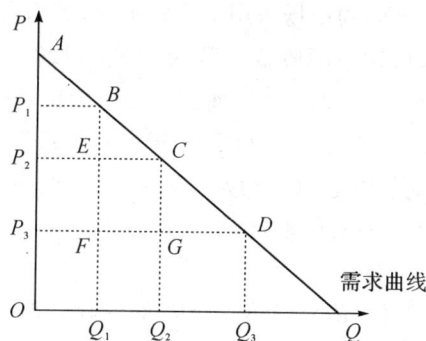

图 9-9　二级差别价格

根据上图可知,如果不采用差别定价,厂商要销售 Q_3 的产品,那么将按照 P_3 的单一定价方式,此时消费者剩余将是 ADP_3。如果采用了二级差别价格,那么销售 Q_1 产量时,消费者剩余是 ABP_1;销售 Q_2-Q_1 产量时,消费者剩余是 BEC;消费 Q_3-Q_2 产量时,消费者剩余是 CDG。与之前统一定价的消费者剩余 ADP_3 相比,少的部分都是因为被生产者攫取了。

最近,在中国市场上,为了鼓励节约能源,支持环保和低碳经济,许多地方电价也采用了分段定价,而且消费得越多价格越高。

9.4.4　三级价格差别

三级价格差别是指厂商把消费者分为具有不同需求的两组或更多组,就同一种商品或服务向不同组的消费者索取不同的价格。如电信收费中有代表性的收费方式有两种:高月租低话费和低月租高话费。对于那些电话较多的消费者,高月租低话费要比低月租高话费实惠;对于那些电话寥寥无几的消费者,显然是低月租高话费要比高月租低话费更实惠。这样电信企业就迎合了不同的消费者的需求,大家都会接受电信服务,消费者与厂商都获得收益。

例如,某垄断厂商利用一个工厂生产一种产品,其产品在两个分割的市场上出售,其成本函数为 $TC = Q_2 + 40Q$,两个市场的需求函数分别为 $Q_1 = 12 - 0.1P_1$,$Q_2 = 20 - 0.4P_2$。如果采用统一定价,那么市场需求将是 $Q = 32 - 0.5P$,垄断厂商的边际收益 $MR = 64 - 4Q$。根据利润最大化的原则,即该统一市场的 $MR = MC$,有:$64 - 4Q = 2Q + 40$,解得 $Q = 4$,以 $Q = 4$ 代入市场反需求函数 $P = 64 - 2Q$,得:$P = 56$。于是,厂商的利润为:$\pi = PQ - TC = (56 \times 4) - (42 + 40 \times 4) = 22$。所以,当该垄断厂商在两个市场上实行统一的价格时,他追求利润最大化的销售量为 $Q = 4$,价格为 $P = 56$,总的利润为 $\pi = 22$。

如果厂商根据两个不同的市场采用了差别定价,那么总利润是否会提高呢?根据第一个市场的需求可知边际收益函数为 $MR_1 = 120 - 20Q_1$,第二个市场的边际收益函数为 $MR_2 = 50 - 5Q_2$。该厂商实行三级价格歧视时利润最大化的原则可以写为 $MR_1 = MR_2 = MC$。于是就有了两个方程:$120 - 20Q_1 = 2Q + 40$,以及 $50 - 5Q_2 = 2Q + 40$。其中 $Q = Q_1 + Q_2$。解之有:厂商在两个市场上的销售量分别为:$Q_1 = 3.6$,$Q_2 = 0.4$。对应地,定价分别是 $P_1 = 84$,$P_2 = 49$。此时厂商的总利润为:$\pi = 146$。

解上题中,关键用到了 $MR_1 = MR_2 = MC$ 的原则。首先,只要各市场之间的边际收益不相等,厂商就可以通过不同市场之间的销售量的调整,来获得更大的利润。比如 $MR_2 > MR_1$,在边际成本既定的情况下,那么厂商显然会把产品增加到市场 2 去销售,而不是到市场 1 销售,甚至减少市场 1 的销售转而到市场 2 销售,直到 $MR_1 = MR_2$。另外,只要边际收益大于边际成本,厂商会继续生产和提供,增加收益,直到边际收益等于边际成本为止。

哪个市场定高价而又哪个市场定低价?定价决策依赖于不同市场的弹性大小。因为:

$$MR = \frac{\mathrm{d}\,TR}{\mathrm{d}Q} = \frac{\mathrm{d}P(Q)}{\mathrm{d}Q} + P(Q) = P(Q)\{1 + \frac{Q}{P(Q)} \cdot \frac{\mathrm{d}P(Q)}{\mathrm{d}Q}\}$$

$$= P(Q)\left[1 - \left[-\frac{1}{\frac{\mathrm{d}Q}{Q} \cdot \frac{P(Q)}{\mathrm{d}P(Q)}}\right]\right] = p\left(1 - \frac{1}{|E_d|}\right),$$

所以　　　$$MR_1 = p_1 \cdot (1 - \frac{1}{|E_{d1}|}) = MC$$

$$MR_2 = p_2 \cdot (1 - \frac{1}{|E_{d2}|}) = MC$$

有：$\dfrac{p_1}{p_2} = \dfrac{(1 - \dfrac{1}{|E_{d2}|})}{(1 - \dfrac{1}{|E_{d1}|})}$。由这个公式发现，需求价格弹性小的市场定高价，弹性大的市场定低价。

▷【本章小结】

垄断市场中只有一个厂商，垄断厂商的需求曲线就是市场的需求曲线。与完全竞争厂商面临的需求曲线是一条水平线不同，垄断厂商的需求曲线是向右下方倾斜的。由此，垄断厂商的平均收益曲线与其市场需求曲线重叠，边际收益线位于平均收益曲线的下方。垄断厂商关于需求曲线和收益曲线的这些特征，对于其他非完全竞争市场结构中的厂商也是适用的。

在短期，垄断厂商在既定的生产规模下，通过对产量和价格的调整来实现 $MR = SMC$ 的最优化原则。在这个短期均衡点上，其利润可能是正，也可能是负，也可能是零。利润状况的大小，还要依据收益线和成本线共同比较得到。在长期，垄断厂商是可以调整所有的生产要素，进而调整产量，完成最优规模的布局，来实现 $MR = LMC$ 的利润最大化原则。

价格差别分为一级、二级和三级。一级价格差别是指厂商对每一单位的商品按照消费者所愿意支付的最高价格出售，完全侵占了消费者剩余，此时的社会总福利都由生产者剩余构成。二级差别价格是指厂商对同种商品按照不同消费数量收取不同的价格。三级差别价格是指厂商对同种商品面对不同类型的消费者或者不同的市场收取不同的价格。

经济学家认定一个行业在长期均衡时是否实现了价格等于边际成本，作为判断该行业是否实现了有效资源配置的条件。商品的市场价格通常被看做是商品的边际社会价值，边际成本看做是商品的边际社会成本。当价格高于边际成本，就是说商品的边际社会价值高于商品的边际社会成本，它表示相对于该商品的需求而言，该商品的供给是不足的，应该有更多的资源转移到该商品的生产中来，社会的总福利境况就会变得更好。当然，随着更多的资源用于生产产品，供给会增加，价格下降，直到商品的边际社会价值等于商品的边际社会成本。此时社会的总福利达到最大。而完全垄断厂商的利润最大化定价方式 $MR = MC$，此时市场价格（即平均收益）高于边际收益，因此不满足有效配置资源的条件。

▷【关键概念】

    垄断 自然垄断 垄断厂商均衡 经济效率 反垄断法 差别定价 一级差别定价 二级差别定价 三级差别定价

▷【思考题】

    1.请分析垄断厂商的总收益、平均收益和边际收益函数。

    2.请作图分析完全垄断厂商的短期均衡。

    3.请作图分析完全垄断为何是没有经济效率的。

    4.差别定级的实现条件是什么?

    5.请分别举例生活中遇到的三类差别定价。

【案例讨论】

差别定价的诱惑与风险

定价策略是最后一个要塞

    当苹果公司在 iPhone 刚刚上市两个月之后便将其价格降低三分之一时,即使是最忠实的消费者也变得怨声载道,闹得沸反盈天,迫使苹果公司首席执行官史蒂夫·乔布斯为此道歉,并退还部分差价款。

    沃顿商学院的教授和分析家们认为,在不断创新、激烈竞争和全球化浪潮正在改变游戏规则的市场环境中,iPhone 现象为我们揭示出定价策略失当的危险。"产品的生命周期很短,而且市场环境变化迅速。"沃顿商学院市场营销学教授张忠(John Zhang)说,"你没有多少从错误中吸取教训的时间,你必须从一开始就给产品确定恰当的价格。"

    企业为增加收入,在多年来将注意力专注于裁员和削减成本之后,定价策略正在受到管理人员的青睐。现在,企业开始将搜集的数据、以往用于供应链管理和企业其他环节管理的工具引入定价过程。"定价策略是最后一个要塞。"埃森哲公司(Accenture)定价和利润优化业务的管理合伙人格雷格·卡达依(Greg Cudahy)说。

    格雷格·卡达依认为,那些在运营中引入定价战略并密切监督相关数据的公司,每年的收入可提升 1% 到 2%。"单就企业的收入而言,这可是个不小的变化。"

    比如,刊载于 2007 年 1 月埃森哲公司商业出版物 Outlook 上一篇题为《价格是恰当的,果真如此吗?》(The Price Is Right,Isn't It?)的文章谈到,纽约的医药连锁店杜安瑞蒂(Duane Reade)利用定价软件检测销售数据后,其产品年销售收入增长了 27%。在这篇文章中,格雷格·卡达依和乔治·L.科尔曼(George L. Coleman,埃森哲公司零售定价研究小组的领导者)写道,相关数据表明,比之儿童的父母来,新生儿父母对价格的敏感程度更低。为此,杜安瑞蒂降低了儿童纸尿布的价格,以保持自己对其他零售店的竞争力,同时,提高了婴儿纸尿布的价格。

格雷格·卡达依认为,更好的定价策略不仅仅有助于企业提升销售收入。比如,他曾与一家包裹递送公司合作,将捆绑价格策略引入公司运营,他们发现,这种策略能将用于解决投标报价问题的时间减少 90%,从而使公司将更多的时间专注于与客户构建良好的商务关系。

他说,更为优秀的定价策略还能从其他方面为企业带来收益。埃森哲公司发现,在某些零售店,对某一货区的商品降价能为该店其他货区的商品销售带来有利影响。比如,对南方退休群体购买行为的研究表明,购物者对健康护理产品的价格极为敏感,但是,购买这类产品省下的几美分,能让他们在其他产品上多支出 50 美分。"定价策略不只是试图让购物者多掏钱,"他说,"定价策略还能当作发现消费者真正需求的检测机制。它是表明供需关系的根本,是弄清消费者是否愿意以某个价格购买自己需要的产品的最有效方式。"

"时间性的差别定价"

沃顿商学院市场营销学教授杰戈莫汉·雷朱(Jagmohan Raju)认为,苹果公司对 iPhone 的降价行为是"时间性的差别定价"(也称为"暂时价格歧视")策略的典型代表。公司会根据购买者的购买欲望或者购买能力,对不同的消费人群实施不同的价格。据此,公司可以从两方面受益:首先,公司可以从那些愿意出高价购买产品的消费者那里获取高额利润;其次,还能通过构建更大的消费者群体,从产品以后的低价格大量销售中获益。杰戈莫汉·雷朱指出,"时间性的差别定价"策略还能应用于不同的地区、不同的季节,或者像学生软件产品的销售那样,通过增加或者去除某些功能而制订不同的价格。

消费者已经接受了航空业的这种价格策略。比起数月前通过互联网订购机票的那些节俭旅行者来,"最后一分钟"旅行者要为同样航班上的同样座位支付高得多的价钱。杰戈莫汉·雷朱说,服务业,比如航空业,比具体的制造性产品更容易实施这种"时间性的差别定价"政策。确实,就在上周,纽约市交通当局提出了一个"双重收费标准"计划,如果人们在交通非高峰时段乘坐地铁或者公交车,他们的车票钱会更低。这一计划于 2008 年实施。此外,据《纽约时报》报道,政府正在考虑一项针对航班的差异化收费计划,那些在机场繁忙时间降落的航班的票价,会高于在机场非高峰时段降落的航班的票价。

不过,"时间性的差别定价"策略也可以应用于非服务业,包括技术产品市场,在这个市场上,如果消费者不去购买其他产品,而愿意等待一个令人激动的新产品上市之初再去购买,那么,他们享受的价格就会低得多。杰戈莫汉·雷朱说,在很多情况下,技术产品的经销商为了培育以后能为自己带来足以产生利润的消费者群体,产品上市之初就必须赔本定价。"如果我是唯一一个可视电话用户,那么,我能给谁打电话呢?"杰戈莫汉·雷朱问道。

沃顿商学院市场营销学教授戴维·瑞伯斯坦(David Reibstein)指出,尽管"时间性的差别定价"策略对很多企业而言颇具意义,不过,它也会成为棘手问题。他回忆说,当可口可乐公司试图提高热天在售货机出售的饮料价格时,就遭到了市场的强烈反对,最终,公司收回了这一价格政策。"时间性的差别定价"策略"是一个日益得到普遍应用的策略,但是,就像可口可乐公司经历过的一样,你在使用这一策略时必须非常巧妙。"他说,专业运动队也在考虑提高受到广泛欢迎的那些比赛场次的票价,曼哈顿的杂货店已经尝试过在白天客流较少、顾客有更多时间比较各家商店商品价格的时段降低商品售价。

戴维·瑞伯斯坦发现,现在,产品种类不同,人们对"时间性的差别定价"策略的接受度也迥然相异。虽然消费者早就对演出的日场价格和给老年人的折扣价格习以为常,不过,当街头摊贩在雨天大幅提高雨伞售价的时候依然会怒不可遏。此外,人们也不会幻想能以老年人享受到的折扣价买到一款新汽车。戴维·瑞伯斯坦说,启动一项"时间性的差别定价"计划的最佳方式,就是将定价的合理性坦诚相告,千万不要"试图瞒天过海,要对自己价格政策的合理性保持公开和坦诚"。

价格咨询顾问公司 SKP(Simon-Kucher & Partners)设在波士顿的机构的合伙人弗兰克·鲁比(Frank Luby)警告说,很多公司没有认真考虑过竞争对手对自己的降价政策所作出的反应。在竞争者之间引发的连锁价格变化会导致整个业界的价格战,而这种价格战对所有企业来说,都可能是一场灾难。"我们认为,在某种情况下,对价格变化的最佳应对策略就是按兵不动。"弗兰克·鲁比说。

他还谈到,公司在制订价格政策的时候,必须认真考虑"价格信息交叉"的影响。在企业之间,价格交叉的效力会随着员工从一家公司转到另一家公司从而将前一个公司的内部价格信息泄露出去而消失殆尽。购并对公司的产品定价同样会产生巨大压力,因为当公司之间打开对方的账本时,会看到不同的价格政策。"你给某一个客户的价格存在被泄露出去的风险,而且常常会让你困窘不堪。这也是很多公司将价格定得尽可能高的原因。"

杰戈莫汉·雷朱认为,某些行业比其他行业在制订成功的价格策略方面更具优势。除了航空公司和手机企业之外,零售商在价格政策把握方面同样经验老到。比如,沃尔玛会根据消费者的详尽数据和竞争对手的信息作出定价决策。他认为,服装行业相对而言要简单得多。服装零售商会在应季产品上市之初定高价,但是,随着季节渐渐过去,他们会系统性地降低产品价格,"产品的价值会随着时间的流逝而降低"。

杰戈莫汉·雷朱指出,当公司进入其他国家的新市场环境时,产品的定价会变得越发复杂。"当全球化浪潮席卷而来的时候,人们对产品愿意给付的价格也会相去甚远,不过,这些市场确实让人垂涎欲滴。你怎么才能获得那些收入并不很高的消费群体的青睐呢?再有,你希望将产品卖给谁呢?"他补充说,为了进入发展中国家的市场,同时,又能确保自己在欧洲和美国等传统市场上获得的利润,制药公司就尝试了差异化的定价策略。

张忠说,公司现在已经意识到,尽管定价策略至关重要,但是,实施起来却困难重重。通常情况下,公司经理对全新的定价策略会避之唯恐不及,这不只是因为定价策略很复杂,而且还因为这些策略非同小可。"如果你的决策影响巨大,那么,你就不会去想尝试全新的方式。如果你对定价策略没有非常丰富的学识,那么,你就没有信心作出这类决策。万全之策就是遵从传统,无论传统是什么。"他说,通常情况下,公司定价时会考虑产品的生产成本,之后再加上一定比例的利润。据技术市场研究机构 Isuppli 估算,8G 的 iPhone 手机,其成本为 265.83 美元。

张忠指出,新产品,尤其是精巧的技术产品,其定价的另一个障碍在于,公司无法不牺牲产品秘密(产品保密对防范产品被人抄袭、模仿是必不可少的)而进行大范围的市场测试。

产品定价的复杂性与不确定因素

我们常见的情形是,如果产品承载着附加情感或者已经成为产品所有者自我感觉的象征时,产品的定价策略往往有悖于传统定价模式,比如汽车、手袋和技术产品等,也包括手机和音乐播放器。

苹果公司 iPhone 的价格变化所引发的抗议之所以如此具有戏剧性,是因为公司在市场上已经将自己定位于消费者友好型企业。沃顿商学院市场营销学教授斯蒂芬·霍奇(Stephen Hoch)说:"人们对苹果公司怀有强烈的归属感,他们认为,自己就是苹果公司大家庭的一员。"当史蒂夫·乔布斯宣布其产品降价时,"人们觉得自己被出卖了。我不知道他们是不是应该有这种感觉,他们的反应似乎是首次遭遇技术公司降低产品售价。"

斯蒂芬·霍奇认为,苹果公司并没有遇到销量低于预期而承受提高销量的压力。他谈到,公司在两个月多一点儿的时间内就售出了100万部手机,提前一个月完成了销售目标。与此形成对照的是,公司售出100万个iPod音乐播放器则用了整整两年时间。尽管从某种程度上说iPod在市场上自成体系,不过,iPhone在市场发育完善、竞争激烈的手机市场却是个"新兵"。"竞争对手会不遗余力地保护自己的市场地位,所以,市场上也将出现很多新产品和新的定价策略。"

弗兰克·鲁比认为,针对iPhone定价策略的争论表明,即使是像苹果公司这类市场营销经验老到的公司,也可能在定价决策的复杂性和隐形效应面前摔倒。"苹果公司似乎犯了一个错误,很多人认为苹果公司确实犯了一个错误,但是这个事情里面有许多不确定因素。"他是指iPhone的新功能、iPhone是唯一与美国电报电话公司(AT&T)无线网络捆绑的手机以及产品发布时的大肆渲染。他希望苹果公司的批评者能够制定一个模型用来评估以上这些因素并制定出一个正确的价格。他说:"我希望看到他们评论背后的逻辑。"

(资料来源:时代经贸 2009(1))

思考题:

1. 上文提到了多少项项产品和服务实施了差别定价策略?

2. 请简述苹果公司对iPhone的时间性差别定价策略。

3. 思考差别定价的经济学原理。

4. 苹果公司对iPhone的时间性差别定价策略有没有成功?为什么?

第 10 章

垄断竞争

≫ ≫ ≫ ≫

本章学习要点

1. 了解垄断竞争市场的定义；

2. 理解垄断竞争企业为何面临向下倾斜的需求曲线；

3. 解释垄断竞争市场中企业的产量和价格决策；

4. 在图形中表示企业的利润或亏损；

5. 解释在长期企业进入退出如何导致零利润；

6. 比较垄断竞争和完全竞争的效率；

7. 如何理解广告。

【开篇案例】

中式快餐连锁望多子多福

春节刚过,杭州的伊家鲜餐饮管理公司就基本完成了旗下品牌的市场细分,四大品牌:伊家鲜、伊家小鲜、云水、古杭薰风阁分别针对不同的消费群体,以相对完整的品牌系列锁定市场。

杭州名人名家餐饮管理有限公司目前已经有四个知名的餐饮品牌:避风塘、名人名家、粤浙会、名家厨房。虽然名人名家系列品牌大多针对高端餐饮市场,但这四个品牌之间的目标消费群仍是互有区分的。"名人名家"的人均消费在80元,而"名家厨房"的人均消费就在220元左右。

去年连锁门店发展最快的餐饮企业"外婆家",目前也正在考虑尽快推出升级版品牌,以吸引消费能力比"外婆家"高出一档的消费者,外婆家目前人均消费在40元左右,新推出的子品牌门店,人均消费定位在 55—60 元左右。与"伊家鲜"、"外婆家"相似的是,不少本地的中式餐饮企业都已经或者正在展开多品牌发展的经营战略,有业内人士戏称这样的现象为:中式餐饮连锁企业正在追求"多子多福"的发展格局。

(资料来源:根据连锁中国网 2009-09-03"中式快餐连锁望多子多福"改编)

理论提示:餐饮市场包含了完全竞争市场的特点——企业众多、进入壁垒低,但消费者认为餐饮市场产品不是同质的,所以餐饮市场是垄断竞争市场。

现实生活中,商业广告随处可见。在黄金时间打开电视,你就会观察到什么类型的产品广告做得较多:饮料、化妆品、零食、男女服饰……这些快速消费品行业一般把收入的 10% 到 20% 投放于广告。

事实上,日常生活中你所见到的大部分商业都处在典型的垄断竞争市场中,同时我们很难想象生产小麦或者电力公司的企业会花大把的金钱请明星作为产品代言人,因为这些产品要么是标准化的,要么被一两家企业完全垄断,他们没必要做广告。

在完全竞争这一章中,我们看到完全竞争是如何惠及消费者并带来经济效率的,那么这些令人满意的结果在垄断竞争市场中是否存在呢?由于垄断竞争市场十分普遍,对这一问题的研究意义重大。

10.1 概　述

10.1.1 垄断竞争市场的含义

顾名思义,垄断竞争是既包含垄断的因素,又有竞争的成分,但在本质上表现为竞争特性的一种市场结构。与完全竞争的市场相似,垄断竞争的市场也含有大量的企业,它们进退市场比较自由,所受限制不多。与完全垄断的市场相似,垄断竞争企业所生产的产品彼此相似,但更重要的是又有明显差异(或者至少在消费者眼中差异很大)。因此,它们在这种市场结构中各自都具有一定的控制力或垄断力。总之,垄断竞争是指众多企业生产和销售有差异的商品的一种市场结构。

具体地说,垄断竞争市场的条件主要有以下两点:

第一,有大量的企业生产有差别的同种产品,这些产品彼此之间都是非常接近的替代品。

例如,康师傅牛肉面和统一牛肉面是有差别的同种(面食)产品,二者具有较密切的替代性。

在这里,产品差别不仅指同一种产品在质量、构造、外观、销售服务条件等方面的差别,还包括商标、广告方面的差别和以消费者的想象为基础的任何虚构的差别。例如,虽然在两家不同饭店出售的同一种菜肴(如水煮虾)在实质上没有差别,然而,在消费者的心理上却认为一家饭馆的虾比另一家鲜美。这时,即存在着虚构的产品差别。

另一方面,由于市场上的每种产品之间存在着差别,因此,每个厂商对自己的产品的价格都具有一定的垄断力量,从而使得市场中带有垄断的因素。一般说来,产品的差别越大,厂商的垄断程度也就越高。由于有差别的产品相互之间又是很相似的替代品,或者说,每一种产品都会遇到大量的其他的相似产品的竞争,因此,市场中有竞争的因素。如此,便构成了垄断因素和竞争因素并存的垄断竞争市场的特征。例如,不同品牌的香烟、饮料和方便面。

第二,市场中存在着大量的企业(或者说销售者)。正因为如此,彼此之间存在着激烈的竞争,同时,进退市场也接近于完全竞争。很难设想,一家垄断竞争企业的某种经济行为(比如降价以获得更大的市场份额)不会引起其他垄断竞争企业的反应。而这些反应又会因为自身的条件不一而有所不同。特别是一些非价格竞争策略,比如广告竞争,使得垄断竞争模型难以抽象。

10.1.2 垄断竞争市场中企业的需求曲线

由于产品差异的存在,不可能建立产业的需求和供给曲线。因此,在垄断竞争中,我们必须将图表分析局限于一个"代表性企业"。

由于垄断竞争企业可以在一定程度上控制自己产品的价格,即通过改变自己生产的有差别的产品的销售量来影响商品的价格,所以,如同垄断企业一样,垄断竞争企业所面临的需求曲线也是向右下方倾斜的。为什么呢?

设想一下,康师傅方便面涨价的影响,它会失去一部分但不是全部顾客,有些对价格敏感的顾客可能转而购买统一方便面或其他方便面,但也有一部分顾客会由于各种不同的原因(比如一直以来就是产品的忠实顾客)而愿意用较高的价格继续购买康师傅方便面。

由于价格变化会影响销量,所以康师傅面临的是一条向下倾斜的需求曲线, *247*

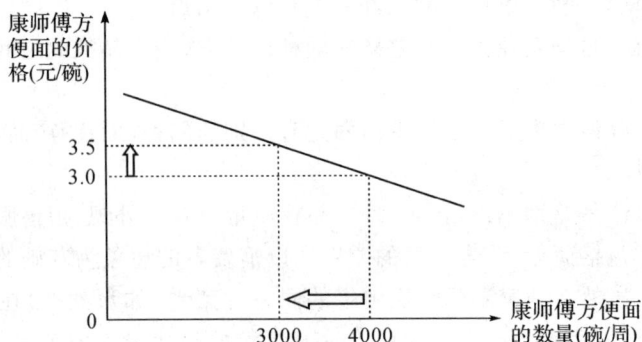

图 10-1 垄断竞争企业的需求曲线

而不是像小麦农场主一样面临水平的需求曲线。

所不同的是,各垄断厂商的产品相互之间都是很接近的替代品,市场中的竞争因素又使得垄断竞争的企业面临的需求曲线具有较大的弹性。因此,垄断竞争企业向右下方倾斜的需求曲线是比较平坦的,相对地比较接近完全竞争企业的水平形状需求曲线。

10.1.3 垄断竞争市场中厂商如何达到利润最大化

1. 垄断竞争市场中厂商的收益

回顾一下完全竞争市场中的企业,其需求曲线和边际收入曲线是一致的。完全竞争企业面临一条水平的需求曲线,从而不需要降低价格来扩大销量。然而,垄断竞争企业需要通过降低价格来提高销量。因此,垄断竞争企业的边际收入曲线向下倾斜,并且在需求曲线的下面。

表 10-1 康师傅方便面的需求和边际收入

销售量 Q	价格 P	总收入(TR)	平均收入(AR)	边际收入(MR)
0	6.0	0	0	—
1	5.5	5.5	5.5	5.5
2	5.0	10.0	5.0	4.5
3	4.5	13.5	4.5	3.5
4	4.0	16.0	4.0	2.5
5	3.5	17.5	3.5	1.5

销售量 Q	价格 P	总收入（TR）	平均收入（AR）	边际收入（MR）
6	3.0	18.0	3.0	0.5
7	2.5	17.5	2.5	−0.5
8	2.0	16.0	2.0	−1.5
9	1.5	13.5	1.5	−2.5
10	1.0	10.0	1.0	−3.5

表 10-1 标示了康师傅方便面的销售收入、平均收入和边际收入（为了方便理解，假定是一个很小的销售区域）。总收入是销量乘以价格的值；平均收入是总收入除以销量，也就是价格，这在任何市场都成立；边际收入是每增加一单位销量带来的总收入的增量。当价格为 6 时，收入为零，在该价位，任何东西都卖不掉。价格在 5.5 元时能卖掉 1 单位，总收入、平均收入、边际收入都是 5.5 元，每降价 0.5 元，销量就增加 1 单位，总收入是不断增加的，但边际收入一直是下降的，当价格降为 3.0 后，总收入开始下降，边际收入变为负值。

在垄断竞争市场中，企业想增加销量就必须降低价格，当企业降低价格时，会产生两种效应：

- 产出效应：康师傅方便面销量将增加 1 单位。

- 价格效应：每碗面本来可以卖更高的价格，现在只能以少了 0.5 元的价格出售。

图 10-2 标示了当价格从 4.5 元降低到 4 元时的效应。第四碗方便面的出

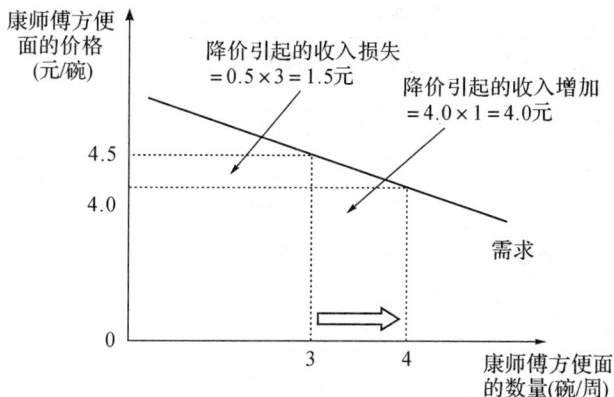

图 10-2　价格降低如何影响企业收入

售带来的收入增量是 4 元,这是产出效应,然而,现在所有单位都要降价销售,结果是前三单位的收入为 12 元而不是 13.5 元,也就是价格效应带来的收入损失是 1.5 元。因此,企业在第四碗增加了 4 元的收入,但前三碗却损失了 1.5 元,总收入的净变化为 2.5 元。边际收入是每增加一单位销量总收入的变化。因此,第四碗的边际收入是 2.5 元,这低于康师傅方便面的市场价格。

事实上,每多出售一单位康师傅方便面,其边际收入都要比价格低。任何一家企业只要有能力影响所提供产品或服务的价格,其边际收入曲线都将在需求曲线下面的位置。只有在完全竞争市场中,企业的边际收入曲线和需求曲线重合,因为企业无需降低价格就能在给定的市场价格水平出售期望的任意数量的产品。

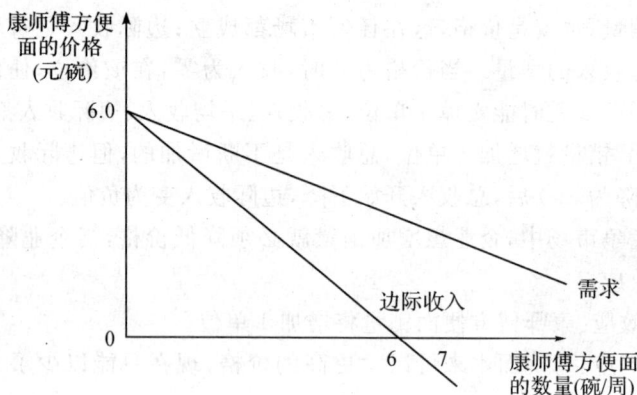

图 10-3　垄断竞争企业的需求曲线和边际收入曲线

表 10-2　康师傅的利润表

销售量 Q	价格 P	总收入（TR）	边际收入（MR）	总成本（TC）	边际成本（MC）	平均总成本（ATC）	利润（II）
0	6.0	0	—	5.0	0	—	−5.0
1	5.5	5.5	5.5	8.0	3.0	8.0	−2.5
2	5.0	10.0	4.5	9.5	1.5	4.8	0.5
3	4.5	13.5	3.5	10.0	0.5	3.3	3.5
4	4.0	16.0	2.5	11.0	1.0	2.8	5.0
5	3.5	17.5	1.5	12.5	1.5	2.5	5.0
6	3.0	18.0	0.5	14.5	2.0	2.4	3.5

销售量 Q	价格 P	总收入（TR）	边际收入（MR）	总成本（TC）	边际成本（MC）	平均总成本(ATC)	利润（II）
7	2.5	17.5	−0.5	17.0	2.5	2.4	0.5
8	2.0	16.0	−1.5	20.0	3.0	2.5	−4.0
9	1.5	13.5	−2.5	23.5	3.5	2.6	−10.0
10	1.0	10.0	−3.5	27.5	4.0	2.8	−17.5

图 10-3 揭示了垄断竞争企业需求曲线和边际收入曲线的关系,注意在第 6 碗后,边际收入变为负值,因为多出售一单位产品带来的收入增加要小于价格降低导致的收入减少。

2. 垄断竞争市场中厂商的利润最大化

所有企业利润最大化的原理是相同的,在边际收入等于边际成本的点上进行生产。

在短期,至少一种生产要素是不变的,新的企业也来不及进入市场。对于很多企业而言,企业的边际成本呈 U 形。假定康师傅的边际成本曲线符合这一特征。

图 10-4(b)比图 10-4(a)多了平均总成本曲线,在这个例子中,利润$=(P-ATC)\times Q=(3.5-2.5)\times 5=5$ 元,即图中阴影部分面积是 5。

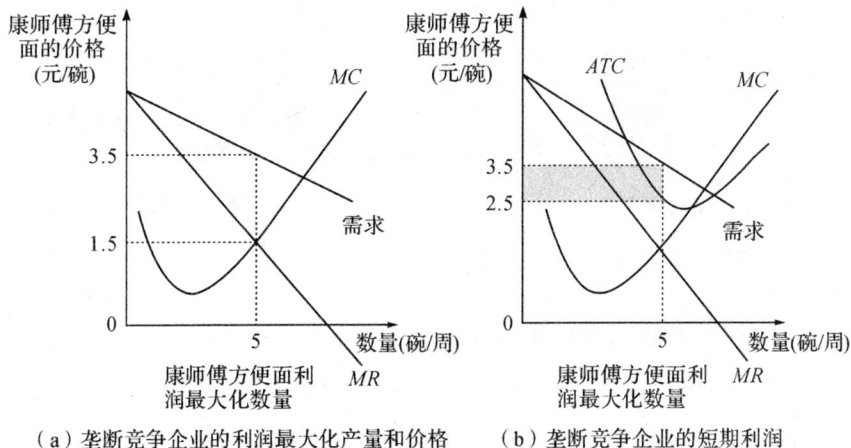

（a）垄断竞争企业的利润最大化产量和价格　　（b）垄断竞争企业的短期利润

图 10-4　垄断竞争企业的利润最大化

值得注意的是,完全竞争企业在 $P=MR=MC$ 点组织生产,但垄断竞争企业由于自身的垄断力量,即使边际成本为 1.5 元,也可以要价 3.5 元,因此,垄断竞争企业 $P>MR=MC$ 点组织生产。

如果垄断竞争企业寻求到了一组价格和产量使之实现了利润极大化,那么,便达到了一种均衡状态。但是,均衡也有长期和短期之分。

在短期内,企业仅能决定是否生产和生产多少,而不能决定是否退出这一产业而进入另一个产业。

垄断竞争企业短期均衡的条件依然为:$MR=MC$,当 $MR>MC$,企业应增加产量;当 $MR<MC$,则应减少产量。

10.2 垄断竞争企业的短期均衡和长期均衡

10.2.1 垄断竞争企业的均衡

不论什么类型的市场结构,厂商利润极大化(从而达到均衡状态)的必要条件都是 $MR=MC$。

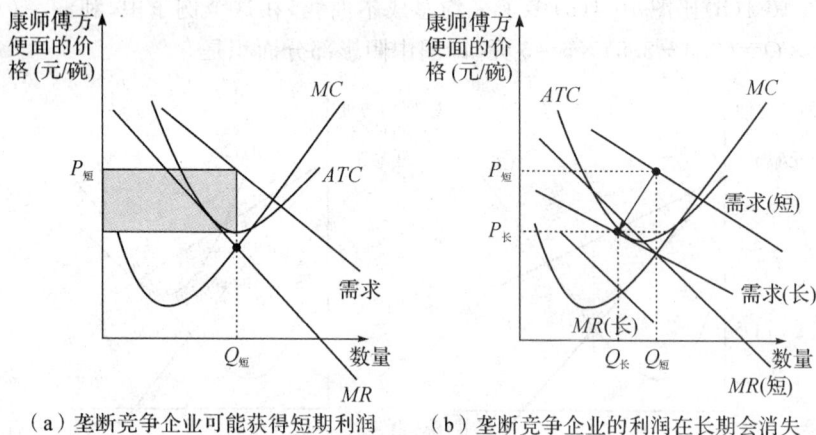

（a）垄断竞争企业可能获得短期利润　　（b）垄断竞争企业的利润在长期会消失

图 10-5　新企业的进入如何减少利润(短期均衡和长期均衡)

图 10-5(a)反映的是垄断竞争企业短期均衡的情况,由于该企业的产品与竞争对手相比有差异,因此它面临的需求曲线是向下倾斜的,利润最大化的产量 $Q_短$ 在边际收益和边际成本的交点处得到,由于相应的价格 $P_短$ 大于平均成本,

企业赚到了利润,如图 10-5(a)中矩形所示。

图 10-5(b)反映的是垄断竞争企业长期均衡的情况,垄断竞争市场中,有的企业赚取了经济利润,由于进入壁垒不高,这会吸引一批新企业进入这一市场,如果新的企业受经济利润的吸引进入这个产业,那么产业中原有企业面临的需求曲线会左移,因为多了竞争者,在同一价格水平下销售的数量会减少,同时需求曲线变得更有弹性,因此,如果此时提高价格,销售量会下降得更多。图 10-5(b)显示了这个动态过程,图 10-5(a)显示了在短期企业由于缺少竞争,可以在平均成本之上制定价格,因而可能获得经济利润。图 10-5(b)显示了新企业的进入,使得需求曲线不断左移,直至需求曲线与平均总成本曲线相切为止。

在长期,需求曲线与平均总成本曲线相切的位置,价格等于平均总成本,企业达到收支平衡,经济利润为零。

当然,在短期,企业也可能出现亏损,从而无法弥补全部机会成本,但这种情况不会一直持续,企业无法维持时,它会选择退出这个行业,那么余下企业面临的需求曲线会右移。这一动态过程持续到什么时候呢? 直至需求曲线与平均总成本曲线相切,经济利润等于零为止。

因此,在长期,企业既不会获得经济利润,也不会承受损失。

10.2.2 比较垄断竞争和完全竞争

垄断竞争和完全竞争在长期有个共同点,那就是达到长期均衡时,经济利润为零。

然而,长期中,垄断竞争的均衡在以下两大方面有异于完全竞争的均衡:

第一,垄断竞争企业的要价高于完全竞争企业;

第二,垄断竞争企业会生产出一个缺乏效率(inefficient)的产量水平。

1. 生产能力过剩

由于每一家垄断竞争企业不是在长期平均成本最低点进行生产,更严格地说,由于需求曲线向下倾斜,它是在下降段的长期平均成本点上进行生产,因而出现了生产能力过剩。从图 10-6 来看,过剩的生产能力用 Q_{GS} 来量度。

请读者回忆一下:完全竞争企业在长期内是在长期平均成本最低点进行生产的,以最低的平均成本进行生产显然是一种对整个社会而言的理想状态,而在垄断竞争市场中,企业扩大规模,反而会有利于降低平均成本,但它没有如此去做。

2. 效率问题

在长期中,垄断竞争均衡对应于长期边际成本等于边际收益时的产出量,然

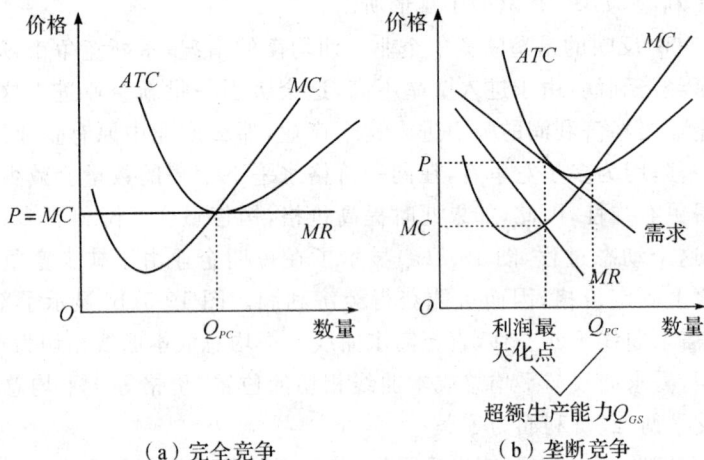

（a）完全竞争　　　　（b）垄断竞争

图 10-6　完全竞争和垄断竞争的比较

而,请注意,此时的价格并不等于长期边际成本。确切地说,价格大于边际成本,这就意味着增加一个单位的产量对消费者的效用增量要大于生产者的成本增量。这就必然导致社会福利损失。因此,与垄断一样,垄断竞争也会导致社会福利损失,即效率损失。

相反,完全竞争企业的长期均衡会出现有效率的产出量——价格等于长期边际成本。

垄断竞争企业既没有达到生产效率——在生产成本的最低点组织生产,也没有达到配置效率——即最后一单位产品的生产给消费带来的边际收入等于边际成本。也就是说,企业要价等于边际成本,那么垄断竞争对于社会而言,存在价值在哪里?

3. 垄断竞争的存在价值

垄断竞争市场与完全竞争市场相比,存在效率损失,但垄断竞争市场有个鲜明的特点,在其中的企业提供的产品有很大的差异性,而企业提供差异化产品的目的是为了满足消费者的差异化需求,从而吸引和留住消费者。消费者接受差异化产品的事实说明消费者喜欢这些产品胜过其替代品,所以消费者的福利得到了改善。

另外,在大多数垄断竞争市场,垄断势力并不大,通常,会有足够多的企业相互竞争,它们的品牌相互之间替代性很强,所以没有那个单独的企业有足够强的垄断势力,并且由于企业面临的需求曲线相当有弹性,过剩生产能力也不会太大。

我们可以这样认为,消费者在购买垄断竞争企业的产品时面临一种抉择:是否用高于边际成本的价格购买差异化的更接近自己偏好的产品? 是否从中获益? 消费者显然作出了肯定的回答。

10.2.3　品牌和广告

到目前为止,我们所强调的竞争是指以价格为基础的竞争。这也就是说,我们的垄断竞争模型排除了非价格竞争的因素。然而,非价格竞争——改变产品的品质、改善服务、改进包装、重视营销策略、强调广告作用——在现实生活中屡见不鲜。

垄断竞争企业想要获得并维持它的经济利润,必须使其产品差异化。企业有两种市场营销工具——品牌管理和广告。

1.品牌

企业一旦通过差异化获得成功,那么它就必须通过品牌管理来长时间保有这个差异性。品牌与产品差异有密切的关系。首先,品牌是产品差异的必然产物。因为每个企业生产的产品都与其他企业生产的产品有或多或少的差异,为了体现这种差异,让客户便于辨认本企业生产的产品,企业必须将其产品品牌化,以品牌来标志产品的特殊身份,使自身与其他产品区别开来。其次,品牌本身也是产品差异的重要体现。一个品牌是一个复合体,它反映了产品的市场定位、开发理念、文化以及综合品质等方面。

实践证明,优秀品牌是企业获得竞争优势的利器:由于优秀品牌的知晓度和忠诚度,为企业赢得市场份额并降低营销成本;由于客户的品牌偏好加强了企业对价格的控制力,从而获得品牌溢价;由于品牌信誉,有利于开拓市场,进行品牌扩张。

【专题】

康师傅,用品牌打天下

1991年天津经济技术开发区招商。魏氏兄弟来到天津,注册了顶益食品公司,投资800万美元,开始生产方便面。生产什么样的方便面呢? 他们按照北方人的偏好,开发出了口味丰富、经济实惠、包装精美的方便面。产品有了,该给它起个什么名字呢? 用"顶新"? 不行! 在台湾就没名气。"顶益"也不能用,在大陆都败过两次了。应该用一个通俗易记,非常贴近老百姓的名字。用"康师傅"! 理由是:在大陆,北方人喜欢把比自己水平高的人叫师傅;在南方的企业里,一般称年长者为师傅。"师傅"既通俗又专业,还受人尊敬。"师傅"该姓什么呢?让他姓健康的"康"吧!因为顶益的方便面不含防腐剂和人工色素,用"康师傅"来塑造"讲究健康美味的健康食品专家"的形象,岂不美哉!再配上矮矮胖胖、笑容可掬、相貌憨厚的"康师傅"卡通形象,颇具人情味,让人顿生好感。顺其自然,广告词"香喷喷,好吃看得见"也呼之欲出。

顶益公司制定了低价格、高促销的拉式营销策略,率先在中央电视台投放广告。以康师傅憨态可掬"自卖自夸"的卡通形象,每晚黄金时段 8 次以上的高密度,连播多日。"康师傅红烧牛肉面,好吃看得见!"很快在北京广为人知,并树立起具有号召力的形象。3 元/碗的康师傅红烧牛肉面,在北京近 2000 家商店投放了 1 万箱,立即被抢购一空。三天后。订货猛增到 4 万箱。在 1993 年京城方便面大战中,"康师傅"火爆京城,并很快就掀起了一股抢购"康师傅"方便面的狂潮。

2. 广告

广告是在有差别的产品市场上向顾客传递各种可供选择信息的手段。在没有差别的完全竞争市场上,广告的作用不明显;在完全垄断市场上,根本就不需要广告;在寡头市场上,偶尔也会有广告出现;而真正的广告竞争主要是集中在垄断竞争这种不完全竞争市场上,只有在这样的市场上,广告才能发挥作用。广告的这种作用主要是把自己同竞争对手区别开来,让消费者了解、认知和信赖。

当企业为某一产品做广告的时候。它正试图使该产品面临的需求曲线右移或使之变得刚性。如果企业获得了成功,那么,它将在每一价格出售更多的产品,或者在涨价时不会损失太多的顾客。当然,广告会增加企业的成本,但只要广告带来的企业收入的增加量大于成本的增加,那么企业的利润会上升。

现实中,很多企业会为自己的产品做广告。那么广告的规模有多大呢?也许这个数字难以想象,那么你就想想仅仅凭着在线广告作为收入的互联网企业就可以动辄拥有几十亿美元的市值吧。

在信息经济学中,广告被视为一种信号,即做广告的企业在向消费者发送关于其产品质量的信号。考虑一个新品种速溶咖啡的广告。企业可能会极为"奢侈"地请某个当红明星做广告。这种广告意在向消费者传递一种信息:我愿意花巨额资金做广告,因为我有实力,我对自己的产品质量有信心。在广告诉说的故事中,广告的内容是无关紧要的,重要的是让消费者知道这个广告很昂贵。

对于广告的作用,经济学界还有许多观点和争论。

广告批评者:(1)广告抑制了竞争。通过增加心理上的产品差别度和品牌忠诚度,广告使消费者漠视同类产品之间的价格差别,从而企业可以增加定价权获取高利润。一双 NIKE 球鞋与一双名为"莱克"的球鞋也许都由一家浙江的民营企业生产,但是 NIKE 球鞋因为请 NBA 球星在全球进行广告轰炸,就可以轻易卖出同种类型球鞋几十倍的高价。(2)大部分广告没有提供有关产品的有用信息,而是通过心理暗示来增加消费者的欲望。考虑哈根达斯的广告,它不告诉你任何关于其冰淇凌的消费信息,而是通过一个浪漫场景让你意识到:哈根达斯代表浪漫与爱情。

广告辩护者:(1)广告加强了竞争。通过广告,消费者更充分地获得市场上所有企业的信息,这样消费者可以更容易地识别价格差异,因此每个企业的定价权力变小了。此外,广告使得新企业进入市场更容易,因为它可以帮助进入者从现有企业中吸引顾客。(2)广告可以用来向消费者提供信息以改善市场上信息不对称的程度。广告提供商品的价格、新产品的出现和商店的位置,这些信息有助于提高市场配置资源的能力。

【专题】

可口可乐并购汇源:垄断还是垄断竞争

可口可乐收购汇源一事,从一开始就激起轩然大波。近年来,一些民族品牌如大宝、乐百氏、中华牙膏、娃哈哈、苏泊尔、南孚电池等一大批民族品牌被外资并购,不少人为这些曾经让国人引以为豪的民族品牌一个个被"吃掉"而感到痛心。

一直关注此案的北京广盛律师事务所上海分所律师刘春泉此前曾撰文称,此案关键在于对并购双方在相关市场的市场份额及对市场控制力的认定,而关键词"相关市场"目前尚无具体的官方解释,审查者对此或宽或狭的解释有可能直接决定裁判结果。

据媒体援引市场调研公司的数据,汇源果汁在中国纯果汁市场占有 46% 的市场份额,中浓度果汁也占到 39.8% 的市场份额,是毫无争议的行业龙头;可口可乐旗下的果汁子品牌占有 25.3% 的市场份额,位居第二。两者若合并,将占市场份额 70% 以上,对其他企业会形成很大的竞争压力。"但是,如果商务部笼统地以'饮料市场'作为参照,就很难认定并购后会构成垄断,而现在分开以'碳酸软饮料'和'果汁饮料'作为参照,就有利于认定并购对竞争的不利影响。"刘春泉说。

然而,也有人对商务部这一裁决表示质疑。代理全国防伪企业起诉国家质检总局推广电子监管码行政违法"反垄断第一案"的北京问天律师事务所律师、中国青年政治学院副教授周泽今天在接受中国青年报记者采访时表示,商务部应该慎用否决并购的权力。"并购本身是一种市场行为,政府权力介入市场要谨慎,毕竟这涉及出售者的权利处分问题,要尽量尊重市场主体的自主权。"

在周泽看来,虽然可口可乐收购汇源可能会在果汁饮料行业出现一家独大的局面,"但并不意味着果汁饮料行业出现一个大个子,其他经营者就没法混了"。他说,果汁饮料市场的进入门槛并不高,一个强势的经营者完全可能与其他非同一量级的经营者并存,而不可能真正做到限制和排除竞争。"像可口可乐、汇源这样的饮料企业,无论它在业内是老大还是老几,都不可能形成市场支配地位,任何其他经营者都会有自己的生存空间,消费者的选择权利也不会受到影响。消费者并不会对某种饮料形成依赖,如果觉得某种饮料不好,价格贵,完全可以不去消费。而且饮料市场是开放的,没有一个企业能够做到让所有消费者都离不开它的产品。因此,可口可乐收购汇源可能在果汁饮料市场形成一定竞争优势,但要垄断市场,则不太可能。"

（本报记者 王俊秀 实习生 庄庆鸿）

（改编：中国青年报,2009-03-19）

☞【本章小结】

在第 8 章的总结中,我们得出结论,"处于激烈的市场竞争中的企业,在压力的作用下,会以自身可能达到的最低成本,生产更新或更好的产品或服务,长期来讲,市场会作出选择,那些不能采用最新或最有效率的技术或者没有根据消费者需求而开发新产品的企业最终会被淘汰",这一思想同样适用于垄断竞争企业。由于垄断竞争市场兼有垄断特性和竞争特性,但在本质上表现为竞争特性,因此有关竞争的许多思想同样适用于垄断竞争市场。

垄断竞争市场从效率上来说没有完全竞争市场高,但它对世界贡献了多样性,这在一定程度上弥补了效率损失。

垄断竞争市场的基本特征是,有很多买者和卖者,进入、退出壁垒不高,不同企业生产的产品是异质的。

用利润最大化原则进行产量决策,即使得边际收益等于边际成本的产量,但和完全竞争厂商 $P=MC$ 不同的是,此时 $P>MC$。

如果垄断竞争企业有经济利润,在长期会吸引新企业进入,从而使市场供给增加,市场价格减少,企业的利润空间下降,最终会回到零。如果垄断竞争企业有亏损,会使一些平均成本高的企业退出市场,从而减少市场供给,抬高市场价格,减少亏损空间,最终使利润回到零。垄断竞争企业不断寻求差异化的方式,力图领先那些试图模仿它的竞争对手。

完全竞争使企业在长期能以最低成本生产,因而获得生产效率,同时由于 $P=MR=MC$,使得企业的边际生产成本等于消费者的边际收益,因而也获得配置效率。垄断竞争企业在长期均衡时,价格高于边际成本,平均成本也没有达到最小值,因此垄断竞争企业既没有达到配置效率,也没有达到生产效率,但对消费者来说,他们以高于边际成本的价格买到了差异化的更能满足自己偏好的产品,从中获益。

广告的作用是通过向消费者传达关于企业、产品的差异化的信息,使消费者能了解、认知、信赖相关企业和产品,但对广告的作用,经济学界还有许多观点和争论。

⏵【关键概念】

垄断竞争市场　短期均衡　长期均衡　品牌　广告

⏵【思考题】

1.垄断竞争市场的基本特征是什么? 在这样的市场中,如果一个企业推出一种新型的、改进的产品,对均衡价格和产量会产生什么影响?

2.为什么垄断竞争企业面临的需求曲线向下倾斜?

3.垄断竞争企业和完全竞争企业最重要的区别是什么?

4.为什么零利润是长期均衡的条件?

5."任何一家厂商,只要它有能力影响所提供的产品或服务的价格,其边际收益曲线都将在需求曲线之下",这句话是否正确? 为什么?

6.为什么垄断竞争企业不把平均成本保持在最低点?

7.有些专家说市场中方便面的品牌太多了。请你给出一个支持该观点的论据,给出一个反对该观点的论据。

8.垄断竞争市场没有达到生产效率和配置效率,是否需要政府进行管制?

【案例讨论】

差异化的世界

产品差异化是垄断竞争市场上常见的一种现象,不同企业生产的产品或多或少存在相互替代的关系,但是它们之间存在差异,并非完全可替代的。垄断竞争厂商的产品差异化包括产品本身的差异和人为的差异,后者包括了方位的差异、服务的差异、包装的差异、营销手法的差异等,企业往往希望通过产品差异化来刺激产品的需求。

产品的原材料——潘婷洗发水宣称成分中有70%是用于化妆品的,让人不能不相信其对头发的营养护理功效。舒蕾现下推广的"小麦蛋白"洗发水也是在试图通过原料成分来加强产品的价值感。

产品的颜色——普通的牙膏一般都是白色的,然而,当出现一种透明颜色或绿色的牙膏时,大家觉得这牙膏肯定更好。高露洁有一种三重功效的牙膏,膏体由三种颜色构成,给消费者以直观感受:白色的在洁白我的牙齿,绿色的在清新我的口气,蓝色的在清除口腔细菌。

新类别概念——建立一个新的产品类别概念。最经典的当属"七喜"的非可乐概念,这里不再多言。

隐喻的概念——瑞星杀毒软件用狮子来代表品牌,以显示其强大"杀力";胡姬花通过隐喻概念"钻石般的纯度"来强化其产品价值;白沙烟用鹤来表现飞翔、心旷神怡、自由的品牌感受。

事件概念——相信全国人都知道海尔的"砸冰箱"事件,直到多少年后,海尔还在不厌其烦地经常拿出来吆喝几声,该事件为海尔的"真诚到永远"立下了汗马功劳,可见事件概念的传播也是威力巨大。事件营销要注意把握时机,如能与社会上的热点话题联系起来,则会起到事半功倍的效果。2003年的一大热点当然是神五飞天,"蒙牛"及时"对接成功",有效地提升了品牌形象,是近年来少见的优秀事件营销传播案例。

广告传播创意概念——"农夫果园摇一摇","乐百氏27层净化","金龙鱼1:1:1"都属此类型。

专业概念——专业感是信任的主要来源之一,也是建立"定位第一"优势的主要方法。很多品牌在塑造专业感时经常直称专家:方太——厨房专家;华龙——制面专家;中国移动——移动通信专家。

建立"老"概念——时间长会给人以信任感,因此,诉求时间的概念也是一种有效方法。而且,时间的概念感觉越老越好,如玉堂酱园——始于康熙52年,青岛啤酒——始于1992年。

产地概念——总有许多产品具有产地特点,如北京的二锅头、烤鸭,山东的大花生,新疆的葡萄,还有我们常说的川酒云烟等。提炼这些地域特色强烈的产品的地域概念显然是很有效的方法。如云峰酒业的"小糊涂仙"、"小糊涂神"、"小酒仙"等都在说"茅台镇传世佳酿","鲁花"花生油说"精选山东优质大花生"等。

思考题：

1. 在垄断竞争理论中，产品差异化有什么意义？

2. 现实中，哪些企业很需要进行产品差异化？哪些企业不需要？请你论述这些企业进行产品差异化的理由。

3. 你还能举出一些产品差异化的例子来吗？

（改编：张元鹏.中级微观经济学）

第 11 章

寡头市场的厂商均衡

>>> >

本章学习要点

1. 理解寡头市场结构中厂商的行为特征;
2. 理解囚徒困境在经济学中的重要意义;
3. 了解博弈论的基本知识;
4. 掌握占优策略均衡和纳什均衡的含义。

【开篇案例】

漫游费——中国移动通信服务运营商们的"合谋"

　　漫游费就是指将手机(号码)带出手机(号码)的归属地使用时多产生的费用。很多年来,中国移动或者中国联通的客户到开户地之外的城市拨打长途电话,通话费由三个部分组成:本地通话费+漫游建立费+长途通话费。按照各个套餐规定的基本通话费之外,要支付基本漫游费 0.6 元/分,长途电话费 0.7 元/分。不少人每月都要支付相当数额的漫游费,但从来没有想过漫游费该不该收,因为觉得异地漫游总要花费一定的运营成本,电信公司收得有理。然而北京邮电大学信息产业政策与发展研究所所长阚凯力教授解释说,一个手机到外地开机后,就向当地的移动网络要求服务。当地的网络发现这个手机号不是自己的,便向这个手机号注册地的网络询问,而注册地的网络在自动查询后,也只需要自动回复即可。之后,这个手机在新的地点使用,就与当地的手机没有任何区别。最后,再由外地网络把计费信息传送给注册地网络。由此可见手机漫游的全过程,不过是由网络传送几个由计算机自动生成、比普通电子邮件还简单的信息,其成本几乎可以忽略不计,与移动、联通和电信公司收取的每分钟六角钱的漫游费相比相差千万倍!

直到 2008 年 2 月 13 日,国家发改委、信息产业部发布了《关于降低移动电话国内漫游通话费上限标准的通知》,作出"拨打 0.6 元/分钟,接听 0.4 元/分钟"标准收取漫游费,国内漫游状态下拨打国内长途不再另行加收长途费。但经过听证会的这次降价,却并没有迎来喝彩,受采访者关注的是什么时候能够全部取消漫游费。

思考题:为什么移动运营商们都不取消漫游费?运营商之间是什么关系?

11.1 寡头市场概述

11.1.1 寡头市场定义和特征

寡头市场是比较接近垄断市场的一种市场组织,又称寡头垄断市场,在这个市场上,少数几家厂商控制整个市场产品的生产和销售。现实中如钢铁、石油、汽车等行业,都具有寡头垄断的特征。甚至是中国金融行业,尽管银行数量比较多,但由于规模最大的工、农、中、建四大银行拥有借贷金融市场份额的 60% 左右和中间业务的 80%,所以这样的市场也接近寡头市场。

形成寡头市场结构的主要原因可能是:某些行业产品的生产,如果由规模较大的企业来完成才能获得比较好的经济效益;行业中几大企业基本完成了对关键技术、关键资源和关键市场的掌控;政府存在对这些大企业的重点扶持和资助等。这样看来,寡头市场的形成原因与完全垄断市场有比较明显的相似性,只是在程度上有所差别而已。

寡头市场可按不同方式划分。根据产品特征可分为纯粹寡头行业和差别寡头行业。纯粹寡头行业中,不同厂商之间生产的产品几乎没有差别,比如中国石化和中国石油生产的汽油。而在差别寡头行业中,不同厂商生产的产品有区别,比如汽车行业、洋快餐企业都是差别寡头行业。此外,寡头市场还可按照厂商的行为方式区分,分别是合谋与不合作。合谋是寡头之间,或公开合谋或心照不宣,互相合作对待市场;不合作则是互相独立、你死我活、充分竞争。

寡头市场上厂商价格和产量的决定是一个很复杂的问题,主要原因是寡

263

厂商之间关系紧密,互相影响。每个厂商的产量在全行业的总量中都占较大份额。每个厂商的产量和价格变动都会对其他竞争对手乃至整个行业的产量和价格产生举足轻重的影响。正因为如此,每个厂商决策之前,都必须要预测自己的这一决策对其他厂商的影响以及其他厂商可能会做出什么样的反应,然后采取最有利的行动。正因为这样,厂商之间相互影响的复杂关系,使得寡头理论复杂化。在西方经济学中,还没有一个寡头市场模型,可以对寡头市场价格、产量作出一般性的理论总结。我们只能根据不同的假设条件作出对寡头市场特殊性的研究。

11.1.2 寡头厂商合谋定价的可能性分析

假设某城市对汽油的需求如下表所示,并为了分析的方便,假设成本为零。

表 11-1　厂商面临的需求

汽油的数量(Q 吨)	价格(P 千元)	总收益($TR = PQ$)
0	12	0
10	11	110
20	10	200
30	9	270
40	8	320
50	7	350
60	6	360
70	5	350
80	4	320
90	3	270
100	2	200
110	1	110
120	0	0

如果这个城市的汽油是由许多家供给者提供的,在成本为零的假设下,可以设想完全竞争厂商的定价最终会趋于零,市场的供给总量为 120 吨。如果这个城市的汽油是由唯一一家垄断厂商提供,那么它会按照利润最大化的原则,定价在 6 千元/吨,提供数量为 60 吨。按照上文完全垄断市场的效率分析,这是一个

无效率的产量。

如果是由两家寡头企业共同提供,而且两家企业达成协议,成立类似卡特尔的联合公司,实现合谋,追求利润总和的最大化,那么总的市场提供也将是 60吨,定价为 6 千元/吨,两家企业分享 360 千克的总利润,寡头市场又变回垄断市场,这样的案例最具代表性的是石油卡特尔——欧佩克。

【专题】

石油卡特尔——欧佩克组织

为协调各国石油政策,商定原油产量和价格,采取共同行动反对西方国家对产油国的剥削和掠夺,保护本国资源,维护自身利益,1960 年9 月,由伊朗、伊拉克、科威特、沙特阿拉伯和委内瑞拉的代表在巴格达开会,决定联合起来共同对付西方石油公司,维护石油收入。14 日,五国宣告成立石油输出国组织(Organization of Petroleum Exporting Countries——OPEC),简称“欧佩克”。随着成员的增加,欧佩克发展成为亚洲、非洲和拉丁美洲一些主要石油生产国的国际性石油组织。欧佩克总部设在维也纳。截至目前,该组织包括阿尔及利亚、阿拉伯联合酋长国、卡塔尔、科威特、利比亚、尼日利亚、沙特阿拉伯、伊拉克、伊朗、委内瑞拉、加蓬和厄瓜多尔,原油产量占世界总产量的 40%。欧佩克的理事会定期举行内部协商,共同决定各成员国的石油产量,影响世界石油价格。

欧佩克声称旨在通过消除有害的、不必要的价格波动,确保国际石油市场上石油价格的稳定,保证各成员国在任何情况下都能获得稳定的石油收入,并为石油消费国提供足够、经济、长期的石油供应。例如,1990 年海湾危机期间,欧佩克大幅度增加了石油产量,以弥补伊拉克遭经济制裁后石油市场上出现的每天 300 万桶的缺口。

在面对减产决议时,各成员国面对高油价诱惑,执行方面参差不齐。由于大部分欧佩克成员国产业结构单一,经济发展和外汇收入严重依赖油气出口,欧佩克原油日产限额水平下降在短期内必然造成国家外汇收入减少,所以一些欧佩克成员国迟迟不愿完成减产目标。2008 年 7 月开始,短短 5 个月内国际油价从 147 美元一桶的历史最高价暴跌至最低价每桶 32 美元。为应对油价狂跌,欧佩克从 2008 年 9月至 12 月,曾连续三次决定减产,累计日减产规模达 420 万桶,但减产决定的执行存在疑问。特别是 2009 年以来,国际油价又再度持续爬升,到 6 月国际原油价格又达到每桶 60 美元以上。这六个月,欧佩克成员国减产目标的完成比例为 80%,但 7 月份减产目标的完成比例连续第四个月下降,降至 67%,8 月份为 68%。欧佩克最近发表的一份报告说,除伊拉克外,欧佩克 11 个受产量配额限制的成员国过去 5 个月都增加了石油产量,从而将欧佩克成员国减产目标的完成比例拉至 70%以下。

理论提示:欧佩克算是世界上比较成功的寡头合谋勾结组织了。但仍然面临着部分成员国偷偷增产而导致合谋失败的风险。合谋为什么是困难的?要让大家都遵守合谋协定,该有什么措施?

以上文提到的城市汽油供应为例,寡头市场假定是两大汽油供应商国石油、国石化组成的。如果每家企业各自提供 30 吨,那么市场定价为 6 千元/吨,两家企业分享 360 千元的总利润,各自有 180 千元。但是,如果这个合谋是松散的,其中某一家企业——国石油增加供给到 40 吨,而另一家企业——国石化继续按照协议提供 30 吨,那么市场的最终价格会降到 5,此时违约的国石油利润增至 200 千元,而遵守协议的一方——国石化利润将为 150 千元。如下图 11-1 所示,那么其中的企业最终会如何决策呢?解决这样的问题需要博弈论的知识。

国石化

	30	40
30	(180,180)	(150,200)
40	(200,150)	(160,160)

国石油

图 11-1　寡头厂商博弈

【专题】

国际信用卡结算巨头 VISA 与中国银联公司

目前,VISA、运通(American Express)和万事达(MasterCard)是

全球最著名的、拥有主要市场份额的银行卡组织。2010 年 6 月，VISA 向全球会员银行发函要求，从 8 月 1 日起，凡在中国境外受理带 VISA 标志的双币种信用卡时，不论刷卡消费还是 ATM 取现，都不得走中国银联的清算通道，否则 VISA 将重罚收单银行。这是 VISA 利用其市场地位封杀中国金融竞争对手的境外发展，体现了国际信用卡结算巨头对中国银联扩张之势的担忧。截至 2010 年 4 月底，中国境内加入银联网络的特约商户达 171.6 万户、POS 机 266.6 万台、ATM 机 21.2 万台；境外加入银联网络的特约商户达 58.91 万户、POS 机 73.99 万台、ATM 机 74.29 万台。

VISA 的这一动作对中国内地的持卡人而言，意味着从今年 8 月起去境外旅游购物无法再像往常一样"用中国银联的通道支付"，而必须用 VISA 清算。这样直接导致的后果是，持卡人可能多付 1% 至 2% 的货币转换费。同时消费之后如果享受免息还款期，持卡人将承担汇率变动风险，假使美元对人民币升值，持卡人在购汇还款时还要承担汇兑损失。

目前，境外市场基本是 VISA、万事达、运通等美资卡组织的天下，澳大利亚的 BANKcard 和中国台湾的梅花卡都曾在与其斗争中败北。这次 VISA 对中国银联的限制还没有引起万事达和运通的响应，一旦美资卡建立对中国银联的围堵联盟，中国银联的处境堪忧。

当 VISA 在海外"叫嚣"封杀"银联、VISA"双币卡，试图遏制银联的境外通道之际，银联马上找到了在中国国内市场还击的武器。据悉，央行已经拟定了银联标准 PBOC2.0 芯片卡（IC 卡）的总体目标和具体发行时间表，5 年之内中国境内将全面发行和受理金融 IC 卡。如果银联标准 PBOC2.0 芯片卡（IC 卡）并不兼容其他标准，这对遵循另一种芯片 EMV 标准的国际银行卡巨头——VISA 与万事达并不是好消息。如此一来，VISA、万事达等美资卡或将面临中国市场更高的准入门槛。

理论提示：寡头厂商之间是什么样的关系？

11.2　博弈论初步知识

正如上文提到的,寡头市场之所以复杂一些,关键是每个厂商决策时依赖竞争对手。博弈论就是这样一种分析工具,用来理解互相影响的每个人为获得最大的利益如何选择。构成博弈,包括三种基本要素。它们是参与者、策略和支付。每个参与者所得到的支付都是所有参与者各自选择策略共同作用的后果。接下来借助著名的囚徒困境来作解释。

11.2.1　囚徒困境与占优策略均衡

囚徒困境的博弈模型是这样的:甲、乙两位被怀疑是合谋的犯罪嫌疑人被警察抓获,但警方掌握的证据不足,要求嫌疑人坦白交代犯罪事实。为了防止两人串供,警方把两嫌疑人分开审讯。而且告诉嫌疑人,如果一方坦白,而另一方抵赖,则抵赖方从重判罚获刑 10 年,坦白的做污点证人从轻判罚并当庭释放。如果两方都抵赖,因为过去的案底,双方被判罚 1 年;如果双方都坦白,则都判 8 年。在这个博弈中,参与者是甲、乙两人,双方的策略——抵赖或者坦白,支付即最后的判罚结果。如图 11-2 所示:甲的两种策略写在左边,乙的策略写在上边。图中方框内的一对数字组合,表示对应于甲、乙策略组合下的一个支付,第一个数字表示甲的报酬,第二个数字表示乙的报酬。如(0,－10)表示在甲采取坦白策略而乙采取抵赖策略时,甲将作为污点证人,检举有功无罪释放,而乙顽抗抵赖被判 10 年监禁。作为犯罪嫌疑人,最后选择什么战略作为自己的选择呢?借用市场均衡的定义,这个博弈的最终结果——博弈中的所有参与者都不想改变自己策略的一种相对静止状态为博弈均衡。囚徒困境中的嫌疑人选择什么战略呢?先考虑甲的策略选择,他选择坦白策略还是抵赖策略,取决于乙的选择导致的结果。当乙选择坦白时,甲的最优策略是坦白,因为坦白是被判罚 8 年,抵赖则是被判罚 10 年。当乙选择抵赖时,甲的最优策略还是坦白,因为坦白是无罪释放,抵赖则是被判 1 年。所以在这个囚徒困境中,无论乙选择什么战略,甲的最优战略都是坦白。甲的坦白策略,称为占优策略:表示无论其他参与者采取什么策略,某参与者的唯一的最优策略就是他的占优策略。可以推导,乙的占优策略也是坦白。博弈均衡是指博弈的参与者都不想改变自己的策略,处于一种相对静止不再变动的状态。我们发现,(坦白,坦白)就是这样一种静止状态,因为

乙

	坦白	抵赖

	坦白	$(-8, -8)$	$(0, -10)$
甲			
	抵赖	$(-10,0)$	$(-1, -1)$

图 11-2 囚徒困境

任何一方都不想偏离这个策略,因为偏离对自己不利。一般化地,博弈论中将博弈的所有参与者的占优策略组合所构成的均衡称为占优策略均衡。在囚徒困境中,甲、乙的选择(坦白,坦白)为占优策略均衡。

回过头来分析国石油与国石化面对松散的卡特尔合谋协议是否会遵守。这就是一个囚徒困境,其中的一个参与者——比如国石油,无论在对方——国石化是遵守协议(生产 30 吨)还是破坏协议(生产 40 吨),都会选择破坏协议(生产 40 吨),那么(40,40)是国石油与国石化的最终选择策略。破坏协议——选择不合作,对双方来说其实是不利的,因为如果各自遵守协议选择生产 30 吨,那么双方总收益将是 360 千元,而不是(40,40)下的总收益 320 千元。

一样,囚徒困境中的犯罪嫌疑人都选择了坦白,尽管(坦白,坦白)的最终策略对参与人来说是不利的。可以发现,如果两个参与者选择(抵赖,抵赖),那么双方最后的支付是(-1,-1),此时才是对两人来说最好的结局,选择抵赖——即合作是有利的。但是自利驱动下的参与人最后没有选择抵赖,而是选择了把对方供出的不合作策略——坦白。汽油供应中的博弈也是如此,自利驱动下的参与人没有选择 30 吨,而是选择了对对方不利的 40 吨,每个参与者都有机会主义行为冲动,最终选择不合作策略。这两个博弈都揭示了一个矛盾:个人理性未必导致集体理性。亚当·斯密在 1776 年出版的《国民财富的性质和原因的研究》中,描述了市场这只看不见的手,让市场参与者在自利的驱动下,无意中却推进了公共利益。但,囚徒困境中参与者的选择推翻了斯密的乐观分析。为了解决这个矛盾,显示市场经济是如何的完美,走出囚徒困境,经济学家引入了重复博弈,解决个人理性与集体理性的冲突。

重复博弈替代一次博弈,本质是引入后续博弈对已经发生的违约和欺骗行为进行惩罚,进而改变第一次博弈的策略选择。首先,在重复博弈中增加一个假设条件:参与者之间有"以牙还牙"的策略。以汽油供应为例,两大厂商之间一开始是合作的。对于任何一个参与者而言,只要其他成员合作(即只生产 30 吨),那么他也将合作下去(也只生产 30 吨)。但如果一个成员背弃合作协议采取不合作策略,则其他参与者就会"以牙还牙"惩罚和报复,并且将这种不合作的策略在重复博弈中一直进行下去,以此表示对首先破坏协议者的惩罚。首先分析无限期(次)重复博弈,即相同的博弈结构可以无限次重复下去。在这类博弈里,只要任何一个参与者在某一轮的博弈中采取了不合作的违约和欺骗行为,他便在下一轮的博弈中受到其他参与者"以牙还牙"策略的惩罚和报复,这样所有参与者都采用了不合作策略,并将这种互相的不合作保持到永远。对于国石化来说,在存在"以牙还牙"策略的前提下,如果他始终采取遵守协议的合作策略,他将得到的长期支付是 180+180+180+⋯⋯如果他采用机会主义的行为,首先破坏协议采用多生产的策略,这一次博弈可以获得支付 200,但是在以后的所有博弈中受到惩罚每次得到的支付将减少为 160,这样的长期支付将是 160+160+160+⋯⋯通过短期和长期的收益比较发现,任何一个寡头厂商都不会有因为短期的一次性的好处而丧失长期的经济利益。所以在具有"以牙还牙"策略的无限次重复博弈中,所有的寡头厂商都不会破坏协议,而是采取合作的策略。接下来分析有限期(次)重复博弈,即相同的博弈结构只延续确定的次数,比如 10 次,当然还是延续"以牙还牙"的策略假定。我们用逆推法来分析这 10 次重复博弈的全过程。先看最后一次博弈,因为是最后一轮博弈,以后不会再有重复,不再受惩罚和报复的约束了,可以肯定第 10 次博弈会选择违约和不合作,正如一次博弈那样的分析。接下来逆推到第 9 次博弈,这时每个参与者都知道第 10 轮肯定选择不合作,现在就不在乎所谓的惩罚机制了,因此第 9 轮也会选择违约和不合作策略。如此等等,一直逆推到第 1 轮博弈,同样选择违约和不合作。这样,在有限期重复博弈从一开始,理性的参与者就会是不合作策略。

11.2.2　性别博弈与纳什均衡

值得一提的是,并非所以的博弈都能够找到占优策略均衡。比如说性别博弈:有一对夫妇,丈夫喜欢看拳击节目,妻子喜欢看娱乐综艺节目,但是家里只有一台电视机,于是就产生了争夺频道的矛盾。假设双方都同意看拳击赛,则丈夫可得到 2 单位效用,妻子得到 1 单位效用;如果都同意看娱乐综艺节目,则丈夫可得到 1 单位效用,妻子得到 2 单位效用;如果双方意见不一致,结果只好大家都不看，各自只能得到 0 单位效用。这个博弈的参与者、策略和支付如图 11-3 所示。

		妻子	
		拳击	综艺
丈夫	拳击	(2,1)	(0,0)
	综艺	(0,0)	(1,2)

图 11-3　性别战博弈

不像在囚徒困境中，无论对方选择什么策略，坦白都是参与者最优、对自己最有利的策略。在这个性别博弈的时候，作为参与人没有占优策略。比如作为丈夫，当妻子选择拳击时，最优的策略是拳击；而妻子选择综艺时，最优的策略是综艺。这时，需要引入另外一种均衡——纳什均衡，以 1994 诺贝尔经济学奖得主——普林斯顿大学数学家约翰·纳什命名。在一个纳什均衡里，任何一个参与者都不会改变自己的最优策略，如果其他参与者均不改变自己的最优策略。性别战中，丈夫和妻子的策略(拳击、拳击)是一个纳什均衡。当妻子选择看拳击比赛时，丈夫选择看拳击比赛是最优的，不会改变。反过来，如果丈夫选择了拳击比赛，那么妻子选择看拳击比赛也是不会改变的。纳什均衡未必只有一个解，两个人的策略(综艺，综艺)也是一个纳什均衡。根据纳什均衡的含义，占优策略均衡无非是纳什均衡中的一种，而且是要求非常严格的一种。在国石油与国石化共同提供城市汽油的案例中，卡特尔协定不是一个纳什均衡，因为给定双方遵守协议的情况下，每个厂商都想增加生产，结果是每个厂商都只得到纳什均衡产量的利润，它远小于卡特尔产量下的利润。

11.2.3　古诺模型

因为垄断厂商之间的互相依赖和互相影响，所以每个厂商决策之前，都必须要预测自己的这一决策对其他厂商的影响以及其他厂商可能会做出什么样的反应，然后采取最有利的行动。在西方经济学中，还没有一个寡头市场模型，可以对寡头市场价格、产量作出一般性的理论总结。我们只能根据不同的假设条件作出对寡头市场特殊性的研究。古诺模型是其中的一个，由法国经济学家 Augustine Cournot 在 1838 年提出。古诺模型又称双寡头模型(Duopoly Model),是早期的寡头模型,每一个寡头都消极地以自己的产量去适应其他厂商已确定的产量,是一种纳什均衡解。

古诺模型的假定是:市场上只有 A、B 两个厂商生产和销售相同的产品——比如生产矿泉水——为了分析方便,假设他们的生产成本为零;他们共同面临的市场是线性需求曲线,A、B 两个厂商都准确地了解市场的需求曲线;A、B 两个厂商都是在已知对方产量的情况下,各自确定能够给自己带来最大利润的产量,即每一个产商都是消极地以自己的产量去适应对方已确定的产量。

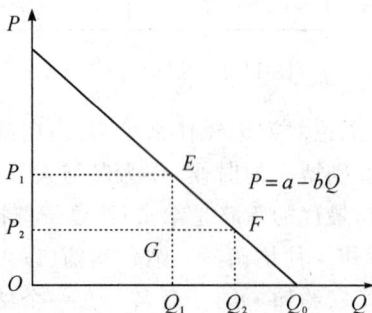

图 11-4 古诺模型中的厂商均衡

在图 11-4 中,厂商 A、B 共同面对线性的市场需求曲线 $P = a - bQ$,并且有成本为零的假设条件。在初始状态,A 厂商首先进入市场,由于成本为零,厂商的销售收入即为利润,而且作为唯一的厂商 —— 垄断厂商,按照销售收入最大化的原则进行产品生产和销售,因为 $MR = a - 2bQ$,按照 $MR = MC = 0$ 条件实现生产,最优的产量是 $Q_1 = \frac{1}{2}Q_0$,市场价格为 P_1。总收入(即利润)为图形 OQ_1EP_1 所围成的面积,这个利润是 A 所能赚取的最大利润,也是图形中需求直线内接的面积最大矩形。

接着,厂商 B 进入市场,知道厂商 A 目前的产量是 Q_1(等于 $\frac{1}{2}Q_0$),那么留给自己的市场份额也是剩下的那部分——$\frac{1}{2}Q_0$。古诺模型的特点是新进入者 B 会"天真"地以 $\frac{1}{2}Q_0$ 为市场容量,按照利润最大化的原则,完成 $Q_1Q_2 = \frac{1}{4}Q_0$ 的生产。市场价格下降为 P_2,厂商 B 的利润为 Q_1Q_2FG,同时厂商 A 的利润将

为 OQ_1GP_2。

古诺模型的第二轮继续进行,此时厂商 A 会"天真"地认为因为 B 拥有 $\frac{1}{4}Q_0$ 的市场份额从而留给自己的那部分是 $\frac{3}{4}Q_0$,为了实现最大化,厂商 A 将产量定位所面临市场容量的一半,即为 $\frac{3}{8}Q_0$,这一轮 A 将减少的市场份额是 $\frac{1}{8}Q_0$。然后 B 厂商将调整产量,从 $\frac{1}{4}Q_0$ 改为 $(1-\frac{3}{8}Q_0)$ 的一半,即产量为 $\frac{5}{16}Q_0$,这一轮将增加市场份额 $\frac{1}{16}Q_0$……

经过无数次调整与适应,最后 A 厂商的均衡产出为 $(\frac{1}{2}-\frac{1}{8}-\frac{1}{32}-\cdots)Q_0=\frac{1}{3}Q_0$,$B$ 厂商的均衡产出是 $(\frac{1}{4}+\frac{1}{16}+\frac{1}{64}+\cdots)Q_0=\frac{1}{3}Q_0$。这个结果是一个纳什均衡,即:一旦对方处于 $\frac{1}{3}Q_0$ 的产量,本厂商的最优产量为 $\frac{1}{3}Q_0$,不会再改变产量。此时,整个行业的供给量为 $\frac{1}{3}Q_0+\frac{1}{3}Q_0=\frac{2}{3}Q_0$。

古诺模型可以做以下推广:有 n 家生产完全替代产品的寡头厂商,它们的成本函数都具有 $C(q_j)=c\cdot q_j$ 特点,市场的需求函数是 $p=a-bQ$,其中 $Q=\sum_{j=1}^{n}q_j$,$j=1,2,3,\cdots,n$。对于其中的任何一家厂商会选择什么样的产量进行生产呢?在稳定状态,他们分别如何决策的?所谓的古诺均衡,或者说是稳定状态,是指在其他厂商选择既定产量下,本厂商选择的策略是最优的。这是一个纳什均衡。

古诺模型下的各厂商均衡生产推导过程如下:

对于任何第 j 家企业来说,它所追求的利润最大化产量由以下利润函数决定:

$$\pi_j = P\cdot q_j - cq_j$$

其中因为 $P=a-bQ$,所以利润函数为:$\pi_j=(a-b\sum_{j=1}^{n}q_j)\cdot q_j - cq_j$

利润最大化的一阶条件:$\frac{\partial \pi_j}{\partial q_j}=-bq_j+(a-b\sum_{j=1}^{n}q_j-c)=0$

即:$a-c-bq_j=b\sum_{j=1}^{n}q_j$

从 $j = 1, 2, 3, \cdots, n$ 都具有上述的表达式。

这 n 个表达式加总后有：$n(a-c) - b\sum_{j=1}^{n} q_j = nb\sum_{j=1}^{n} q_j$

这样，市场总供给为 $Q = \sum_{j=1}^{n} q_j = \dfrac{n(a-c)}{(n+1)b}$

市场价格是 $P = \dfrac{a + nc}{n+1}$（当 $\lim_{n \to \infty} P = c$，寡头市场趋近于完全竞争市场，按照边际成本定价）。

任何一家企业的产量为 $q_j = \dfrac{Q}{n} = \dfrac{a-c}{(n+1)b}$。

每一家企业的利润是 $\pi_j = (a - b\sum_{j=1}^{n} q_j) \cdot q_j - cq_j = \dfrac{(a-c)^2}{(n+1)^2 b}$。

【专题】

博弈论的发展

博弈论（Game Theory）亦名"对策论""赛局理论"，属应用数学的一个分支，目前在生物学、经济学、国际关系、计算机科学、政治学、军事战略和其他很多学科都有广泛的应用。博弈论思想古已有之，我国古代的《孙子兵法》就不仅是一部军事著作，而且算是最早的一部博弈论专著。博弈论最初主要研究象棋、桥牌、赌博中的胜负问题，人们对博弈局势的把握只停留在经验上，没有向理论化发展。

近代对于博弈论的研究，开始于策墨洛（Zermelo）、波雷尔（Borel）及冯·诺伊曼（von Neumann）。1928年，冯·诺依曼证明了博弈论的基本原理，从而宣告了博弈论的正式诞生。1944年，冯·诺依曼和摩根斯坦共著的划时代巨著《博弈论与经济行为》将二人博弈推广到 n 人博弈结构，并将博弈论系统地应用于经济领域，从而奠定了这一学科的基础和理论体系。

1950—1951年，约翰·福布斯·纳什（John Forbes Nash Jr）利用不动点定理证明了均衡点的存在，为博弈论的一般化奠定了坚实的基础。纳什的开创性论文《n 人博弈的均衡点》（1950）、《非合作博弈》（1951）等，给出了纳什均衡的概念和均衡存在定理。此外，泽尔腾（Reinhard Selten）、海萨尼（John Harsanyi）的研究也对博弈论发展起到推动作用。

John Forbes Nash Jr　　　Reinhard Selten　　　John Harsanyi

博弈的分类根据不同的基准也有所不同。一般认为，博弈主要可以分为合作博弈和非合作博弈。它们的区别在于相互发生作用的当事人之间有没有一个具有约束力的协议，如果有，就是合作博弈；如果没有，就是非合作博弈。从行为的时间序列性，博弈论进一步分为两类：静态博弈是指在博弈中，参与人同时选择或虽非同时选择但后行动者并不知道先行动者采取了什么具体行动；动态博弈是指在博弈中，参与人的行动有先后顺序，且后行动者能够观察到先行动者所选择的行动。通俗的理解："囚徒困境"就是同时决策的，属于静态博弈；而棋牌类游戏等决策或行动有先后次序的，属于动态博弈。

按照参与人对其他参与人的了解程度分为完全信息博弈和不完全信息博弈。完全信息博弈是指在博弈过程中，每一位参与人对其他参与人的特征、策略空间及收益函数有准确的信息。如果参与人对其他参与人的特征、策略空间及收益函数信息了解得不够准确、或者不是对所有参与人的特征、策略空间及收益函数都有准确的信息，在这种情况下进行的博弈就是不完全信息博弈。

Robert J. Aumann　　　　Thomas C. Schelling

2005 年诺贝尔经济学奖再次授予博弈论研究学者、以色列和美国双重国籍的罗伯特·奥曼（Robert J. Aumann）和美国人托马斯·谢林（Thomas C. Schelling），他们因为通过博弈理论的分析增强了世人对合作与冲突的理解而获奖。奥曼在他的《博弈论》著作里介绍，在很多现实情况中，长期合作关系的维系远比一次简单的际遇来得容易，因此短期博弈理论往往具有很多限制性。为此，他首先提出了完整详尽的无限期重复博弈理论，并严格论证了何种结果能够在长时期的关系中得到维持。无限期博弈理论阐明了众多机构存在的理由，比如商业协会、组织犯罪、工资谈判以及国际贸易协议等，并且奥曼所提出的一些真知灼见也有助于解释价格战或贸易战等经济冲突，以及为什么一些团体组织能够非常成功地管理公共资源。在 20 世纪 50 年代后期核武器军备竞赛的背景下，谢林的著作《冲突的战略》（The Strategy of Conflict）将博弈论作为统一的分析框架应用于社会科学问题，他认为：一个政党可以通过公开恶化自身的选择权来巩固自己的地位；报复能力远比抵抗进攻能力来得有用；不确定性的报复比确定条件下的报复更有效率、而且更加可靠。这些已经被事实证明是解决冲突、避免战争的非常中肯的创见。

▷【本章小结】

寡头市场是比较接近垄断市场的一种市场组织，又称寡头垄断市场，在这个市场上，少数几家厂商控制整个市场产品的生产和销售。寡头市场上厂商的价格和产量的决定是一个很复杂的问题，主要原因是寡头厂商之间关系紧密，互相影响。每个厂商的产量在全行业的总量中都占较大份额。每个厂商的产量和价格变动都会对其他竞争对手乃至整个行业的产量和价格产生举足轻重的影响。正因为如此，每个厂商决策之前，都必须要预测自己的这一决策对其他厂商的影响以及其他厂商可能会做出什么样的反应，然后采取最有利的行动。

博弈论是分析寡头市场中厂商经济行为的有效工具。构成博弈，包括三种基本要素。它们是参与者、策略和支付。每个参与者所得到的支付都是所有参与者各自选择策略的共同作用的后果。在囚徒困境的博弈中，无论其他参与者选择什么战略，最优战略都是坦白。博弈论中博弈的所有参与者的占优策略组合所构成的均衡就是占优策略均衡。在囚徒困境中，甲、乙的选择（坦白，坦白）为占优策略均衡。

但并非所有博弈都能够那么幸运地找到占优策略。在性别战中，不存在对方选择什么战略,参与者都能找到唯一的策略。这时引入纳什均衡,一个纳什均衡里,任何一个参与者都不会改变自己的最优策略,如果其他参与者均不改变自己的最优策略。性别战中,丈夫和妻子的策略(拳击、拳击)是一个纳什均衡,而(综艺,综艺)也是一个纳什均衡。占优策略均衡无非是纳什均衡的一个特殊情况而已。

古诺模型又称双寡头模型(Duopoly Model),是早期的寡头模型,每一个寡头都消极地以自己的产量去适应其他厂商已确定的产量,是一种纳什均衡解。

⇨【关键概念】

寡头市场　合谋　博弈　囚徒困境　纳什均衡　占优策略均衡

⇨【思考题】

1.请分析寡头厂商的决策行为。

2.囚徒困境的最终解是纳什均衡还是占优策略均衡?

3.如果囚徒困境中参与者认识到博弈不是一次博弈,而是会有多次博弈,请问他们的决策会改变吗?

【案例讨论】

合作是如何产生的?

罗伯特·阿克塞尔罗德,密歇根大学政治学与公共政策教授,美国科学院院士,著名的行为分析及博弈论专家。他有关合作的计算机程序竞赛研究为我们揭示了合作出现的条件,以及合作中什么样的对策是最优的选择。这个研究获得了美国科学促进会的"纽科姆·克利夫兰奖",基于该项研究的论文《关于防止核战争的行为研究》获美国国家科学院奖。

一、博弈中最优策略的产生

阿克塞尔罗德在开始研究合作之前,设定了两个前提:一、每个人都是自私的;二、没有权威干预个人决策。也就是说,个人可以完全按照自己利益最大化的企图进行决策。在此前提下,合作要研究的问题是:第一、人为什么要合作;第二、人什么时候是合作的,什么时候又是不合作的;第三、如何使别人与你合作。

A和B各表示一个人,他们的选择是完全无差异的。选择C代表合作,选择D代表不合作。如果AB都选择C合作,则两人各得3分;如果一方选C,一方选D,则选C的得零分,选D的得5分;如果AB都选D,双方各得1分。

	B	
	策略 C	策略 D
策略 C	(3,3)	(0,5)
策略 D	(5,0)	(1,1)

（A 位于左侧，标注策略 C 与 策略 D 两行）

显然，对群体来说最好的结果是双方都选 C，各得 3 分，共得 6 分。如果一方选 C，一方选 D，总体得 5 分。如果两人都选 D，总体得 2 分。

对策学界用这个矩阵来描述个体理性与群体理性的冲突：每个人在追求个体利益最大化时，就使群体利益受损，这就是囚徒困境。在矩阵中，对于 A 来说，当对方选 C，他选 D 得 5 分，选 C 只得 3 分；当对方选 D，他选 D 得 1 分，选 C 得零分。因此，无论对方选 C 或 D，对 A 来说，选 D 都得分最多。这是 A 单方面的优超策略。而当两个优超策略相遇，即 A，B 都选 D 时，结果是各得 1 分。这个结果在矩阵中并非最优。困境就在于，每个人采取各自的优超策略时，得出的解是稳定的，但不是帕累托最优的，这个结果体现了个体理性与群体理性的矛盾。在数学上，这个一次性决策的矩阵没有最优解。

如果博弈进行多次，只要对策者知道博弈次数，他们在最后一次肯定采取互相背叛的策略。既然如此，前面的每一次也就没有合作的必要，因此，在次数已知的多次博弈中，对策者没有一次会合作。

如果博弈在多人间进行，而且次数未知，对策者就会意识到，当持续地采取合作并达成默契时，对策者就能持续地各得 3 分，但如果持续地不合作的话，每个人就永远得 1 分。这样，合作的动机就显现出来。多次对局下，未来的收益应比现在的收益多一个折现率 W，W 越大，表示未来的收益越重要。在多人对策持续进行下去，且 W 比较大，即未来充分重要时，最优的策略是与别人采取的策略有关的。假设某人的策略是，第一次合作，以后只要对方不合作一次，他就永不合作。对这种对策者，当然合作下去是上策。假如有的人不管对方采取什么策略，他总是合作，那么总是对他采取不合作的策略得分最多。对于总是不合作的人，也只能采取不合作的策略。

阿克塞尔罗德做了一个实验，邀请多人来参加游戏，得分规则与前面的矩阵相同,什么时候结束游戏是未知的。他要求每个参赛者把追求得分最多的策略写成计算机程序,然后用单循环赛的方式将参赛程序两两博弈,以找出什么样的策略得分最高。

第一轮游戏有 14 个程序参加,再加上阿克塞尔罗德自己的一个随机程序(即以 50%的概率选取合作或不合作),运转了 300 次。结果得分最高的程序是加拿大学者罗伯布写的"一报还一报"(tit for tat)。这个程序的特点是,第一次对局采用合作的策略,以后每一步都跟随对方上一步的策略,你上一次合作,我这一次就合作,你上一次不合作,我这一次就不合作。阿克塞尔罗德还发现,得分排在前面的程序有三个特点:第一,从不首先背叛,即"善良的";第二,对于对方的背叛行为一定要报复,不能总是合作,即"可激怒的";第三,不能人家一次背叛,你就没完没了的报复,以后人家只要改为合作,你也要合作,即"宽容性"。

为了进一步验证上述结论,阿氏决定邀请更多的人再做一次游戏,并把第一次的结果公开发表。第二次征集到了 62 个程序,加上他自己的随机程序,又进行了一次竞赛。结果,第一名的仍是"一报还一报"。阿氏总结这次游戏的结论是:第一,"一报还一报"仍是最优策略。第二,前面提到的三个特点仍然有效,因为 63 人中的前 15 名里,只有第 8 名的哈灵顿程序是"不善良的",后 15 名中,只有 1 个总是合作的是"善良的"。可激怒性和宽容性也得到了证明。此外,好的策略还必须具有的一个特点是"清晰性",能让对方在三、五步对局内辨识出来,太复杂的对策不见得好。"一报还一报"就有很好的清晰性,让对方很快发现规律,从而不得不采取合作的态度。

二、合作的进行过程及规律

"一报还一报"的策略在静态的群体中得到了很好的分数,那么,在一个动态的进化的群体中,这种合作者能否产生、发展、生存下去呢?群体是会向合作的方向进化,还是向不合作的方向进化?如果大家开始都不合作,能否在进化过程中产生合作?为了回答这些疑问,阿氏用生态学的原理来分析合作的进化过程。

假设对策者所组成的策略群体是一代一代进化下去的,进化的规则包括:一,试错。人们在对待周围环境时,起初不知道该怎么做,于是就试试这个,试试那个,哪个结果好就照哪个去做。第二,遗传。一个人如果合作性好,他的后代的合作基因就多。第三,学习。比赛过程就是对策者相互学习的过程,"一报还一报"的策略好,有的人就愿意学。按这样的思路,阿氏设计了一个实验,假设63 个对策者中,谁在第一轮中的得分高,他在第二轮的群体中所占比例就越高,而且是他的得分的正函数。这样,群体的结构就会在进化过程中改变,由此可以看出群体是向什么方向进化的。

实验结果很有趣。"一报还一报"原来在群体中占 1/63，经过 1000 代的进化，结构稳定下来时，它占了 24％。另外，有一些程序在进化过程中消失了。其中有一个值得研究的程序，即原来前 15 名中唯一的那个"不善良的"哈灵顿程序，它的对策方案是，首先合作，当发现对方一直在合作，它就突然来个不合作，如果对方立刻报复它，它就恢复合作，如果对方仍然合作，它就继续背叛。这个程序一开始发展很快，但等到除了"一报还一报"之外的其它程序开始消失时，它就开始下降了。因此，以合作系数来测量，群体是越来越合作的。

进化实验揭示了一个哲理：一个策略的成功应该以对方的成功为基础。"一报还一报"在两个人对策时，得分不可能超过对方，最多打个平手，但它的总分最高。它赖以生存的基础是很牢固的，因为它让对方得到了高分。哈灵顿程序就不是这样，它得到高分时，对方必然得到低分。它的成功是建立在别人失败的基础上的，而失败者总是要被淘汰的，当失败者被淘汰之后，这个好占别人便宜的成功者也要被淘汰。

那么，在一个极端自私者所组成的不合作者的群体中，"一报还一报"能否生存呢？阿氏发现，在得分矩阵和未来的折现系数一定的情况下，可以算出，只要群体的 5％ 或更多成员是"一报还一报"的，这些合作者就能生存，而且，只要他们的得分超过群体的总平均分，这个合作的群体就会越来越大，最后蔓延到整个群体。反之，无论不合作者在一个合作者占多数的群体中有多大比例，不合作者都是不可能自下而上的。这就说明，社会向合作进化的棘轮是不可逆转的，群体的合作性越来越大。阿克塞尔罗德正是以这样一个鼓舞人心的结论，突破了"囚犯困境"的研究困境。

在研究中发现，合作的必要条件是：第一、关系要持续，一次性的或有限次的博弈中，对策者是没有合作动机的；第二、对对方的行为要做出回报，一个无条件合作的对策者是不仅会伤害自己，而且伤害了那个成功剥削者接着要相遇的无辜。无条件合作会宠坏对方，并给社会留下改造被宠坏者的负担。

那么，如何提高合作性呢？首先，要建立持久的关系，即使是爱情也需要建立婚姻契约以维持双方的合作。第二、要增强识别对方行动的能力，如果不清楚对方是合作还是不合作，就没法回报他了。第三、要维持声誉，说要报复就一定要做到，人家才知道你是不好欺负的，才不敢不与你合作。第四、能够分步完成的对局不要一次完成，以维持长久关系，比如，贸易、谈判都要分步进行，以促使对方采取合作态度。第五、不要嫉妒人家的成功，"一报还一报"正是这样的典范。第六、不要首先背叛，以免担上罪魁祸首的道德压力。第七、不仅对背叛要回报，对合作也要作出回报。第八、不要耍小聪明，占人家便宜。

阿克塞尔罗德在《合作的进化》一书结尾提出几个结论。第一、友谊不是合作的必要条件，即使是敌人，只要满足了关系持续，互相回报的条件，也有可能合作。比如，第一次世界大战期间，德英两军在战壕战中遇上了三个月的雨季，双方在这三个月中达成了默契，互相不攻击对方的粮车给养，到大反攻时再你死我活地打。这个例子说明，友谊不是合作的前提。第二、预见性也不是合作的前提，阿氏举出生物界低等动物、植物之间合作的例子来说明这一点。但是，当有预见性的人类了解了合作的规律之后，合作进化的过程就会加快。这时，预见性是有用的，学习也是有用的。

当游戏中考虑到随机干扰，即对策者会由于误会而开始互相背叛的情形，"一报还一报"策略也是最优的，当然，作为修正，一报还 0.9 报，有利于冲突降级。

（资料来源：［美］罗伯特·阿克塞尔罗德 著，吴坚忠译. 合作的进步. 上海：上海世纪出版集团、上海人民出版社，2007）

思考题：

1. 阿克塞尔罗德实验的意义有哪些？

2. 阿克塞尔罗德在这本著作《合作的进化》中对合作概念有什么新的理解？

3. 讨论阿克塞尔罗德研究的局限性有哪些？

4. 联系"Tit For Tat"的思想，介绍我国传统文化中类似的观点有哪些？

第 5 篇

要素市场理论

通过前面的学习,我们掌握了产品市场均衡产量和均衡价格的决定。但是我们同时发现,在讨论消费者的产品需求曲线时,我们假定消费者的收入是既定的,没有说明产品市场上消费者的收入是如何获得的;在推导厂商的产品供给曲线时,我们假定厂商的市场成本是既定的,也没有说明生产要素的价格是如何形成的。为全面认识和把握市场经济条件下资源配置的规律,在本篇中,我们要对生产要素市场的均衡进行分析,讨论生产要素市场的价格与使用量的决定。

第 12 章

生产要素市场 ≫ ≫ ≫ ≫

本章学习要点

1. 了解厂商对单一可变要素的需求；

2. 了解多要素可变时厂商的要素需求；

3. 了解行业对生产要素的需求；

4. 掌握竞争性要素市场的均衡；

5. 掌握卖方垄断要素市场的均衡；

6. 掌握买方垄断要素市场的均衡。

【开篇案例】

新闻纸要降价了——报业广告遭遇饥荒，发行数量不断下降

2001 年，全球第一大的新闻纸制造商加拿大的 Abtitibi 同第三大新闻纸制造商美国的 Bowater 公司宣布将联手进行降价。这两家公司控制着北美新闻纸市场 50％的份额，业内分析人士认为，如果这两大巨头真的联手降价，势必引起全球效应，一场世界性的新闻纸价格战即将来临。

经济疲软波及新闻纸市场。世界经济的普遍萧条，尤其是美国经济的严重疲软，导致了广告减少，报纸及杂志印刷发行量不断下降，从而使新闻纸需求减少。据加拿大纸浆产品理事会统计，北美地区新闻纸的产量 2001 年 7 月比去年同期下降了 14.1％，开工率只有 86％，北美地区的需求下降了 15.3％。截至同年 7 月底，北美地区新闻纸市场的存货量比上个月增加了 3.2 万吨。

根据美国报业协会统计，美国报业 2001 年上半年的广告遭到了

"近10年来最严重的饥荒",收入大约下降了15％。《华尔街日报》的广告总量,2001年第二季度下降了37％,总收入下降了18％。《纽约时报》广告收入7月份下降了11.3％。由于广告收入明显下降,短期内没有复苏的可能,降低新闻纸的价格就成为各家报纸的共同呼声。

价格与市场竞争加剧。由于受到纸浆价格上涨的影响,2000年下半年以来国际市场新闻纸价格曾一度不断上涨。但毕竟市场对新闻纸的需求呈季节性疲软,一些新闻纸供应商,尤其是小型新闻纸供应商从2001年4—5月份开始降价。但北美一些大型的新闻纸生产商仍死死咬住每吨600多美元的纸价不肯松口,因此失去了不少业务,将一些市场拱手让给了一些小型的新闻纸生产商。现在看来,这些大型新闻纸生产商死保价格的做法很难坚持下去了。

有关舆论认为,2001年下半年国际新闻纸市场价格的降价幅度日益明显,从2000年平均每吨600美元左右下降至575美元。估计2002年1月新闻纸可望下跌至每吨550美元。

（资料来源:李仁君.微观经济学.北京:清华大学出版社,2007）

理论提示:本案例较好地说明了生产要素的需求是一种派生需求及价格由供求关系决定的原理。由于广告数量的大量减少,导致报纸杂志的发行量下降,由此使新闻纸的需求疲软。在这种情况下,新闻纸的供应商只有降低价格,才能维持原有的市场份额。因此,整个过程表现为"广告需求下降＋报纸杂志印刷量下降＋新闻纸需求下降＋新闻纸价格下降"。这说明,新闻纸的需求是从报刊的需求中派生出来的。新闻纸作为一种生产要素投入,其价格是由其供求关系决定的,而在供给不变时,需求下降使其价格下降。

参加社会生产的各个生产要素都要求按其贡献参与分配,这是市场经济的基本原则。正如我们通常看到的那样,只有当土地、资本、劳动和企业家才能等要素获得了相应的地租、利息、工资和利润等收入时,整个生产过程才能在强大的驱动力的作用下有序运转。而生产要素报酬的决定,取决于生产要素市场的均衡状态。

12.1 要素市场概述

生产要素是生产产品和劳务所投入的各种资源的总称,西方经济学将生产要素划分为四种,即劳动、资本、土地和企业家才能。劳动、资本、土地和企业家才能等生产要素的价格和使用量主要由生产要素市场上各种要素的供给和需求决定。生产要素的需求来自公众中各种生产要素的所有者,生产要素的需求来自厂商,从事生产要素买卖的市场成为生产要素市场。

12.1.1 要素市场的概念

在日常生活中,我们通常把自然资源,如土地、矿产等,或者人工生产出来的各类产品,如机器、设备、能源等,称为生产要素。但是这不全是本章所要讨论的生产要素。企业使用的生产要素通常可以分为两种类型:初级生产要素和中间产品。初级生产要素是指企业在生产活动中投入的原始生产资料,即未经过加工的要素投入,如劳动、土地、自然资源等。中间产品是企业生产出来的、在以后的生产阶段充当投入品的产品。它们要经过再加工或制造才能最终进入消费阶段,供人们使用,因此被称为中间产品。例如,制衣厂从棉纺织厂购买棉布用于加工衣服,棉布就是作为中间产品的生产要素。另外,机器设备、厂房、原料、燃料等都属于中间产品。

经济学中的生产要素指企业为生产产品而需要投入的各种最原始的资源。例如,一家汽车生产商生产汽车,需要土地建造厂房,需要资金来购买机器设备、工具等,需要雇用工人生产,同时还需要雇用企业家来管理企业。在这个生产过程中,汽车生产商所需要的土地、资金、劳动和企业家才能等就是生产要素。西方经济学把生产要素分为四类,即劳动、资本、土地和企业家才能。可以说,人类社会进行的所有生产活动大都离不开这四类生产要素,人类投入到生产活动中的任何一种资源都可以归结为其中的一类。笼统地讲,要素市场就是上述生产要素的所有者与厂商以生产要素为标的进行的市场。

由于交易标的的不同,要素市场与产品市场存在形式上的差异。在两个市场上,参与者的角色刚好相反,见图 12-1。作为产品市场上需求方的消费者在要素市场上是供给者,他们出售劳动力、资本、土地和企业家才能等生产要素;而产品市场上的供给方——企业,则是要素市场上的需求者,他们通过购买劳动、资本、土地和企业家才能等生产要素进行生产,从而提供用于在产品市场上销售的产品。所以,市场经济体系中的每一个个体都既是需求者,又是供给者。个人或家庭通过在要素市场上向企业提供各类生产要素获得收入,在产品市场上购买其需要的消费品。而各个企业则在要素市场上购买生产要素,然后组织生产,生产出来的产品用来供给产品市场。

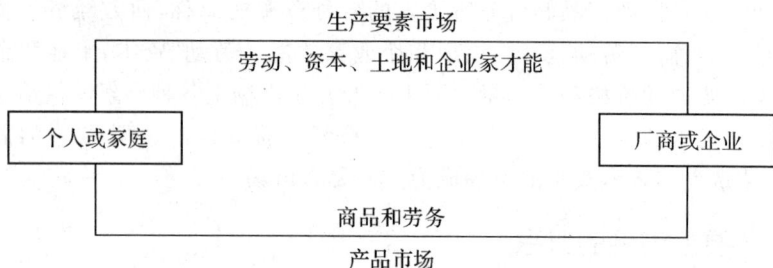

生产要素市场

劳动、资本、土地和企业家才能

个人或家庭   厂商或企业

商品和劳务

产品市场

图 12-1　生产要素与产品供求主体关系示意图

12.1.2　生产要素需求的特点

与产品市场类似,生产要素的价格是由要素市场的供求决定的,但是,生产要素市场的供求与产品市场的供求是有区别的。生产要素市场具有与产品市场不同的特点:

第一,要素市场的交易对象是生产要素。产品市场的交易对象是消费者购买的产品与劳务,通常称为最终产品。而要素市场上买卖双方交易的是生产要素,也就是用于生产最终产品的中间产品。

第二,厂商和消费者在产品市场与要素市场中的地位不同。生产要素市场的需求方和供给方与产品市场中的需求方与供给方刚好相反。厂商为了组织生产,必须在要素市场上购买劳动、资本、土地和企业家才能等生产要素,是要素市场上的需求方;消费者为了获得购买消费品的收入,必须在生产要素市场上出售劳动、土地、资本和企业家才能等生产要素,是要素市场的供给方,并以此作为收入来源。

第三,生产要素的需求是一种派生需求或引致需求。对生产要素的需求来自于厂商。厂商对要素的需求不同于一般居民户对消费品的需求。居民户对消费品的需求是一种直接需求,是为了直接满足自己的消费欲望。厂商购买生产要素是为了用来生产产品以供应市场。所以,同居民户对产品的需求是取决于产品的效用不同,厂商对生产要素的需求取决于生产要素所具有的生产产品的能力。所以,经济学中把厂商对生产要素的需求称为派生的需求,也就是指厂商对要素的需求是人们对要素所产出的产品的需求派生出来的。派生需求,在经济学上也称之为中间需求。

第四,生产要素的需求是一种联合需求。也就是说,任何生产行为所需要的都不是一种生产要素,而是多种生产要素,各种生产要素之间在生产过程中是功能互补的。如果只增加一种生产要素而不增加另一种,就会出现边际收益递减现象。而且,在一定的范围内,各种生产要素也可以互相替代。各种生产要素之间相互依存,厂商必须同时购买多种生产要素才能满足生产需要。

第五,生产要素需求的复杂性。生产要素的需求比产品市场的情况复杂很多。一方面,产品市场的市场结构影响生产要素的需求。一般来说,同一价格水平下完全竞争产品市场上生产企业对生产要素的需求大于非完全竞争产品市场上企业对生产要素的需求量。另一方面,对生产要素的需求具有层次性。各个企业对生产要素的需求与整个行业对生产要素的需求相互联系,相互影响,又存在较大差异。

12.1.3 生产要素供给的特点

生产要素的供给与生产要素的需求不同。生产要素需求的主体和目标都是单一的,即生产要素需求的主体是厂商,其目标是利润最大化。生产要素供给却不同,它存在这样的特点:(1)要素多种多样、性质各异。它可分为原始要素和中间要素两大类。前者包括以自然状态存在的土地和劳动等,后者指人类生产的各种产品,如原材料、半成品等中间产品;(2)不同要素归不同主体所有。如劳动作为人类特殊的能力归劳动者本人所有,土地则归土地所有者所有;(3)所有者的目标不同。如土地所有者的目标是利润最大化,劳动者的目标是效用最大化。

生产要素的供给有两个方面:一是生产要素所有权的转让,即买卖意义上的供给;二是生产要素使用权的转让,即服务意义上的供给。由于生产要素所有权的转让,即买卖意义上的供给与产品市场上的供给没有本质上的区别,因此不在我们的分析之中。这里我们只分析生产要素使用权的转让,即服务意义上的供给。

在研究生产要素供给时,不能单纯考虑其物质的技术属性,有时需要把生产要素看成是可以用于生产,以取得产品的收入源泉。收入能提供效用,所以要素供给本质上是间接取得效用的。因此,可以将生产要素用途分为两类:用于生产可以间接取得效用,也可以直接用于消费来取得效用。这样,生产要素的供给问题,就成了生产要素所有者在自用和提供要素供给于生产这两种用途之间进行合理的配置,以实现自身效用最大化的问题。

在现实生产中,比如劳动,可以有两种用途:一是自用,如从事家务劳动或者娱乐休息;二是通过劳动市场就业,以取得工资收入。土地所有者可以自用,如自行耕种或者修建私人花园;也可以通过土地市场供给厂商建造工厂而取得地租收入。资本也一样,资本的实质不在于它的物质特性,而是资本所有者的一种选择:现期既定数量的资源,或者直接购买消费品用于当前消费,或者用来生产资本品用于远期的生产,以使远期的产量和消费量增加。所以,资本供给的实质就是资源在当期消费与远期消费之间的跨时期选择问题。

12.1.4 要素市场的分类

在产品市场分析中,根据厂商拥有的市场定价能力,我们把产品市场分为完全竞争、垄断竞争、寡头和垄断四个类型。与此类似,根据市场竞争程度的差异,我们可以把生产要素市场分为完全竞争市场、卖方垄断市场和买方垄断市场三个类别。

完全竞争要素市场最为普遍,其市场特征与完全竞争的产品市场一致。完全竞争的生产要素市场具有以下特征:要素的供求双方数量很多;生产要素具有同质性;要素需求双方都具有完全的信息;生产要素可以自由流动。显然,完全满足这些要求的生产要素市场在现实生产中是不存在的。

在卖方垄断要素市场中,市场上只有一个要素供给者而且不存在相近的替代品,该要素的供给者拥有决定价格的能力。同样,纯粹的卖方垄断在现实生活中较为少见。经济学中较典型的要素市场卖方垄断例子是工会。在特定条件下,工会可以成为控制劳动供给的唯一来源。

买方垄断的生产要素市场意味着独家买主,市场中只有一个要素需求者,它通过改变生产要素的购买量从而影响市场价格的决定。虽然纯粹的买方垄断市场并不多见,但拥有部分买方垄断能力的要素市场在现实生活中还是比较常见的。

按照生产要素种类,可以将生产要素市场分为劳动力市场、资本市场、土地市场、技术市场和土地市场等。

(1)劳动力市场。是指厂商与劳动者为了从事某种工作、对劳动和劳务进行交易,进而确定劳动者现行工资水平的场所。厂商需要有一个劳动力市场来为其提供劳动力资源,劳动者也需要一个劳动力市场为其就业提供实现途径。劳动力市场是连接劳动者和厂商的一个桥梁,如果缺乏这个桥梁或纽带,劳动力这一生产要素的配置将碰到困难。

(2)资本市场。又称"长期资金市场",是指进行长期(超过 1 年)资金交易活动的市场。利息和资本的使用量是在资本市场上决定的。例如,股票发行市场、债券发行市场、长期贷款市场等。资本市场的特点主要有:第一,交易期限长,至少 1 年以上,最长可达数十年。第二,交易的目的主要是为了解决长期投资性资金的需要。第三,资金借贷量大。第四,用资本市场融资交易的有价证券,其收益较高而流通性差,价格变动幅度大,有一定的风险性和投机性。

(3)土地市场。是指以土地或其使用权作为交换客体的市场。地租和土地的使用量在土地市场上决定。土地的价格是由土地市场上的供给与需求的相互作用关系决定的。土地的需求主要源自人们对住房、地块和农产品的需求。因为土地是纯天然的,所以不少地方存在土地短缺的问题,但是我们也可以增加土地的供给,例如围海造田、清除贫民窟等。

(4)技术市场。是指以技术成果以及生产工艺作为商品进行交易的市场。在经济发展中,技术起到了越来越重要的作用。技术市场的主要活动形式有技术转让、技术承包、技术咨询、技术合作、技术服务、技术入股、技术培训、技术出口等。技术市场是连接研究开发与市场的纽带,对于促进科技研究与生产结合、加速科技成果转化为现实生产力、实现技术这一生产要素的合理配置等有着极其重要的作用。

(5)信息市场。是指以各种信息服务作为交换客体的市场。信息服务包括信息的生产、加工、处理、传输,以及相关的软件、硬件服务等。信息市场是现代社会经济市场发展到一定程度,信息大量产生及其在经济活动中的作用日益突出而产生的,也是要素市场的重要组成部分。

12.2 竞争性要素市场的均衡

与产品市场一样,生产要素市场的均衡也由要素的供给和需求同时决定,但由于生产要素需求的引致需求特征,导致了生产要素需求的复杂性。

12.2.1 完全竞争要素市场的需求

就像存在不同类型的产品市场一样,要素市场也分为不同的类型。我们仍可以依据诸如卖主和买主的数量、有无进入壁垒、市场中的要素同质与否等因素来定义要素市场结构。如果生产要素市场满足下面四个条件,我们就认为它是完全竞争性的要素市场。

(1)生产要素市场中存在着大量买主(厂商)和大量的卖主(个人或家庭);

(2)市场中的所有生产要素对企业来说都是同质的;

(3)不存在进入或退出生产要素市场的障碍;

(4)有关生产要素供求和价格的信息都是完全畅通的。

这些条件与产品市场完全竞争性的特征几乎一样,惟一的区别在于这里交易的是生产要素而不是最终产品或服务。显然,严格满足上述四个条件的生产市场几乎没有。但某些生产要素市场可能比较接近完全竞争的要素市场。在大多数劳动市场中,工人之间的相似性要比差别性更明显,劳动力市场可近似看成竞争性要素市场。例如,农场主在雇用苹果采摘者时,不考虑所要雇用的工人的工作背景,工人只需满足具有"力量"和"敏捷"等最低要求即可;又比如,大公司的管理者在雇用计算机程序员时,更关注申请人员的才能与技术,但是管理人员通常会将所有受过培训的毕业生视为近似替代品。

1.厂商对单一可变生产要素的需求

我们首先分析厂商对生产要素的需求。假定厂商已购买了一定数量的生产要素,并想知道增加使用一单位生产要素是不是有利可图。雇用该单位生产要素厂商的产出会增加,如果产出增加给厂商带来的额外收益大于厂商支付生产要素的报酬,厂商的利润会增加,厂商应该增加生产要素的使用量。

增加一单位生产要素产生的额外收益,称为该生产要素的边际收益产出(marginal revenue product,MRP)。MRP 是一单位额外生产要素带来的额外产出,乘以从一单位额外产出得到的额外收益。额外产出由该生产要素的边际产出 MP 给出,而额外收益由边际收益 MR 给出。因此

$$MRP = MP \cdot MR$$

在非竞争性产出品市场中,边际收益 MR 随着产品销售量的变化而变化。但在一个竞争性产出品市场中,厂商会以市场价格 P 出售所有的产出品。这样,出售一单位额外产出的边际收益就等于 P。在这种情况下,劳动的边际收益产出等于劳动的边际产出乘以产品的价格:

$$MRP = MP \cdot P$$

竞争性产出品市场与垄断性产出品市场的边际收益曲线的比较见图 12-2。图中较低的那条曲线是厂商在产出品市场具有垄断势力时的边际收益曲线。当厂商具有垄断势力时,它们要出售更多的产品就必须降低所有单位产品的价格。结果,边际收益总是低于价格(MR<P),并且随着产出的增加,边际收益下降。因为边际产出曲线向下倾斜,不管是竞争性产出品市场还是垄断性产出品市场,

边际收益曲线都是向下倾料的。

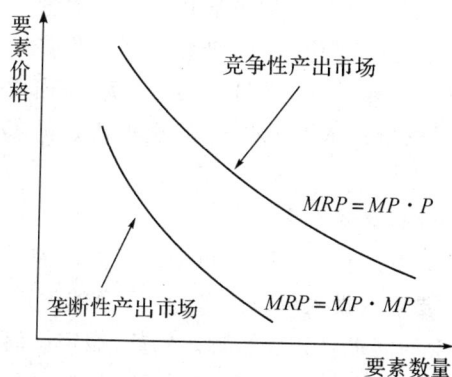

要
素
价
格

竞争性产出市场

$MRP = MP \cdot P$

垄断性产出市场

$MRP = MP \cdot MP$

要素数量

图 12-2　边际收益产出曲线

　　边际收益产出曲线代表了生产要素价格与需求之间的关系,是厂商的生产要素需求曲线。边际收益曲线告诉我们厂商雇用一单位额外生产要素愿意支付的价格。只要边际收益产出 MRP 高于竞争性市场的要素价格水平,厂商就应当继续雇用额外生产要素。如果边际收入产出小于要素价格水平,厂商就应当减少生产要素的使用量。只有在边际收益产出等于要素价格时,雇用生产要素数量才能使得厂商利润最大化。因此,边际收益产出曲线代表在一定要素价格水平下厂商愿意雇用的生产要素数量,是厂商的生产要素需求曲线。

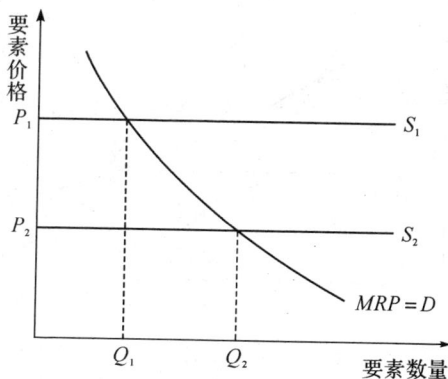

要
素
价
格

P_1 ———————————— S_1

P_2 ———————————— S_2

$MRP = D$

Q_1 　　 Q_2 　　要素数量

图 12-3　厂商要素使用情况

　　图 12-3 演示了厂商对生产要素的需求。生产要素的边际收益产出曲线为 MRP。在完全竞争的生产要素市场,厂商能够以市场价格购买任意数量的生产要素,因此厂商面临的生产要素供给曲线是一条水平线。厂商利润最大化的生

产要素使用数量位于供给曲线和需求曲线的交点。当生产要素价格为 P_1 时，MRP 和 S_1 曲线的交点决定了厂商愿意雇用的劳动数量为 Q_1。

生产要素价格水平发生变化，厂商愿意雇用的生产要素数量也发生变化。如果要素的市场价格由于某种原因发生了变化,例如,当要素价格从 P_1 降到 P_2 时,厂商的生产要素需求量从 MRP 和 S_1 的交点决定的 Q_1 下降到 MRP 和 S_2 的交点决定的 Q_2。

2.多种要素可变时的要素需求

上面我们讨论了只有一种生产要素可变时厂商对该生产要素的需求。当同时有两种或多种生产要素的投入可以变化时,厂商的生产要素需求就变得复杂了,因为几种生产要素的需求会相互影响。例如,假定厂商的投入品可分为劳动和资本两类,劳动和资本都是厂商的可变生产要素,这时厂商对劳动的需求与仅有劳动要素可变时的需求是不同的。在资本保持不变情况下,随着工资率的下降,厂商对劳动的需求会增加。但是随着劳动变得便宜,厂商的边际成本下降,这使得增加产出变得有利可图。结果,厂商就会增加资本投资以扩大生产能力。资本投资的增加又导致劳动的边际收益产出曲线向右移动,这反过来又导致对劳动需求的增加。

图 12-4 说明了多种生产要素可变时厂商对劳动的需求。假定在初始条件

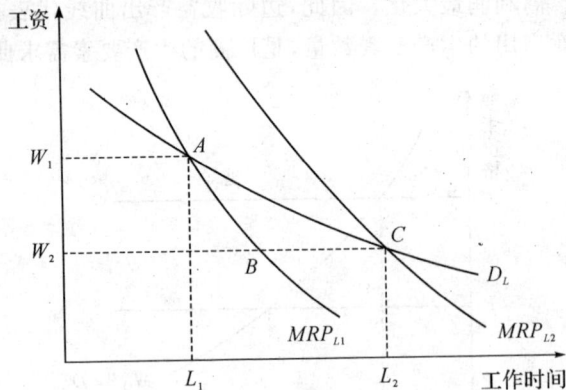

图 12-4 多要素可变时厂商的劳动时间

下,厂商的劳动需求曲线为 MRP_{L1};曲线上的 A 点表示,工资率为 w_1 时,厂商愿意雇用 L_1 数量的劳动。当由于某种原因导致工资率水平发生了变化,例如,工资率从 w_1 下降到了 w_2 时,劳动的边际收益产出高于工资率,增加劳动雇用将增加厂商的利润,厂商愿意雇用更多的劳动数量。但是 MRP_{L1} 描述的是在资本

固定不变时厂商对劳动的需求。较低的工资不仅会鼓励厂商购买更多的劳动,也会刺激厂商增加资本投资。由于资本的增加,劳动的边际产出会增加(有了更多的资本,工人的生产率更高),因此边际收益产出曲线会向右移动(移到 MRP_{L2})。工资率下降后,厂商实际使用的劳动数量应该为 L_2,位于 C 点。资本可变时,厂商对劳动的需求如图中的 D_L 所示。因此,多种生产要素可变时,厂商的生产要素需求比仅有一种生产要素可变时更有弹性。

3. 行业的要素需求曲线

在一定价格水平下,把各个消费者的产品需求量加总,可以得到产品的行业需求曲线,产品的行业需求曲线即产品的市场需求曲线。但合成要素市场的行业需求曲线就变得复杂了,当行业具有许多厂商时,行业的要素需求曲线并不能如产品的需求曲线那样简单地水平叠加各个厂商的要素需求,因为厂商的要素需求之间会发生相互作用。

假定厂商的投入品分两类,劳动和资本。一开始劳动的工资率是 w_1,厂商的劳动需求是 L_1。行业内各个厂商的要素需求曲线水平方向的叠加得到的市场需求曲线如 MRP_L 所示。现在由于某种原因,工资率水平下降到了 w_2 水平,根据水平叠加获得的行业需求曲线,行业雇用的工人数量将增加到 L_2。但是由于该行业内所有厂商都会雇用更多的劳动。这将导致该产业产出增加,产业的供给曲线向右移动,以及产出品的市场价格下降。当产出品价格下降后,厂商原来的边际收益产出曲线将向下移动,行业内各个厂商要素需求曲线水平方向叠加得到的市场需求曲线也将下移,行业对劳动的需求增长低于预期。

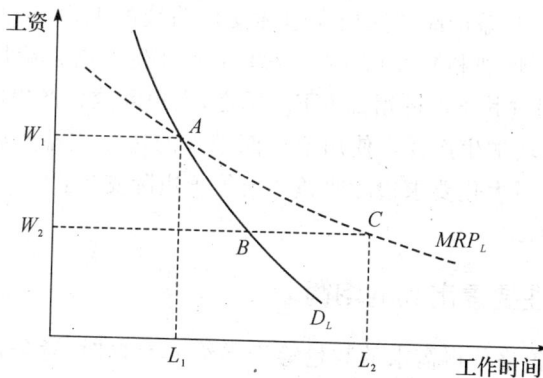

图 12-5　多要素可变时行业的劳动需求

图 12-5 演示了行业生产要素需求的形成原理。图中虚线 MRP_L 显示的是,如果产品价格不随工资下降而降低,各个厂商对劳动需求的水平加总,实线 D_L 显示行业的实际的劳动需求曲线。它已考虑到,当所有的厂商都对工资下降做

出反应,扩大产出,产品价格将会出现的下降。因此,需要对水平加总获得的行业生产要素需求曲线进行修正,行业对生产要素的实际需求更缺乏弹性。

12.2.2　竞争性要素市场的供给

　　生产要素的市场供给曲线通常是向上倾斜的。在竞争性商品市场中,由于产品的边际成本是递增的,因此,商品的供给曲线向上倾斜。同样的结论也适用于大多数生产要素。对大多数生产要素而言,其边际成本递增,生产要素的供给曲线向上倾斜。

　　单个厂商面临的生产要素供给曲线是一条水平线。当生产要素市场是完全竞争市场的时候,生产要素的市场供给与需求决定了要素的市场价格,厂商可以按照市场决定的价格购买任意数量的生产要素。厂商面临的生产要素供给曲线具有完全弹性,是一条水平线。

　　图 12-6 演示了生产要素的市场供给曲线与厂商面临的供给曲线之间的关系。厂商面临的供给曲线 S 是一条水平线,与平均支出曲线 AE(average expenditure, AE)、边际支出曲线 ME(marginal expenditure, ME)重合。平均支出 AE 指厂商购买每单位生产要素的支出,边际支出 ME 代表厂商为购买一单位额外投入品所作的支出。在竞争性要素市场,平均支出曲线与边际支出曲线是同一条水平线,而且与厂商面临的要素供给曲线重合,就像竞争性产出品市场上厂商的边际收益曲线和平均收益曲线一样。

　　竞争性要素市场的厂商根据边际收益曲线与边际支出曲线决定生产要素的使用量。只要边际收益产品曲线处在边际支出曲线的上面,厂商就可以通过购买更多的生产要素增加利润,因为购买一单位额外生产要素给厂商带来的边际收益产品 MRP 超过其支出的增加 ME。反之,当边际收益产出曲线处在边际支出曲线的下方时,增加生产要素使用给厂商带来的边际收益产出就低于支出的增加。因此,利润最大化要求边际收益产出等于边际支出:

$$ME = MRP$$

12.2.3　竞争性要素市场的均衡

　　生产要素的价格使得需求的数量等于供给的数量时,竞争性要素市场达到均衡。图 12-7(a)以劳动市场为例演示了竞争性生产要素市场的均衡。劳动的供给曲线与需求曲线相交于 A 点,均衡工资率是 w_0,均衡供给数量是 L_0。在竞争性生产要素市场,生产要素的需求曲线代表了厂商使用该生产要素产生的收益,工资率反映了厂商或社会多使用一单位生产要素的成本。因此,要素市场达

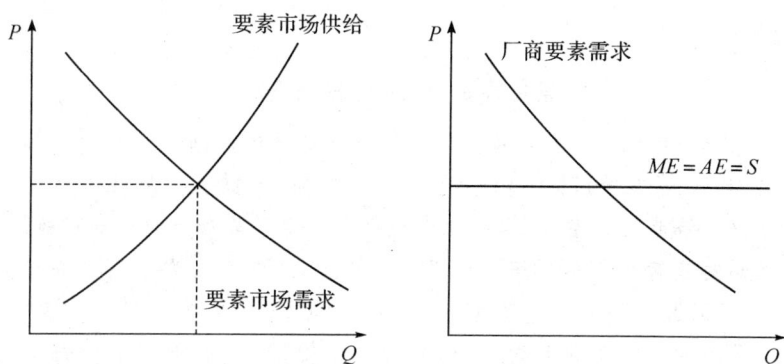

图 12-6　生产要素的供给

到均衡时,劳动的边际收入,即劳动的边际收益产出 MRP_L 等于其边际成本,即工资率水平。

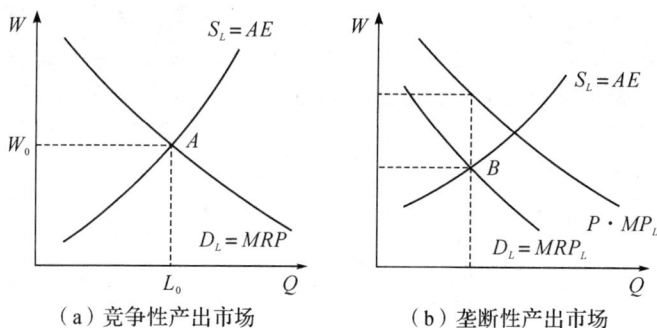

（a）竞争性产出市场　　　（b）垄断性产出市场

图 12-7　生产要素的供给

　　当产品市场和生产要素市场都是完全竞争市场时,资源得到了有效率的利用。厂商多雇用一单位劳动得到的额外收入,即劳动的边际收益产出 MRP_L 与额外产出的社会收益,即产品的价格与劳动的边际产品的积相等。

　　当产出品市场是非完全竞争性时,劳动的边际收益产出小于产品价格与劳动的边际产出之积,资源未得到有效利用。在图 12-7(b)中,代表产品价格乘以劳动边际产品（$P \cdot MP_L$）的曲线处在边际收益产出曲线（$MR \cdot MP_L$）的上方。点 B 劳动供给曲线与需求曲线的交点,决定了劳动市场的均衡工资 W_M 和劳动供给 L_M。但是,厂商投入额外劳动对社会的贡献用 $P \cdot MP_L$ 衡量。因此,当 L_M 的劳动者被雇用时,厂商的边际成本 W_M 小于社会的边际收益。虽然厂商的利润最大化了,但是厂商的产出水平低于有效水平,厂商的生产要素使用量也小于有效水平。如果厂商雇用更多工人,生产更多产品,经济效率会提高。

【专题】

黑死病使劳动供给曲线左移

1348—1351 年,黑死病袭击了英国及其他欧洲国家。在很短的时间内,英国人口的 17%～40% 死于这场瘟疫,人口的大量减少造成了劳动力供给曲线的左移,在原工资水平上出现了劳动力的严重短缺,雇主之间对幸存的工人的竞争加剧。据估计,3 年间工资水平上升了约 50%～100%。下图描述了这一过程。

下图横轴代表劳动数量,纵轴代表工资,D 代表英国国内对劳动的需求,由于其他条件没有变,故可以认为黑死病对劳动的需求没有影响,S_1 为发病前英国国内劳动的供给情况,这时劳动供给 S_1 与劳动需求 D 的交点 A 是劳动市场的均衡点,对应的均衡劳动力为 L_1,市场均衡工资为 W_1。当发生黑死病后,在每一工资水平劳动的供给减少,劳动的供给曲线向左上方移动,最终移动到 S_2,这时,市场均衡点为 B,对应的均衡劳动量为 L_2,均衡工资为 W_2。

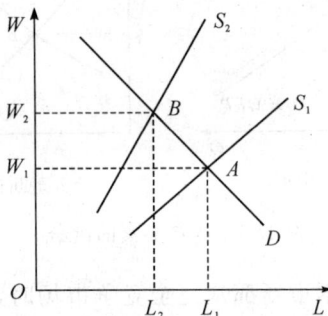

图 12-8　竞争性要素市场均衡

通过上述分析可以看出,黑死病使得英国的劳动力供给曲线由 S_1 向左上方移动至 S_2,市场均衡点由 A 点上移到 B 点,均衡工资由 W_1 上升到 W_2,均衡劳动雇用量由 L_1 减少到 L_2。

(资料来源:张卫东.微观经济学.北京:首都经济贸易大学出版社,2003 年版)

理论提示:竞争性要素市场的均衡机制与竞争性商品市场的均衡道理完全一致。

12.3　非竞争性要素市场

非竞争性要素市场包括买方垄断生产要素市场和卖方垄断生产要素市场两种情况。本节先讨论买方垄断要素市场,再讨论卖方垄断要素市场。

12.3.1　买方垄断要素市场

所谓买主垄断是市场上只有为数很少的买者的情况。如果市场中仅存在单一的一个买者,那么这个买者就是独家买者。产生买主垄断的原因有许多,例如单一企业开采含矿量丰富的矿山,就会形成对这类土地的垄断的购买,而该厂商就成为独家买主。买主垄断的另一个典型例子是,在一个规模不大的城镇里,一家厂商成为该镇上劳动力的唯一雇用者。比如,在某矿山因采矿业而形成一个城镇,这个矿业企业就成了这种垄断买主,只要城镇上的劳动力不能够或不愿意流动到其他地方去工作。如果劳动力的流动性增加,买主垄断就被打破或部分被打破。但是由于诸多原因,劳动力的流动性比资本等要素的流动性要低。

买方垄断能以不同的方式出现。要素市场上买方垄断形成的原因可能是厂商业务的专业化性质。如果厂商购买的元件是其他厂商都不购买的,它可能成为市场上该元件的垄断买主。劳动市场上买方垄断形成的原因则可能是业务的区位性——某一厂商可能是一个地区惟一主要的雇主。买方垄断势力的另一个可能来源是一个要素的所有购买者达成协议,形成卡特尔限制对该要素的购买,这样他们就能低于竞争性价格购买该生产要素。

1. 边际支出和平均支出

独家买主所面临的生产要素供给曲线就是市场供给曲线,因为一个垄断买主代表了整个市场的买方。前面讲到市场的供给曲线是一条向右上方延伸的曲线,垄断买主所面临的供给曲线也就是这种向右上方延伸的曲线。这条曲线表示,垄断买主若要增加要素的使用量,它就必须增加对单位要素的支付价格;垄断买主若要减少要素的使用,它就可以减少对要素的支付。

当一家厂商在竞争性市场上购买一个要素投入品时,边际支出曲线和平均支出曲线是相同的。但是当厂商是一个垄断买主时,边际支出曲线和平均支出曲线就如图 12-9 所显示的那样,是不一样的。

垄断买主面临的要素供给曲线是向上倾斜的市场供给曲线,随着要素价格

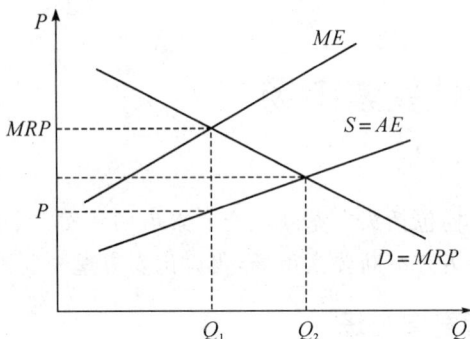

图 12-9　买方垄断要素市场均衡

的上升,要素供给者愿意出卖的要素数量也上升。由于垄断买主每单位支付相同的价格,供给曲线是它的平均支出曲线,平均支出曲线是向上倾斜的,因为如果垄断买主想购买更多的要素,它必须支付更高的价格。然而,对于一家利润最大化的厂商来说,它在决定购买多少要素时,只有边际支出曲线才相关。由于生产要素供给曲线向上倾斜,厂商需要提高价格才能购买更多的生产要素,而且厂商必须以较高价格购买所有的生产要素,而不是仅仅以较高价格购买最后一单位的生产要素,因此,边际支出曲线位于平均支出曲线上方。

2.厂商的生产要素购买决策

图 12-9 说明了厂商的生产要素购买决策。厂商会一直购买生产要素直到边际支出与边际收益产出相等的那一点,也即最后购买的一单位生产要素给厂商增加的收入 MRP 正好等于购买该单位生产要素增加的支出 ME 的点。需要注意的是,边际收益产出曲线与边际支出曲线的交点决定了垄断买主购买的生产要素数量 Q_1,但其支付的价格由 Q_1 所对应生产要素供给曲线决定,价格水平为 P。

在买方垄断性生产要素市场,生产要素得到的报酬低于其创造的价值。在生产要素使用量为 Q_1 水平下,增加一单位生产要素使用为厂商增加的收益,即边际收益产出由生产要素的需求曲线决定,为 MRP,MRP 高于生产要素实际得到的价格 P。

同时,垄断买主购买的生产要素比没有垄断势力的一家或一组厂商购买的生产要素少。在一个竞争性生产要素市场上,厂商购买的生产要素数量由生产要素的供给曲线(即平均支出曲线)与生产要素的需求(边际收益产出曲线)决定,见图 12-9 的 Q_2。Q_2 高于买方垄断要素市场的均衡产量 Q_1。

12.3.2 卖方垄断要素市场

就像投入品的购买者可以有买方垄断势力一样,投入品的销售者也可以有卖方垄断势力。极端地说,销售者可以是一个垄断者,就如一家厂商拥有生产电脑集成电路块的专利,而其他厂商无法复制时那样。在要素市场上,纯粹的垄断者相对较少,但在许多产业,厂商在销售其他厂商用作生产要素的产品时,具有某种垄断势力。在西方国家,要素市场卖方垄断最重要的例子是工会,工会可以通过控制提供劳动的数量来提高其成员的福利。

图 12-10 中的 D 是市场对生产要素的需求曲线,它是市场中各厂商的边际收益产出的加总。劳动供给曲线 S 则描述了在没有卖方垄断条件下生产要素的供给,S 曲线代表了生产要素卖方的边际成本,是各个要素供给者边际成本曲线的加总。在竞争性生产要素市场,市场均衡点为 A,卖方提供 Q_1 数量的生产要素,要素价格为 P_1。单个生产要素供给者可以在 P_1 的价格水平下出卖任意数量的生产要素。

然而,在存在卖方垄断力量情况下,垄断卖方拥有决定市场价格的能力。垄断卖方可以选择提高要素价格,但在市场需求既定的条件下,生产要素销售量会下降。垄断卖方也可以选择降低生产要素价格以增加销量。在生产要素销售的边际收益等于边际成本时,厂商提供生产要素的利润达到了最大。在图 12-10 中,MR 曲线与 S 曲线的交点决定了利润最大化的生产要素销售量 Q_2,在销

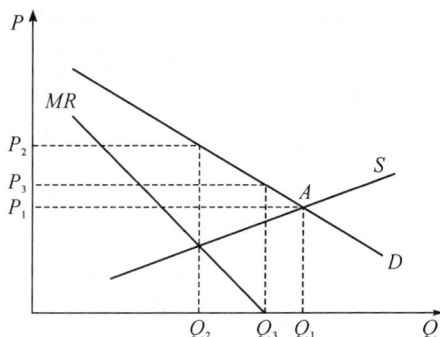

图 12-10 卖方垄断要素市场均衡

售量为 Q_2 时,在市场需求曲线上对应的价格水平为 P_2,此时,要素的垄断卖方的利润最大化了。

在工会垄断劳动供给的特殊生产要素市场,工会的目标可能不是利润最大化,劳动市场的均衡情况比较复杂。如果工会的目标是想让厂商雇用工人数量最大化,它将选择 A 点为市场均衡点,这是竞争性市场所能达到的市场均衡水平。如果工会的目标是工会成员工资收入水平的最大化,它将提供图 12-10 中 Q_3 的劳动数量。在 Q_3 点,工会继续提供劳动生产要素的边际收益等于零,工会销售劳动的收入达到最大化,也即工会成员工资总量达到最大。

【专题】

中国的基尼系数已超警戒线

基尼系数是国际上用来综合考察居民内部收入分配差异状况的一个重要分析指标，由意大利经济学家于 1922 年提出。其经济含义是：在全部居民收入中，用于进行不平均分配的那部分收入占总收入的百分比。基尼系数最大为"1"最小为"0"。前者表示居民之间的收入分配绝对不平均，即 100% 的收入被一个单位的人全部占有了；而后者则表示居民之间的收入分配绝对平均，即人与人之间收入完全平等，没有任何差异。但这两种情况只是在理论上的绝对化形式，在实际生产生活中一般不会出现。因此，基尼系数的实际数值只能介于 0—1 之间。

按照国际惯例，基尼系数在 0.2 以下表示居民之间收入分配"高度平均"，0.2—0.3 之间表示"相对平均"，0.3—0.4 之间为"比较合理"，同时，国际上通常把 0.4 作为收入分配贫富差距的"警戒线"，认为 0.4—0.6 为"差距偏大"，0.6 以上为"高度不平均"。

2005 年 6 月，国家统计局城市社会经济调查总队对全国 5.4 万户城镇居民家庭抽样调查显示，2005 年一季度收入和消费支出均呈现增长趋缓的态势。一季度人均可支配收入为 2938 元，同比增长 11.3%，扣除价格因素，实际增长 8.6%，增幅较 2004 年同期回落 1.2 个百分点。人均消费性支出 2020 元，同比增长 9.9%，实际增长 7.2%，增幅回落 0.7 个百分点。同时，数据显示，高低收入组的收入差距有所扩大。最高 10% 收入组人均可支配收入 8880 元，同比增长 15.7%；最低 10% 收入组人均可支配收入 755 元，同比增长 7.6%。高低收入组之比为 11.8∶1，比 2004 年同季 10.9∶1 有所扩大。

中国社科院研究收入分配的专家指出，目前中国的基尼系数 2005 年迅速逼近 0.47，已经超过了警戒线 0.4，收入差距已经处于高水平，形势严峻。

（资料来源：于善波．微观经济学．北京：中国商务出版社，2008）

理论提示：影响居民收入的因素有哪些？中国居民收入分配不均的原因是什么？

⑤➤【本章小结】

在竞争性生产要素市场上,对一生产要素的需求是由该要素的边际收益产出、厂商产品的边际收益及生产要素的边际产出决定。厂商购买生产要素一直到该要素的边际收益产出等于要素市场价格的那一点。这类似于厂商利润最大化产出条件,该条件要求生产增加到边际收益等于边际成本的那一点。

生产要素行业需求不是该行业所有厂商需求的水平叠加。生产要素行业需求的确定需要考虑到产品市场价格将随着生产要素投入量的变化而变化。

当要素市场是竞争性的时候,厂商面临的边际支出曲线与平均支出曲线都是完全有弹性的。当生产要素的购买者具有买方垄断势力时,边际支出曲线位于平均支出曲线的上方,边际支出曲线与要素需求曲线的交点决定了要素购买量,要素的边际收益产出高于要素的价格。当生产要素的出售者具有垄断力量的时候,出售生产要素的边际收益低于要素价格,边际收益曲线与要素供给曲线的交点决定了要素购买量,要素价格高于要素提供的边际成本。

⑤➤【关键概念】

边际产出　边际收益产出　要素需求曲线　要素供给曲线　要素市场　行业要素需求　买方垄断　卖方垄断　边际支出　平均支出　引致需求

⑤➤【思考题】

1. 为什么当厂商在产出品市场具有垄断势力时,它对劳动的需求曲线比竞争性产出市场时的弹性小?

2. 为什么一家电脑公司对软件编制人员的需求是引致需求?

3. 比较垄断性雇主与竞争性雇主对工人的雇用选择。哪个会雇用较多的工人? 哪个会支付较高的工资?

4. 对垄断买主而言,一生产要素的供给与该要素的边际支出之间有什么关系?

【案例讨论】

1998 年 3 月,克林顿总统提议在两年内将最低工资提高 1.00 美元,使其达到 6.15 美元。自从 1938 年制定 25 美分联邦最低工资开始,经济学家们就一直对最低工资法的利益与成本存在争论。联邦最低工资法起初只覆盖了全部劳动力的 43%,主要是那些在涉及洲际间商业活动的大型厂商里工作的工人。多年以来,最低工资不断提高,覆盖范围也一再扩大,到 1998 年,最低工资法覆盖了全部劳动力的 86%(仍然没有涵盖的群体包括从事家庭服务的劳动者和在小零售企业、小餐馆里工作的人)。

在克林顿提议增加最低工资的那段时间,大约有 1200 万工人每小时工资在 5.15 美元和 6.15 美元之间,因此他们可能受到工资增加的影响。这个群体包括许多非熟练或年轻工人,他们大多数在服务业和零售业中从事临时性的工作。最低工资立法的鼓吹者认为适当地实施最低工资能够增加最贫困工人的收入,而对整个就业影响不大,甚至没有影响。最低工资立法的批评者认为高于市场出清水平的最低工资会促使雇主相应减少工人雇用量或者削减非工作报酬,造成很多负面影响。

而首当其冲遭受解雇的工人是来自非熟练工人团体中的底层,即教育水平低、技能最差、健康有问题的人,他们正是政府希望保护和援助的对象,但结果却是他们首先受到伤害。

其他的负面影响主要表现为:首先,就业量的下降不仅表现为就业人数的下降,还可表现为就业工人工作时间的下降,所以会有相当一部分非熟练工人处于半失业状态;其次,当政府要求企业提高货币工资时,企业可以采取相应减少别的福利待遇的对策,使真实的工资上升幅度小于货币的上升幅度,甚至完全抵消。首先受到削减的福利可能会是非熟练工人,尤其是临时工人的福利政策;第三,在那些受到最低工资法管制的行业找不到工作的人会转向管制范围之外的行业,从而压低这些行业的工资水平,雇主可以在挑选工人时采取更挑剔苛刻的态度,并按照自己的偏好实行歧视性雇用政策,如性别歧视、种族歧视、年龄歧视等,所以,那些具有大多数雇主不喜欢的特征(如性别、肤色等)的工人变成了牺牲者。

自 20 世纪 70 年代以来,美国已经公布了 40 多项考察最低工资变化对就业影响的研究报告。虽然少数已经发现最低工资对就业有较小的积极影响,但大部分已经发现或者没有影响或者有消极的影响,特别是在年轻工人中。最低工资提高不可能总是对总的就业产生预期的消极影响,一个原因就是雇主常常针对工资的提高做出种种反应,如用临时工作代替专职工作,以更称职的享受最低工资的工人(如大学生)代替不大称职的工人(如中学辍学的学生),以及调整工作的一些非工作因素来降到成本或提高生产力。

最低工资的提高也增加了上学的机会成本。例如,一项研究发现最低工资的提高会鼓励 16—19 岁的一些年轻人辍学去寻找工作,尽管许多人没有找到工作。同时,已经离开学校的那些人会因为最低工资的提高而很可能成为失业者。

因此最低工资的提高可能会对入学人数产生较大影响。

如果政府不再修改最低工资标准，那么随着生活水平的提高和物价的上涨，最低工资标准将逐渐变得形同虚设。如果政府考虑重新规定这一标准，并将其定在市场均衡水平之上，也会碰到许多阻力。一些经济学家甚至指出，最低收入家庭之所以贫困，不是因为家庭成员从事低工资工作，而是他们根本找不到工作或长期处于半失业状态，因而很难得到最低工资法的保护和帮助。

（资料来源：http://sem. tongji. edu. cn:6499/semCourse/res/20060123021851734. doc）

思考题：当前我国各地正在实行的提高最低工资水平的政策又会产生怎样的政策效果？

第 13 章

工资、地租、利息和利润 ≫ ≫ ≫ ≫

本章学习要点

1. 了解劳动市场工资的决定；
2. 了解资本市场利率的决定；
3. 了解土地市场地租的决定；
4. 了解企业家才能与利润的决定。

【开篇案例】

高级技工短缺

眼睁睁看着每天流失百万美元的外贸生意，"皮衣之都"浙江海宁市却束手无策：全市 2000 多家皮衣厂，可日产皮衣 6 万件，由于缺少技工，纷至沓来的国际订单只好忍痛回绝。

类似遭遇在长三角地区屡见不鲜。江苏昆山市 28 万元年薪难聘高级电焊工。杭州月薪 6000 元也招不到合适的数控机床操作工……

据上海市经委预测，未来 3 年，上海全市年均高级技工的需求约 1.8 万人，大那分集中在工艺设计、机械加工、电器设备、光机电一体化等专业。江苏无锡有关部门专门调查了无锡新区 700 多家外资企业，发现技工缺口高达上万人。

宁波车灯电器有限公司办公室主任，每个周末都要去市人才市场招聘技工。他说，尽管企业在人才市场有固定席位，常年招工，但今年比较理想的技工仅招聘到 1 人。他们企业所在的北仑区大碶镇是汽车"模具之乡"，不仅大量需要一般技工，更渴望能够操作数控机床的人才。

据对近年来宁波市劳动力市场需求状况分析,操作工、裁剪缝纫工、车工、机电产品装配工、焊工、纺织工等一些制造业的技术工种,被列入缺口最大的前10个职业中。而从今年杭州毕业生需求排行榜看,高级电工、数控、药剂、园林、钣金工、油漆工等专业都非常走俏。

（资料来源：刘东,梁东黎.微观经济学教程.北京：科学出版社,2005）

理论提示：案例中提到为了招聘高级数控机床技工开出的月薪是6000元,而同时,普通工人的工资仅仅数百元,为什么二者的工资相差这么多？

13.1　工资理论

西方经济学认为劳动者按照一定的价格把自己的劳务租借出去,劳务的价格就是工资率。工资率是一切要素价格中最重要的。例如在美国绝大多数家庭中,工资是收入的唯一来源,在国民收入中工资约占四分之三。

13.1.1　劳动要素的特殊性

与其他生产要素相比,劳动要素有许多特殊的地方。

第一,劳动的总供给并不取决于劳动的收益即工资率,而是取决于总人口和劳动人口占总人口的比例等因素。

第二,劳动力不易流动。作为社会的人,劳动力不像其他物质资源那样易于流动和转移。这是因为：①劳动力存在改变职业的障碍。由于人们特有的天赋才能、对已投入的训练费用的怜惜,以及对既有工作的适应都使劳动者不轻易更换职业。②改变工作地点的障碍。搬家费用高昂、对离开长久居住地区将会失去家庭联系、社会联系的顾虑,以及地区偏见使得劳动者具有较低的地区流动性。③年龄、性别等各种歧视的存在,使女性和某些年龄层的劳动者不易找到新的职业。

第三,失业将对工人的心理与生理发生不良影响,影响社会的稳定。

13.1.2　劳动供给

本节仅考察个人的劳动供给。个人的劳动供给理论建立在家庭分析的基础之上。家庭是向厂商提供劳务的销售者。家庭对收入的态度一般来说是认为收入越多越好。在既定的情况下，要得到更多的收入，只能更多地工作，即由家庭在一定时期里出售更多的劳务。

劳动的供给价格取决于劳动的负效用。劳动的负效用指的是随着劳动时间的延长，劳动者对工作产生的厌恶和反感。这种负效用随劳动量的增大而增大。所以劳动时间越长，劳动者所要求的供给价格越高。但是，更多的工作意味着牺牲更多的闲暇，而闲暇也是家庭所向往的。因此，人们必须在增加收入和增加闲暇之间进行权衡，使自己或家庭通过合理选择，获得两者结合的最大效用。

假定家庭成员通过变动一周内他们的工作时数来随意地增减他们共同的收入量（这个假定对有些职业不大适用，但是劳动时数的部分调整还是可能的，例如可以通过加班或请假等增减劳动时间）。工资率提高并不意味着家庭愿意提供劳动时间的延长。分析家庭对不同工资水平劳动供给量变动，可以分别从劳动的替代效应和收入效应这两方面来进行。

如果一个人置身于一个工资刚好被提高而又能自由选择其劳动时数的环境中，那么他的心情一定很矛盾：一方面，每小时的劳动比以前能够换取更高的报酬，增加劳动时间可以获得更多的收入，相比之下闲暇成本已经变得昂贵，所以他想增加劳动来代替闲暇。另一方面，工资已上升到较高水平，他已变得较为富有。由于他较为富有，他已经有能力购买较多的衣服、较好的食品和其他消费品，唯独感觉缺少属于自己支配的时间，即闲暇变得更为稀缺。利用闲暇时间从事娱乐、旅游所得到的满足感很可能超过再增加的收入提供的满足感。这时他又倾向于不增加甚至减少他的工作时间。

与产品市场的价格效应一样，工资率的变化也对劳动市场产生了替代效应与收入效应。劳动的替代效应就是由于劳动价格上升时，相对于其他商品而言，闲暇成本上升所带来的影响。由于劳动的价格即工资变得较高，放弃劳动而享受闲暇的成本相应增加，所以劳动者产生了增加工作减少闲暇的动机。劳动的收入效应则是，工资率水平较高时，劳动者对购买商品和劳务的支付能力提高，同时对闲暇也愿意支付更多，因为工资率的增加，使闲暇的价格上升，所以劳动者又愿意少提供些劳动多得些闲暇。

这两种效应同时存在，哪种更大则要看工资水平的高低。在工资水平较低时，替代效应较强，工资的上升会诱使劳动者增加工作时数；在工资水平较高时，收入效应较强,因为工资上升允许劳动者减少工作时间而不影响其生活消费水平。由于在不同的工资水平上,两种效应交替地起着主导作用,个人的劳动供给曲线成为一条向后弯曲的曲线。如图 13-1,在 S_L 曲线的 C 点以下部分表示工资水平不够高的阶段,替代效应较强,人们随工资率的增长愿意提供的劳动量也增加,这段供给曲线斜率是正的。S_L 曲线的 C 点以上部分表示收入效应较强,这时工资率进一步提高,人们反而愿意减少工作时间,这段供给曲线的斜率是负的。

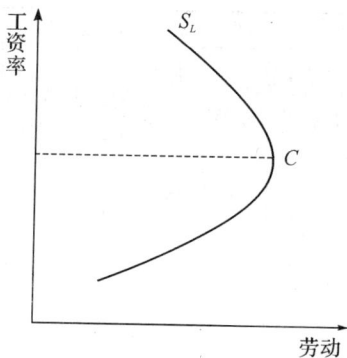

图 13-1　向后弯曲的劳动供给曲线

许多人不赞成这条劳动供给曲线,认为迄今为止没有经验材料表明劳动的供给符合这一向后弯曲的曲线。为这条曲线辩护的人则认为,尽管如此,在某些收入水平相当高的自由职业者,例如医生、律师那里还是可能存在的。

【专题】

单个和两个挣钱者家庭的劳动供给

一项研究分析了工作选择的复杂性质,它通过比较 94 个未婚妇女的工作决定和 397 个家庭户主及其配偶的工作决定,描述了各种不同的家庭组别工作决定的一个方法是计算劳动供给弹性。每种弹性都把工作小时数与家庭户主得到的工资联系起来,同时与两个挣钱者家庭中另一个成员的工资相联系。下表概括了其分析结果。该表显示,当较高的工资率导致较少的工作时间,劳动供给曲线是向后弯曲的,因为鼓励更多闲暇的收入效应大于鼓励更多工作的替代效应,这时的劳动供给弹性是负的。有个孩子的单个挣钱者家庭和两个挣钱者家庭(有孩子或没有孩子)的户主都有向后弯曲的劳动供给曲线,其弹性在一

0.02～-0.078 之间。大多数单个挣钱者家庭的户主处在劳动供给曲线的向上倾斜部分,其中有孩子单个妇女的弹性最大,为 0.106。家庭户主的配偶处在劳动供给曲线向后弯曲的部分,其弹性在-0.04～-0.086 之间。这意味着,在两个挣钱者家庭中,给妇女较高的工资会抑制而不是鼓励其更多工作。家庭户主的工作决定同样对配偶的工资有反应:当户主的配偶挣到较高的工资时,她或他就会减少工作时间。

劳动供给的弹性

劳动供给	组 别						
	未婚男（没孩子）	未婚女（有孩子）	未婚女（没孩子）	一人工作家庭（有孩子）	一人工作家庭（没孩子）	两人工作家庭（有孩子）	两人工作家庭（没有孩子）
户主工作小时与户主工资相关度	0.026	0.106	0.011	-0.078	0.007	-0.02	-0.107
配偶工作小时与配偶工资相关度						-0.086	-0.004
户主工作小时与配偶工资相关度						-0.028	-0.059

(资料来源:李仁君.微观经济学.北京:清华大学出版社,2007)

理论提示:本例较好地说明了劳动供给曲线向后弯曲的特性。虽然不同的家庭对于劳动供给的弹性不尽相同,但每个家庭都显示了工资上升到一定程度后劳动供给下降的特点。这表明劳动者确实是在闲暇和收入之间进行替代的。

13.1.3 完全竞争厂商的劳动供给与市场的劳动供给

由于考察时期的不同、考察对象的不同,劳动的供给曲线会有不同的形状。

完全竞争下劳动要素对单个厂商的供给是弹性无穷大的。换言之,厂商对劳动雇用数量的增加或减少,不会引起劳动工资率的上涨或下跌,因为每一个厂商是无数购买者之一。作为劳动需求者的完全竞争产品生产厂商面对的劳动供给曲线是一条水平直线,反映了其弹性无穷大。

在完全竞争市场中,劳动的市场供给曲线是向上倾斜的。单个厂商雇用数量有限,它想要雇用多少工人,都可以按照市场既定的工资率来雇用。市场可以不断地满足单个厂商增加劳动的要求,并保持工资率不变。但是如果整个行业同时增加雇用人数,那么,只有以更高的工资率诱使劳动者增加供给量,否则劳动量就不会增加。例如,长江三角洲地区各类企业的发展导致那里对民工需求的增加。各个企业为了得到足够数量的民工,民工的工资就上涨。在民工的供给曲线上表现为,民工的工资越上涨,民工劳动供给量就越大。个别厂商面临的劳动供给完全弹性与劳动市场供给的非完全弹性二者之间并不矛盾。

13.1.4 完全竞争条件下工资率的决定

现实生产中,工人工资的高低差别很大。公司经理的年薪比普通办事员高几倍,甚至更多,同一工厂的工人由于熟练程度不同,工资也会有差距。如果一开始就面对各种不同工资水平,那么工资率决定的问题就无从下手。有必要作些简化,像分析完全竞争产品市场中价格形成那样,对最纯净的状态进行研究,以便得出基本的认识。简化的结果是在熟练程度、劳动态度、能力和任何其他方面都完全相同的同一工种的劳动者的工资率在竞争中会趋于一致,没有一个雇主会对某一劳动者支付高于这一工资率的工资,也没有一个劳动者会为了同等的工作而索取更高的报酬。

图 13-2 演示了完全竞争的劳动市场上某一工种同一等级劳动者的工资是如何决定的。S_L 曲线表示劳动的市场供给,D_L 表示劳动的市场需求,两线交点在纵轴上的对应点就是该种劳动的均衡工资率 W_0。这说明工资率是由与劳动供给量相应的劳动的边际生产力决定的。

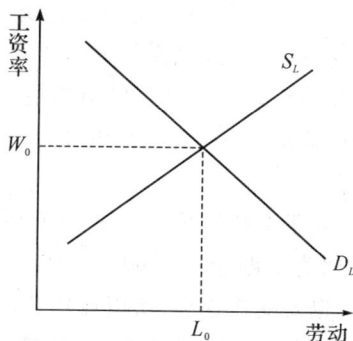

图 13-2 竞争性劳动力市场均衡

按照这一理论可以解释为何不同国家同种劳动力具有不同的工资水平。一国工资水平的高低首先取决于该国劳动的边际生产力水平的高低。影响劳动边际生产力水平的因素有一国的资源状况、劳动者的技能,尤其是经济管理的水平和技术先进程度。一定的劳动边际生产力总是相对于既定的资源、技术等状态而言的。当资源开发利用规模扩大,特别是技术和管理水平提高时,同样数量劳动会表现出更高的生产力,边际生产力亦会因此增加(表现为 MRP 向右上方移动)。由此可知,发达国家劳动需求曲线高于不发达国家。其次,一国工资水平的高低还取决于该国劳动供给。一国劳动总供给是由总人口及劳动人口在其中的比例决定的,一般人口较少的国家劳动供给较低,而人口众多的国家劳动供给必然较高。劳动供给水平高低对工资水平的影响是不可忽视的。如果两个国家的劳动需求相同,那么劳动供给水平低的一国工资水平必然高于劳动供给水平高的一国。若两国劳动需求曲线的位置一样,劳动供给水平高的一国的工资水平由劳动需求曲线上较低的一点决定,而劳动供给水平低的一国的工资水平则由劳动需求曲线较高的一点决定。由于许多发达国家一方面在管理和技术方面领先,具有较高的劳动生产力,同时劳动供给较少,所以工资水平普遍大大高于不发达国家。

13.1.5 不完全竞争条件下工资率的决定

我们以买方垄断为例讨论不完全竞争条件下工资率的决定。当劳动市场上只有唯一的劳动力雇用者时,雇用者对劳动的购买具有垄断性。买方垄断下,垄断企业会对劳动的边际收益产品和劳动要素的边际支出进行比较,来决定劳动的雇用量。而企业决定的这个劳动雇用量对工资率起着决定性作用。此时,企业面临的劳动供给曲线是该市场整个的劳动供给曲线,为一条向右上方倾斜的劳动供给曲线。由于企业的垄断地位,该供给曲线实际上反映了企业购买不同数量劳动时必须支付的劳动价格,因此,这条供给曲线也就是企业面临的劳动平均支出曲线。企业对劳动的需求越多,工资率越高;企业雇用的劳动越少,工资率越低。

在垄断的劳动市场中,处于垄断地位的企业的劳动边际支出曲线处于劳动供给曲线的左上方。这是因为垄断企业因购买追加的劳动而支付较高的工资时,原来雇用的劳动工资率也要随之提高,所以雇用劳动的边际成本必然高于劳动的工资水平。从图 13-3 中我们可以看到,在利润最大化原则的指导下,垄断企业雇用的劳动量为 ME 曲线和 MRP 曲线的交点 A,A 点决定了企业的最佳劳动雇用量 L_0。在这个雇用量水平,企业支付的工资率为劳动的平均成本 P_0,

这是企业为获得一单位劳动付出的平均成本;此时,垄断企业从一单位劳动上取得的边际收益产出为 P_1,这说明在买方垄断的劳动市场中,工人获得的工资率低于其边际收益产品,劳动力的买方利用自己的垄断地位获取了额外利益,即 $P_1 - P_0$。此时,买方垄断企业为获取最大的利润,雇用的劳动数量较少,工资较低。从社会的角度看,企业雇用的人数比完全竞争时少,并且由此降低了产量,给社会带来损失和浪费。

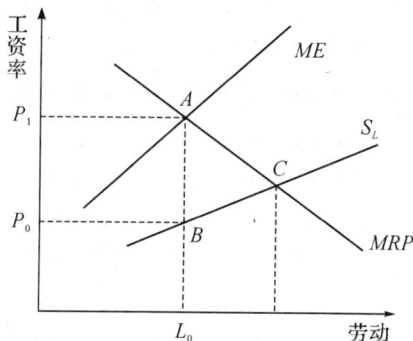

图 13-3 买方垄断劳动市场均衡

13.1.6 工资的补偿性差别

前面一段研究的是某种无差别的劳动的报酬水平是如何决定的。由于劳动者在可能的各个就业岗位之间存在流动性,他们必然会从工资较低的岗位转向工资高的岗位。这种横向转移必将使水平和质量相似的劳动力获得同等水平的工资率。现在稍稍离开劳动者完全同质的假定,引入不同类型、不同职业的劳动者,研究在竞争的环境中,他们报酬的差别是由什么原因决定的。在此,劳动者在许多方面仍然是相同的,如工作能力和水平、工作态度等,但劳动者所从事的工作性质、职业不同。

在完全竞争条件下,不同职业间存在工资差别,其基本原因是劳动供给条件的差别。在这时候,较高的工资是对以下一些特殊供给条件的补偿:

(1)不愉快的或有危险的工作条件。例如既危险又艰苦的高空作业、井下作业的工人的工资率要比一般工人高得多。涉及肮脏、乏味、社会等级低微、令人讨厌的职业,都会增加劳动的负效应,因而人们会要求更多的报酬。例如仅仅因为人们喜欢白领工作,所以一般办事员的工资往往低于蓝领工人的工资。

(2)高度紧张的体力或脑力劳动。重体力劳动者的工资一般较轻体力劳动者高。工作节奏快、责任重大岗位上的工人的工资比一般强度的工作中的工人工资高。

(3)就业不稳定。建筑业工资率高的原因是因为冬季建房少,许多建筑工人得不到全年工作,为使年收入较为合理,小时工资率就必然高。

(4)失败的风险。有些工作,其投入与产出,即所作努力与取得成绩之间存在较为稳定的联系,而有些工作成功与否还取决于其他外在因素的影响,这就存在失败的风险。像律师或公司经理的工作就面临这样的风险。为了防止人们因畏惧风险而拒绝这类工作,这些职业的工资就必须高于常人。

这里实际使用了一个叫做"纯净有利条件为零"的原则。劳动者在选择自己劳动投向时总是力争得到最大的纯净有利条件。纯净有利条件不同于工资,它不仅包括用金钱表示的益处,还包括非金钱的益处。非金钱的益处则涉及劳动供给条件。在竞争的劳动市场中若不同职业、不同岗位的工资率相同,劳动者便会趋向劳动供给条件好的职业。供给条件差的职业要在竞争中保持对劳动者的吸引力,必须提高工资率以补偿劳动过程中产生的额外的劳动负效用,这就是"补偿"的含义。

假设在完全竞争市场中,劳动者可以自由地选择职业。人们选择职业的标准并非单一地取决于金钱因素。从白领工人与蓝领工人的工资差别可见,人们选择某种职业是对金钱和非金钱两种好处作出权衡的结果,非金钱方面的损失依赖于金钱,即以更多的工资来进行补偿或平衡。有的人找到一个满意的工作,即使工资低些也无所谓;有的人对工作性质不甚满意,但收入颇丰,也自得其乐。由于劳动要素可以在各个岗位和单位充分自由流动,人们为争取得到纯净有利条件的竞争就会使得纯净有利条件消失。假如许多人都向往既不劳累、又无风险,还受人尊敬的工作,那么这种岗位的工资就会因为劳动供给过多而下降到平均水平以下。竞争的结果是:没有一种工作比别的工作有特别多的好处。

13.1.7 非完全竞争劳动市场及工资的质的差别

现实的劳动市场与完全竞争相距甚远。什么原因导致劳动市场成为不完全竞争性的?这里仅举几条影响竞争条件的因素及其对工资的影响。

第一,进入条件的限制。在某些行业,因为训练和教育的差别或者其他的障碍,能够得到许可进入一个行业或职业的人,较之希望进入这个行业或职业的人要少。这样,该行业或职业的相对工资便可能提高。相反的情况也存在。由于受到政府的资助或因为受教育的成本低微,都可导致适合进入某行业的人增加从而压低该行业的工资。总之,劳动者的知识结构和工作经历的差别,会影响劳动者在不同行业或职业之间的流动,从而破坏竞争的条件。

第二,雇主的垄断。现实生活中某种劳动常常只有少数雇主。这些雇主如同产品市场中的垄断者一样,具有市场力量。他们在雇用劳动者时,可以用暗中协议或者单独行动,把工资定到低于竞争性市场通行的水平之下。

即使劳动市场全都处于完全竞争中,一切种类的劳动力价格都取决于竞争的供给与需求,不同种类劳动力的均衡工资也必然呈现出巨大的差别。西方学者认为,这是由于人们相互之间巨大的质的差别。以屠宰工与外科医生的工资差别为例。与屠宰工相比,外科医生都能得到较高工资,有一些重要原因造成了二者工资的差别:第一,并非每个人都有成为外科医生的条件,只有少数学生能被作为外科医生培养;第二,外科医生工作至关重要,紧张且责任重大。

工资之间这种由劳动质的差异所形成的差别仍然受到供求规律的支配。外科医生的稀缺性,高昂的培养费用和由于紧张、严格的责任所造成较高的劳动负效应都使得其供给较低。

劳动的质的差别还包括另外一些内容。正如对产品的认识有时只是存在于人的头脑中一样,有的场合劳动的质的差别也纯属人们的主观想象。例如,雇主们常常认为身材高大的人比身材矮小的人有较高的工作效率,妇女不能从事某种工作,等等。这些主观想象也可以通过劳动的需求曲线得到反映。

13.1.8 工会和工资率的决定

工会是劳动市场上卖方垄断的主要形式。正是因为具有垄断地位的劳动雇用者——企业,可能利用其有利地位减少劳动雇用或是压低劳动者工资,而单个劳动者在雇用者面前缺乏平等的谈判地位,西方国家通常组织有劳动者工会。工会的出现使劳动市场有可能形成卖方垄断的局面。全部劳动者统一通过工会与企业进行劳资谈判,讨价还价,从而在很大程度上影响工资水平和社会就业总量的决定,形成劳动要素市场的卖方垄断。为提高工人的工资水平,工会主要采取的办法有:

(1)采取措施以增加对劳动的需求。工会可以采取某些措施改变劳动需求曲线的位置。比如,工会支持政府采取保护关税、限制进口、扩大出口的政策,以此增加社会对本国产品的需求,从而增加对本国劳动量的需求,提高工资。另外,工会往往还支持产品涨价和提高劳动生产率,促使劳动的边际收益产品曲线向外移动,增加对劳动的雇用。

(2)减少劳动供给。假设劳动需求不变,工会可以通过减少劳动供给的方法提高工人工资。一般而言,工会可以通过对移民进行限制、减少童工、缩短每周工作时间和工人工作年限、限制雇用非工会会员等手段维护工会内劳动者的利益。通过这些措施,劳动的供给曲线向左移动,使工人较高的工资率得到保证。

(3)提高最低保障工资。为保护劳动者利益,工会可以通过政府立法形式规定最低工资。但是,如果这个最低工资过高,高于市场均衡水平决定的工资率时,会对整个社会的劳动雇用量产生影响。当法律制定的最低工资高于市场均衡状态的工资水平时,企业将会减少劳动雇用量,社会劳动供给量反而上升,劳动市场上必然出现供过于求的局面。许多愿意参加工作的人找不到工作,这将给社会带来不良影响。

13.2　地租理论

在经济学中,通常把土地作为自然资源的总称,它具有两个重要特点。第一个特点是土地的不可移动性。土地的地理位置是固定的,土地的自然属性在一定程度上限制了人们对它的利用,人们不能根据生产需要随心所欲地安排土地的位置分布、天然肥力、距离市场远近等因素,而这些因素直接关系到生产的最终收益。第二个特点是土地的供给量基本是固定的。尽管人们可以采取围海造田、治理沙漠等手段增加土地,但在某一时期的全社会范围内,土地的总量不可能很大幅度地增加或减少。所以,即使人们愿为某一黄金地段的土地付高额租金,这都不能增加该地段的土地总面积。也就是说,土地的供给是缺乏弹性的。

13.2.1　土地与地租概念

土地是经济活动最基本的生产要素。地租是使用土地(包括地面、矿藏、水域等)而支付的报酬。在微观经济学的研究中,土地可以泛指生产中使用的自然资源,其特点被描述为"原始的和不可毁灭的"。说它是原始的,因为它不能被生产出来;说它是不可毁灭的,因为它在数量上不会减少。土地数量既不能增加也不能减少,因而是固定不变的。或者也可以说,土地的"自然供给"是固定不变的,它不会随着土地价格的变化而变化。这些特点与资本和劳动不同,因此,地租的决定就有自己的特点。

地主提供了土地,得到地租。地租产生于两个原因:首先在于土地具有生产力;其次,土地作为一种自然资源具有数量有限、位置不变,以及不能再生的特点。地租的产生与归属是两个不同的问题。这就是说,无论在什么社会里,实际上都存在地租。但不同社会里,地租的归属不同。在私有制社会里,地租归土地的所有者所有。在国有制社会里,地租归国家所有。在社会团体所有制的社会里,地租归拥有土地的社会团体所有。

13.2.2 地租的决定

地租由土地的需求与供给决定。土地的需求取决于土地的边际生产力,土地的边际生产力也是递减的。所以,土地的需求曲线是一条向右下方倾斜的曲线。

土地的供给是固定的,因为在每个地区,可以利用的土地总有一定的限度。土地所有者在分配土地的使用时也面临着效用达到最大的问题。土地资源同样具有保留自用和供给市场两处用途。但一般认为:土地的消费性使用只占土地的一个很微小的部分。在分析土地资源时,一般假定土地所有者自用土地的效用为 0。因此,土地效用只取决于土地收入。为了获得最大效用就必须使土地收入达到最大,也就是说要尽可能多地供给土地。因此,无论土地价格是多少,土地供给曲线将在其土地总量的位置上垂直。将所有单个土地所有者的土地供给曲线水平相加,即得到整个市场的土地供给曲线。

将向右下方倾斜的土地市场需求曲线与土地供给曲线结合起来,即可决定使用土地的均衡价格,如图 13-4 所示。

需要注意的是,土地的供给曲线为垂直线的前提是假定土地没有自用价值。由此可以推广:任意一种资源,如果它在某种用途上的机会成本等于 0,则它对该种用途的供给曲线就是垂直的,不受价格的影响。

需求曲线 D 与供求曲线 S 的交点是土地市场的均衡点。该均衡点决定了土地服务的均衡价格 R_0,土地的均衡供给量为 Q_0,即土地的所有量。

值得注意的是,在上面的分析中之所以得出土地供给曲线垂直的结论,并不完全因为土地的自然供给量是固定的,自然供给量既定只是土地供给曲线垂直的必要条件而非充分条件,而是因为假定土地只有一种用途即生产性用途,而没有自用用途。实际上,这一结论不仅适用于土地,也适用于其他资源。由此可以得出一个一般性结论:如果一种资源的自然供给量是固定不变的,而且只有一种用途,那么,该资源对该种用途的供给曲线就是垂直的。或者说,如果一种资源在某种用途上的机会成本等于零,则它对该种用途的供给曲线垂直:即使该资源的价格下降,它也不会转移到其他用途,即它的供给不会减少。

显然,假定土地除了生产性用途外没有自用用途并不完全符合实际,因为土地对土地所有者确实有某些消费性用途,尽管这些用途相对于其拥有的全部土

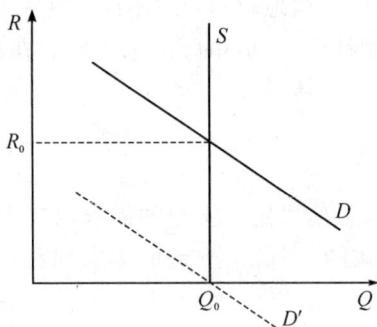

图 13-4 地租的决定

地资源来说数量也许很小。如果将土地的自用价值也考虑进来,那么土地的供给曲线就可能不再是垂直的,而是略向右上方倾斜。当然真正意义的供给曲线是指为市场目的而提供的供给,一般不包括保留自用的部分。因而下面在分析土地的供给时,只考虑垂直的土地供给曲线。

13.2.3 地租产生的原因

当土地供给曲线垂直时,它与土地需求曲线的交点所决定的土地服务价格具有特殊意义:它通常被称为"地租"。由于此时土地的供给曲线垂直且固定不变,故地租完全由土地的需求曲线决定,而与土地的供给曲线无关。它随着需求曲线的上升而上升,随着需求曲线的下降而下降。如果需求曲线下降到 D',则地租将消失,即等于 0,如图 13-4 所示。

根据上述地租决定理论,可以给出一个关于地租产生的解释。假设一开始时,土地供给量固定不变为 Q_0,对土地的需求曲线为 D',从而地租为 0;现在由于技术进步使土地的边际生产力提高,或由于人口增加使粮食需求增加,从而地租开始出现。因此,可以这样来说明地租产生的原因:地租生产的根本原因在于土地的稀少,供给不能增加;如果给定了不变的土地供给,则地租产生的直接原因就是土地需求曲线向右移动,如图 13-4 所示。

13.2.4 级差地租、准租金和经济租

从对地租的分析中还引申出了三个重要的经济概念:级差地租、准地租与经济租金。

(1)级差地租。级差地租是由于土地的肥沃程度、地理位置、气候交通等方面的差别而形成的地租。土地有肥瘠之分,矿藏亦有贫富之别。加之其地理位

置、气候等条件的差别,可以把土地分为不同等级,对土地的利用,要根据土地上产品需求的多少,由优至劣依次进行。产品的价格不低于使用劣等土地生产所用的平均成本,使生产者收支相抵,否则就没有人去使用劣等土地从事生产。由于劣等土地产品的市场价格等于平均成本,生产者所获收入仅够支付成本,没有剩余,这种土地就称为"边际土地"。相比"边际土地",那些肥沃程度高、气候适宜、交通便利的土地,其产品生产成本低于边际土地的平均成本,即低于边际土地产品市场价格,所余的这个差额,叫做级差地租。

(2)准租金。从对地租的分析中还引申出了两个重要的经济概念:准地租与经济租金。准地租又称准租金或准租,准租金指对任何供给量暂时固定的(短期内相对固定)生产要素的支付,简言之,指固定投入在短期内所得到的收入。除土地外,任何一种在短期内供给量相对固定的生产要素的使用都须支付一定的价格。因其性质类似地租,而被马歇尔称为准地租。在短期内,固定投入是不变的,与土地的供给相似。不论这种固定投入是否取得收入,都不会影响其供给。只要产品的销售价格能够补偿平均可变成本,就可以利用这些固定投入进行生产。在这种情况下,产品价格超过其平均可变成本的余额,代表固定投入的收入。这种收入是由于产品价格超过其平均可变成本的余额而产生的,其性质类似地租。

这里要注意的是,准地租只在短期内存在。在长期内固定资产也是可变的,固定资产的收入就是折旧费及其利息收入。这样也就不存在准地租了。

(3)经济租金。经济租金可以定义为生产要素所得到的收入超过其在其他场所可以得到的收入部分,可以理解为要素的当前收入超过其机会成本的部分。简言之,经济租金等于要素收入减去机会成本。换言之,如果生产要素的所有者所得到的实际收入高于他们所希望得到的收入,则超过的这部分收入就被称为经济租金或经济租。这种经济租类似生产者剩余。

从经济租金的分析可以看出,其特点在于要素价格的变化不会影响到租金的供给。有一部分要素收入类似于租金,即从要素收入中减去该部分并不会影响要素的供给。把要素的这一部分收入称为经济租金。也就是说,经济租金并不是吸引该要素用于当前使用所必须的。

准地租与经济租是不一样的,准地租仅在短期内存在,而经济租在长期中也存在。经济租实质是价格差,由此引出有关寻租行为分析的理论。经济租金现象存在于许多方面,如球星年薪问题等。

【专题】

经济地租与准地租

例如：劳动市场上有 A、B 两类工人各 100 人，A 类工人素质高，所要求的工资为 200 元，B 类工人素质低，所要求的工资为 150 元。如果某种工作 A、B 两类工人都可以担任，那么，企业在雇用工人时，当然先雇用 B 类工人。但在 B 类工人不够时，也不得不雇用 A 类工人。假设某企业需要工人 200 人，他必顺雇用 A、B 两类工人。在这种情况下，企业必按 A 类工人的要求支付 200 元的工资。这样 B 类工人所得到的收入就超过了他们的要求。B 类工人所得到的高于 150 元的 50 元收入就是经济地租。其他生产要素所有者也可以得到这种经济地租。

（资料来源：于善波.微观经济学.北京：中国商务出版社，2008）

理论提示：经济地租属于长期分析，而准地租属于短期分析。经济地租利润，并不意味着其要素也存在经济地租。一种要素在短期中存在准地租，也不意味着长期中存在经济利润。

13.2.5 经济租对税收的意义

税收负担的分担和税收产生的无效率取决于供给弹性。如果供给完全没有弹性，税收负担完全由供给者承担。因此，如果对供给完全没有弹性的生产要素的收入征税，供给者将承担所有税收。同样，如果供给完全没有弹性，税收对供给量和效率不会产生影响。税收的惟一影响就是把购买力从要素所有者那里转移给政府。

但要注意这种情形：当所有要素收入是经济租的时候，税收对效率不产生影响。对经济租征税时有效率的。

如果一种生产要素的供给不是完全没有弹性，对要素收入的征税就至少要由买者承担一部分。此外，因为买者面临更高的要素价格，需求量会降低，无效率就产生了。

但需注意的是，税收带来无效率的情形出现在一些要素收入是机会成本的时候。在买者支付所有税收的极端情形中，所有要素收入都是机会成本，并没有经济租。

【专题】

中国城市基准地价特征

从1999年开始,国土资源部土地利用管理司会同中国土地勘测规划院联合立项,对33个城镇的土地价格进行了抽样勘查,并总结出我国城镇土地价格具有这样一些规律和特点:

1. 与经济水平相吻合

价较高的地区有北京市、上海市、浙江省、福建省、广东省、江苏省、山东半岛、辽东半岛等地区;地价最低的地区包括西藏自治区、陕西省、山西省、内蒙古自治区、宁夏回族自治区、甘肃省、青海省、新疆维吾尔自治区。

2. 分布有地域特征

一般来说,在一定地域内,地价水平具有分层控制的特点。从全国的情况看,可以从宏观上将地价水平分成三个特征层面。第一层面由全国性特征点构成,主要有北京、上海、广州、深圳,它们的地价为全国最高水平。这一层面的特征点是这些城市在经济上的辐射范围为全国,影响力大,活力强。第二层面由地区性特征点构成,将全国分为五个特征区,即东南经济发达地区、中南地区、华北地区、西北地区和西南地区。东南经济发达地区有代表性的城市是:南京、福州、厦门、杭州等;中南地区有代表性的城市是:武汉、长沙等;华北地区有代表性的城市是天津等;西北地区的代表性城市有西安等;西南地区的代表性城市是:重庆、成都等。这一层面的城市在全国经济发展水平上处于区域性前沿。第三层面一般由省(自治区)构成,城市为省(自治区)所在地。这一层面地价水平差异很大。

3. 商业地价最悬殊

在同一城市中,经济越发达的地区,商业地价、住宅地价和工业地价三者的差值越大。如北京市,以最高级别为例,商业地价为18520元/m²,住宅地价为14308元/m²,工业地价为8485元/m²。相反,经济越不发达的地区,三者的差值越小。如兰州市,以最高级别为例,商业地价为4941元/m²,住宅地价为3177元/m²,工业地价为2550元/m²。

(资料来源:李健,唐五湘.微观经济学.北京:机械工业出版社,2003)

理论提示:现实生活中的级差地租取决于哪些因素?

13.3 利息理论

所谓资本是指由经济制度本身生产出来并被用做投入要素以便进一步生产更多的商品和劳务的物品。资本品主要有三类:建筑(如工厂和住宅)、设备(耐用消费品,如汽车;耐用生产设备,如机器工具及计算机)以及投入和产出的存货(如经销商推销过程中的汽车)。

13.3.1 资本的供给

货币资本的供给是指在一定时期内,在各种利息率水平下,全社会能够提供的借贷资本总量。资本供给来源于家庭、企业和政府三方面。

家庭在资本市场上形成资本供给,主要的途径是通过银行存款或者购买债券。这些资金来源于家庭获得的总收入中扣除家庭消费后的剩余部分。因此,家庭的资金供给量主要取决于两个因素:一是家庭收入状况,包括当前收入和预期收入的高低;二是利息率的大小。当前家庭收入水平与储蓄量呈正向关系:当前收入高,家庭便有能力进行更多的储蓄,资金供给量增加;当前收入少,家庭在扣除了日常消费以后剩余不多,自然储蓄少,资金供给量少。人们的预期收入则与储蓄量呈反向关系:如果预料将来收入多,人们会增加当前的消费,减少为将来的储蓄,资金供给减少;如果预期收入下降,人们会为以后的消费进行更多的储蓄,所以资金供给增加。收入水平不变时,利息率的高低会影响家庭的储蓄量。一般而言,利息率高时,人们往往增加储蓄,提供的社会资金供给量较大;利息率低时,资金供给较少。

企业也有自己的储蓄,它们的折旧资金在没有购买新的机器设备之前会形成企业储蓄。另外,现金储备、暂时闲置的资金、未分配利润等都会形成企业储蓄。企业储蓄量一般也是随着利息率上升而增加;利息率下降储蓄减少。

政府的财政收支盈余也构成社会资本来源。

综合这三方面因素,资本供给量与利息率呈同向变动,利息率越高,货币供给量越多;利息率越低,货币供给量越少。

13.3.2 资本的供给曲线

储蓄是资本供给的源泉,但资本供给曲线并不等于储蓄曲线,就一个社会、一定时期而言,资本形成取决于过去已形成的储蓄量,同时假定资本的自用价值为0,因此在短期里,资本供给曲线为一条垂直于横轴的直线。但在长期里,随着利率的上升,储蓄量增加,资本供给曲线则被不断推向右方,如图13-5所示。

将单个消费者的资本供给曲线水平加总就可以得到市场供给曲线,但市场供给曲线是正常的向右上方倾斜的曲线,没有出现向后弯曲的现象。原因在于,虽然利率很高时,就单个消费者来讲有可能出现收入效应大于替代效应的情况,但就整个经济来讲,替代效应仍大于收入效应,储蓄仍是增加的。在现实经济中,我们并没有发现资本供给曲线向后弯曲的例子,就是这个原因。

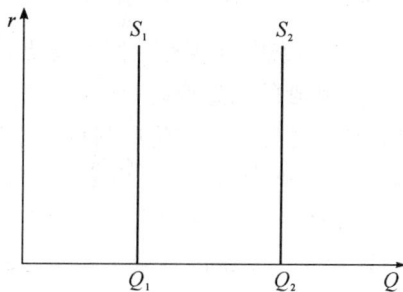

图 13-5　资本供给曲线

13.3.3　资本的需求

从整个社会来看,对资本的需求主要来自于厂商。前面已经提到,厂商的投资行为形成了对于资本的需求。那么影响厂商投资决策的因素是什么呢？在厂商进行投资决策时,它追求的是利润最大化,它所考虑的主要方面是预期利润率和利息率,另外还要考虑到投资风险。这一点与土地、劳动等要素是不同的,当土地所有者和劳动者提供要素时,无论厂商是盈利还是亏损,土地所有者和劳动者都能根据合同获取相应的报酬;而对于资本的投资则不是这样,因为投资总是伴随风险的。厂商一旦进行投资,其所花费的大部分成本就变为沉淀成本,并且一项投资往往持续的时间很长,所需资金庞大,所以厂商的投资决策实际上是风险决策,它牵涉一系列影响因素,这里略过不谈。我们主要讨论利息率对厂商投资需求的影响。

厂商在进行投资决策的时候,由于利息构成了厂商的成本,所以如果一个投资项目的预期利润率大于市场的利息率,那么就意味着厂商预期的资本收益大于成本,厂商投资该项目就可以获得利润;如果一个投资项目的预期利润率小于市场的利息率,那么厂商的预期资本收益小于成本,厂商就会亏损,所以厂商会放弃该项目或转而去寻求其他合适的项目。注意,如果厂商投资所用资金是自有资金,利息可被看成是机会成本,上述分析依然有效。如果厂商各个投资项目的预期利润不变,而市场利率提高,就会有许多的投资项目被否定,从而厂商的投资意愿降低,投资就会下降,从而对可贷资本的需求下降;如果利息率降低,厂商的成本降低,就会使一些原本不合算的项目变得有利可图,厂商的投资意愿上升,投资增加,对可贷资本的需求就会上升。因此资本的需求曲线也是向右下方倾斜的曲线。

13.3.4　利息率的决定

关于利息率的决定,经济学家中有两种不同的观点,即:以经济学家克拉克为代表的用边际生产力论为基础的利息理论和以经济学家马歇尔为代表的用均衡价格论为基础的利息理论。边际生产力论的利息理论认为:对于厂商来说,利息首先是一种成本,利率水平的确定过程,与工资相类似,取决于资本的边际生产力。均衡价格利息理论认为:正如工资是由劳动生产要素的均衡价格决定的一样,利息率也是由资本这个生产要素的均衡价格决定的,即:利息率是由资本的需求和供给的均衡状态决定的。

以上分析了资本市场的供给和需求的决定,下面来看资本市场的均衡问题。资本的供给曲线和需求曲线的交点表示了资本市场的均衡点。可由图 13-6 来说明利息率的决定。在图中,横轴 OK 代表资本量,纵轴 Or 代表利息率,D 代表资本的需求曲线,S 代表资本的供给曲线,这两条曲线相交于 E,决定了利息率水平 r_0,资本量为 K_0。

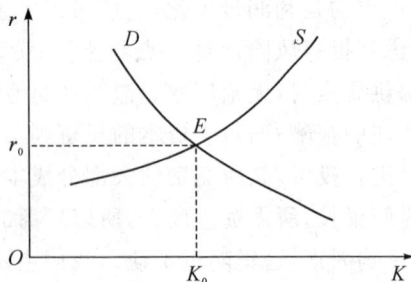

图 13-6　利息率的决定

资本市场均衡的变动如图 13-7 所示。假定资本数量在短期中为既定,同时假定资本的自用价值为零,故资本的短期供给曲线是一条垂线。在短期里资本供给曲线 S_1 与需求曲线相交,形成短期均衡利率 r_1 和均衡资本量 Q_1。较高的利率会促使储蓄进一步增加,从而资本供给曲线向右移动,S_2 与需求曲线在较低的利率水平上相交,形成均衡利率 r_2 和均衡资本量 Q_2。在 r_2 上,利率降到储蓄量与投资量恰好和资本存量相等,于是资本存量稳定在 Q_2 水平上,资本市场达到了长期均衡,除非资本的需求曲线上移或者人们对未来消费偏好增强,利率较低时,资本供给曲线向左移动,和上述变化方向相反。

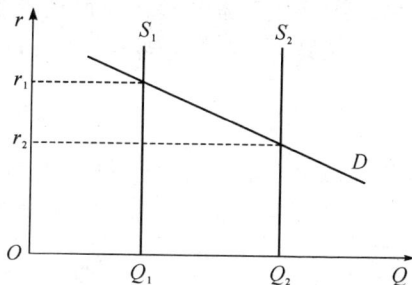

图 13-7 资本市场均衡的变动

【专题】

信贷配给

在现实生活中,银行通常实行信贷配给政策,即人为地压低利率并造成一个资本供求缺口,然后利用配给手段向一部分申请人发放贷款,而不向另一些申请人发放贷款。例如,银行人为地将利率规定为一个较低的水平,则此时资本供给量小于资本需求量,在资本的供给量和需求量之间的差额不是由利率来分配的,而是由银行配给的。

信贷配给的普遍存在源自多方面的原因。首先,贷款是有风险的,在一般情况下,收益率越高则风险越大。因此,如果单纯以利率信号来配置资本,就会导致风险超出了银行能够承受的程度。其次,如果听任市场机制提高利率,就会引起一种逆向选择,即不利于银行的贷款选择。那些愿意借款的人是承担高风险投资项目的企业,而从事低风险投资项目的企业则无力负担高利率而退出竞争。由于借款者从事的投资项目风险过高,往往不能按时偿还贷款。高风险贷款的负作用往往大于高利率带来的直接收益。同时,从另一个角度来考虑,高利率本身作为一种动力机制,会促使人们去承担高风险投资项目。此外,借贷活动中存在不对称信息的问题,即借款人了解自己选择的投资项目的风险和违约概率,而银行了解的只是借款人提供的可能有片面或虚假成分的信息。以上所述诸种因素,在很大程度上将会导致道德风险和加剧逆向选择,不利于信贷市场发展。信贷配给虽然不能从根本上解决不对称信息问题,但是由于它降低了利率,减少了人们冒险从事高风险项目并为此而造假的事件,同时它造成的资本供求缺口也给银行提供了选择和比较各投资项目的余地。因而,在现实中,往往被众多银行金融机构用来作为应对信息不对称和道德风险的现实策略。

(资料来源:连有,王瑞芬.西方经济学.北京:清华大学出版社,2008)

理论提示:现实生活中,非市场因素对利率的形成也产生重要影响。

13.3.5 利息的作用

利息能诱导和增加储蓄。任何国家的经济发展都有赖于资金的投入,因而储蓄是发展经济的关键。储蓄实际上是把本来可能直接用于消费的资源解放出来,使它们用于生产。看起来利息诱导储蓄是增加货币供给,实际上是增加资源供给。

利息的作用在于把资本的需求约束在可行的限度内。如果能够免费地获得资金或资本品,人们对它的需求将是无限的。但是资金的供给、资本品的供给总是有限的,如果没有来自利息的约束,则社会对资本品或资金的需求将大大超过可能有的资源而使整个经济过度紧张。

利息率执行着配置资源的功能。国民经济各个部门都需要发展,都需要资金或经济资源,但是多少资源用于某一行业,多少资源用于某些原有产业的设备的更新,又有多少资源用于修建码头、仓库、桥梁和住宅,资金如何分配更有效率,利息率在这些分配过程中起着作用。任何一个项目,只有当其得益不低于利息时,主办人才借得起所需资金,才能进行这个项目,否则,必须放弃这个项目。因此,资金市场的利息率如同一个裁判,在各种投资项目面前竖起一个界碑。凡是投资收益率高于利息率的项目就能成立,否则不然。这就为资金流向何处提供了调节机制。

【专题】

谁说利率是资本的价格?

传统的经济学中有一句大家都熟悉的话,即对利率的定义性描述,叫做"利率是资本的价格"。但是,这句话中隐藏的浅显得不能再浅显的错误却莫名其妙地让人们熟视无睹视而不见。

为何说利率是资本的价格是错误的？

利率这个措词本身没有错,不仅仅没有错误,而且还相当地精妙准确。顾名思义,"利",就是单位资本所获取的利润。因为是对单位资本而言的,故又曰"率"。合而谓之"利率"。如此,我们就清晰地看出其错误所在了。因为,无论是何种价格理论,即便是按照传统经济学错误的价格决定理论来说,都不会将"价格"和"利润"等同起来混为一谈的。通常认为,价格和利润之间数量上有一个成本差额,价格减去成本才是利润。也就是说,你从他人那里购买生产要素时,要素的价格中包含他人的成本在其中,也就是说,是他人的要素价格构成你的成本,而不仅仅是他人的"利"构成了你的成本。何来资本的价格就是资本的利润？

你借来 1 元钱,借期利率为 10% 的话,到期你就要归还 1.1 元。这 1 元钱,是供你使用的资本投入即成本,而 1.1 元就是这 1 元资本的使用价格,而 1 元的 10%,即 0.1 元是资方的利润。换句话说,你用 1.1 元的价格购买了 1 元的资本来使用。当然,对于你的进一步产品来说,进入成本的就是 1.1 元,而不是按照利率是资本的价格来计算的 0.1 元。

正因为如此,《西方经济学的终结》中说:"在成本算式 $C = w \cdot L + r \cdot k$ 中, K 只能是资本品数量而不可以当作货币资本, r 也是资本品的价格而不是利率"(中国经济出版社,2005,P189)。对于价格保持常数的情况来说,假如执意要用,代表利率的话,则两要素收益的计算方法应该是 $C = w \cdot L + (1 + r)K$。之所以是 $1 + r$ 而不是 r,就是因为"还本付息"是公认的道理,是借贷市场不可颠覆的法律。

这种辨析,有没有过于吹毛求疵的感觉？我不觉得苛刻了经济学。作为经济学尤其是理论经济学,不能够满口雌黄信口开河,要有一点学术的严谨性。"利率是资本的价格",简简单单几个字,就暴露出传统经济学在"利润"、"成本"、"价格"、"利润率"等几个基本概念上的含混和逻辑不一致。

假如你借贷了 K 量的资本,利率为 r,同时雇用了 L 的劳动,其工价为 w,你按照微观经济学给出的 $c + w \cdot L + r \cdot k$ 计算你的成本的话,你可能就要亏得血本无归了,不要说赚钱,连借来的本钱可能都没的还了。

（资料来源：梁瑞华.微观经济学.北京：北京大学出版社,中国农业大学出版社,2009）

　　理论提示：劳动的价格是租用劳动的价格而非购买劳动力产权的价格,同样的道理,资本的价格是租用资本的价格而非购买资本的价格。

13.4　利润理论

　　上面考察了三种生产要素所有者的收入,即劳动者的工资收入、土地(自然资源)所有者的地租收入和资本所有者的利息收入。现在考察现实生活中经营管理企业的企业主的利润收入这个经济范畴。在经济学上,一般把利润分为正常利润与超额利润。这两种利润的性质与来源都不相同,因此我们分别加以论述。

13.4.1　正常利润

　　在成本理论中,我们已经提到:要想让一个企业继续在原行业经营,企业主所有投入的自有要素必须得到报酬;否则,企业就会关门,自有资金就会投入他用,企业家也会另谋他业。所以,厂商的总收益必须对隐性成本进行补偿。而厂商对隐性成本的补偿就是正常利润。对正常利润的构成,西方经济学家有两种观点:

　　一种观点是,正常利润由三部分构成,即企业家才能报酬、平均分摊收益和风险报酬。这三者之和是使资本家刚好愿意从事企业经营所必需的报酬。

　　另一种观点认为,正常利润包括平均分摊收益和风险报酬两部分,而企业家才能的报酬应列入工资。

　　企业家才能报酬与工资相类似。企业家在生产中担负着如下主要职能:一是能够创造性地把社会资源结合起来生产出产品和劳务;二是能够为厂商作出各种生产经营的预测和决策;三是能够进行创新,采用新的工艺和新的生产方法创造新产品;四是能够承担企业经营活动的各种风险。正是由于企业家在生产经营中担负着这些职能,所以将企业家才能报酬作为正常利润的一部分,也是有道理的。一般来说,由于并不是每个人都具有企业家的天赋,所以企业家才能的供给常常有限,而对企业家才能的需求却是很大的。所以,企业家才能的收入必然是很高的,其数额常常远远高于一般劳动所得到的工资。

平均分摊收益是指企业家自有资本的报酬,包括股息和红利。股息一般都大于同额货币在同时间内所取得的利息。

风险收入是企业家在生产中承担风险而获得的报酬。企业家从事生产经营活动必然要承担各种风险。如果决策正确,就能获得额外收入;如果决策失误,就会发生亏损,只能由企业家自己承担。所以,为免除人们对风险的担心,必须把承担风险的损失放在正常利润之内,作为企业家收入不可缺少的一部分,否则,需要冒风险的事业就永远无人去做。

13.4.2　超额利润

超过正常利润的那部分利润被称为超额利润,亦可称为经济利润。超额利润不包括在厂商的成本之中,所以又称为纯利润。一般认为超额利润来源于以下几个方面。

1.企业家创新的报酬

所谓创新就是建立一种新的生产函数,或者说通过企业家的活动对生产要素实行新的组合。

创新理论是由美籍奥地利经济学家熊彼特提出。他认为,超额利润是创新的结果。没有创新就没有超额利润。熊彼特的创新并不是指创造发明,而是把科学技术上的创造或发明用在生产经营中并得到成功,企业家就是这种创新的人。如果没有企业家从经济上进行组合,科学技术的发明创造也不可能用于生产,并起到推动经济发展的作用。所以,企业家的重要职能就在于创新。

熊彼特认为,创新包括五种活动:①引进新产品;②采用新的生产方法;③开辟新市场;④得到原料的新的供给来源;⑤采用新的组织形式。

创新是社会进步的动力,因此由创新所获得的超额利润是合理的,是社会进步必须付出的代价,也是社会对创新者的奖励。但是,我们应该知道,如果别人对创新活动进行模仿,则超额利润就逐渐消失。当大多数人都模仿后,超额利润就不复存在。但创新会不断出现,新的创新又会带来新的超额利润,从而推动社会不断前进。

2.垄断利润

由于市场竞争的不完全性,所以形成垄断。由垄断而产生的超额利润,称为垄断利润。垄断的形式分为两种:买方垄断和卖方垄断。

买方垄断意味着购买者在购买产品时可以规定价格,卖方只是价格的接受者。在这种情况下，垄断厂商压低收购价格，会损害生产或生产要素供给者的利益而获得超额利润。卖方垄断则表明生产者在出售产品时可以规定价格，而买方只是价格的接受者。垄断厂商可以提高价格以损害消费者利益，从中获取超额利润。

由此可以看出，卖方垄断和买方垄断的存在可以使垄断者获得超出正常利润的超额利润。垄断者利润被认为是牺牲一部分生产要素供给者或消费者的利益而引起的，因此，超额利润是垄断厂商对消费者、生产者对生产要素供给者的剥削是不合理的，也是市场竞争不完全性带来的。

3. 意外的收益

在经济生活中，由于未来会发生的事情总是不确定的，因而厂商既可能由于意外事件而蒙受没有预料的损失，也可能获得意想不到的利润。比如，由于战争爆发或者由于其他供应来源突然减少，使得某厂的产品需求量剧增，导致价格猛涨，从而获得大量利润。这种利润不是厂商本身努力的结果，纯属意外之财，故称为意外的收益。

【专题】

敢于冒险和勇于创新的比尔·盖茨

美国微软公司的总裁比尔·盖茨曾数年被美国《福布斯》杂志列为世界首富，有千亿美元左右的个人财产。他在少年时代就对电脑着迷，在哈佛大学读书时发明了 BASIC 语言。1975 年，他开始从事电脑软件开发和销售业务。由于 IBM 公司购买了他的 MS—DOS 系统用于个人电脑，盖茨获得了巨额财富。此后，他致力于经营微软公司，重点搞 Windows 系统开发，成为 IBM 的重要竞争对手。自 1985 年推出"Windows 1.0 系统软件"之后，1990 年推出"Windows 3.0 操作系统软件"，1991 年推出"Windows 3.1 软件"，1995 年推出"Windows95"，1998 年推出"Windows 98"，之后又推出"Windows 2000"、"Windows XP"和"VISTA"等操作系统。现在世界上 90% 以上的个人电脑都使用微软的操作系统软件。在盖茨的领导下，微软公司依靠不断创新，在市场上获得了丰厚的利润，成为知识经济时代企业的典范，为确保微软公司跟上技术变革的浪潮，盖茨还把这一软件巨人推向"信息公路"的各个角落，包括网络和全球无线通信网。即使在美国司法部针对微软公司的反垄断诉讼进行激烈辩论的 1998 年，盖茨仍然把他的软件技术推向众多的新领域。

资料来源:连有,王瑞芬.西方经济学.北京:清华大学出版社,2008)

理论提示:比尔·盖茨之所以被多次评为世界首富,是和其独特的企业家才能分不开的。它的财富是其企业家才能这种生产要素的报酬。

⏵【本章小结】

像劳动之类的生产要素的市场供给不一定是向上倾斜的。如果与较高工资相关的收入效应大于替代效应,向后弯曲的劳动供给曲线就会出现。

资本市场是消费者考虑现在消费与未来消费所带来效应的均衡。

与其他生产要素市场不同,土地市场均衡的一个重要特征是土地的供给曲线是垂直的。因为土地资源的有效性,土地的需求决定了土地市场的价格。

企业家才能是企业最关键的生产要素。企业家的创新能力、组织协调能力和资源整合能力是企业超额利润的来源。

⏵【关键概念】

工资　地租　利息　利润　级差地租　准租金　经济租

⏵【思考题】

1. 为什么劳动供给曲线会向后倾斜?
2. 你认为影响一块土地价格的因素有哪些?
3. 试分析利率变动对家庭储蓄的影响。

【案例讨论】

美国经济学家丹尼尔·哈莫米斯与杰文·比德尔在1994年第4期《美国经济评论》上发表了一份调查报告。根据这份调查报告,漂亮的人的收入比长相一般的人高5%左右,长相一般的人又比丑陋一点的人收入高5%—10%左右。为什么漂亮的人收入高?

经济学家认为,人的收入差别取决于人的个体差异,即能力、勤奋程度和机遇的不同。漂亮程度正是这种差别的表现。

个人能力包括先天的禀赋和后天培养的能力,长相与人在体育、文艺、科学方面的天才一样是一种先天的禀赋。漂亮属于天生能力的一个方面,它可以使漂亮的人从事其他人难以从事的职业(如当演员或模特)。漂亮的人少,供给有限,自然市场价格高,收入高。

漂亮不仅仅是脸蛋和身材,还包括一个人的气质。在调查中,漂亮由调查者打分,实际是包括外形与内在气质的一种综合。这种气质是人内在修养与文化的表现。因此,在漂亮程度上得分高的人实际往往是文化高、受教育高的人。两个长相接近的人,也会由于受教育不同表现出来的漂亮程度不同。所以,漂亮是反映人受教育水平的标志之一,而受教育是个人能力的来源,受教育多,文化高,收入水平高就是正常的。

漂亮也可以反映人的勤奋和努力程度。一个工作勤奋、勇于上进的人,自然会打扮得体,举止文雅,有一种朝气。这些都会提高一个人的漂亮得分。漂亮在某种程度上反映了人的勤奋,与收入相关也就不奇怪了。

最后,漂亮的人机遇更多。有些工作,只有漂亮的人才能从事,漂亮往往是许多高收入工作的条件之一。就是在所有的人都能从事的工作中,漂亮的人也更有利。漂亮的人从事推销更易于被客户接受,当老师会更受到学生热爱,当医生会使病人觉得可亲,所以,在劳动市场上,漂亮的人机遇更多,雇主总爱优先雇用漂亮的人。有些人把漂亮的人机遇更多、更易于受雇称为一种歧视,这也不无道理。但有哪一条法律能禁止这种歧视? 这是一种无法克服的社会习俗。

漂亮的人的收入高于一般人。两个各方面条件大致相同的人,由于漂亮程度不同而得到的收入不同。这种由漂亮引起的收入差别,即漂亮的人比长相一般的人多得到的收入称为"漂亮贴水"。

收入分配不平等是合理的,但有一定限度,如果收入分配差距过大,甚至出现贫富两极分化,既有损于社会公正的目的,又会成为社会动乱的隐患。因此,各国政府都在一定程度上采用收入再分配政策以纠正收入分配中较为严重的不平等问题。

(资料来源:梁小民.微观经济学纵横谈)

思考题:你认为还有哪些特征可以帮助消费者获得更高收入? 为什么?

第6篇

市场失灵与政府干预理论

通过前述各章的学习,我们知道了:在完全竞争市场假定下,自私的理性人在"看不见的手"之指导下从事经济活动,其结果将导致资源的有效配置。然而这一切都建立在完全竞争市场假定条件之上。而完全竞争市场的假定条件过于理想,过于苛刻,现实中的市场经济往往无法满足完全竞争市场的假定条件,就会出现市场失灵。市场失灵是指依靠市场机制不能导致资源的有效配置,"看不见的手"不再发挥有效的指导作用,而需要依赖政府伸出"看得见的手"进行干预。市场垄断就是一个市场失灵的例子。此外,市场失灵还有三种基本情形:外部性、公共物品和公共资源、信息不对称。市场垄断在前面章节已经论述过了,本篇讲的是后面三种情况。市场失灵的存在,是政府进行微观经济干预的基本理论依据。

第 14 章

市场失灵与政府干预

〉〉〉 〉

本章学习要点

　　1.了解市场失灵的原因和类型；

　　2.了解外部性、公共物品、公共资源、信息不对称的含义；

　　3.掌握外部性、公共物品、公共资源、信息不对称如何引起市场失灵；

　　4.掌握政府调节市场失灵的政策；

　　5.了解效率和公平问题、政府失灵的含义。

【开篇案例】

美国拒绝签署《京都议定书》

　　《京都议定书》（英文：Kyoto Protocol，又译《京都协议书》、《京都条约》；全称《联合国气候变化框架公约的京都议定书》）是《联合国气候变化框架公约》（United Nations Framework Convention on Climate Change，UNFCCC)的补充条款，是 1997 年 12 月在日本京都由联合国气候变化框架公约参加国三次会议制定的。其目标是"将大气中的温室气体含量稳定在一个适当的水平，进而防止剧烈的气候改变对人类造成伤害"。

　　政府间气候变化专门委员会（Intergovernmental Panel on Climate Change，简称 IPCC）已经预计从 1990 年到 2100 年，全球气温将升高 1.4℃—5.8℃。目前的评估显示，京都议定书如果能被彻底完全的执行，到 2050 年之前仅可以把气温的升幅减少 0.02℃—0.28℃，正因为如此，许多批评家和环保主义者质疑京都议定书的价值，认为其标准定得太低根本不足以应对未来的严重危机。而支持者们指出京都议定书只是第一步,为了达到 UNFCCC 的目标今后还要继续修改完善,直到达到 UNFCCC 4.2(d)规定的要求为止。

《京都议定书》需要在占全球温室气体排放量 55% 以上的至少 55 个国家批准,才能成为具有法律约束力的国际公约。中国于 1998 年 5 月签署并于 2002 年 8 月核准了该议定书。欧盟及其成员国于 2002 年 5 月 31 日正式批准了《京都议定书》。2004 年 11 月 5 日,俄罗斯总统普京在《京都议定书》上签字,使其正式成为俄罗斯的法律文本。截至 2005 年 8 月 13 日,全球已有 142 个国家和地区签署该议定书,其中包括 30 个工业化国家,批准国家的人口数量占全世界总人口的 80%。

美国人口仅占全球人口的 3% 至 4%,而排放的二氧化碳却占全球排放量的 25% 以上,为全球温室气体排放量最大的国家。美国曾于 1998 年签署了《京都议定书》。但 2001 年 3 月,布什政府以"减少温室气体排放将会影响美国经济发展"和"发展中国家也应该承担减排和限排温室气体的义务"为借口,宣布拒绝批准《京都议定书》。

2007 年 3 月,来自 190 多个国家的代表和科学家 3 日齐聚印度尼西亚巴厘岛,参加 2007 年联合国气候变化大会。会上将讨论气候变暖和温室气体减排等问题,争取在 2009 年前达成一项新的国际协议。澳大利亚当天加入《京都议定书》,美国因此成为唯一没有签署这项协议的发达国家,在会上陷入孤立。

签署《京都议定书》对改善地球的生态环境,改善人类长期居住环境有利。但是美国为什么不肯签署《京都议定书》?

（资料来源:根据人民网环保专栏背景资料改编 http://env.people.com.cn/)

理论提示:因为《京都议定书》要求签署国减少温室气体排放,这会限制污染工业的发展,从而减慢该国的经济增长。美国前总统布什认为"议定书规定的要求太高会损害美国的经济",因此拒绝把条约提交国会批准。自由竞争的市场能顺利解决环境污染问题吗? 为什么?

市场使资源实现有效配置的条件是:第一,所有的产品和劳务都在市场进行交易,即不存在外部性;第二,在生产技术方面,不存在可分性和规模经济性,即所谓边际收益是递减的;第三,所在的市场是完全竞争的,市场上有众多的买者和卖者,而且他们都可以自由地进入和退出市场;第四,产品具有同质性;第五,买者和卖者都具有完全理性等。

在上述特性的完全竞争市场里,资源配置便是有效率的,也就是所谓的"市场成功";反之,则会出现"市场失灵"。所谓市场失灵(market failure),也叫市场扭曲,是指市场机制在很多场合不能导致资源有效配置的情况。

那么,资源如何配置才是有效率的呢? 西方经济学家认为,资源配置是否有效率,不能只看资源是否都被使用了,而是用下面的标准来衡量:如果资源采用别的使用方法,能够在不损害任何其他人经济福利的情况下,使至少一个人的经济福利得到提高,那么说明该资源目前的使用是低效率的。 如果在不损害任何其他人经济福利的情况下,已不可能再找到资源使用的其他方法来增进任何一个人的经济福利,那么可以说此时该资源的使用是高效率的。 这个用来评价资源配置效率的标准,通常称为帕累托最优,有时也把它叫做帕累托有效。

完全竞争的市场机制能够实现社会资源配置的高效率。但是,完全竞争的市场机制是建立在前面讲述过的一系列理想化假设条件基础上的,这些理想化的假设条件并不是现实经济的真实状况。因此,在现实的经济中,帕累托最优状态通常是不能实现的。前面章节我们曾经讲到过的垄断,违反了其中第三个条件——众多的买者和卖者;而垄断竞争违反了第四个条件——产品同质。

除了垄断,市场失灵导致资源配置低效率的原因主要还有以下几个方面:外部性、公共物品和公共资源、信息不对称。

14.1 外部性

14.1.1 外部性的概念

1. 外部性的定义

市场使资源实现有效配置的条件之一是,所有的产品和劳务都在市场进行交易。现实经济中这一条件并不是总能得到满足,实际情况往往是一项经济活动不但直接影响交易双方,还影响到与交易无关的第三者,使第三者意外地受益或受损。 换句话说,第三者没有被包括在市场交易中。例如,某个人种了花,周围邻居都享受到花的芳香和美丽;某个人办一个养蜂场,蜜蜂采蜜时能为果树授粉,邻近果园的收入可能会增加。 也有相反的情况,某个人在家里放强节奏的音乐,会影响邻居的正常休息;某个人开一个工厂,排放的烟尘会污染环境,影响居民健康。经济学称这种现象为"外部性"(Externality)或"外部效应",它的特点是:造成影响和受到影响的行为人都不对这些影响付费。

所谓外部效应,是指经济行为人的行为对其他人的消费或者生产活动产生不能在市场价格中得到反映的影响。之所以使用"外部效应"一词,是因为对于市场来说,是"外部"的。外部效应所产生的额外收益不属于从事经济活动的本人而属于他人,因而不构成私人收益,只构成社会收益;外部效应所发生的额外成本不计入工厂成本而由社会来支付,因而不构成私人成本,只构成社会成本。因此,外部效应使得私人收益与社会收益之间、私人成本与社会成本之间发生差异。

按照个人或企业的行为产生的外部效应对其他个人或企业所产生的影响是有利还是不利,可以划分为两种类型:正外部效应和负外部效应。

正外部效应,又叫外部经济(External economies),是指个人或企业的行为对其他个人或企业产生的有利影响,但这些个人或企业却没有得到补偿,而得到有利影响的个人或企业也没有支付成本。比如,一个养蜂人在一个果园旁边养蜂,这一行为客观上促进了果园里的果树结果,但是,种果树的主人不会对此支付任何费用,这个养蜂人也没有因此而得到额外的回报。

负外部效应,又叫外部不经济(External diseconomies),是指个人或企业的行为对其他个人或企业产生的不利影响,但这些个人或企业却没有支付任何成本,而遭受不利影响的个人或企业也没有得到任何补偿。比如,一家化工厂排出的污水污染了河流,对下游的养鱼场造成了损害,但是,该化工厂没有对此支付任何成本,养鱼场主也没有因此而得到任何补偿。

2. 外部性对资源配置的影响

我们知道,在完全竞争条件下,市场配置资源能够达到帕累托最优。然而,在存在外部效应的情况下,经济行为人对自己造成的外部影响既不用承担成本,也不能获得收益,从而导致整个社会的资源配置达不到帕累托最优状态。

我们举一个负外部效应的例子。假定某一化工厂从事生产活动,每生产一袋化学试剂,化工厂消耗的边际生产成本为 200 元。每生产一袋化学试剂所排放的废气和污水将给周边环境造成损害,并使得处于下游的养鱼场产量减少。经过测量,环境损害和养鱼场产量减少的价值损失共计 100 元。我们把由化工厂消耗的生产成本称为私人成本,把环境损害和养鱼场产量减少的价值损失称为外部成本。私人成本与外部成本之和才是社会承担的总成本,我们称之为社会成本。

在完全竞争的市场里,化工厂以自身利润最大化为目标。那么,化工厂将按照边际成本等于边际收益的规律从事生产活动。假如一袋化学试剂的市场价格为 200 元,自私的化工厂将维持现有产量,牟取利润最大化。因为对它而言,200元就是生产一袋化学试剂的边际成本。但是生产一袋化学试剂的真正的社会成本是私人成本和外部成本的总和,即 300 元(社会边际成本＝私人边际成本＋外部边际成本＝200＋100＝300)。对整个社会而言,300 元的边际成本已经远大于 200 元的边际收益,化学试剂被过度生产,资源配置的帕累托最优状态没有实现。这是因为,在存在负外部效应的情况下,由于私人不必为外部成本付费,私人活动的水平常常要高于社会所要求的最优水平,或者说私人产出过度。

为了直观理解这一点,我们用图解来说明。图 14-1 中,D 或 MR 代表完全竞争市场中化工厂的需求曲线或边际收益曲线,MC 代表厂商的私人边际成本,MSC 代表社会边际成本。当存在负外部效应时,私人边际成本低于社会边际成本,因而 MC 位于 MSC 的右下方。

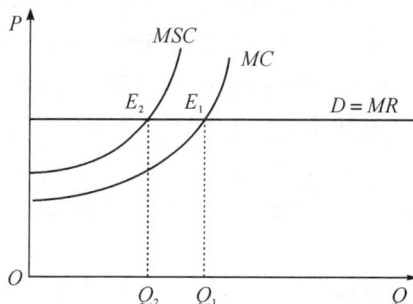

图 14-1　生产的负外部效应与资源配置

化工厂的均衡产量应该是私人边际成本曲线 MC 与边际收益曲线 MR 的交点 E_1 所表示的产量 Q_1,但如果化工厂要支付全部社会成本,那么均衡点将是社会边际成本曲线 MSC 与边际收益曲线 MR 的交点 E_2,相应的均衡产量为 Q_2。由此可见,如果化工厂不用承担全部社会成本(比如没有承担污染处理费用这项外部边际成本),那么该厂商提供的产品将比应有的供给多,$Q_1 > Q_2$,结果是造成该产品生产规模过大,成本大于收益,造成资源配置的低效率。

同理可以分析正外部效应的情形。一般而言,在存在正外部效应的情况下,私人活动的水平常常低于社会所要求的最优水平。有一种观点认为(最早由美国经济学家巴罗在 1970 年提出),传统上被认为是准公共物品的教育,可以被看作公共物品,因为个人受教育程度的提高不但对自身有利,还有利于社会的和谐安定。如果没有义务教育、高等教育补贴等促进教育事业发展的政策,教育的成本就会小于收益,教育的供给就会不足。

14.1.2 外部性的改进方法

【专题】

杭州中高考期间禁止噪音　夜间施工罚款一万元

经杭州市政府批准,市环保局、市建委、市城管执法局等八局(委)联合作出了关于《加强中高考期间环境噪声管理的通告》,在中高考期间(5月24日至6月15日),禁止建设工程进行夜间作业(夜间时间为:22时至次日6时)。特殊情况确需夜间作业的,必须经市政府批准同意;禁止各类文化娱乐、餐饮等公共服务场所噪声超标排放;禁止在商业经营活动中使用高音广播喇叭或采用其他发出高噪声的方法招揽顾客;严格控制在公共场所组织娱乐和集会等产生环境噪声污染的活动;所有机动车辆必须遵守市区禁鸣喇叭的规定;所有船舶在市区通航水域严禁鸣笛及禁鸣高音喇叭;严格控制火车进入市区后的非正常鸣笛;禁止夜间进行产生环境噪声污染的室内装修活动。

(资料来源:今日早报,2008-6-5)

材料体现了什么经济学原理? 杭州市政府为什么批准《禁噪令》?

理论提示:上述材料反映了经济学中的外部效应(负外部性)。政府批准《禁噪令》是采用直接禁止的方式对这种负外部效应进行干预,旨在解决因此产生的市场失灵。

外部效应导致资源配置的低效率,造成市场失灵,因此需要政府用"看得见的手"进行干预。西方经济学家提出了政府解决外部效应的四种政策干预方法。

第一,政府直接管制。在完全竞争条件下环境污染严重,外部性的核心问题是污染者无需支付其污染的外部成本,因而缺乏将其污染量控制在社会最优污染控制水平上的内在动力。政府直接管制的手段之一,就是政府硬性规定法定最高污染排放标准,任何部门、企业和个人都必须将其污染量控制在这一法定水平上。政府也对污染企业采取行政审批制度,在行政区域内,控制污染企业的数量。政府还采用法律手段控制环境污染,制定环境保护法律法规。如我国环境保护法规要求污染企业执行"三同时制度"——新建、改建、扩建项目和技术改造项目以及区域性开发建设项目的污染治理设施必须与主体工程同时设计、同时施工、同时投产的制度。

第二,庇古方法。庇古(Pigou)是旧福利经济学的创始人。按照他的观点,应该对造成外部效应的经济行为人征"税"。具体来说,对造成外部不经济或负外部效应的个人或企业征税,其数额应该等于该个人或企业给社会其他成员造成的损失,从而使得私人成本恰好等于社会成本。如对污染企业征收污染治理费等政策。另一方面,应对造成外部经济或正外部效应的个人或企业给予津贴,使得私人收益与社会收益相等。总之,通过征税使得私人成本(收益)等于社会成本(收益),就能保证资源配置达到最优,这种征税叫做"庇古税"。

第三,外部效应"内部化"方法。该方法主要提倡受关联影响的企业进行合并。假如一个企业的生产影响到了另外一个企业。如果这种影响是正外部效应,那么第一个企业的生产就会不足;反之,如果这种影响是负外部效应,则第一个企业的生产就会过度。但是,如果将这两个企业合并,此时外部效应所产生的影响就被"内部化"了。因为合并后的单个企业,为了使自己的整体利润最大化,会把原来的外部效应的影响计算在成本与收益之中,从而资源配置达到帕累托最优状态。

第四,产权方法,又称科斯方法。按照这一方法,如果政府能够明确界定产权,那么许多外部影响可能不会发生或者会受到一定程度的限制。

14.1.3 产权理论与科斯定理

为什么企业在从事生产活动时不把环境污染等外部成本考虑进去?那是因为外部效应缺少一个进行交易的市场。一些西方经济学家认为,缺少外部效应的交易市场主要是因为企业所污染的河流(或空气)是公用区域,产权没有明确界定。所谓产权,不是指一般意义上的财产所有权,而是人们行使所有权时的行为约束,或者说是界定人们对财产能做什么的法律规则。比如,企业所有者对企业有排他的所有权,但他却不一定拥有随意排污的产权。产权理论研究的,就是如何通过界定,变更和安排产权结构,提高市场运行效率,改善资源配置。比如政府可以通过颁发排污许可证,来确立企业按一定标准排污的权利。

1991年诺贝尔经济学奖得主、美国芝加哥大学的经济学家罗纳德·科斯(R. H. Coase)是现代产权理论的奠基者和主要代表人物,被认为是产权理论的创始人。科斯认为,在一个完全竞争的经济里,如果人们对产权有着明确的规定,在发生重大的外部效应时,人们可以用较低的成本或者不费成本地进行谈判协商,那么有关各方会适当地考虑自己的行为给他人带来的影响达成某种妥协方案,从而使得资源实现有效配置。例如在上游企业污染河流下游的案例中,如果把产权赋予下游用水者,上游企业可以向河流下游拥有使用一定质量的水的权利的人购买这种产权,然后再去污染河流;如果把产权赋予上游企业,下游用水者也可以从企业那里购买到比他们原先拥有所有权的水的质量更好的水的所有权。

不管哪方当事人被赋予产权,结果都将是相同的。也就是说,不管是下游的用水者被赋予了使用一定质量的水的权利,还是企业被赋予了向河流里排入一定数量污染物的权利,社会受污染的程度都可以达到最合适的程度。该理论概括起来就是说,只要把产权妥善地加以界定,而且界定产权的交易费用为零,那么,不论产权在开始如何分配,市场均衡必然符合最有效率的状态。这个案例中的交易费用,可能包括产权法律的制定和执行、上游企业和下游用水者之间的谈判协商,等等。

科斯定理表明,明确产权可以有助于促进经济效率,但是它不能保证市场机制总能解决外部性问题。因为科斯定理发生作用需要满足一定的前提条件,一是涉及外部效应的当事人为数很少,能够有效地组织起来;二是界定产权和谈判协商费用很低,即交易费用很低。现实生活中,涉及外部效应的当事人往往人数众多,意见很难一致,而且界定产权和谈判协商的费用也可能很高。所以事实上市场机制在遇到外部效应问题时往往无能为力。但科斯定理说明了政府在界定私人产权方面应起重要作用。

14.2　公共物品与公共资源

14.2.1　物品的分类

我们可以根据两个标准对物品进行分类。一个标准叫做竞争性,另一个标准叫做排他性。当一个人对物品进行使用会减少他人使用的数量时,这种物品就具有竞争性,反之就具有非竞争性。非竞争性可以更规范地表述为,如果一个商品在给定的生产水平下,向一个额外消费者提供该商品的边际成本为零,则该商品是非竞争性的。仅仅只有付费购买物品的人能够从中得到收益,这种物品就具有排他性,反之就具有非排他性。非排他性就是,无法排除一些人"不支付也能消费"。根据这两个标准,可以把物品分为四种类别,见图 14-2 所示:

私人物品(private good)是既有竞争性又有排他性的物品。一般市场上交

	排他性	非排他性
竞争性	**私人物品** 食物与饮料 住房	**公共资源** 海洋中的鱼群 公用湖泊
非竞争性	**自然垄断** 互联网 有线电视	**公共物品** 国防 法律

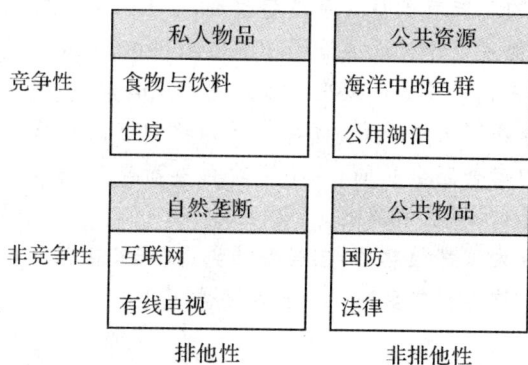

图 14-2　物品的四种类别

换和使用的商品,如食物、饮料、住房,均为私人物品。

自然垄断具有非竞争性、排他性。某些行业存在规模经济,当提供产品的边际成本为零时就产生了自然垄断情形。互联网、有线电视就存在规模经济,边际成本是递减的,趋向于零。

公共资源(common resource)是具有竞争性、非排他性的物品。海洋里的鱼是公共资源,一条鱼被人捕到,其他人就不能再捕这条鱼。但是一个人在捕鱼时,很难阻止其他人也来捕鱼。

公共物品(public good)是既有非竞争性又有非排他性的物品。公共物品能被许多人同时消费,而且不能排除其中某人从中受益。例如,国防、道路、海上的灯塔等。新增人口一样享受国防安全,但不会降低原有人口对国防的"消费"水平;交通流量较低时,道路上多一辆汽车不会妨碍原有汽车的行驶;一旦海上用于指示航船的灯塔建造好并起作用,额外船只对它的使用不会增加任何运作成本。

有些物品,虽然技术上不具有非竞争性、非排他性,但是仍然被人们普遍认为应当是公共物品。如义务教育、博物馆、公共图书馆,我们称之为准公共物品。

14.2.2　公共物品

1.公共物品影响资源配置

【专题】

南郭先生的故事

中国古时候有一个滥竽充数的寓言:齐宣王好大喜功,喜欢群竽合奏,每次演奏的时候有 300 只竽一起吹奏,蔚为壮观。南郭先生虽然不会吹竽,但是他装模作样地混迹于 300 名乐手中,一直也没有被人们发现,也体面地在官中混了碗饭吃。后来齐宣王驾崩,齐泯王即位。齐泯王继承了老爸齐宣王的爱好,也喜欢听如丝如缕的竽乐。但是他的喜好又不与他的老爸完全相同,他不喜欢合奏而喜欢独奏。这回南郭先生混不下去了,只好悄悄溜走。

这个寓言大家都很熟悉,在当今社会也不乏"南郭先生"现象,请列举此类现象。这些现象反映了什么经济学原理?

理论提示:假如齐泯王也喜欢群竽合奏,南郭先生是否永远不被发现? 假如有更多的像南郭先生这样的人混进乐队呢? 寓言所反映的正是市场失灵(尤其是信息不对称)时,某些人基于自利的行为,而去免费享有他人努力所获得的特殊成就,即"搭便车"行为。

公共物品的存在导致"搭便车"问题,即人人都想免费乘车,希望车费由其他人支付。搭便车者越过市场交易来免费获取产品和劳务,这使得完全竞争市场假定中"所有的产品和劳务都在市场进行交易"这一条件得不到满足,导致市场无法使资源达到有效配置。我们知道,私人物品具有消费的竞争性和排他性,由市场机制来配置私人物品的生产与消费,可以达到帕累托最优。也就是说,在完全竞争条件下,需求曲线上的点表示消费者在一定收入约束下的最优选择,供给曲线上的点表示生产者在一定资源约束下的最优选择,两条曲线的交点形成的均衡点,能够使消费者与生产者同时达到最优,而且在此点,消费者的边际利益等于边际成本,市场均衡就是社会最优状态。

但是,由于公共物品具有非竞争性和非排他性特征,市场机制配置公共物品将出现失灵。主要表现在两个方面:

第一,非排他性造成市场失灵。由于公共物品的非排他性,任何个人即使不对公共物品的提供付费,也能同样享用,个人就有动力成为"免费搭车者"。如果所有个人均这样行事,那么,公共物品提供就会不足。也就是说,市场本身提供的公共物品通常将低于最优数量。

第二,非竞争性造成市场失灵。非竞争性意味着,某人对公共物品进行使用和消费,并不因此减少别人的利益。于是,进行排斥是无效率的行为。因为有效的资源使用要求价格等于边际成本,但这里边际成本是零,所以价格也该是零。例如,对一座不太拥挤的桥征收通行费,虽然可行但却无效率,因为边际成本为零,收费只能妨碍桥的使用。这说明,对有些公共物品,排斥别人消费是"可行"

的,但却是不"应该"的。

然而,虽然增加消费者的边际成本是零,但提供公共物品的成本必须收回,如果无法收回成本,市场将不会提供公共物品。因此收回这种成本,不能通过市场买卖来实现,需要通过政府来完成。

2. 公共物品的改进方法

(1)确定公共物品的最优供给量。对私人物品,通过比较增加一单位商品的边际收益与生产该单位商品的边际成本,可以决定私人物品的有效供给。当边际收益与边际成本相等时,实现经济效率。对私人物品,边际收益由出价最高的消费者得到的边际收益决定。同样,公共物品供给曲线由生产公共物品的边际成本决定,与边际收益曲线相交,就可以确定公共物品的最优供给量。但是对公共物品,必须了解每个消费者对增加一个单位产出的估价。把所有享受该公共物品的消费者的估价加总,才可以得到边际收益。要决定公共物品供给的有效水平,必须使加总的边际收益等于生产的边际成本。因此,公共物品的总体需求不同于私人物品的总体需求。私人物品的总体需求曲线是个人需求曲线的水平加总,而公共物品的总体需求曲线是个人需求曲线的垂直加总。

(2)选择公共物品的提供方式。人们在消费公共物品时,往往都会有不付费的动机,而倾向于成为搭便车者。如果由私人企业提供公共物品,就无法收回成本,因此价格机制不能有效发挥作用,导致市场机制决定的公共物品供给量远远小于社会最优状态。既然市场机制在提供公共物品方面是失灵的,政府的介入就成为必要。但是政府介入公共物品的供给,并不等于政府生产所有的公共物品,更不等于政府完全取代公共物品的市场。为了解决公共物品提供不足问题,政府可以选择多种方式实现公共物品的提供,可以通过政府直接生产公共物品来实现,也可以通过某种方式委托私人企业的间接生产方式来实现。前者包括中央政府直接经营、地方政府直接经营和地方公共团体经营等三种情形,后者包括政府与企业签订合同、授予经营权、经济资助、政府参股、社会资源服务等情形。

14.2.3　公共资源

1. 公地悲剧产生的问题

公共资源的存在会导致另一种叫做"公地悲剧"的市场失灵类型。"公地悲剧"由英国经济学家加勒特·哈丁教授(Garrett Hardin)于 1968 年在一篇名为《The tragedy of the commons》的论文中首先提出。文章讲述了这样一个故事:许多牧羊人在一块公共草地上放牧。作为理性人,每个牧羊人都希望自己的收益最大化。在公共草地上,每增加一只羊会有两种结果:一是获得增加一只羊的收入;二是加重草地的负担,并有可能使草地因过度放牧而荒芜。经过思考,牧羊人决定不顾草地的承受能力而增加羊群数量。因为增加一只羊的收入是这个牧羊人独享的,草地过度放牧造成的损失却是由所有牧羊人共同承担的。于是他就做这种杀鸡取卵、竭泽而渔的事情。看到有利可图,许多牧羊人也纷纷加入这一行列。由于羊群的进入不受限制,所以牧场被过度使用,草地状况迅速恶化,悲剧就这样发生了。

公地作为一项资源或财产有许多拥有者,他们中的每一个都有使用权,但是没有权利阻止其他人使用,从而造成资源过度使用和枯竭。过度砍伐的森林、过度捕捞的渔业资源,都是"公地悲剧"的典型例子。之所以叫悲剧,是因为每个当事人都知道资源将由于过度使用而枯竭,但每个人对阻止事态的继续恶化都感到无能为力,而且都抱着"及时捞一把"的心态,加剧事态的恶化。这类资源或者财产就叫公共资源。公共资源因产权难以界定或者界定产权的交易成本太高而形成,它被竞争性地过度使用或侵占是必然的结果。

"公地悲剧"说明的是公共资源的使用者所承担的直接成本小于社会所需付出的成本,而使资源被过度使用。导致"公地悲剧"的原因同公共物品问题一样,也是"所有的产品和劳务都在市场进行交易"这一假定得不到满足。

2. 公地悲剧的改进方法

(1)确定公共资源有效利用的标准。公共资源往往被过度利用,其原因在于边际社会成本与私人面对的边际成本不一致。只要单个牧羊人增加一只羊的边际收益大于这个牧羊人付出的边际成本,这个牧羊人就会不断增加羊的数量。但是他增加一只羊却导致其他牧羊人能够利用的牧草减少,从而降低了羊的产量。有效的资源配置要求把这种效应考虑进来,应该使边际收益等于边际社会成本而不是边际私人成本,即所有牧羊人的边际成本加总而不是单个牧羊人面对的边际成本。

(2)选择公共资源的利用方式。为了实现公共资源的有效利用,可以采用建立产权、实行配额等方法。像科斯方法解决公共物品一样,建立产权有助于解决公共资源问题。政府可以通过法律确认产权,把资源归某人所有,私人所有者按照最大化资源价值的方式行事。这样一来,公共资源变成了私有产权,私人所有者就面临着同私人物品有效提供一样的条件,私人边际成本与社会边际成本相一致。但是建立私有产权并不永远是可行的。比如对广阔的海洋建立私有产权、对大气层建立产权是相当困难的。这时配额或许能解决这个问题。配额的方法通过给每一个私人利用一定数量的公共资源的权利,使得公共资源的总利用数量不超过有效利用的数量。比如,政府管理海洋捕鱼活动,许可某些捕鱼者捕捞特定数量的鱼,或者规定捕鱼者只能在特定时期从事捕鱼活动。配额的方法甚至可以在国际间使用,不少国家已经签订了关于限制温室气体排放、海洋捕鱼等方面的国际条约。

【专题】

2009 年诺贝尔经济学奖得主奥斯特罗姆
与《公共事物的治理之道》

埃莉诺·奥斯特罗姆(Elinor Estrom)是印第安那大学政治学系阿瑟·本特利讲座教授,该校政治理论与政策分析研究所共同所长,制度、人口与环境变迁研究中心共同主任。她对制度分析理论、集体行动理论、可持续发展、公共资源等领域的研究在全世界范围内产生了很大的影响,并因而获得了众多的荣誉。

2009 年 10 月 12 日美国经济学家埃莉诺·奥斯特罗姆成为历史上第一个获得诺贝尔经济学奖的女性。埃莉诺·奥斯特罗姆获颁 2009 年度诺贝尔经济学奖,以表彰“她对经济治理的分析,尤其是对普通人经济治理活动的研究”。

奥斯特罗姆的代表作是 1990 年出版的 Governing the Commons: The Evolution of Institutions for Collective Action,已被译成德文、意大利文、西班牙文、希腊文、中文等多种文字。此书中译本为《公共事物的治理之道》,上海三联书店 2000 年版,是制度经济学和公共政策研究领域里的重要著作。在这一著作中,奥斯特罗姆以众多公共治理案例为根据,反驳了认为私有化或政府管理是管理公共财产的最佳安排的传统思想,主张多中心秩序治理,即政府和社群、集体等中间治理组织协同参与公共事物的治理模式。政府干预并非纠正“市场失灵”的唯一灵丹妙药,发展社群、集体的自我管理制度可能是解决公共治理问题更有效的方式。

理论提示:为什么有的时候社会团体、非政府组织在管理社会公共事务的时候能够比政府还要出色呢?是因为他们更贴近群众,或者更容易相互进行沟通,或者他们有内部纪律的约束,还是存在其它什么原因呢?

14.3 信息不对称

14.3.1 信息不对称

完全竞争市场实现资源有效配置的条件之一是"买者和卖者都具有完全理性"。"完全理性"要求市场参与者无所不知,所有买者和卖者都知道其他人的经济特征及各种有关生产的信息。微观经济学把这个假定称为完全信息假定。在这个假定之下,商品的价格唯一地浓缩了所有相关的信息,商品的质量被假定为同质,商品交易的过程被认为可以在瞬间完成,交易与履约过程被大大简化。显然,这种假定并不符合现实。现实生活中的市场都是信息不完全的市场,例如,消费者并不完全清楚商品的质量,雇主也不一定清楚雇员的能力,甚至连商品的生产者也未必知道商品存在的缺陷。

信息不对称(asymmetric information)是不完全信息中的一种典型情况,它是指一些人比另外一些人拥有更多的经济信息。例如,工人一般比老板更清楚自己的生产能力和工作努力程度,厂商一般比消费者更了解自己产品的质量。信息不对称之所以存在,是因为获取信息需花费成本,有时候行为主体获取充分信息的成本非常大或者完全无法获取信息。

在信息不对称条件下,自由市场机制下的市场均衡就可能是低效率的。缺乏信息的参与人无法获取作出利益最大化选择所需要的必要信息,从而作出错误的选择,导致资源的低效率配置。一般地,在信息不对称情形中,我们将参与人有意隐藏私人信息的情形,称为"逆向选择"(adverse selection)问题,而将参与人有意隐藏私人行为的情形,称为"道德风险"(moral hazard)问题。

14.3.2 逆向选择

买卖双方共同在市场进行交易时,各自拥有的信息是不对称的。在很多情况下,卖主能更真实地了解自己产品的质量,而买主对产品的真实质量信息的了解相对较少。这样一来,那些质量差的产品(次品)的卖主就有动机去隐藏有关产品质量的信息。这会对市场交易造成什么样的后果呢?

1970 年,阿克洛夫(Akerlof)发表了论文《柠檬市场:产品质量的不确定性与市场机制》,文中提出了二手车市场模型或柠檬市场模型(在美国俚语中把次品或不中用的东西叫做"柠檬"），开创了这一研究的先河。阿克洛夫后来因信息不对称问题的研究获得了2001年的诺贝尔经济学奖。论文讲述了这样一个案例：在二手车市场上，有好车，也有坏车。买主并不十分了解二手车的质量，所以当所有卖主都说自己的车是好车时，买主无法区分谁在说真话，谁在说假话，只能根据对整个市场的估计决定支付的价格。在好车和坏车被买主同等对待时，坏车在成本上具有优势，从而更容易被卖出。当买主发现所购产品并非如原先估计的那样好时，他们会进一步降低对二手车质量的平均估价，此时，可能将成本高的好车淘汰出市场。市场交易的结果使得优胜劣汰的原则被违背，也即好产品在竞争中失败，而次品则容易成交。在二手车市场上，"逆向选择"问题使得二手车价格和质量不断降低，成交量也迅速下降，最终导致整个二手车市场萎缩甚至消失，导致市场均衡的低效率。这就是导致二手车市场失灵的"逆向选择"问题。

在另一些情况中，能够隐藏信息的是买主，而不是卖主。比如，保险市场的"逆向选择"就是这种情况。在保险市场上，保险公司根据平均的意外发生概率确定保费，但不知道具体哪些个人意外事故发生的概率大或小。这样一来，在医疗保险中，那些知道自己身体状况不佳的人最有积极性购买保险；在财产保险中，那些知道自己财产容易遭受损失的人最愿意购买保险。知道自己发生意外概率低的人缺少购买保险的激励。这使得全体购买保险的客户的意外损失概率就会高于社会平均的概率，迫使保险公司提高保费。保费的提高使得那些发生意外风险可能较小的好顾客更不愿意购买保险，因而被逐出保险市场。这就出现了保险市场"逆向选择"问题。

14.3.3　道德风险

完全竞争市场假定不考虑履约问题，好像市场交易过程是瞬时完成的。然而，在现实生活中，履约是一个过程，并且交易的双方往往具有不对称信息。我们通常将拥有私人信息的参与人称为"代理人"（agent），不拥有私人信息的参与人称为"委托人"（principal）。在交易双方签约后，如果委托人的利益还要取决于代理人的行动，委托人的利益实现就可能面临"道德风险"。道德风险之所以存在，是因为无法在契约中明确限定代理人的行为选择，即无法把代理人面临何种情况之下应该做什么全部进行明确的约定，也因为委托人不可能时时刻刻监督代理人，考察代理人是否按委托人的利益行事，时刻对委托人进行监督所花费的监督成本太高，因此代理人的行为具有隐藏性，代理人做什么往往不为委托人所知。在道德风险下，代理人会做一些自私自利的活动，甚至不惜损害委托人的利益。

以自行车保险市场为例,我们考虑一辆自行车所有者的行为。如果自行车没有参加保险,那么为了防盗,所有者会自觉采取一些防范措施,如给自行车配安全锁、及时上锁等,这样虽可有效降低失窃概率,但仍有可能失窃。如果所有者购买保险的话,自行车失窃的损失将会被保险公司赔偿。假定保险公司根据现有自行车失窃概率确定保费,那么,它实际上假定自行车所有者已经采取了相应的防盗措施。但是一旦给自行车保了险,自行车所有者就没有动力再采取积极的防盗行为,因为现在自行车失窃的损失由保险公司承担了。而保险公司又不可能监督每一客户的行为。这样一来,自行车失窃的概率将提高,从而迫使保险公司提高保费。那些积极采取防盗措施的人会认为保费太高,而退出自行车保险。自行车保险市场就萎缩了。

在上面的例子中,保险公司与自行车所有者的保险合同的完全履行,取决于代理人——自行车所有者的防盗行为。但是代理人的行为具有隐蔽性,自私自利的代理人会悄悄降低防盗措施的投入,这就导致了典型的"道德风险"问题。这个时候,自行车所有者愿意购买更多的保险,而如果自行车所有者采取与保险前相同的防盗措施,保险公司就愿意提供更多的保险。因此,真实的市场均衡将是保险提供不足,市场资源被低效率地配置。

逆向选择和道德风险是不对称信息条件下两种资源低效率配置的情形,而信息不对称的存在,是由于信息的获取需要太大的成本。那么政府是否能够通过对市场的某种干预来改进效率呢?

如果政府拥有的信息跟经济活动中的委托人一样,那么政府的干预不可能更好,因为政府同样不能得到代理人的隐藏信息或者隐藏行为的信息,而且政府干预也有成本,政府获取信息同样需要支付代价。考虑到这些因素,信息经济学理论并不推崇政府的干预,而是努力寻找市场自行的解决方法。其中通过市场信号显示来解决"逆向选择"问题,通过激励机制的设计来解决"道德风险"问题,这是改进信息不对称的两个最基本的方法。但是政府仍然可以运用政策来改进信息不对称问题。

14.3.4 信息不对称的改进方法

1.信号显示

在前面的二手车市场模型中,不对称信息之所以导致逆向选择,是因为消费者不知道具体哪辆车是好的或坏的。然而,质量好的二手车的所有者有一种激励,希望把好车的质量信息传递给潜在的购买者,也就是给购买者进行"信号显示"。

　　高质量车的车主可以向购买者提供质量保证,如果买者买到的车有质量问题,可以在一定时间内退货或得到补偿。通过这一信号显示机制,买主就可以知道,有质量保证的是好车,无质量保证的是坏车。假如坏车的车主也提供质量保证,他会为此付出昂贵的代价,因此坏车的车主不会提供质量保证。因此,质量保证解决了二手车市场的"逆向选择"问题,出现了两个均衡价格,即好车的均衡价格和坏车的均衡价格。除二手车市场外,许多产品市场都可以采用质量保证书、包退包换包修措施、品牌等进行信号显示,从而有效地解决逆向选择问题。

　　另一个经典案例是劳动力市场的"信号显示"。雇主在劳动力市场招聘雇员时,不知道哪个求职者的能力与素质好或坏,求职者自己更清楚自己的能力与素质。由于存在不对称信息,雇主可能经常被欺骗,能力素质低的求职者因为薪水要求低而被雇用,能力素质高的求职者由于要求的薪水太高而被淘汰出市场。但高能力者可以通过一个"教育信号"向雇主显示自己的能力。因为每一个人接受教育都要付出努力,能力越强,在投资教育上的"努力"成本越低,反之则高。因此,能力越强者往往会接受更多的教育,从而雇主就可以根据每个人的"教育信号",来确定谁的能力较强,将高能力者从低能力者中分离出来,使劳动力市场变得更加有效。

　　2. 委托——代理问题

　　委托——代理人问题也称代理人的"道德风险"问题。在不对称信息条件下,当代理人为委托人工作时,因为代理人的行为具有隐藏性,委托人无法时刻监督代理人的行为,所以,代理人会为了追求自己的利益,忽视甚至不惜牺牲委托人利益。这就是委托——代理问题。

　　委托——代理问题在现实生活中广泛存在。例如,一位农场主雇用农民耕地,从而形成了代理关系,农场主很难判断产量低是由于风雨不调引起还是农民偷懒所导致,农民很容易偷懒。同样,企业所有者聘请职业经理人来管理企业,也形成了代理关系,但是企业的职业经理人追求的目标很可能偏离所有者的目标(比如企业所有者希望利润最大化,职业经理人的目标却倾向于追求企业规模的最大化),由于经理人的行为具有隐藏性,委托人无法有效监督代理人,这就很可能产生委托——代理问题。

　　代理人的隐藏性行为使得原有的委托——代理合约没有得到完全履行,破坏了市场的有效性,导致资源配置的低效率。那么,我们应该如何解决委托——代理问题呢?从委托者的角度看,就是解决"我怎样使某人为我做某事"的问题,也就是说,如何设计一套激励机制来激励代理人为实现委托人的目标而努力工作。激励机制要解决的问题是:应该如何监督代理人努力工作,应该设计怎样一种支付报酬的方法来激励代理人工作。

如果不管产量多少,都付给代理人一笔相同的报酬,"干多干少一个样,干与不干一个样","吃大锅饭",代理人就没有动力去努力工作,因此"大锅饭"不是一种有激励的制度。适当的激励机制必须让报酬在一定程度上与产量相关。信息经济学认为,有效激励机制的设计应同时满足"参与约束"和"激励相容约束"这两个条件。

所谓"参与约束"(participation constraint)是指吸引代理人参与工作的最低条件。这就是说,每一个代理人有一个"保留收益",如果他不参与此项工作,他也可能获得一个基本的收益,比如失业救济金等。代理人如果参与此项工作,他要付出劳动或努力的成本,而且边际成本递增。"参与约束"就是指代理人获得的报酬减去他的劳动成本后的剩余,应不小于他的保留收益;否则,代理人将根本不愿意参加此项工作。

但是,参与工作的代理人还不一定愿意付出委托人所期望的努力水平,他可能会偷懒。而委托人又无法直接观察到他付出的真实劳动,因为产量还取决于其他因素。于是,委托人必须使激励机制的设计能诱使代理人不偷懒,即让代理人努力工作的净收益大于偷懒得到的净收益。这一约束称为"激励相容约束"(incentive compatibility constraint)。从理论上说,保证了上面的两个条件,委托——代理问题就可得到解决。

股权激励计划就是解决委托——代理问题的一个经典案例。随着公司股权的日益分散和管理技术的日益复杂化,当今世界各国的大公司为了合理激励公司管理人员,创新激励方式,纷纷推行了股票期权等形式的股权激励机制。公司管理人员和股东实际上是一个委托代理的关系,股东委托经理人等管理人员经营管理资产。但是股东和经理人追求的目标往往是不一致的,股东希望其持有的股权价值最大化,经理人则希望自身效用最大化。在信息不对称情况下,股东难以时刻监督经理人的行为,因此股东和经理人之间存在"道德风险",需要通过激励和约束机制来引导和限制经理人行为。对此,股权激励是其中一个解决方案。通过使经理人在一定时期内持有股权,享受股权的增值收益,并在一定程度上承担风险,可以使经理人在经营过程中更多地关心公司的长期价值,将自身目标与委托人的目标一致起来。股权激励计划不仅可以在管理人员中推行,还可以在普通职工中推行。有的企业通过员工持股计划,给予员工一定的股份,让员工以股东的身份参与企业决策、分享利润、共担风险,能够使得员工自身利益与企业利益更大程度地保持一致,从而激励员工勤勉尽责地为企业的长期发展而服务。

3. 政府在解决信息不对称问题中的责任

尽管市场可以在一定程度上解决信息不对称问题,但是当信息获取的成本很高时,市场往往不能很好地解决信息不对称问题。政府的有效干预则有助于信息不对称问题的解决。比如证券市场中单个的中小投资者,因为投资规模小,了解投资对象的信息成本相对来说就高。但是中小投资者作为一个整体来看,为了解投资对象的信息而花费一定的信息成本是划算的。问题是单个的中小投资者往往无法联合起来进行调查活动,因此没有动力去获取投资对象的信息。在这种情况下,政府可以出台政策和法律,强制要求有信息优势的一方披露私人信息,从而提高效率。比如许多国家的证券法都对上市公司的信息披露作了严格的规定。

14.4　政府干预中的问题

14.4.1　效率与公平问题

【专题】

仇富心理

在行为经济学的一个试验中,A、B 两人分配 100 元,由 A 决定分配方案,但如果 B 不接受,两人都将一无所获。大量试验的结果表明,如果 A 提出 99：1 的分配方案,无一例外地都被 B 否定了。B 宁可自己不增加收入,也不会接受 99：1 的分配方案。A 也很少提出 99：1 的方案,也是考虑到公平,否则被 B 否定,自己也一无所获。经过多次试验,A 提出并为 B 所接受的方案基本是 70：30 或 60：40。

理论提示：当 A 提出 99：1 的分配方案时,B 为什么要否决分配方案？B 为什么宁可不要 1 元,也不让 A 得到 99 元？这说明,人们在经济行为中不仅考虑效率,而且考虑公平。当分配太不公平的时候,人们会产生仇富心理。

经济学关注的核心问题是如何有效地配置资源,但是使资源达到有效配置就是政府干预经济活动的唯一目标吗？前面我们讲帕累托有效是评价资源有效配置的标准,在不损害一个人的前提下已经无法使得其他人的状况得到改善了,政府干预会遵循帕累托有效的标准吗? 政府出台政策只是为了纠正"市场失灵",让市场机制更有效地发生作用吗?

有很多时候,政府干预经济的目的不是增进效率,而是为了促进公平。公平不仅仅是一种经济学思想,更是政治学、伦理学、宗教的思想。早在两千五百年前,孔子就说过:"丘也闻有国有家者,不患寡而患不均,不患贫而患不安。盖均无贫,和无寡,安无倾。"意思就是说,国家要长治久安,不在于财富的多少,而在于公平地分配财富。在19世纪以前,曾经有人乐观地认为公平和效率是完全统一的,公平的社会能够达到最高的效率,但是后来的经验表明,在许多情况之下公平和效率是相互冲突的。到今天,政治家们在制定国家政策的时候,往往既考虑效率,也考虑社会公平。比如当国家发生严重的自然灾害时出现物资短缺,物价猛涨,其原因是产品供给下降。高物价反映了需求大于供给,它使得需求减少,供给增加,从而实现资源有效配置。但是政府往往出台政策控制物价。当不熟练工人参加工作,工资往往很低,被认为造成生存困难时,政府往往出台政策,规定最低工资。此时公平成了政府干预的首要目标,效率退居其次。效率和公平之间的关系有一个比喻,效率就是如何把蛋糕做大,公平就是如何分蛋糕。我们的问题是先把蛋糕做大,还是先考虑如何分蛋糕。

到底什么是公平呢? 如何分蛋糕才算公平呢? 关于公平有两大类思想,一种注重结果公平,认为:如果结果是不公平的,这就是不公平;另一种注重规则公平,认为:如果规则是不公平的,这就是不公平。

1. 结果公平

关于第一种观点,最有代表性的是19世纪的功利主义思想。功利主义认为政府应该以实现"最大多数人最多的幸福"为目标,收入必须从富人手中转移到穷人那里,直到完全平等,富人和穷人没有区别为止。他们认为,金钱满足人的需要是边际收益递减的,富人的一元钱能够给富人带来的快乐少于一元钱给穷人带来的快乐,因此主张绝对的平均,使得每个人分到同样大小的蛋糕。1971年哲学家约翰·罗尔斯(John Rawls)提出了另一个公平的标准:使最穷的人境况尽可能好。尽量做大蛋糕,但是富人的份额应该转移一部分给穷人,使得穷人拿到一块尽可能大的蛋糕。

2. 规则公平

关于第二种观点,最有代表性的是哲学家罗伯特·诺齐克(Robert Nozick)提出的对称性原则(symmetry principle)。对称性原则是指,规则公平主张"类似情况,类似处理"。"己所不欲,勿施于人",即大家均能接受这一规则,具体的表现为机会均等。规则公平认为,只要人们自愿提供劳动来换取蛋糕的一部分,不管蛋糕如何分割,都是公平的。下面举例说明规则公平的应用。一场地震破坏了城市饮用水供水管道,导致瓶装水价格上涨,普通人无钱消费。这时无论采用下面哪一种规则,只要机会均等,都符合规则公平的要求:

第一,市场配置资源,由出价最高的人买瓶装水,穷人将得不到水。

第二,按计划分配,比如每个家庭分到一定数量的水。

第三,先到先得,把水分给最先到达或者愿意花很长时间排队等候的人。

第四,抽签决定,把水分给运气好的人。

这些都是机会均等的例子,除了市场配置资源的方法以外,没有一种是既公平又有效率的方案。公平与效率如何权衡,结果公平还是规则公平如何取舍,这些问题没有一致的结论,许多人会得出各种各样不同的答案。所以说公平和效率是一种艰难的权衡。

【专题】

效率与公平,兼顾还是优先?

收入分配问题涉及人民群众最关心、最现实的切身利益,合理的收入分配制度是全体人民的共同愿望,也是社会公平的重要体现。

改革开放之初,我国以"效率优先,兼顾公平"为原则,在分配领域倡导"初次分配要注重效率,再分配要注重公平"的分配原则。这打破了多年来在收入分配上所形成的严重平均主义,鼓励了一部分人和一部分地区依靠诚实劳动和合法经营先富起来,从而引导、示范、带动和帮助大家共同富裕。这一原则对促进我国经济效率的提升和经济的快速发展,起到了不可估量的积极作用。今天经济社会大好形势的取得,无不与此有关。

但是,在过去的实践中,由于有些地区和部门过于重视和关注一部分人先富,而对另一部分低收入群体的重视和关注不够,尤其是对因竞争环境不公平所导致的低收入群体重视和关注不够,因而导致解决了平均主义,却出现了贫富差距。

这种差距在地区之间、城乡之间、行业之间、社会群体之间都有明显的表现。2006 年,城镇居民中 20% 最高收入组(25410.8 元)是 20% 最低收入组(4567.1 元)的 5.6 倍;农村居民中 20% 最高收入组(8474.8 元)是 20% 最低收入组(1182.5 元)的 7.2 倍。根据世界银行公布的数据显示,我国居民收入的基尼系数已由改革开放前的 0.16 上升到目前的 0.47,不仅超过了国际上 0.4 的警戒线,也超过了世界所有发达国家的水平。由于部分群体隐性福利的存在,有专家认为我国实际收入差距还要更高。根据世界银行《世界发展报告 2006》提供的 127 个国家近年来收入分配不平等状况的指标表明,基尼系数低于中国的国家有 94 个,高于中国的国家只有 29 个,其中 27 个是拉丁美洲和非洲国家,亚洲只有马来西亚和菲律宾两个国家高于中国。这种状况说明,中国的基尼系数高于所有发达国家和大多数发展中国家,也高于中国的历史高点。

对此,党的十七大报告提出"初次分配和再分配都要处理好效率和公平的关系,再分配更加注重公平",这一新举措是对我国收入分配制度内涵的丰富和完善,是中国特色社会主义本质特征的突出体现,具有很强的现实针对性。既有利于提高经济效率,充分发挥各方面的积极性,不断增加社会财富,又有利于促进社会公平正义,消除两极分化,最终达到共同富裕。有人认为,中国已经由"效率优先,兼顾公平"向"效率与公平并重"转变。

(资料来源:李欣欣.校准分配领域的效率与公平.瞭望,2008(1))

理论提示:在效率与公平的问题上,合理进行收入分配是一个重要的问题。有人提倡平均主义大锅饭,有人提倡按劳分配,有人提倡既要按劳动也要按资本进行分配,还有人提倡按照所承担的风险进行分配。你觉得哪种说法更有道理呢?

14.4.2　政府失灵问题的简述

【专题】

政府干预也会"失灵"吗?

若不是上网了解西瓜行情,笔者真不知河南郑州又冒出了一个机构叫"西瓜办"。据悉,此"西瓜办"的宗旨是实现城乡"手握手"的工作思路,全市设 560 个卖瓜点,由不同政府部门抽调人员分片包干。

表面看来,这个"西瓜办"是为着协调郑州市附近农村西瓜进城,为瓜农提供产后服务;同时,也为着保持市区市容环境。然而,实际情况却不是如此。据悉,凡进入郑州市摆卖西瓜,必须持有郑州西瓜办及郑州市行政执法局、郑州交警大队盖过公章的通行证方能进城。显然,这个"西瓜办"不仅在"协调",而是有点像"一夫当关办",没有他们开出的所谓"通行证",会遭遇城中交警的驱赶或执法,瓜农也只能望瓜兴叹。因此,当"西瓜办"一露脸,媒体就尖锐指出,"郑州某些权力部门掌握了在他们管理区域运送西瓜的垄断"。瓜农需要为"西瓜办"的垄断权额外支付一笔费用。

人们记忆犹新,在2001年春,同是在这个郑州,也曾冒出个"馒头办"。所谓"馒头办",既有着《郑州市馒头生产销售暂行管理办法》撑腰,对全市馒头生产销售实行执法,对馒头生产实行审批制。同时,有着一班执法人马。其中,一度发生了轰动全国的郑州市"馒头办"与区"馒头办"利益冲突。后来,在媒体的强烈批评及公众抵制下,这个"馒头办"偃旗息鼓了。

从"馒头办"到"西瓜办",其实凸显一个共同问题:政府机关重复着计划经济思维,重演着垄断的老戏。人们看到,一个"馒头办"就可将当地集体、私人、股份的馒头生产经营"垄"在自己权力之下,让他们乖乖地交上"管理费",让他们服服帖帖向某些权力部门、某些官员缴费。一个"西瓜办",就对西瓜画地为牢,使生产西瓜的农民赚不了钱,使吃西瓜的市民吃不上便宜西瓜。可见,无论是"馒头办"还是"西瓜办",都是"麻烦办"。

(资料来源:亦菲."馒头办""西瓜办",都是"麻烦办".新华.网2006-08-04)

理论提示:竞争市场要发挥作用,要求参与者能自由进出市场。谁的馒头质好价廉,谁家西瓜味甜物美,应该由市场来考察鉴定还是由政府说了算呢? 西瓜、馒头的销售需要经过政府的批准,就会造成西瓜、馒头的短缺,导致西瓜、馒头的价格上升,供应数量减少,政府的不当干预非但不能提高效率,反而人为地降低效率。微观经济学把这种现象叫做寻租。

假如政府已经准确地界定了效率与公平的权衡标准,出台政策进行干预,所有市场失灵问题就被一劳永逸地解决了吗? 公共选择理论认为,政府未必能很好地纠正市场失灵,有时政府的干预也会导致无效率的结果,这种现象叫做政府失灵。产生政府失灵的原因有投票问题、利益集团、寻租、官僚主义等。

1. 投票问题

投票问题是指,即使在民主投票规则之下,也难以得到社会的偏好。换句话说,就是采用民主投票的方式,也不能弄清楚社会到底需要什么。常用的投票规则有一致同意规则和多数票规则。一致同意规则要求决策得到全体同意,决策的结果可以保证帕累托最优结果。因为只要有一个人的利益受到损害,他就不会同意这个决策。所有人一致同意的决策,必定对所有人来说都是一个帕累托改进。但是全体同意规则往往导致旷日持久的讨论,迟迟无法作出决策。多数同意规则可能伤害少数人的利益,无法像竞争性市场交易一样保证帕累托最优结果,更严重的是多数同意规则只能表达赞成与否,无法表达偏好的强度,多数人可能会为得到较小的利益而强迫少数人作出极大的牺牲。

2.利益集团

利益集团又称压力集团,通常是指那些有某种共同的目标并试图对公共政策施加影响的有组织的团体。在许多情况下,政府政策就是在许多强大的利益集团的相互作用下做出的。而这些利益集团通过竞选捐款、政治游说、直接贿赂等手段,对政治家产生影响,左右政府的议案和选民的投票行为,从而使政府作出不利于公众的决策。

3.寻租

寻租是指通过游说政府等活动获得某种垄断权或特许权,以赚取超常利润的行为。比如政府依照法律颁发配额、执照、特许经营证等特许权给企业,企业为获得这些特许权愿意支付一定的代价。在这种制度安排下,政府人为地制造出一种稀缺,这种稀缺就会产生潜在的租金,必然会导致寻租行为。寻租不但低效率,而且滋长公职人员的腐败现象,寻租行为越多,社会资源浪费越大。

4.官僚主义

官僚主义是政府效率低下的另一个原因。官僚主义表现为领导者高高在上,脱离群众,脱离实际;公职人员办事拖沓,讲求官样文章,繁文缛节;各个官僚机构之间或相互扯皮、争权夺利,或相互推诿、玩"踢皮球"游戏。对此有一种小政府主义学说。小政府主义认为政府具有潜在的扩张的趋势,趋向于机构臃肿、人浮于事,需要对政府规模加以限制。小政府主义提倡"小政府,大社会"的模式,从而提高整个社会的效率。通常认为,解决政府失灵问题的手段有实行法治、公众参与、加强政治透明度等。

⇨【本章小结】

在完全竞争市场假定之下,市场均衡结果是帕累托最优的,这意味着政府不必对经济活动进行任何的干预。然而在现实中,完全竞争市场假定往往无法得到满足,市场常常存在"市场失灵"现象。垄断、外部性、公共物品和公共资源、信息不对称是市场失灵的四种基本形式。"市场失灵"的存在使得政府的微观经济政策干预有了理论依据。

外部性或外部效应是指，经济行为人的行为对其他人的消费或者生产活动产生不能在市场价格中得到反映的影响。在存在正外部效应的情况下，因为私人不能获得外部收益，市场均衡产出将少于理想产出；反之，在存在负外部效应的情况下，因为私人不必为外部成本付费，市场均衡产出将大于理想产出。这两种情况均造成了市场的低效率。政府可以通过直接管制、征税或补贴来协调外部性。此外，通过企业合并、明晰产权等方法，市场本身也可以找到协调的方法。

公共物品是既有非竞争性又有非排他性的物品。非竞争性使排斥他人使用和消费缺乏效率。而非排他性又使个人存在"搭便车"行为，导致市场提供公共物品缺乏动力。在理想情况下，政府根据成本——收益分析，可以确定最优的公共物品提供数量，通过直接生产、经济资助、政府参股等方式增加公共物品的提供。公共资源具有竞争性和非排他性，非排他性使得公共资源往往被过度利用，导致"公地悲剧"。"公地悲剧"可以通过界定产权、实行配额等方法加以避免。

如果考虑到获取信息需要成本，那么现实的市场经常是不完全信息的市场。信息不对称是不完全信息的一种典型情况，是指一些人比另外一些人拥有更多的经济信息。信息不对称导致了行为人隐藏信息的"逆向选择"，和行为人隐藏行动的"道德风险"，两者均导致市场的低效运作。信号显示、激励机制设计是市场本身解决信息不对称问题的两种基本方法。此外，政府也可以进行政策干预，改进信息不对称问题。

总之，"市场失灵"情形的分析，为政府的经济干预政策找到了依据。但是纠正"市场失灵"并非政府经济干预政策的唯一目标。政府经常要在提高效率和促进公平之间作出两难选择。由于投票问题、利益集团、寻租和官僚主义等问题的存在，政府干预也会出现"政府失灵"的现象。

⊳【关键概念】

市场　外部效应　产权　科斯定理　搭便车　公共物品　公共资源　信息不对称　逆向选择　道德风险　信号显示　委托——代理问题　效率与公平　寻租　政府失灵

⊳【思考题】

1.什么是外部效应？外部效应的存在如何导致资源配置的低效率？

2.哪些方法可以用来解决外部效应问题？

3.什么是公共物品？为什么市场提供的公共物品将不足？如何解决公共物品问题？

4.如何区分"逆向选择"与"道德风险"？并举例说明。

5.市场本身解决不对称信息的方法有哪些？

6.效率与公平之间是否存在冲突？如何做出权衡？

【案例讨论】

1.中国提出国有企业改革后，大批国有企业建立现代企业制度试点，推行公司制、股份制改革，使得不少国有企业扭亏为盈，大大提高了经济效益。请问，"委托——代理问题"的产生根源是什么？以中国国有企业改革为例，说明怎样解决"委托——代理问题"。

2.社会上经常开展我们应该"更重学历还是更重能力"这样的讨论。请用信息经济学的知识对这个问题进行讨论。可参考二手车卖家通过提供质量保证书来改善二手车市场的例子对本题进行说明。

参 考 文 献

[1]曼昆.经济学原理.梁小民译.北京:北京大学出版社,2006.

[2]刘辉煌.西方经济学.北京:中国金融出版社,2004.

[3]高鸿业.西方经济学(微观部分)(第四版).北京:中国人民大学出版社,2007.

[4]郑健壮,王培才.经济学基础.北京:清华大学出版社,2009.

[5]范里安.费方域译.微观经济学:现代观点.上海:上海人民出版社,2006.

[6]沃尔特·尼科尔森.微观经济理论基本原理与扩展.朱幼为等译.北京:北京大学出版社,2008.

[7]迈克尔·帕金.微观经济学(第8版).张军译.北京:人民邮电出版社,2009.

[8]哈伯德,奥布赖恩著.张军等译.经济学(微观).北京:机械工业出版社,2007.

[9]尹伯成.西方经济学简明教程.上海:上海人民出版社,2003.

[10]平狄克,鲁宾费尔德著.高远等译.微观经济学.北京:中国人民大学出版社,2009.

[11]丁彬.噩梦开始丰田"召回门"事件凸显规模之殇.第一财经日报,2010-02-09.

[12]科斯.企业的性质.载于路易斯·普特曼,兰德尔·克罗茨纳.企业的经济性质.2000.上海:上海财经大学出版社,1937.

[13]梁小明.微观经济学纵横谈.北京:生活·读书·新知三联书店,2000.

[14]李炳义.经济学基础.上海:上海交通大学出版社,2006.

[15]吕建军.微观经济学原理.广州:暨南大学出版社,2008.

[16]李仁君.微观经济学.北京:清华大学出版社,2007.

[17]于善波.微观经济学.北京:中国商务出版社,2008.

[18]刘东,梁东黎.微观经济学教程.北京:科学出版社,2005.

[19]李健,唐五湘.微观经济学.北京:机械工业出版社,2003.

[20]卢现祥,陈银娥.微观经济学.北京:经济科学出版社,2008.

[21]连有,王瑞芬.西方经济学.北京:清华大学出版社,2008.

[22]梁瑞华.微观经济学.北京:北京大学出版社,中国农业大学出版社,2009.

[23]张远超等.微观经济学.北京:经济科学出版社,2005.

[24]王柏龄.微观经济学.北京:清华大学出版社,北京交通大学出版社,2007.

[25]张元鹏.微观经济学教程.北京:中国发展出版社,2005.

[26]乔·史蒂文斯.杨晓维译.集体选择经济学.上海:上海三联书店,1999.

[27]鲍德威,威迪逊.邓力平译.公共部门经济学.北京:中国人民大学出版社,2000.

[28]R.格伦.哈伯德,安东尼 P.奥布莱恩.张军译.经济学(微观).北京:机械工业出版社,2007.

[29]约翰.B.泰勒.李绍荣,李淑玲译.经济学(微观).北京:中国市场出版社,2007.

图书在版编目(CIP)数据

微观经济学 / 郑健壮主编. —杭州:浙江大学出版社,
2011.1(2017.6 重印)

ISBN 978-7-308-07998-3

Ⅰ. ①微… Ⅱ. ①郑… Ⅲ. ①微观经济学—高等学校
—教材 Ⅳ. ①F016

中国版本图书馆 CIP 数据核字(2010)第 187326 号

微观经济学

郑健壮 主编

胡卫中 黄宇驰 副主编

责任编辑	周卫群
封面设计	联合视务
出版发行	浙江大学出版社
	(杭州市天目山路 148 号 邮政编码 310007)
	(网址:http://www.zjupress.com)
排 版	杭州中大图文设计有限公司
印 刷	浙江省良渚印刷厂
开 本	710mm×960mm 1/16
印 张	23.5
字 数	435 千
版 印 次	2011 年 1 月第 1 版 2017 年 6 月第 4 次印刷
书 号	ISBN 978-7-308-07998-3
定 价	42.00 元